テオドラ

女優からビザンツ皇后、聖人へ

THEODORA
Actress, Empress, Saint
DAVID POTTER

デイヴィッド・ポッター
井上浩一＝訳

白水社

テオドラ——女優からビザンツ皇后、聖人へ

テオドラ——女優からビザンツ皇后、聖人へ　目次

序　9
第1章　コンスタンティノープル　16
第2章　下世話な物語　37
第3章　セックスと舞台　55
第4章　党派と人脈　82
第5章　パトリキウス叙任　109
第6章　帝位継承　138
第7章　アウグスタ――最初の五年　158
第8章　革命　185
第9章　戦争と宗教　202
第10章　陰謀と疫病　230

第11章　晩年　252
第12章　遺産　261

人物一覧　273
年表　280
謝辞　285
訳者あとがき　287
参考文献　*49*
原註　*11*
略記　*7*
索引　*1*

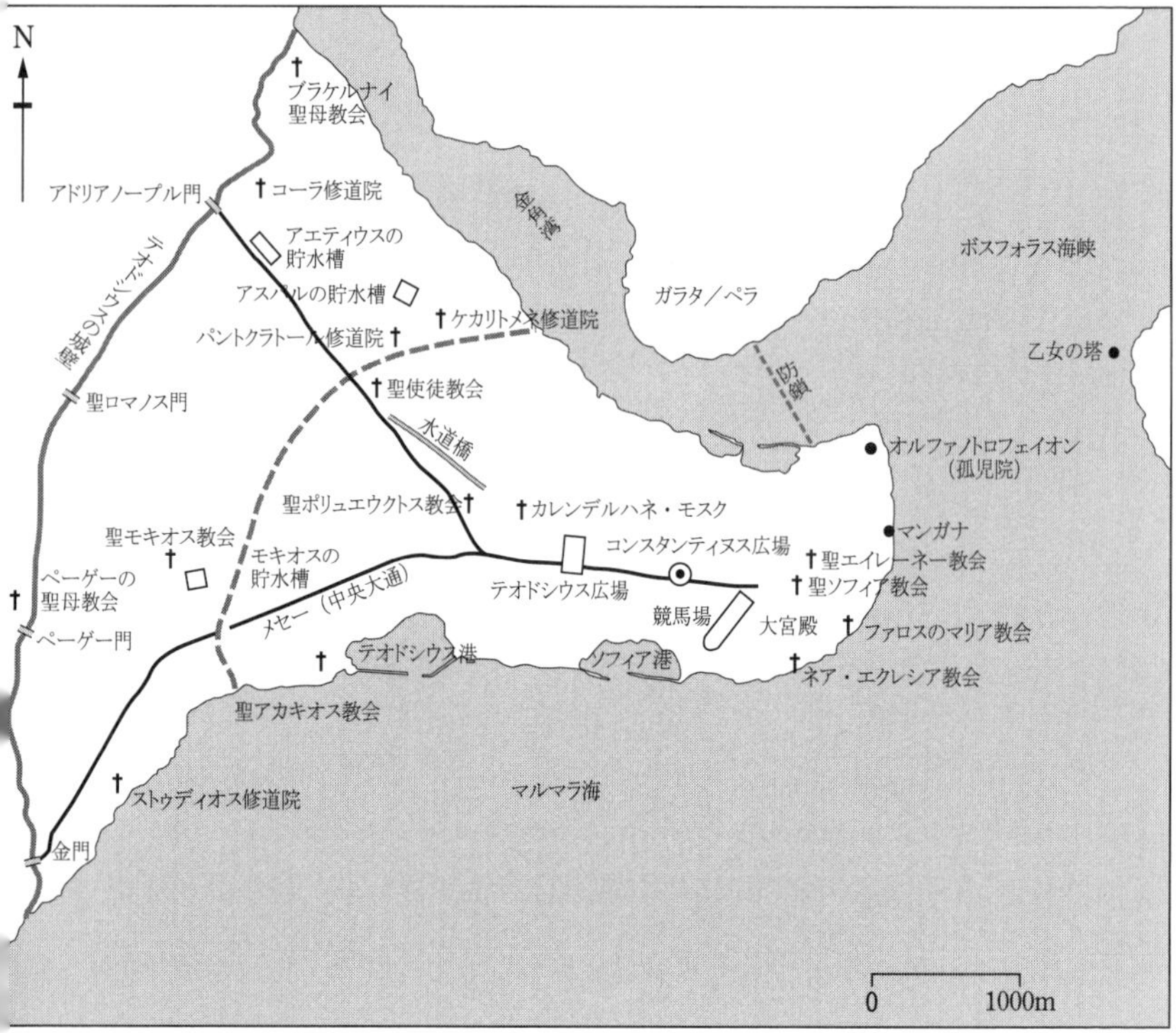

地図1　コンスタンティノープル

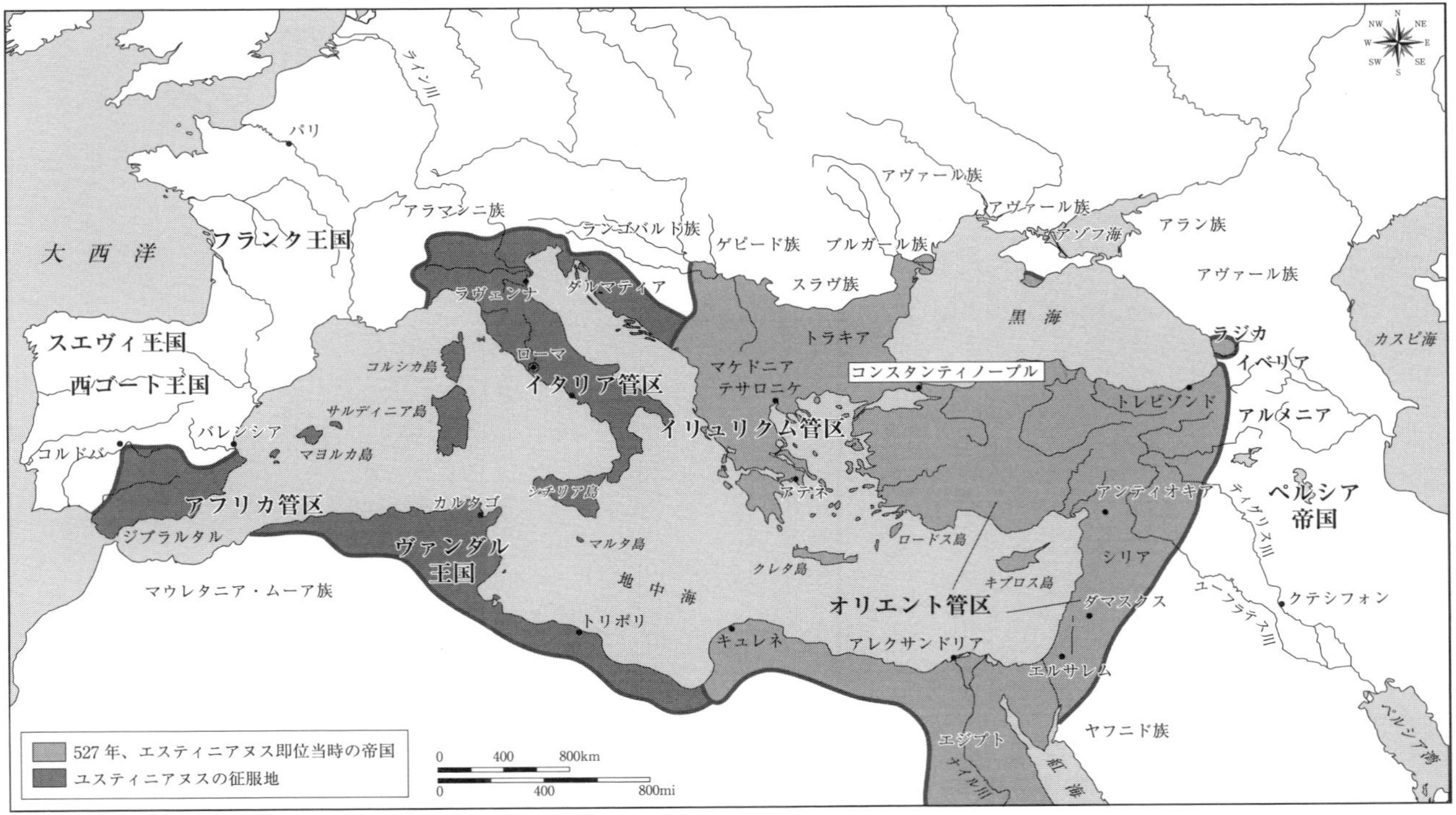

地図2　ユスティニアヌス時代の東ローマ帝国

序

五五九年八月十一日、月曜日、ユスティニアヌスはコンスタンティノープルに入城した。都の西北、カリシオス門から入ってきた皇帝を高官たちが出迎えた。少し進むと、大通りに群衆が集まって馬が通れないほどとなった。皇帝の一行は立ち止まり、ユスティニアヌスはカリシオス門に近い壮麗な聖使徒教会へと向かった。教会に入ると、皇帝は、十一年前に死んだ皇后を追悼するため蠟燭を灯した。ふたりには子供がなかった。ユスティニアヌスはこれから子供をもつつもりはなく、再婚するつもりすらなかった。亡き皇后は彼にとって「神からの賜物」であり、生き甲斐であった。

ユスティニアヌスと皇后テオドラの物語は、地中海世界の長い歴史のなかでも、もっとも注目すべきものである。テオドラは女優――六世紀のコンスタンティノープルでは尊敬されるような職業ではなかった――であった。ユスティニアヌスのほうは中南欧の農家の倅《せがれ》であった。皇帝・皇后の地位を失いかねないふたつの大きな危機に際して、テオドラはユスティニアヌスを支えた。彼女は不屈で聡明、大変な切れ者であった。彼女を嫌っている者でさえ、そのことは認めていたであろう。テオドラは情熱的であった。驚くほど美しかった。情熱と美貌は、彼女を憎んでいる者さえも認めるふたつの特徴であった。テオドラは虐げられた者のために戦い、弱者を保護した。友人には常に誠実であった。敵は彼女を恐れたが、それも当然のことであった。

今日でも、ラヴェンナの聖ヴィターレ教会を飾る素晴らしいモザイクに、テオドラの輝くような姿を見ることができる。その瞳を見ていると、テオドラという人物の迫力が伝わってくる。向かい合って描かれている夫ユスティニアヌスをはるかに圧倒して、彼女が教会の内部空間を支配している。教会の外でも、二十一世紀の今日においてさえそうである。「ああ、テオドラね」、私が土産を買うために立ち寄った店を経営している女性は、あたかも親友のことを語るかのように、そう言った。テオドラの面影はいたる所にあった。

テオドラという名前は文字通り「神からの賜物」を意味するが、今日でも彼女はシリア正教会の聖人である。ある人にとっては「最愛の皇后陛下」であったし、またある人には悪魔の化身であった。

テオドラが生きていたのは、誰もが自分の人生を導く「神の手」を感じていた時代であった。人々は自分たちの罪を書き留める神の存在、信仰篤き者を守り、不信心な者を厳しく罰する神の存在を信じていた。司祭が聖体拝領の準備をすると、幸運な者、いや敬虔な者には、祭壇のまわりに集まってくる天使が見えると人々が信じていた時代……、テオドラが生きたのはそのような時代であった。街を歩いている時に恐ろしい悪魔に出会うことも充分あり得る、人々はそう信じていた。自分たちより神に近い者がいること、そのような者がしばしば進んで貧苦に身を投じることも知っていた。このような特別な人物が、自分たちを守る神の力と交信して、悩みを解決してくれると、多くの人々は期待していた。襤褸《ぼろ》をまとって、天まで届くような円柱の上で暮らす「柱頭行者」、この世のものとは思えぬその敬虔な姿を見た者もいただろう。信心深い人々は円柱のまわりに集まり、聖人の排泄物を確かめたり、その修行を見守っていたに違いない。

国境を越えて侵入してくる敵が、いつ何時《なんどき》自分たちの命を奪うかもしれないと、誰もが承知していた。自分たちの帝国がかつての帝国ではないこともわかっていた。敵の人間によってもたらされる苦痛よりも、神の罰のほうがはるかに厳しいことを人々は知っていた。同時代の年代記編者は自然災害を「神の怒り」と言っている。確かに六世紀のローマ帝国には、巨大な地震や、すべてを飲み込む津波など災害が多かった。六世紀は戦争と暴動の時代でもあった。コンスタンティノープルはユスティニアヌスの時代に、一度は帝国の市民によって、もう一度は「神の怒り」によって、危うく破滅に至るところであった。腺ペストがヨーロッパや地中海世界に初めて広がったのは、ユスティニアヌスとテオドラの時代だったのである。

テオドラは急激な変化の時代の産物であり、変化を進めた存在でもあった。このことは、彼女をひどく嫌っている者たちも認めていた。彼女を嫌悪する者は当時でも少なからずいた。今日私たちから見て、その代表はプロコピオスという男である。

当時の偉大な将軍ベリサリウスの秘書であり、相談役であったプロコピオスは、自分の時代、つまりテオドラの時代の戦争について記し、ユスティニアヌスの大規模な建築事業も記録に残した。ユスティニアヌスとテオドラ、そしてふたりの業績をことごとく貶《けな》す書である『秘史』も書いた。プロコピオスの存命中は公表されなかった秘密の書である。『秘史』をどう読むか、批判精神に基づく深遠な著作と見るか、それとも悪意に満ちた党派的論説と見るべきか、という問いへの回答は、テオドラの生涯を理解する鍵となる。本書でもこの問題に繰り返し何度も立ち帰ることになるだろう。というのは、たとえ私たちがプロコピオスの著作を、煽情的な曲論の集積――私には正しいと思える理解――とする見解に同意したとしても、すべての醜聞が一律に捏造だというわけではないからである。いくつかの話はまったくのでっち上げであるが、重要な事実が含まれている逸話もあると思われる。

テオドラを称賛した人々のうちで、今日もっともよく知られているのは、トルコ西部の大都市エフェソス（今日のエフェソス）近郊の主教であったヨハネスである。エフェソスのヨハネスは、トルコ東部の町アミダ（今日のディヤルバクル）の近くで生まれた。六歳の時に両親は彼を宗教施設に預けた。ヨハネスは、身近な人々の宗教信条を熱心に擁護したことでその地位を築いた。彼のテオドラ像は、著作の『東方聖人伝』によって現代まで伝えられている。『東方聖人伝』は、著者ヨハネスが自分と同じように、四五一年のカルケドン公会議の決定に反対し、東帝国において優勢であった教義の正しさを説くことに生涯を捧げた男女の活動を記した書である。

カルケドン公会議は、イエスの生涯と十字架刑の意味を理解する鍵となる、イエス・キリストの人間的側面と神的側面の関係を定義づけたが、会議の決定は、イエスは人間の性質と神の性質を合わせもつという、多くの者には承服しがたいものであった。十字架にかけられ死んだのは、人間としてのイエスだというのである。しかも、聖三位（父・子・聖霊）の関係をどう定義づけるかをめぐる、カルケドン公会議決議の支持者と反対派の分裂は、帝国内の社会集団ごとの考え方の相違と密接に結びついており、神学的であると同時に政治的な問題でもあった。結局のところ、最終的にもっとも深刻な分裂となったのは、母語がギリシア語・ラテン語である集団の多数派と、エジプトのコプト語やローマ帝国東部のシリア語を話す集団の多数派とのあいだの対立であった。

カルケドン信条をめぐる教会の分裂は、テオドラが住んでいた世界に存在した唯一の大きな分裂というわけではなかった。テオドラが生まれるより四十年ほど前に生じたローマ帝国の東部と西部の関係の途絶は、古代世界における権力のあり方を根本的に変えた。西ローマ帝国が滅亡したのはテオドラが生まれる二十年前のことであるが、すでにその時点で、誰もが認める伝統的支配階級は存在しなくなっていた。帝国外で生まれた将軍が、アナトリアやトラキアの農村出身の官僚と張り合っていた。国境の彼方から来た宦官が、新時代の政策に決定的な役割を果たしたし、政府の伝統的な言語であるラテン語やギリシア語の能力が、コプト語やシリア語に比べて明らかに二の次であるような主教たちが、ギリシア語、ラテン語を母語とする主教と争っていた。アミダ近郊の修道院で育った農民が主教の地位に就いて、都市の教養あるギリシア人で官僚機構の実務を担当している者よりも強い影響力をもった。特定の個人に統治する権限を与えるのは何かという問い、権力や影響力を行使する立場となるには何が必要かという問いに、今では、それ以前のローマ帝国のどの時代よりもはるかに多様な解答があった。西暦六世紀には、能力や才覚が、過去八百年のローマ支配のもとでは見られなかったほど重要となっていたのである。

六世紀は先例のないような動乱と危機の時代であっただけではない。大きな成果が見られた時代でもあった。私たちは毎日、この時代の文物とともに暮らしている。日常生活で使うもので六世紀に遡る一例として、西暦の紀元元年、「主の第一年」を挙げることができる。すなわち、ナザレのイエスが生まれたのは、ローマ人の言うところの「ガイウス・カエサルとルキウス・アエミリウス・パウルスがコンスルの年」、ローマ市の建設から七五四年目だとする時間観念である。ヨーロッパにおける民法の伝統の基礎が確立されたのもこの時代で、ユスティニアヌスの命を受けて建設され、今もイスタンブルに聳《そび》える壮麗な聖ソフィア教会は、この時期の天才建築家アンテミウスによるものである。さらには預言者ムハンマドに幻視をもたらした宗教的熱情も、ユスティニアヌスとテオドラがアラビア半島で対応することになった勢力が育んだとすら言えるかもしれない。

テオドラについて物語るのは容易ではない。確かに彼女が口にしたと断言できる言葉はひとこともない。友人も敵も、彼女にそれぞれの言葉を語らせており、彼女のものとされる手紙も、間違いなく本物と言えるものは一通もない。テオドラの生涯は、他の人物・事件を通じて知られる生涯で、ある意味では再生羊皮紙《パリンプセスト》のようなものである。再生羊皮紙とは、再利用するために、文字が書かれた面を削った文書であるが、完全に削りとられていないところもわずかにあって、もともと書かれていたことが読み取れる場合がある。こうして、上書きされた写本、あるいは姿を変えていったイスタンブルの町のように、物事がどうだったのか伝える古い記録と、今私たちの目の前にあるものを見比べることにより、時には文字通り行間を読んで、テオドラに関する知識を間接的に拾い集めることができる。私たちは古い都イスタンブルの街を歩き、雰囲気を感じることができる。「アヤ・ソフィヤ」、テオドラの聖ソフィア教会に入り、彼女が立った「皇后の座」に立つこともできる。テオドラが壮大な教会を見下ろし、夫ユスティニアヌスはじめ内陣に入ることを許された者たちが神に祈りを捧げる様子を見ていた、まさにその場所である。あるいは、セルギウス＝バックス教会のはるかに親しみやすい空間に立つこともできる。この教会は小《キチュク》アヤ・ソフィヤ・モスクとして、かつて大宮殿があったところに建つブルー・モスクから下ったところに今も存在する。

もっとも重要なのは、かつて人々が語り合っていた、その言葉が今でも聞けることである。昔の人々の発言を話された言語で読んで、彼らを動かしていたもの、彼らが見たもの、愛したもの、恐れたものが理解できる。私たちは真実を求めて、伝説の影を探り、敵対的なあるいは好意的な歴史の幻に問いかける。真実は発言のなかだけではなく、沈黙のなかにも見つかる。そうすることで、テオドラが直面していた問題が、今も私たちの前にあることがわかるだろう。女性は男性と同じ仕事を同じようにできるのか、あるいは、そもそも女性はそうすべきなのか？　男女に期待されることは違うのか？　性をめぐる固定観念が、女性に男性と同じ地位に就くことを妨げているのか？　テオドラは女性であると同時に支配者でもあり得たのか？

つまるところ、まずはテオドラが活動していた世界を理解することで、本当の彼女と出会うことになるだろう。少なくとも「幾分かの」真実を探り出す手がかりとなるいくつかの傾向が、悪口や称賛を通じて確認できるだろう。と同時に、彼女の人生のきわめて基本的な事実でも、私たちには知る由もないことがあるのも認めなければならない。わかる限りの情報から浮かび上がってくるテオドラは、あの聖ヴィターレ教会に見る姿と寸分違わない、みごとな人物である。

第1章　コンスタンティノープル

物語はコンスタンティノープル、それも今日イスタンブル大学がある地区、金角湾へと下る丘の麓で始まったようである。海からの涼しい風が吹き抜ける丘の上は、貴族の住むところ、有力者の屋敷がある地区であった。テオドラの両親のようなサーカスの民の世界ではなかったのである。テオドラが生まれた家は、コンスタンティノープルの高級住宅街から少し離れたところにあった。現代のイスタンブルはかつてのコンスタンティノープルの面影をほとんど失っているが、彼女が若い日を過ごした場所についてはそこそこわかっている。

今日イスタンブルを訪ねて、宮殿から町の尾根沿いに西へカピトリウムへと続くかつての中央大通《メセー》の跡をたどってゆくと、テオドラの世界を想像することができる。カピトリウムとは、コンスタンティヌス大帝（在位三〇六―三三七年）が三三〇年、古代都市ビザンティウムを新しい都とした時に建てた記念の聖堂である。聖堂の名称、そしておそらくその建築様式も、凱旋式の終了地点であったローマの大神殿を思わせるものであっただろう。カピトリウムで大通りは二手に分かれ、一方は北西へ、今日ファーティフ・モスクが建つ場所にあった聖使徒教会へと続き、もう一方は南西へ、町の主要な入口である金門へと続いていた。イスタンブルの街路に昔の道の面影をたどる観光客は、かつてふたつの地区に分かれていた地域を通ることになる。そこは町の戦車競技場（競馬場）で行なわれる大掛かりな見世物を運営する、ライヴァル関係にある団体の構成員が住むところであった。さまざまな競技が行なわれる競馬場は、都がおかれた半島の東端に位置する宮殿のすぐ西隣にあった(1)。

競馬場での競技の運営に当たる団体は「サーカス党派」と呼ばれており、複数の党派が競い合っていた。サーカス党派すなわち競馬党派は、競走馬、騎手をはじめ、人々が丸一日見世物を楽しむのに必要なものすべてを提供していた。このような組織は古代ローマに起源があり、ローマでは四つの党派があったが、コンスタンティヌスの時代にコンスタンティノープルに導入されたのである。コンスタンティノープルの市民にとって、党派の勝敗が大きな関心事であり、市民はいずれかの党派のファンとして区別されるとともに、町も特定の党派に肩入れする地区に分かれていた。テオドラが生まれた頃には、重要な党派としてふたつ、青党と緑党があった。青党の地区は、宮殿から西へ、ドムニヌスの柱廊玄関へ向かうとすぐに到達する地区で、今日のグランド・バザールのあたりである。緑党の区域は聖母に捧げられた教会のあるディアコニッサを中心とする地域であった。テオドラはこの近くで生まれたらしいが、五歳以降はもうひとつの党派、青党の地区で育つこととなる。かつての曲がりくねった通りや路地の上り下りにも、そのつもりになれば、彼女の存在が感じられる。往時のように、店の経営者が表通りで商売を行ない、レストランが開店の準備をする様子に、テオドラの生活がどのようなものだったのか、少しは感じとることができるのである。当時もやはり、香辛料の効いた網焼きの肉、焼きたてのパン、熱くて美味しいスープがあっただろう(2)。

のちになるとテオドラの生誕地についてさまざまの説が現われるが、父がコンスタンティノープルのサーカスで動物を扱う仕事だったことからも、彼女の人生がこの町で始まったのはほぼ確かである。テオドラの物語がいつ始まるのか、おおよそのところはわかっている。誕生は西暦四九五年頃、ひょっとするとその一年ほど前かもしれない。人間の物語であるから、テオドラの人生も、主人公の大きな産声で始まったことは確かである[3]。

テオドラは三人姉妹の真ん中、姉のコミトよりいくつか年下で、妹アナスタシアより一〜二歳上であった。妹は幼くして死んだ。テオドラの時代にはそれが多くの幼児の運命であった。ほぼ半数の子供が五歳になる前に死んでいる。栄養状態が悪く、健康管理への配慮もなかったためである。出産の手助けをする産婆や、両親の子育てを支援する物知りの女性が語る昔からの教えも、幼児の安全を守るのが精一杯であった。古代の都市は不潔で危険な場所だったのである。

この時代、この地域に生まれた子供たちの物語と、これから話すテオドラとの違いは、テオドラが自分の生まれた環境を抜け出たことである。この時代の女性のように、子供を何人か産み、おそらく四十代で死ぬはずだったが、彼女は同じ頃に生まれた女性の大半より長生きし、三人の息子の母となる娘を産んで、五四八年に五十代前半で死んだ[4]。

テオドラの経歴は他に類のないものだったといえる。目立たないけれども若い頃の経験がテオドラという女性を創り上げたのである。彼女の若い頃について知られているわずかな事実は、当時のビザンツ帝国に関して知られている基本的な事実と照らし合わせるなら、決定的な意味を持っている。テオドラ自身に関するもっとも重要な情報がふたつある。父親が緑党の熊使《ウルサリウス》いであったことと、読み書きができたことである。このふたつの事実はおそらく関係があり、彼女の少女時代について多くのことを語ってくれるかもしれない。ずっとのちの情報として、本を黙読したという話もある。テオドラは近視だったようで、書物を大きな字で書き写すよう頼んでいた。ユスティニアヌスと知り合う以前の活動のなかには、アンティオキアの党派活動に関する秘密の報告書を作成したこともあったようだが、それもまた、助けを借りずに読み書きできたからこそ可能であった。

読み書きは誰もが身に付けている技術ではなかった。父親の膝もとで学んだ金持ちの女性でさえ、みずから書くことはほとんどなかっただろう。女性の手で書かれた現存するもっとも古い文章は、西暦一〇〇年の北ブリタニアで見つかっているが、別件で書記が書いた晩餐会への招待状の裏に走り書きしたものである。パピルスに書かれた現物が残っているエジプト女性の書簡は、たいていは村の書記が作成したものであった。女性の手になる、もっとも長く、もっとも力強い叙述のひとつは、殉教者ペルペトゥア、あくまでもキリスト教信仰を守ったため、二〇三年にローマ当局によって死刑を宣告された若い女性の切ない日記である。彼女は牢のなかで見た夢を日記に書き記した。生まれたばかりの子供を顧みず、釈放を取り計らってくれる父の訴えも拒絶して、カルタゴの円形闘技場で猛獣に身を投げ出し、間違いなく死ぬ道を選ぶよう促す夢であった。願いを拒絶された父親は金持ちで、娘にもこのような日記が書けるだけの教養を身に付けさせていたようである[5]。

母と父が、もしくは両親の職業が、テオドラの教育に何らかの役割を果たしたのかもしれない。姉のコミトは優れた歌手であり、字が読めれば道は大いに開けたであろう。この国の法が、子供は両親の職業を継ぐものと定めていたことを考えると、テオドラの母も女優であり、それゆえ字が読めたようである。同時に、競馬党派の幹部は、いずれ競馬関連の仕事に就くことになる子供たちが、組織の発展に必要な技術を磨くよう配慮していた。戦車競走のあいまに群衆を退屈させないために、さまざまな人々が従事していた。テオドラが誕生した頃のこととして、エジプトの歌う綱渡りダンサーや物真似道化師の芸が、競馬場で披露されたという話が伝わっており、多くの奴隷を抱える家庭の主人は、奴隷の子供たちに基本的な技術を学ばせようとしていたこともわかっている。そういうわけで、競馬党派が専門スタッフの子供たちの教育に何らかの役割を果たした可能性は大いにあり得る[6]。

競馬党派という組織がテオドラの若い日々の暮らしを決定した。青党と緑党に加えて、もうふたつの党派があった。赤と白である。赤、白はローマでは独立した組織であったが、コンスタンティノープルでは、赤は青党、白は緑党と結びついていた。[7] 白党、赤党は独自の騎手を有していたものの、騎手と男女の応援団員以外に、戦車競争を運営する要員をほとんど、あるいは一切もたなかったようである。テオドラの父は、主要な党派に雇われたたったふたりの熊使いのうちのひとりであった。父の職業は、テオドラの育ち方を教えてくれるだけではなく、生涯にわたって彼女に影響を与えることになる。

熊使いは党派の舞踊担当主任の部下であった。それゆえに競馬党派の専門要員として、公の行事の際に現金の給付を受ける権利をもっていた。このような現金の支給は地位によって格差があり、誰が見ても重要な人物である党派の長は、高位の宮廷官職に匹敵する収入があった。[8] 党派代表を補佐する副官は、代表よりははるかに少ない額（正確に言うと三六分の一）を受け取り、副官の代理人、上級の騎手やそれに類する者は、さらに少ない額ではあったが、それでも競馬党派独自の役職にある者よりも三分の一多く、応援団員の二倍を受け取った。他分野と比べてみるならば、家政官といった下級の宮廷官僚は騎手と同額が支払われ、大教会である聖ソフィアの副助祭は、競馬党派独自の役職の者と同じ額を受け取り、市総督の保安官は、党派の応援団員と同じ額であった。[9]

これらの支払額を記した十世紀のテキストには、猛獣訓練士への言及はないが、欠落している理由は、競馬党派の活動がいささか低下した十世紀の状況を記したためである。六世紀の給与表が残っていれば、熊使いと党派の詩人は、それぞれ担当する見世物を取り仕切っていたので、同じ待遇だったとわかるはずである。こうしてテオドラの父はそこそこの権限をもっており、そのことから彼女の暮らしぶりを推定することができる。衣服はおそらく姉コミトのお下がりだっただろうが、時には、手作りではあるが新調の服も貰《もら》えたかもしれない。

図1–1　競馬の出走枠を決める道具に描かれた競馬の応援団員たち。テオドラの若い時代のもので、チア・リーダーに歓声を送る子供たちの姿は、コンスタンティノープルの競馬党派関係者の娘であるテオドラ自身の行動を示すものかもしれない。Photo AMF / DNPartcom / © bpk / BSkulpturensammlung und Museum für Byzantinische Kunst, SMB / Antje Voigt

テーブルに並ぶ食べ物は、コンスタンティノープルが東ローマ帝国の都となって以降、この町に持ち込まれた食卓の伝統を取り入れたものだっただろう。質という点では、特別なものではなかった、いや特別なものではないことが多かったというべきだろう。古代の食事の中心であるパンと、ヒヨコマメやレンズマメのような季節の野菜の他に、六世紀コンスタンティノープルの人々は、熊も含むあらゆる種類の肉を食べた。若い日のテオドラの食卓には、肉も、多くはソーセージとして出たであろう。テオドラは、今日のサラミにあたるルーカーニカをかじったし、特別な日には羊の骨つき肉を食べたかもしれない。店頭に並ぶパンのなかには、ブーケラトンという丸くて堅いパンがあり、兵士の基本的な食糧であった。要人を警護する兵はブケラリイと呼ばれており、パンの名前はそこからきている。またカリカリに堅く焼いた、分厚い大麦のビスケットであるパクシマディもあった。ユスティヌスという名の若い農民――ユスティニアヌスの伯父で養父となったこの人物についてはのちほど述べる――が、故郷のトラキアから都に至る道を歩き通した時には、このビスケットで食いつないでいたと言われている。兵士たちは、フースカと呼ばれる酸っぱいワインでパンを咽喉に流しこんでいたかもしれない。テオドラの両親がそこそこ裕福だったことを考えると、彼女も時には、ちょっとした金持ちが食前酒として飲むものとされたコンディトンを啜ったかもしれない。胡椒・シナモン・甘松・丁子で味付けしたワインである。オリーブ油もあっただろうし、魚は豊富だったに違いない。[10]

町の北にある大きな入り江は「金角湾」と呼ばれるが、その名称は、秋にボスフォラス海峡から黒海へと三か月の回遊をするクロマグロが、入り江一帯に姿を見せることから来ている。ボスフォラスの海には、他にもいろいろな魚がいた。アミギリ、ハガツオ、ハタ、マアジなどである。これらの魚が町の市場に出ると、富裕な住民を目当てに高値を付けた「白魚」として、一年中町の周辺で獲れる、安物のマグロやアジのような「黒魚」とは別格の扱いを受けた。[11]おそらくテオドラは「白魚」より「黒魚」のほうを多く食べたであろう。しかし、繰り返される危機や自然災害が、コンスタンティノープルへの食糧の流入を途絶えさせ、夕べの食卓の献立に制約を加えたことはあっても、空腹のまま床に就く日がしばしばあったとは思えない。

父はテオドラが五歳の時になんらかの病で死んだと伝えられている。母はすぐさま新たな伴侶を見つけたので、夫の生前から関係があったと疑われたり、未亡人は再婚すべきではないという教会の教えの有効性に疑問が投げかけられたりもする。亡き夫が就いていた地位を新しい伴侶に継がせようとした母は、党派の舞踊主任のアステリウスが、賄賂をもらって別の人物にその職を与えようとしていることに気づいた――このことからも熊使いが望ましい地位であったことが窺える。ここに一家は危機を迎えた。テオドラの母は、おそらくコミトの誕生以降、働いていなかっただろうし、新しい夫には家族を養う甲斐性がなかった。舞台に立たなくなったとしても、テオドラの母は演劇の才能をなくしてはいなかったようである。彼女は、自分が蒙った不当な措置に抗議する決意をして、競馬を観戦するために集まっていた観客に訴えることにした。競馬場の特別な席に立って訴えることができたのは、党派の舞踊主任以外のスタッフから何らかの支持を取り付けていたためと思われる[12]。

競馬場は宮殿の西隣にあり、東側の観客席の中央に設けられた皇帝観覧席《ロイヤル・ボックス》は宮殿と直結していた。収容人員は約五万人で、三〇万ないし四〇万くらいと思われる町の人口を考えると、かなりの数である。広い競馬場の東側観客席には、帝国行政に関わる人々が着席したようで、西側のスタンドがそれぞれの党派の支持者たちに割り当てられていた。集団ごとに座席が分かれており、北端のスターティング・ゲイトの一番近くに青党、次に赤、白、そして最後に緑党となっていた。当日テオドラの母は三人の娘、七歳のコミト、五歳だったと思われるテオドラ、三歳のアナスタシアを伴い、みずからの党派である緑党のスタンドに向かって訴えた。新しい夫を熊使いに任命してほしいという訴えを緑党は無視したが、最近熊使いが死んだ青党は、快く彼女の訴えを受け入れた。自分たちは、競争相手の緑党よりずっと寛

図1–2　西暦506年の二つ折りコンスル銘板に描かれた猛獣狩りは、テオドラの父や継父が担当したであろう仕事を描いている（アレオビンドゥスのコンスル銘板、熊いじめの図、西暦517年）。© Javier Larrea Roa/アフロ

図 1–3　テオドシウス 1 世のオベリスクの基台南西面に描かれた競馬競走（イスタンブル）。
© photo by David Potter

大だということを示そうとしたのである。こうして、継父が定職に就いたので、テオドラは日々の食事を心配しなくてもよくなった。もちろん、この時点では誰もテオドラの行く末を知る由もなかったが、それにもかかわらずこの事件は、ちょっとした感動を引き起こしたようで、数十年のちになっても敵役《かたき》のアステリウスの名前が知られているほどである。(13)

テオドラのコンスタンティノープル。町の東端の宮殿、大浴場、そして宮殿の北側の巨大な青銅門《カルケー》から、今もその姿を残すテオドシウス二世の大城壁に至る街区をもつ壮麗な町。この町は、地中海世界の他の大都市に比べると、まだ「幼少期」にあった。コンスタンティノープルの前身であるビザンティウムは、コンスタンティヌスが再建し、自分の名前を付けるより一千年も前から、半島の東端に存在した。しかし決して大都市ではなかった。この町が一目置かれるようになるのは、コンスタンティヌスがここを都としてからのことである。

コンスタンティヌスの選択の理由は、神がこの地にするようにと告げたという本人の説明以外に伝わっていない。自分は神と直接話し合っているなどと主張する彼の性癖からみて、確かにそのようなことを言ったと思える節もあるが、その一方で、過去の偉大な人物の発言が、その時代における合理的な説明であるとは限らないことも思い起こすべきである。現実の帝国政治に即して言えば、この場所は、新たに支配下においた東方属州を統治する拠点となりうる一方で、打倒したばかりの政敵の宮廷や宮廷官の影響を受けることはないという利点があった。この地には、皇帝ディオクレティアヌスを思い出させるものも存在しなかった。コンスタンティヌスは若い日をこの偉大な皇帝の傍で過ごし、信じられないような立身出世を遂げたのである。コンスタンティヌスの栄達は、三〇六年七月二十五日に帝国の最西端の属州で皇帝と宣言された時に始まり、最後の敵リキニウスを打倒した三二四年十一月に頂点に達した。それ以降、コンスタンティノープルは急速に成長し、何世紀にもわたって地中海世界を支配してきた古い諸都市と、大きさの点でも並ぶまでになった。その頃、西方ではローマがその重要性を失いつつあり、皇帝はこの町を去ってしまった。北アフリカのカルタゴはなお大都市であり、ローマの地位が低下したこともあって、その分以前より有力であった(14)。

ローマとカルタゴがほぼ同じ頃、つまり紀元前八世紀に発展を開始したのに対して、地中海のもうふたつの大都市アレクサンドリアとアンティオキアの抬頭は、ともに前四世紀末、アレクサンドロス大王のペルシア帝国征服の結果であった。エジプトのアレクサンドリアは学問と経済の一大中心地である。経済面では、ナイル流域の豊かな穀物を、東アジアとの海外貿易で得た貴重な産物とともに、地中海の各地に運ぶ拠点であった。アレクサンドロスが前三三三年にこの町の建設を命じ、後継者であるプトレマイオス朝――その最後が有名なクレオパトラ七世――は、町を経済的のみならず、ふたつの大きな図書館をもつ学問的中心地へと育てた。ふたつの大図書館とは、古い王宮の一部であるムーセイオン（王立研究所）に設置された図書館と、市内のセラピス神殿付属の図書館である。学者たちを支援する基金もたっぷり提供されて、アレクサンドリアは有力な異教哲学者を輩出し、三位一体の性質をめぐる活発なキリスト教論争においても中心的な役割を果たした。

次に挙げるべきはアンティオキア（今日南東トルコのアンタキア）である。この町は、アレクサンドロスの王国の解体とともに出現した諸国のうちでもっとも強力だったセレウコス朝の都であった。アンティオキアは、ペルシア帝国に対峙するローマ軍団の司令部としてまたとない重要性をもっており、キリスト教以前の知的生活にはさほど貢献していなかったにもかかわらず、キリスト教思想の中心地ともなった。

コンスタンティヌスは自分が建てた都に消えることのない足跡を残した。広場の中心にある高い柱を見上げれば、否応なく皇帝の像が目に入った。「焼けた柱」と呼ばれるこの円柱は、イスタンブルのイェニチュリレル通りに今も残っており、巨大な筒型の斑岩を九つ積み上げて、その上に古代の英雄のような裸の皇帝像が置かれていた。実を言うと、もともとは古い異教の神アポロンの像だったものを、頭部だけコンスタンティヌスに変えたものである。コンスタンティヌスの円柱は、古いローマ――テオドラの時代、コンスタンティノープルはしばしば「新しいローマ」と呼ばれた――にある、よく似た形式のトラヤヌス帝(九八～一一七年)、マルクス・アウレリウス帝(一六一～一八〇年)の戦勝を記念する円柱や、かつてローマ広場の中央に立っていた、もう少しのちのディオクレティアヌスとその同僚皇帝を称える四本の柱を思わせるものであった。つまりコンスタンティヌスの柱は、まさに伝統的な形式に則って、皇帝の偉大な勝利を謳い上げていたのである。

コンスタンティノープルのもっとも重要なふたつの教会、聖ソフィアの第一教会と聖使徒の教会は、伝統から離れてゆくコンスタンティヌスの一面を伝えている。帝国理念にキリスト教を融合させるという新たな道である。コンスタンティヌスの聖ソフィアは、現在も聖ソフィア教会があるところ、すなわち宮殿の門前にある広場の北側に建っていた。他方、聖使徒教会は町の北西の一角にあった。ふたつの教会のあいだに位置する皇帝像を含めて、コンスタンティヌスの三つの偉大な記念建造物は、町の空に聳えていた。彼が聖使徒教会の隣に建てたみずからの霊廟は、息子で跡継ぎのコンスタンティウス二世によって聖使徒教会に合体された。コンスタンティヌスは緋紫の石棺に納められ、この教会に眠っている。噂によれば、皇帝に遠ざけられ、十年ほど先に死んだ妃ファウスタとともに葬られているとのことであった。皇帝夫婦のあいだに何があったにせよ、ファウスタはコンスタンティウスの母であり、コンスタンティヌスが愛してやまなかった女性だったのであろう。聖使徒教会のすぐ向こうには、この町を守るために彼が建てた新しい城壁があった[15]。

コンスタンティヌスの城壁・円柱・広場は続く皇帝たちに刺激を与えた。アルカディウス（三九五～四〇八年）、テオドシウス二世（四〇八～四五〇年）、マルキアヌス（四五〇～四五七年）、レオ一世（四五七～四七四年）、いずれの皇帝も、この町で育った子供なら、自分たちの町が世界に冠たる都であることを、幾分なりと理解できるような強い印象を与える都市景観を創り上げた。官僚たちを対象として難しい散文で書かれた学問的な歴史は、ちょっと読み書きをかじっただけの者を対象とはしていなかった。テオドラのような者が町の歴史を知ったのは、これらの記念建築物に驚き、不思議に思って、年かさの者に「あそこに見えるのは何なの、いったいどういうものなの」と尋ねることによってであろう。このような通俗的な歴史がどんなものだったか、私たちは八世紀の注目すべき書物『歴史要覧（コンスタンティノープル誌）』によってある程度知っている。この書は町の記念建造物を列挙し、建物にまつわる物語を記している。石造りの巨大な象などと結び付けられた伝説の皇帝セウェルス（カルスの息子）の話は、テオドラも聞いたであろう。このセウェルスは興味深い存在だったようで、実在の人物ではないのに、コンスタンティヌス以前のこの町のあらゆる伝統を体現していた[16]。

テオドラが、南西の壮麗な玄関口である金門から町の中心部へ歩いてゆくと、東の皇帝アルカディウスの壮麗な記念碑に出会うことになる。同帝は三十一歳で死んでいるので、彼自身の決定か、それとも古参の側近によるものか不明だが、アルカディウスの名で造られた広場に着くと、その中央には、四〇〇年に、あと一歩でアルカディウスから帝位を奪うところだった、ガイナスという名の将軍による反乱の様子を生々しく描いた記念の円柱が立っていた。四〇二～三年に着工され、アルカディウスが死んだのち、ようやく四二一年になって完成した柱の装飾は、十八世紀前半にオスマン当局が破壊する前に描かれたスケッチによって知られている。神が平和的にゴート人をコンスタンティノープルから除いた様子、ゴート人が海峡の向こう、今日のトルコのアジア側へ渡るのを防いだ艦隊の雄姿、そしてゴート人が騎兵部隊によって殲滅された最後の戦い……。円柱に帯状に刻まれた図像が語るところは、テオドラのような小さな少女——彼女は大人になっても華奢であった——には充分理解できなかったかもしれない。テオドラには確かめるすべもなかった柱頭部に描かれた物語は、ゴート人を殲滅した騎兵部隊がフン族で構成されていたことを伝えている。帝国政府はゴート人を撃退するためにウルディン王支配下のフン族を雇ったのである。円柱の頂の物語は無理だとしても、基部に描かれた肝心な話はテオドラにもわかっただろう。力強いキリスト教的象徴表現は、神が国家を救う方法や、アルカディウス帝とその弟、西の皇帝ホノリウスが共有する目標を強調していた。[17] これらの図像からテオドラが読み取れなかったのは、ゴート人をはじめとするゲルマン人を嫌っていたホノリウスが、ゴート王アラリックにひどく冷淡だったために、アラリックのローマ略奪を招いたことである。ローマを略奪してしまうと、アラリック配下の者たちは南フランスそしてスペインに行き、みずからの王国を建てた。

テオドラの時代には、毎年クリスマスの三日前に宮殿で行なわれる儀式においても、西暦四〇〇年の事件が演じられたようである。その詳細を伝えるのは、テオドラの死後かなり経ってから編纂された史料であるが、ずっと以前の四〇〇年の出来事が記されているのは確かである。なぜなら、この史料は、アルカディウスの円柱に表現されたイデオロギーを劇的に表現しており、登場する人物はローマ人のために行動したとわかるよう述べているからである。毎年の「ゴート人の見世物」のために、ふたつの主要な競馬党派のダンサーは、ゴート人のような服装をし、ゴート人の鬨の声や、ゴート語、ラテン語、その他の言葉の混じった馬鹿げたことを叫んで、祭に登場した。決められた演技を終えると、ダンサーたちは降伏の身ぶりをし、合唱隊が繰り返し皇帝を歓呼して、蛮族を撃退してくれる神の慈悲を称えた。儀式で表明されたのは、アルカディウスの円柱が語ることの繰り返しであるが、年端のゆかない者でも理解できたのは、神がゴート人のような外部の敵からこの町と皇帝を守っているということであった。[18]

さらに大通りを進んで、次の「牡牛の広場」と呼ばれる広場で少し立ち止まり、青銅の牛を確かめたあと、町の中心部へと向かってゆくと、テオドラは町の尾根筋の高みに達する。そこは次の大きな公共広場、テオドシウス広場であった。アルカディウスの父、テオドシウス一世（三七九～三九五年）は、西方における反乱を鎮圧したあとのほんの数か月のみではあったが、統一されたローマ帝国を統治した最後の皇帝であった。この反乱は、かつてテオドシウスの将軍であったアルボガストという者が、先の王朝の後裔であるウァレンティニアヌス二世に自害を強要し、自分の部下を帝位に就けた時に始まった。アルボガストは、自分はゲルマン人であり、アリウス派異端を奉じているために帝位に就くことはできない、と思ったようである。

「アリウス派」のキリスト教徒とは実際に何を意味していたのか、今となってははっきりしない。アリウスはもともとアレクサンドリアの聖職者で、三位一体において「子」は「父」に従属するという教義を説いていた。彼の主張の要は、イエスは死すべき面をもっていること、それゆえにその本質は「父」と類似してはいるが、同じではないという点にあった。その教義は、三二五年にコンスタンティヌスが開催したニカイア公会議において否定された。アリウスはのちに自分の教えを撤回したので、アリウス自身は、死ぬ時にはアリウス派ではなかったことになる。帝国に仕えたゲルマン人兵士の奉じる「アリウス派」とは、コンスタンティヌスの死後四半世紀にわたって続いた深刻な論争の一側面だったようである。

まさにこの時期に、アレクサンドリアのアタナシウスは教会内の論敵——その多くはコンスタンティウス二世の支援を受けていた——をアリウス派異端と決めつけることに成功したのである。アタナシウスは、教会内の反対派に対する暴行を唆したとか、皇帝の権威を傷つけたという理由で繰り返し追放され、一時期アレクサンドリア主教を解任されたこともあったが、ニカイア信条に対するアリウス派の大掛かりな陰謀というイメージを創り上げた中心人物だったのは確かである。結果的に「アリウス派」という言葉は、キリスト教徒ではあるが、どこか「異なる」人々をひと括りにする、ある種の符丁となった。「アリウス派」と呼ばれた人々のなかでもっとも重要な集団は、ライン川、ドナウ川の北方出身で帝国に仕えたゲルマン人であった。ゲルマン人を「アリウス派」と呼んだのは、ゴート人を改宗させたウルフィラという名の聖職者が、コンスタンティウス二世のもとで活動していたのでアリウス派に違いない、という理由からであった(19)。

ゲルマン人を「アリウス派」とみなしたことは、テオドラの時代にも大きな影響を残していた。ひとつには、皇帝の即位に「正統試験」が適用されるようになったことである。それはまた、ライン川、ドナウ川の北で生まれた者は、いかに実力があろうとも、帝位には就けないことを意味していた。さらには、北アフリカを支配するようになったヴァンダル族のように、ゲルマン人のなかには、支配下のローマ人から自分たちを区別する方法として、「アリウス派」という自己認識を積極的に奉じる者が現われることにもなった。

しかしテオドラの時代になると「アリウス派」問題は、アルカディウスの息子テオドシウス二世が引き起こした新たな論争に比べて、はるかに重要性を失っていた。テオドシウス二世は四三一年と四四九年の二度にわたってエフェソスに教会会議を招集した。二度の教会会議の決定は、徐々にではあるが、新たな動きを引き起こした。シリアやエジプトといった東方属州を基盤として、父なる神と子はひとつの性質、たったひとつの性質をもっと主張する動きである。四四九年の第二回エフェソス公会議に遡る、全能の神に関するこのような解釈は、今日でもコプト、シリアの正教会に受け継がれている。しかし、四五一年のカルケドン公会議の主流派は、イエスは真の神であるとともに、真の人間である、それゆえ神としての性質は父・聖霊と同じ「人格」「本質」であるものの、イエスはふたつの性質をもつと主張した。——ふたつの宗派を和解させようとして念入りに作成された解決案であった。[20]

しかし和解には至らず、カルケドン公会議から数十年のうちに、教会はますます深刻な分裂に陥った。一方には、キリストの唯一の神的性質を主張する、多くはシリアやエジプトの神学者たち、現代の学界ではしばしば「合性論派」ないし「単性論派」と呼ばれる人々がおり、他方に、主としてアナトリア、パレスティナ、帝国の西方属州にみられた、カルケドン公会議の支持者たちがいた。ユスティニアヌスの伯父ユスティヌスが皇帝に選ばれるにあたっては、カルケドン信条の熱心な支持者だという事実も与っていた。彼の即位が結果的にテオドラに皇后への道を開いたのであるが、テオドラ自身の信仰は、明らかに反カルケドン派に傾いていた。[21]

テオドシウス一世が教義問題の解決に重要な役割を果たしたにもかかわらず、彼の名を冠する広場には宗教に関して語るものは少なく、軍事的才覚を表現する施設が多いようである。広場の中央には、三七八年のアドリアノープルの戦いで東ローマ帝国の軍を撃破した、まさにそのゴート人に対するテオドシウスの勝利を描いた円柱があった。円柱の語る勝利はいくらか誇張されていた。アラリックに従ってイタリアへ行き、四一〇年にローマを劫略したのは、これらのゴート人あるいはその子孫であったし、すでに述べたように、スペイン、南フランスに新たな国家を建てたのもアラリックの後継者であった。広場には中央の円柱だけではなく、両端に凱旋門も建てられていた。テオドラがテオドシウスの広場から大通りの坂を上って、時々訪れたことがあるマルキアヌスの円柱も――青党に属していた時代に、彼女はそのすぐ北に住んでいたようなので、よく知っているはずの場所であった――これまた軍事行動を称えていたが、石に刻まれたのは、実際よりもずっと劇的な物語だったらしい。

マルキアヌス帝の一代前は、七歳で皇帝となったテオドシウス二世である。知られている限りでは、テオドシウス二世は治世の大半にわたって、少し年上の姉プルケリアの言うがままであった。つまり、プルケリアが十五歳、テオドシウスが十三歳の時、プルケリアは皇后（アウグスタ）として弟の摂政となると宣言すると同時に、純潔の誓いをし、妹たちにもそうさせて、ほどなく、まだ若いのにその発言が帝国政治を左右することになったのである。彼女のもっとも手強い競争相手は、弟テオドシウス二世の妃エウドキア皇后であったが、プルケリアは不倫疑惑をでっち上げて、エウドキアを追放したようである。テオドシウスが落馬事故で死ぬと、プルケリアはマルキアヌスと結婚することで帝位継承者を決めた。その際に、マルキアヌスはプルケリアの純潔を守ると誓約している。新皇帝はただちに、テオドシウス二世のもとで長く続いてきた政策を撤回し、フン族のアッティラへの贈与を取りやめた。アッティラ王の矛先が西方に向けられたことが、戦略の変更の要因であったと思われる。まさにその年に、マルキアヌスはカルケドン公会議を招集して、宗教政策を転換したのである。(22)

カルケドン公会議前後の一連の事態をみて、会議の支持者たちは、神が自分たちの行為を嘉《よみ》していると思ったであろう。公会議は「神の敵」アッティラに怯えるさなかに招集され、会議の直後に事態はフン族の王にとって暗転した。アッティラはフランスでの大きな戦いに敗れ、翌年イタリアに侵入した時にはその軍隊に病が広がっていたようである。さらにその翌年、マルキアヌス帝が支配する地域へ侵入する勢いをみせたが、新たな結婚（アッティラは妻を何人ももっていた）を祝う宴会で急死した。彼の帝国はたちまち解体に向かった。アッティラによる破壊を思い浮かべて、人々とくにバルカン半島の人々は、その急死を、神に関する理解において自分たちが正しい道を選んだ褒美だと思ったであろう。帝国に宗教的平和をもたらす努力の一環としてゼノ帝が発布した文書にあるように、「帝国の根源と本質、力と無敵の楯は、唯一の正しい真の信仰」だというわけである。[23]「唯一の正しい真の信仰」をどのように定義しようとも――この問題にゼノ帝がどう取り組んだのかは第4章でみることにする――、肝心な点は、「正しい信仰」という観念と、皇帝は人々の安寧に責任があるという見解は、切り離せないと考えられたことである。もし皇帝が誤った教義を奉じるならば、まさにその個人的な信仰が人々の福利を脅かすものとなるだろう。

両者を和解させようというゼノ帝の尽力にもかかわらず、両派の分裂はますます目立つようになった。帝国政府が全能ではなかったことを示す確かな証拠である。政府は圧倒的な力でもってその意思を貫くよりも、妥協に走ったり、両派を天秤にかけることに傾きがちであった。中央政府の弱さは一連の国内危機に明らかであるが、その最たるものが、トラキアで帝国軍を指揮していたウィタリアヌスという名の有力な将軍の反乱であった。彼の率いる軍隊は、五一三年から五一五年の間に三度にわたってコンスタンティノープルを攻撃した。三度目のコンスタンティノープル占領の試みが、多くの戦死者を出して失敗に終わったのち、ウィタリアヌスはアナスタシウス帝と和解して公的生活から引退したが、その後もきわめて大きな影響力をもち続けた。[24]

アナスタシウス帝がウィタリアヌスと結んだ協定は、政府が繰り返した一連の妥協に、また新たな事例を付け加えたにすぎず、女優という職業を歩み始めていた少女が、その詳細について気にするほどの事件ではなかった。ただしウィタリアヌスの二度目のコンスタンティノープル攻撃の際に生じた市街戦は別で、この時は、競馬党派が皇帝を守るのに大きな役割を果たした。テオドラは成長するにつれて、党派が都市の運営にもつ大きな重要性を理解するようになっただろう。競馬党派は毎年行なわれる多くの国家儀式において民衆を代表し、「正しい考え」を表明するという役割を引き受けていた。ひとつの党派の「正しい考え」が、他方には呪うべきものであっても、表明はなされ、主要な党派の支持者間の暴力沙汰は毎度のことであった。

大通りの南をマルマラ海の港へと下ってゆくと、そこはテオドラが生まれる三十年あまり前に、アフリカ再征服をめざした大艦隊が出航した場所であった。遠征艦隊の大惨事は、彼女の少女時代でも多くの人々が記憶していたであろう。さらに行くと、かの大艦隊の司令官バシリスクスが住んでいた屋敷に至る(25)。バシリスクスは、四五七年から四七四年まで在位した皇帝レオ一世の妃ウェリナの弟であった。レオ一世は帝国軍に長く仕えた司令官アスパルによって帝位に就けられた、という言い伝えがある。蛮族でありアリウス派のアスパルは、みずから帝位に就くことができなかったためだというのである。もうひとつの説明は、名目はどうであれ、アスパルは長期にわたってすべてを取り仕切っていたので、いまさら皇帝になる必要がなかったし、皇帝という地位に伴うさまざまな儀式に縛られずに、自由に仕事をするためだったというものである。

レオとウェリナの思い出とはどんなものなのだろうか。人々の記憶の一部を再現する手がかりとなるウェリナ像が複数存在した。そのひとつは金角湾を見下ろすブラケルネ教会の近くにあり、同教会には、ウェリナの時代にコンスタンティノープルに到着した最大の宝物が安置されていた。処女マリアの真の衣と言われたもので、マリア信仰はコンスタンティノープルの繁栄とますます深く結びつけられるようになっていた。将軍アスパルとその息子たち、やはり帝国の指導的人物であった親子によって建てられた肖像を見ることもできた。八世紀になっても牡牛の広場付近にアスパルの像があったし、彼が金角湾の近くに造った大きな貯水槽もあった。これらの記念建造物はアスパル将軍の思い出をとどめ、その栄光の記憶とともに、彼がレオの手で殺されたことも想起された。人々はまもなくレオを「大帝」ではなく「屠殺人」と呼ぶようになる。

ウェリナの思い出は、あったとしても夫レオよりもさらに悪いものであった。無能な海軍提督であった弟のバシリスクスを帝位に就けようとしたからである。そのために、彼女は実の娘アリアドネと、アリアドネが大して愛していないその夫、時の皇帝ゼノを追放した。ゼノとアリアドネが都を奪回するのに二年かかった。その際に、ふたりはイルスという名の将軍の支援を受け、イルスの思い出は、本人が聖ソフィア教会のすぐ北に建てた巨大なバシリカ教会に残されることになった[26]。

ウェリナは弟の失脚に連座しなかったものの、ゼノによって今日のトルコにある修道院へ追放された。数年後、イルスが皇帝一族と激しく対立した。イルスは、ウェリナがひどく扱われている、アリアドネが自分を殺そうとしていると訴えて、ゼノに対する反乱を企てたのである。ウェリナの待遇はともかく、アリアドネがイルスを殺そうとしたこと、ところが刺客がやり損なって、耳の一部を切っただけだったことは確かである。イルスは、自分の故郷であり、ゼノの故郷でもあるイサウリア地方、南アナトリアの山岳地帯から大きな支援を得ることができた。ウェリナはこの反乱の最中に死んだ。自然死だったと言われている。のちに彼女の像を見た人々は、ウェリナを魔女、呪文を唱えてマルマラ海のひとつの島を無人にしてしまった女とみなすこともあった。もっとも、魔女と言われた皇后はウェリナだけではなかった。魔女ウェリナの話はテオドラの若い頃に広まり始めたようである[27]。

テオドラは確かに皇后アリアドネをその目で見たであろう。同時代のもっとも偉大な女性であった皇后アリアドネは、ゼノ帝より長生きし——その経緯は次章で述べる——、アナスタシウスを次の夫、すなわち新皇帝に選んだ。それによって彼女は、亡き夫ゼノの弟ロンギヌスを帝位継承者の列から排除した。ロンギヌスはきわめて卓越した人物であり、ゼノに近い人々のあいだで評判が良かったので、彼女の才覚はなかなかのものであった。アリアドネは五一五年まで生きた。彼女とゼノのあいだにひとり息子のレオがいたが、若くして死んだ。このレオは短期間とはいえ皇帝になることができた。「屠殺人」レオ一世が、娘婿のゼノではなく、自分の孫を後継者にしたいと思ったからである。アリアドネには他に子供がいなかったが、権力を行使するのに子供を必要としなかった。先のプルケリアのように、アリアドネも、帝位に就く子孫がないことを、みずからの権力確立に生かしたのである。(28)

つまりテオドラは多彩な歴史をもつ町に育ったのである。歴史のすべてがしっかり記憶されていたわけではなく、噂や仄めかしが事実とみられるようになったり、真実を知る者がそれを伏せたりしたので、時とともに町の歴史はやや奇妙な物語となっていった。

五三二年にユスティニアヌスは、高位の宮廷官プリスクスを、皇后テオドラを誹謗したという理由で追放した。プリスクスがテオドラについて言わんとしたことを想像するのは難しくない。すでに紹介したテオドラ称賛者のひとりであるヨハネス、みずから「エフェソスの」とか「異教徒改宗者」「アジアの」とさまざまに名乗っている人物は、何食わぬ顔で次のように伝える。ステファヌスという名の男が、五二〇年代に追放された主教の赦免を求めて、「ポルネイオン［正確な意味合いははっきりしないが、上品な言葉ではない］出身のテオドラ、今やパトリキウスであり、ほどなくユスティニアヌス王と並んで王妃となる者」にすがった、というのである。ずっとのちになって、テオドラの肖像を眺めた者たちは、恥ずべき過去から抜け出して立派になった女だったと思い出した。彼女は若い頃、コンスタンティノープルでもっとも多忙で、見境なく客をとる売春婦であったというプロコピオスの言葉は、他人が言ったことを繰り返しているもので、確かな事実を言っているわけではない(1)。

プロコピオスが『秘史』のなかで十代のテオドラの性生活について生々しく論じているのは、世が世であれば、自分がスポークスマンになっていたであろう体制と距離をおくために、ことさら誹謗中傷を旨とした結果らしい。だから、その記述内容は確かなものとは言い難いし、そもそも『秘史』自体、正確な事実を伝えようという著作ではなかった。プロコピオスにとって重要だったのは、男やもめとなっていたユスティニアヌスがもしかして突然失脚したなら、この『秘史』を公開することであった。プロコピオスはテオドラについて述べる際に、おなじみの決まり文句——彼女について何ほどか語ってくれるので興味深いものが多い——、よくある醜聞、舞台芸人に関するさまざまな偏見などを取り混ぜて利用した。『秘史』が編纂されたのは、テオドラが舞台を辞めてから三十年以上経った五五〇〜五五一年頃だったので、いくつかの記事は、プロコピオスが直接知らない事件を対象としていることは確かであろう。たとえば、テオドラの性格について辛辣な非難を浴びせる際に、プロコピオスは彼女の職業を取り違えており、人口に膾炙していた娼婦たちの科白をまとめた書物からとった言葉を、テオドラの発言としている。加えて彼には、テオドラについて語る以上に、自身の好みや興味について語る傾向がみられる。

プロコピオスは性にいささかこだわりがあったようである。五三三年の北アフリカ遠征に続けて、ヴァンダル族の若い女性たちへの性の面での非難と思える記事があり、そのあと、自分の行動を仄めかしたうえで、強姦という悪業について読者に長々と説いている。テオドラに関していえば、ユスティニアヌスと同じく彼女も、人類を滅ぼす目的で人間の姿をとった悪魔だとプロコピオスは考えていた。プロコピオスによれば、テオドラは魔術のさまざまな文言を暗記、暗誦したという。魔女であるはずの彼女が、どうしてそんなことを勉強する必要があるのか明らかではないが、ともかくそう言っている。プロコピオスの主たる関心は、ユスティニアヌスと自分の上官であるベリサリウスが、反道徳的な生活を送る妻に支配される腑抜けであり、帝国の崩壊の責任者であることを示す点にあった(2)。

プロコピオスは、もちろんその場に居合わせたわけでもないのに、まだ子供だったテオドラが、仕事に出かける姉のコミトに付き従って、売春に足を踏み入れたのは確かだと述べている。テオドラはコミトの客以外なら誰でも相手にした。奴隷など下層階級の者たちにアナル・セックス――わけもなくプロコピオスを魅了したテーマだったようである――を提供するのをもっぱらとしていた。テオドラが思春期となり、独り立ちして舞台に立つようになると、才能の欠如が露わになり、そのため合唱隊に格下げされたとも言っている。プロコピオスの示唆するところでは、テオドラは高級娼婦という、性産業界の特別な地位に就くこともできなかった。とはいえ、彼女にはいたずらで愉快なところがあり、まもなく花形の喜劇役者となったようである。だとすれば、彼女の才能の欠如を述べているプロコピオスの記述は、額面通りに受け取らないほうがよいのかもしれない。

テオドラは舞台で「本領」を生き生きと発揮する一方、それ以外の時は、コンスタンティノープルの若者たちの相手をしていたという。これらの若者たちは従者を連れており、その点も、テオドラは身分の高い者には相手にされなかったというプロコピオスの説明と矛盾するように思われる。プロコピオスは付け加えて、テオドラは、若者たちを喜ばせるための穴を三つしかもっていないと嘆いたと述べる。実を言うとこの一節は、有名な娼婦に関する書物、プロコピオスもよく知っていたと思われる書物から借りてきたものである。さらに、テオドラは先手先手を打って、つねに客を喜ばせる新しい方法を考えており、男が近づいてくるのをただ待っているのではなかったとも伝えている。

避妊がまだ普及していなかった時代にあって、テオドラは仕事を続けるために繰り返し堕胎した。もちろん例外もあった。彼女はこの間に娘をひとり生んでいるが、娘のことをプロコピオスは述べていない。ところが、彼女に息子がいたという話は創っており、息子の父親は、テオドラが子供を殺すだろうと思い、生まれてすぐに母の手から取り上げたという。歴史家プロコピオスは続けて、父はその子をアラビア属州で育て、のちに息子は皇后となっていた母を訪ねてアラビアからやって来たが、それきり行方が知れないと記している(3)。プロコピオス版のテオドラ伝では、テオドラは五年ないし六年の職業生活のうち、二度の妊娠のため、かなりの期間仕事を離れていたことになるが、年代はいっさい挙げていない。しかし、それが彼女の舞台生活の時期とほぼ一致することは、次章で明らかになるだろう。
テオドラはたいそう人気があり、とくに鵞鳥を使った芸といった異色の出し物が好評だったとプロコピオスは言う。鵞鳥を使った芸が伝説の物真似芸であることはプロコピオスの叙述からも窺え、しかもテオドラは別の類の仕事に就いていたのだから、実際にはそんな芸は披露しなかったはずであるが、その点はおいておこう。実際、見たはずのないテオドラの見世物についての生き生きとした叙述を読むと、プロコピオスが暇な時間をどのように過ごしたのか、あれこれ推測してしまいそうになる。

劇場で皆が見つめるなか、しばしばテオドラは、観客の視線を集めつつ、服を脱いで裸になると、小さな布で胸と股を隠しただけで立った。胸や股を晒すことを恥ずかしいと思ったからではなく、局部を隠さず全裸で登場することは許されていなかったからである。このような恰好で彼女は舞台に仰向けに横になり、そのために雇われている助手たちが、彼女の秘部に麦粒を撒く。すると特別に訓練されている鵞鳥が、麦粒を一粒ずつ彼女の股から啄んでゆく。立ち上がった時、テオドラは恥ずかしげな素振りも見せず、自分の芸を誇るかのようであった。彼女は単に恥知らずであるだけではなく、恥知らずな芸を考えつくような女だったのである。(4)

プロコピオスがこの場面で描いている衣服は、私たちの言葉で言えば、ショーツとスポーツブラといったところであり、このような服装は、テオドラの時代や前後の時期のさまざまな著作に描かれている。
プロコピオスが書くにも書けなかったところをみると、テオドラは皇后になるやセックスを捨てたのであろう。テオドラが惹かれそうになった男が一晩で姿を消した話をプロコピオスは仄めかしているが、いずれにせよ、彼女はお気に入りの新しい趣味、つまり帝国を破滅させることで忙しかったとのことである。売春から足を洗おうとする女たちのために、テオドラは新たな道を開こうとしたとプロコピオスは言う。まわりの人々の人生を思うように創り変えて、しばしば上流階級のメンバーに恥をかかせようとしたとも言っている。彼女は危険な敵であっただろうが、名誉ある地位に引き上げてやった女性たちにはとことん尽くした。一番親しい仕事仲間は姉のコミトであり、他にも、テサロニケの競馬騎手の娘で、ベリサリウス将軍の妻となった女優のアントニナや、クリュソマロつまり「金髪」（女優のあいだではよくある名前）もいた。

　テオドラは目障りな男たちを始末することに疚しさを感じなかった。もっともよく知られている事例は、ユスティニアヌスからさまざまな計画のための資金を捻出する任務を与えられて、大きな権力を手にした道管区長官カッパドキアのヨハネスであり、もうひとりがベリサリウスである。ヨハネスの追放については、このあとすぐに詳しく述べることにして、ベリサリウスのほうは、指揮権を剝奪され、広大な所領も没収されている（第10章を見よ）。ふたりよりさらに運の悪い者は、宮殿内のテオドラの屋敷にある地下牢に閉じ込められて死を迎えた。ある高級司令官は、地下牢の真っ暗闇のなかで二年間過ごしたと言われている。もっとも、毎日何千人もの人が立ち働く宮廷で、どのように隔離したのか、疑問は残る[5]。

　プロコピオスが連発する毒舌は、特定の個人の名前を挙げる場合、少し注意する必要がある。彼の言い分には冷静な疑いの目を向ける必要があるが、その一方で、彼が創り上げた話には、単に政府のプロパガンダを冷笑している場合でも、何らかのそれらしい事実があったと考えるべき理由がしばしば存在する。たとえば、娼婦たちが新しい生活を見つけるのを支援したというテオドラの努力や、売春から足を洗おうという女性のために、コンスタンティノープルの対岸、ボスフォラス海峡沿いに設立したという触れ込みの更生施設を例にとってみよう。プロコピオスの手にかかると、女性たちは意に反してそこに留め置かれ、囲壁の上から飛び降りて逃げ出そうとしたとなる。この更生施設が存在したことは事実であるが、そこに入った女性たちが、本当に塀から飛び降りるという自殺行為をしたのか、またなぜそんなことをしたのか、私たちには知るすべもない。

同様の事例として、ユスティニアヌスが統治官たちの腐敗に関心を示さなかったとプロコピオスは伝えているが、まさにこの腐敗した行為を厳しく取り締まる法律に言及している史料も存在する。この史料には、地震のあとユスティニアヌスが各都市に与えた支援への言及があるのに対して、プロコピオスは、神の怒りを招き寄せるユスティニアヌスの異常な能力の例として、被災都市を列挙するだけである。プロコピオスはユスティニアヌス帝が帝国の金貨の品位を落としたと非難しているが、そのような金貨は現存しておらず、別の史料でも、彼は内乱のあと通貨切り下げ計画を断念したとある。プロコピオスは、ユスティニアヌスの母が、自分は悪魔と交わって妊娠したと言ったという話や、皇帝の頭部が夜中に身体を離れて宮殿をさまよう話を聞いたとも主張している。加えて、ずっとのちのことだが、皇帝に会いに来た修道士が、眼の前に「悪魔の大王」が見えると言って、玉座の間《ま》に入ることを拒否したことも伝えている(6)。

皇帝と修道士の会見に関する本当とは思えないような話はこれだけではない。エフェソスのヨハネスによると、修道士ゾーラは、反カルケドン派の集団への迫害は邪悪な行為だと説いて、ユスティニアヌスの怒りを招いたことがあった。皇帝がこの男をどう処分するのが最善か思案していると、神の怒りが下ったという。ユスティニアヌスは頭を「強打」されて正気を失い、身体は腫れ上がった。ヨハネスによればきわめて賢明だというテオドラは、ユスティニアヌスを隠して、ふたりの寝室係とふたりの医者以外に事態が知られないようにした。それから彼女はゾーラに使いを送り、ユスティニアヌスのために神に執り成してくれるよう頼んだ。その際に、夫が回復したなら、カルケドン公会議の敵を迫害することを間違いなく止めさせると、彼女は誓った。修道士の見た悪魔の大王というプロコピオスの記事は、ヨハネスの手になるゾーラ伝といった文献から採られた可能性が高い。というのも、ヨハネスの聴衆にとってこの話の肝《きも》は、神は自分たち反カルケドン派にあることの証明だったからである。これに対してプロコピオス版は、ユスティニアヌスは怪物であるという命題を証明しようとしているように思われる。同じく非カルケドン派に訴えかける物語なのに、ヨハネス版は、テオドラを称えつつもユスティニアヌスには手厳しいという立場がありうることを示しており、テオドラ理解にとっていっそう重要である(7)。

端的に言えば、プロコピオスは無から物語を創作するのではなく、自分の知っていることを脚色する、時には大幅に潤色するのである。場合によっては、話の一部だけを切り取ることもあった。テオドラは昔あばずれだったと聞くと、プロコピオスは彼女を世界一の売春婦であると描き出してもかまわないと思った。そしてまた、彼女が女優だったと聞くと、ストリッパーと呼ぶことにした。よく知られているように、テオドラは女優だったことがあり、金のために男と寝たこともあった。生まれ育った家庭を考えるなら、そのような道に足を踏み入れなかったほうが不思議である。しかし、同じような不幸の道に陥るまいとする女性を助けたいというテオドラの気持は、かつて生活の糧を稼いでいた手段について、彼女が今どう思っているのかをおのずと語っていることに、プロコピオスは思い至らなかった。

実際のところ、プロコピオスの一番の関心は、テオドラに関して言っていないことにあったのかもしれない。そこで、テオドラと同時代の女性たちが、ほぼ同じ時代の著作家によってどのように描かれているのか、比べてみるのも興味深いところである。皇后アリアドネ（四五〇頃〜五一五年）から始めよう。というのも、後半生のテオドラと同じように、彼女も大きな権力をもった女性だったからである。アリアドネは「いろいろな男と寝た」とは言われていない――母ウェリナとはまったく対照的である――が、最初の夫、皇帝ゼノをあまり愛していないとの評判であった。言い伝えによると、ある日、夕食のあと癲癇《てんかん》の発作で倒れたゼノを埋葬してしまったという。別の言い伝えでは、埋葬はゼノが我を忘れるほど酔っ払った時に、彼女がとった処置だったとされる。彼が目を覚まして、出してくれと叫んだ時、アリアドネはそのままにしておけと命じたと話は続く。他にも、ゼノが単独の皇帝として統治すべく、アリアドネとのあいだの子レオを殺そうとした時、アリアドネはよく似た子供を身代わりにして、本物のレオを教会に隠し、本物は聖職者になってユスティニアヌスの治世まで生き残った、という話も語り継がれている。またすでに述べたように、ウェリナの釈放に合意しなかったイルス将軍に向けられたアリアドネの怒りは、彼を亡き者にするために殺し屋を雇うほどであったという話もある。この暗殺計画の失敗が原因となって、ゼノの治世末期の重大事件であるイルスの反乱が生じたのであった。

政治的目的の暗殺というテーマは、プロコピオス版のテオドラ物語にもないわけではない。『秘史』においてプロコピオスは、テオドラが東ゴートの女王アマラスンタの殺害に手を染めたと主張している。アマラスンタが美人なので、ユスティニアヌスは彼女と結婚するために自分を離縁するのではないか、と恐れての行為だったというのである。しかし奇妙なことに、ゴート戦争の開始について記す際に、そのようなことはいっさい仄めかしていない。戦争の原因はアマラスンタを殺したひどく野心的な従弟であった、と言っている。こちらが事実であろう。確かにアマラスンタは殺されたし、彼女の殺害はゴート戦争の公式の開戦理由であった。プロコピオスが『ゴート戦史』に暗殺事件を記した時点では、この戦争は短期間で勝利すると思われていたのに、『秘史』を書いた時点でもなお続いており、テオドラの評判を落とすのに格好の話題だったのである。[8]

アリアドネの母ウェリナは、すでに生前から、人々のイメージでは魔女となっていたようである。しかし本人はキングメーカーを自認していたことは間違いない。彼女は夫のレオ一世よりかなり若かったし、娘アリアドネの夫ゼノのことは明らかに軽んじていた。だから彼女はゼノを帝位から追い、パトリキウスという名の愛人を帝位に就けようと決意したのであった。しかし事態はウェリナの望んだようには進まず、弟のバシリスクスが代わって帝位を掌握した。その際に、バシリスクスは前述のイルスの支援を受けておきながら、のちに彼を遠ざけたので、イルスはゼノの復位に大きな役割を果たすことに

図 2-1　皇后を描いた象牙の二つ折り銘板。当時もっとも有力な女性であったアリアドネ皇后（在位 474〜515 年）と考えられている。皇后は豪華な装飾のある衣をまとい、柱に支えられた貝殻型の天蓋の下で椅子に座っている。皇后の座は帝室顧問会議議事堂の皇帝の玉座と似ている。皇后は左手に十字架の載った球をもち、右手を広げて祝福を与えている。 Wikimedia commons

なった。ウェリナの追放後も、彼女の影響力が長きにわたって帝国全体に及んでいたことは、テオドリック大王も、気まぐれで手に負えないゴート軍を「東ゴート」に変え、みずからはイタリア王となる過程で気づくことになる(9)。

四六八年にヴァンダル族支配下の北アフリカへ攻め込むというレオの計画の背景には、ローマ皇帝ヴァレンティニアヌス三世の未亡人エウドクシアと娘が、四五五年のヴァンダル王ガイセリックによるローマ略奪の際に捕えられ、人質として北アフリカに留め置かれていたことがあった。ガイセリックはローマを攻撃した理由として、人質となっている女性のひとり、前年に夫ヴァレンティニアヌスが暗殺されたエウドクシアから、救援依頼の書簡を受け取ったからだと主張していた。この話は、ほぼ同時代の別の話、エウドクシアの義姉が、愛人が殺されたあと家庭内監禁とされた状態から救い出してもらうべく、アッティラに西帝国へ侵入するよう頼んだという話と非常によく似ている(10)。

これらの物語がどこまで本当なのかはともかくとして、重要なのは、教養ある人々が皇帝一族について信じよう、信じたいと思ったことを教えてくれる点にある。ローマの皇帝一族は、家族であろうがなかろうが、気に入らない者は殺せと命じる、個人的な利害をためらうことなく国家の利害に優先させる、それが事実だと彼らは考えた。教養人にとって、良き皇后とは、敬虔で控えめ、人類愛に満ちた存在であり、悪しき皇后とは貪欲で、節度がなく、性欲の強い魔女――あるいは悪魔の一味――に他ならなかった。ユスティニアヌスと結婚して以降のテオドラについて、プロコピオスが愛人をひとりも挙げていないという事実は意味深長である。テオドラは気に入らない人物を消すよう命じたというプロコピオスの主張は、それ自体ありえなくはない。プロコピオスにとって問題だったのは、この主張にぴったり当てはまる人物を見つけられなかったことである。この点は、のちほどみるように、テオドラに近い人々にとって厄介な存在であった、頑なな姿勢のローマ教皇の死に関して彼女が果たした役割にやや疑問があるだけに、興味深い。ちなみにプロコピオスは『秘史』において教皇の死に言及しているが、そこではベリサリウスの妻アントニナの名を挙げている[11]。

他人の行動を悪しざまに言う傾向はコンスタンティノープルの宮廷だけではなかった。そのような傾向は、西方宮廷の女性たちに関する多くの物語にも窺える。東西の宮廷社会で生まれた物語には、プロコピオスの話よりもいっそうおぞましいものさえあり、体制に不満をもつ者が政府のことをどのように語ろうとするのかを教えてくれる。その語り口はさほど洗練されてはいなかったかもしれないが、当時の言説であり、プロコピオスの罵詈雑言の真偽のほどを確かめるには、同じようなテーマに関する他の人々の発言と比べてみる必要がある。

イタリアから始めよう。五三六年に、当時ゴート族の支配者であったウィティギスは、イタリアからユスティニアヌスに手紙を書き、先頃亡くなったアマラスンタの娘マタスエンタと結婚したことで、間違いなく正統な支配を甦らせた、と伝えてきた。その際にウィティギスは、アマラスンタは共同摂政であったテオダハッドによって殺されたと言っている。プロコピオスは、ウィティギスがマタスエンタを凌辱したと主張し、さらにマタスエンタは夫を嫌っていたので、のちにゴートの都ラヴェンナをベリサリウスの軍に明け渡すのに協力したとも述べている。以上の点を示唆するのはプロコピオスだけではない。同時代の年代記にも、ウィティギスは「ラヴェンナに入り、マタスエンタを愛情よりも暴力で我が物とした」とある。性的暴行の話はユスティニアヌスには都合がよかった。ふたりの結婚式で読み上げられた称賛演説の一節は、他の記述に比べて、公式見解を強く仄めかしているが、だからといって王の結婚が凌辱でなかったというわけではない[12]。

これらの物語も、六世紀後半に北フランス、ピカルディ地方のソワッソンを中心としたフランク人の王国、その王妃フレデグンデをめぐる噂を記した著作と比べると色あせたものとなる。フレデグンデは、五六一年にクロタール王が死んだのち、フランク王国を分割した四人の息子のひとり、キルペリク一世の側室である。実のところフレデグンデは、キルペリクの寵愛を受けた召使いであったと話は展開する。最初の妻が死ぬと、ふたりは結婚したらしく、キルペリクがガルスウィンタという名の西ゴートの王女と結婚してからも、関係は続いていたようである。ガルスウィンタがキルペリクとの結婚に満足できなかったのも当然であろう。彼女は実家へ戻りたいと夫に告げた。キルペリクは妻の申し出に対し、死の宣告でもって応えた、と伝えられている。

この時点で、つまり五七五年のことだが、フレデグンデは正王妃として宮廷を支配するようになり、夫が兄と争って負けそうになった時、毒を仕込んだ武器を持たせた殺し屋を送り込んで、その兄を殺した。九年後、今度はキルペリクが一日の狩りから戻ってきて殺された。この時期のフランク人の歴史を記したもっとも重要な歴史家で、キルペリクを嫌っていたトゥールのグレゴリウスは、ひとりの従者が殺害行為に及んだと主張している。別の言い伝えによると、キルペリクは、予定より早く狩りから戻ったことが命取りになったという。髪を洗っている妻フレデグンデに背後から近づき、その背中を叩いたところ、フレデグンデは宮廷の高官、愛人のランデリクだと思い、大きな声を挙げた。「ランデリク、何をするつもりなの?」妻を深く愛していたキルペリクは、不倫をしているに違いないと取り乱したが、狩りに加わるべく戻っていった。フレデグンデはランデリクを呼び出し、夫を始末する時が来たと告げた。そこでランデリクは殺害を手配した、という話らしい(13)。

夫暗殺はフレデグンデの唯一の悪事ではなかった。彼女をよく思わないグレゴリウスによれば、殺害と拷問は、フレデグンデの重要な政治的道具のひとつだったという。グレゴリウスが不快感を露わに示す猛女は他にもいた。たとえば、キルペリクの兄グントラム王の妻は、夫が側室に産ませた子を毒殺したとか、キルペリクのもうひとりの兄カリベルトは、織物業者の娘と結婚するために妻を離縁したと述べている。グレゴリウスは、主教の未亡人で、男性のペニスを切るのを趣味とするという女性を登場させたりもする。このように見てくると、強い女たちのものとされる行為が性的な様相を帯びているのは、ごく普通のことだったようである。プロコピオスの描くテオドラもその点では少しも独創的ではない[14]。

もちろん、皇族のみが標的となったわけではない。たとえば、プロコピオスはテオドラを憎むのと同じように、アントニナをあからさまに嫌っており、『秘史』のかなりの頁を割いて彼女の不倫を詳しく記している。プリスクスという男——本章は彼の罷免から始まった——をプロコピオスは心の底から嫌っていたし、ペルシア人が内部の権力闘争に敗れた者を、「忘却の塔」に死ぬまで収監していたことにも衝撃を受けていた。この時代の詩人で歴史家のアガティアスは、哲学者ウラニウスが知識人を気どって、コンスタンティノープルでみずからの学識をひけらかしたと記している。ウラニウスという男は低俗そのもので、その講義に惹かれるのは、まともな教育を受けていない連中だけである。あの男の売り物は、神キリストの性質に関する一連の陳腐な見解であると言い、さらに続けて、ウラニウスは「造物主」の性質と本質について語ったと言っている。ウラニウス自身は特定の党派と結びついていなかったようであるが、当時のことなので、その議論はカルケドン公会議にも何ほどか言及していたに違いない。賢人と自称するこの男に対する長い弾劾文を書くというアガティアスの決断は、有力な宮廷官アレオビンドゥスがウラニウスをひどく気に入り、使節としてペルシアへ同行させたところ、ウラニウスがペルシアで他ならぬホスロー王を魅了したという事実と関係があるのかもしれない。明らかに、アガティアスよりウラニウスのほうに強い関心を示す人々がいたのであり、そのことがアガティアスを苛立たせたのである[15]。

アガティアスはアフリカからやって来たヨハネスという名の男もひどく嫌っていた。このヨハネスはユスティヌスという名の将軍の部下であった。ユスティヌスは、ユスティニアヌスの従弟ゲルマヌスの息子なので皇族であり、ヨハネスの出世は、おそらくユスティヌスとのつながりによるものであろう。というのも彼は昇進の梯子を、ユスティヌス将軍の親衛隊員の個人的な従者というきわめて低い段から昇っていったと思われるからである。ヨハネスはラジカ地方（トルコとジョージアの国境域の黒海沿岸）で勤務し、五五〇年代後半には補給将校であった。彼は、軍に食糧を供給するための資金をユスティヌスから預かって、スタッフを扶養すること、割増金を付けてその金を返却することを約束している。彼の手口は明白で、大切な物資を徴発すると村々を繰り返し脅し、必要な額を賄賂として受け取って、別の地域で購入するのに当てることであった。この方法で補給将校ヨハネスは大きな利益を上げたのだろう。彼の手腕を喜んだユスティヌス将軍は、その行為を止めようとはしなかった。アガティアスはヨハネスがどうなったのか語っていない。しかしこの男を抑えられなかったユスティヌスは、のちに罰せられたとはっきり述べている。ユスティニアヌスの後継皇帝――これまたユスティヌスという名前――によって殺害されたのである。皇帝ユスティヌス二世とその妻ソフィア、つまりテオドラの姪が、将軍ユスティヌスの首を宮殿で蹴り転がしたという話も、プロコピオスや同時代の著作家たちが好んだ噂話、根拠のない悪口のもうひとつの例である[16]。

アガティアスの描くヨハネス像は、もうひとりの帝国官僚、ユスティニアヌスに長く仕えた道管区長官、カッパドキアのヨハネスにかなり似ている。カッパドキアのヨハネス像は、これまたヨハネスという名のもうひとりの帝国官僚が伝えているが、こちらのヨハネスは、今日ではヨハネス・リュドスないし「リュディア人ヨハネス」と呼ばれている人物で、皇帝アナスタシウス（四九一～五一八年）の時代に出世した、道管区長官局のかなり高位の官僚であった。ヨハネス・リュドスにはのちほどまた言及するが、彼の『ローマ国家の官職』は、道管区において高潔という徳がすっかり失われたことを長々と嘆いている。善意に満ちた皇帝たちなのに、この点に限って監督不行き届きだというのである。リュドスの描くカッパドキアのヨハネスは悪魔の化身であり、首都周辺に駐屯する皇帝直属軍司令長官の部下付の秘書という、かなり卑しい身分からしだいに昇進して道管区長官の地位に就いた人物である。秘書という職務を果たすなかで、ユスティニアヌスの目にとまったようで、ユスティニアヌスは五三一年に彼を道管区長官に昇進させ、短い中断を挟んで五四一年までその職に留めた。道管区長官カッパドキアのヨハネスは、属州の人々を絞り上げ、金持ちを苦しめて喜ぶ一方で、執務室の下に地下牢を設けたり、自分の命令を実行させるさまざまの類の暴漢を雇ったりもした。そのひとりで、またまたヨハネスという名のひどく肥った男は、リュディアの統治を任されると、上流階級の富を狙って、逮捕・拘留・鞭打ち・殺害を繰り返した(17)。

カッパドキアのヨハネスの悪行は公的な職務に限られなかった。リュディアのヨハネスによれば、自分と同名のこの男は、毛を剃った少年や娼婦と一緒に入浴することを好むような、ひどくふしだらな男だったという。カッパドキアのヨハネスの放蕩はあまりにもひどく、顔面蒼白の様子を見ればひと目でわかるほどで、酒を手にしていない姿を見かけることはめったになかったとも言っている。ヨハネスを乗せた籠を担いでいた者たちは裸だったようで、彼は周りに集まってくる娼婦たちと公然とセックスをすることもためらわなかった。その一方で、あまりにもたくさん食べるので、毎日繰り広げられる乱痴気騒ぎでは、しばしばいったん中座して吐いていた。やはりカッパドキアのヨハネスを嫌っていたプロコピオスは、少し異なる像を伝えて、禁欲の聖職者の服装をしたこの隠れ異教徒は、不眠症に悩まされ、魔術師に助言を求めたと仄めかしている(18)。

この時期には、気に入らない官僚に厳しい言葉が向けられただけではなく、政府の構造そのものも標的となった。それもさほど驚くべきことではなかったのかもしれない。というのは、リュディア人ヨハネスのような人々は、上司について不満を言う時以外は、公文書の草案を作成していたからである。リュディア人ヨハネスがカッパドキアのヨハネスに対して消えることのない憎しみを持つきっかけとなった法律――後者の官庁で作成され、ほぼ間違いなくカッパドキアのヨハネス特有の方式がみられる法――は、対価を支払って政府のサービスを受けることは、国家の活動に欺瞞的な影響を与えるので止めるべきであると定めていた。「なぜなら」、とこの法は言う、「[個人的な致富のために] 行政官があらゆるものを売りに出すのを見れば、誰もが刑罰を受けずに、奪ったり、盗んだりするようになる」からである。盗人たちは、正義が買えることをよく承知しており、その結果「殺人、姦通、窃盗、暴行、処女強姦、公的集会の妨害、法と行政官への軽蔑が生じる。」すべての者が、最下級の奴隷のように、自分たちは物々交換に出されていると考えるからである。カッパドキアのヨハネスは、リュディア人ヨハネスのような国家官僚の余得となる金を諸悪の根源とみていた(19)。

ここまで見てきたことの大半は、額面通りに受け取るべきではないだろう。しかし、これらの人物像にどの程度の真実味があるのかはさておき、そこには共通の特徴がある。リュディア人ヨハネス、プロコピオス、グレゴリウス、アガティアスは皆、伝統的な教育を受けてきたエリートであり、生まれ育ちや高度な教育のおかげで民事行政の重要な地位に就いたと信じている者たちであった。彼らは揃って、よそ者とみなしていた連中がのさばってきたことに憤慨していた。ウラニウスが無礼だと言われたのは、彼が強調する己の学識、それを語るにふさわしい生まれ育ちではないためであり、カッパドキアのヨハネスの場合は実に簡単で、貧民街の生まれだったからである。

リュディア人ヨハネスは、ラテン語以外の言語で法令を発布するようになると帝国は滅びるだろうという託宣を二度引用している。まさにカッパドキアのヨハネスが行なっていることであり、ラテン語で法を発布するという長年の伝統が絶えたのは、ユスティニアヌスの時代であった。エフェソスのヨハネスは、その下手なシリア語の文章からみて、少々かじっていた程度のギリシア語はいうまでもなく、母語においてもさして読み書きに優れているとは思えず、高い教育を受けた人々にとって我慢ならない存在の筆頭であろう。確かに、このヨハネスは、読み書きもままならない、それどころか財産もほとんどない一家に育ったと、悪びれた様子もなく述べており、六歳の時に両親によって修道院に入れられたことも公表している。エフェソスのヨハネスは、テオドラと個人的な面識を得て、主教として帝国統治を担うようになり、これ見よがしの残虐行為の責任者だったらしい。それにもかかわらず、宮廷について記す時は部外者の視点に立っている。彼はユスティニアヌス周辺の大部分を、テオドラの側近はともかくとして、ほぼ親カルケドン派つまり異端とみなした。その一方で、ゾーラをはじめとする修道士を英雄と描いているところをみると、完璧な読み書き能力が、救いの道にとって不可欠だとは考えていなかったこともわかる。

メソポタミアの反カルケドン派集団の指導的人物であったテッラのヨハネスは、聖職の候補者に読み書き能力の試験をするという新たな手続きを制度化した。この措置は、彼が育った世界について多くのことを語っている。確かに、その世界はプロコピオスやアガティアスにとって居心地の良い世界ではなかった。コンスタンティノープルでも西方世界でも、政府の内外において、人々が自己表現に熱心だったのは、不安定な状況と激しい競争の現われであった。支配下の民衆の目をこちらに向けさせようとして、国家が教会と競うようになり、軍事・行政・教会の各分野の個々人が、出自が大きく異なる人々に対して、みずからの権威を示そうとしていた。権力への道はひとつではなかった。そして、そのことが争いをますます激しいものとしたのである[20]。

プロコピオスのような人間が語らないことから、テオドラに関する事実をいくつか知ることもできる。たとえば『秘史』の行間を読むと、五四二年に重大な伝染病がコンスタンティノープルを襲い、みずからの権力、夫ユスティニアヌスの帝位を脅かす大きな危機に見舞われた時、テオドラがどう対処したのかがわかる[21]。

しかし、以上のすべてを通じてもっとも印象的なのは、議論の性格、つまり政権内部と外部、体制派と反体制派のあいだでのあからさまな反感である。教育が自分たちの高い地位を保証していると考える者たちと、教育は重要ではない、素朴な敬虔さゆえに神が自分たちを最高の地位につけてくださったと信じる者の対立ということになる。後者の見解では、プロコピオスやリュディア人ヨハネスではなく、敬虔さに満ちた者こそが、テオドラやユスティニアヌスに近づけるのである。これらの物語の真偽のほどはともかく、そこには流動的な世界の言説が読み取れる。人々が自分自身の地位に不安を抱き、自分たちの価値観はもはや通用しないのではないかと恐れた世界である。つまるところ、それは喜劇女優が皇后となれるような世界であった。

五三六年一月、ユスティニアヌスは、新コンスルの就任を祝ってコンスタンティノープルで催される六つの行列に関する規定を公布した。その規定によれば、五番目の行列は「ポルナエの劇場と呼ばれている施設へ向かう。そこでは喜劇・悲劇・音楽劇が上演され、観客の耳目を楽しませるあらゆる見世物が行なわれている。」ポルナエとは本来「売春婦」という意味であるが、ここでは女優の一団を指している。だとすると、エフェソスのヨハネスがテオドラの出自を語る際にポルネイオン（古典ギリシア語の売春宿）という言葉を用いたのは、彼女の女優としての過去に言及したものとみなすこともできる。

舞台での生活を性的な不品行と同一視しているのは、五三六年の法だけではない。すでにそれ以前のユスティニアヌスの法令も、いったん舞台を退いたあと復帰した女性は「不貞」の罪を犯したのであり、女性に結婚の自由を認めている法の保護を受けることができない、としていた。ユスティニアヌスがテオドラと結婚したのちに作成された文書にみられる、このような文言に加えて、ユスティニアヌスとテオドラの結婚を認めた五二一／二二年の法も、テオドラのような、劇場に関わる職業生活を送ってきた少女に求められる身の振り方を語っている。不愉快で酷い推定ではあるが、彼女の複雑な十代の日々を理解する手がかりとなる。[1]

テオドラが女優であったこと、さらには「物真似女芸人」——コメディーと呼ぶべき芝居の女優を意味する——であったことにも疑問の余地はない。女性が出演できるのは喜劇だけだったからである。もしテオドラに舞台歴がなかったなら、プロコピオスは、彼女が喜劇女優であったと言う必要も、鵞鳥を使った有名な芸をでっち上げる必要もなかったであろう。そのようなことはすべて省いて、テオドラは売春婦だったと端的に言ったはずである。姉やふたりの親友が女優であったことも合わせると、テオドラはコンスタンティノープルで育った時代の少なくとも一時期、このような世界に出入りしていたと考えてよいだろう。

女優が売春婦と呼ばれたのは、ローマ帝国を動かす者も含めて、男たちがみるからに自立した女性に抱きがちな相反する感情を表わしている。自立した女性は注目を集め、その振る舞いを通じて男たちの情熱を掻き立てたであろう。男たちのこのような反応はなんら目新しいものではない。何世紀にもわたってそうであった。帝国が今やキリスト教国家であるという事実も、身分制の世界にあって、自立した女性に男たちが魅了されることを変えるものではなかった。

家庭に留まる女性、子供を育て、家事をして、男たちが求める役割を果たす女性は、みずからの義務を果たすことで尊敬された。テオドラ時代のコンスタンティノープルでもっとも崇敬された女性は、もちろん処女マリアであった。女性は教会や地方政府の後援者として、卓越した地位を占めることができた。そのような女性を称えて、肖像が目立つ場所に飾られた。女性たちは聖人として、殉教者として称賛された。今や聖人となったヘレナ、コンスタンティヌス大帝の母は、自身ほとんど足を踏み入れることもなかったコンスタンティノープルにおいて称えられ、多くの肖像が建てられた。トルコ南部でもっとも有名な聖地は、聖パウロに感化されてキリスト教徒となり純潔の誓いをした、気丈な若い女性テクラを祀る霊廟であった。当時広く知られていた逸話によると、テクラは処刑吏の手を何度も逃れるなど、多くの奇蹟を起こしたという。皇后という存在もまた同じように崇敬の対象となった。確かに、コンスタンティノープルの政治世界は、公式の場でも、おそらくは宮廷の奥深くにおいても、君臨する皇后アリアドネによって動かされていた[2]。

「尊敬すべき」女性とは、きっぱりと性を捨てて生きた女性たちであった。テクラがキリスト教徒になって行なった最初のことは、母が取り決めた結婚の解消であった。テオドシウス二世の姉で、きわめて大きな力を持った前述のプルケリアは、純潔を貫くと公けに宣言していた。加えて、彼女の有力な従者の多くは宦官であり、男性機能をもたなかった。同様に、晩年のテオドラが頼りにした男も多くは、少年の頃に去勢された者であった。当時の人々は、去勢手術をすれば息子は皇帝に仕える地位に就くことができ、しない場合よりはるかに出世できると思って、進んで若い息子を去勢させたのである。確かに、期待通りになることも多かった。知られている限りでは、宮廷の有力宦官の大部分が卑しい出自の者であったことも、それを語っている。去勢は帝国本土では公式には非合法だったので、宦官のほとんどが国境地域の農村部出身であった。これらの少年の両親は、進んで息子の身体を売ることが、結果的にその子の将来につながると考えたのであろう。六世紀ビザンツ帝国の観念の世界では、名声は貞節を必要とし、権力は名声を必要としていた。

女優は修道女とは正反対の存在であった。テオドラが得意にしたという鵞鳥を使った出し物に関するプロコピオスの記述は、性的な描写という点では、古代の読者を驚かすほど新奇なものではなかっただろう。むしろ動物を使った無言の所作や、通常よりも露出度の高い女性の服装――男性芸人なら、それ以上に露わな服装もあった――のほうが衝撃的であった。多少とも露骨な性的題材の表現・演技は、とくに無言劇、すなわちテオドラが行なっていたような演目ではごく普通であった。

確かにプロコピオスの表現はえげつなく、偏見に満ちているが、テオドラが職業に就いた経緯について有益な情報を与えてくれる。彼女は姉コミトの助手として仕事を始め、単独の役に就くまで合唱舞踊隊の一員であったと、プロコピオスは言う。少女が大人へと成長する過程は、確かにそのような道だっただろう。テオドラの経歴から、彼女の両親についてもある程度のことが窺える。両親は、娘たちができるだけ早く家を出て、自活することを望んでおり、自活に必要な生活費の一部が、娘たちとの性交渉に男が払う金だったとしても、それほど悩むことはなかったと思われる。テオドラの家庭は愛に満ちたものではなかったかもしれない。テオドラ姉妹はたいていの場合、お互いを話し相手としていたようである。姉妹の母はかつて舞台の仕事をしていたので、娘たちの将来がわかっていたはずである。まずは見習いの期間、その時期にはダンス教師のもとで修行したかもしれないが、稽古の一部は母がみずから付けたと思われる。続いて、その他の芸を順次習得してゆく。芸人をめざす者が「一人前」になるのに五年かかったであろう。テオドラの修業は十歳の頃に始まったようである。芸人たちは十代の後半になって舞台に立つようになったらしいことが、さまざまの史料からわかっている(3)。

舞台での役が務まるほどの年齢になると、テオドラも男女の役者を抱える劇団に加わっただろう。芸人たちの演目は、手のこんだ衣装や伴奏を必要としており、外国人や異教の神々をからかう笑劇、人気を集めたテーマである姦通を扱うお決まりの劇から、血腥《ちなまぐさ》い手足切断に終わる演劇や教会制度を馬鹿にした劇——ある時期、聖なる処女たちはとくに滑稽な存在とされたらしい——まで、バラエティに富んでいた。多彩な演目に加えて、筋書きが広く知られていることも重要であった。古代世界の特徴である大きな劇場と大勢の観客のもとでは、微妙な演技は俳優の見せ所ではなく、観客が望んだのは、以前に見た舞台を憶えていて、登場する男女の俳優がする芝居がある程度わかっていることであった。笑いはかなり即物的なものとなり、テオドラのほぼ同時代のある人物は、物真似芸人は互いに棒で叩きあうと言っている[4]。

　無言劇の劇団はかなり大所帯だったようである。紀元二世紀のローマの劇団には約六十人の団員がいたらしい。劇団について有益な情報を与えてくれるプロコピオスは、役者たちは端役から順に重要な役へと昇格してゆくと述べている。テオドラは合唱舞踊隊から始めて単独芸に至ったという、プロコピオスの紹介は推測に過ぎまい。というのは、それが芸人の職業活動の順序であったことは当時の常識だったからである。合唱隊の一員であったテオドラは、インドの海岸に流れ着いたカリティオンという女性の物語をドラマ化した劇に出演したかもしれない。この劇の主役らしきカリティオンの兄が道化師を伴って妹を助けにやってくる。カリティオンが住んでいた月の女神の神殿から一行が逃げ出すに際してドタバタ騒ぎがある。そこへインドの女猟師に扮した合唱隊が弓矢をもって登場し、ちんぷんかんぷんなことを口走る――もちろん現地の言葉を喋っているつもりである――、それから道化師がインドの王にしつこく酒を勧め、王は酔っ払いの踊りをする。現存する台本には、合唱隊が歌って踊ると音楽が流れてくる、というト書きがある。カリティオンは、上流階級の高潔な娘にふさわしく、立ち去る際に神殿から盗み出すことを拒否する。道化師は大きな屁を何度もする[5]。テオドラは十代半ばに、このような見世物から芸歴を始めたと想像してよいだろう。

　姦通という主題は劇の演出に多くの余地を与えた。早くも前一世紀後半に、間抜けな夫、賢い若者、その若者がベッドに誘おうとする女性を配役とする筋書きが広がりつつあった。紀元一世紀の終わりには、これらの劇のお決まりの場面がいくつも出来上がっていた。そのひとつは、若い恋人が箪笥のなかに隠れるが、窒息しそうになって、夫がまだ部屋にいるうちに出てきてしまうというものである。その間に、端役が出たり入ったりして事態を混乱させる。最後は全員が裁判所送りになってしまうという筋書きもある。テオドラと同時代の人物は、無言劇を擁護する文を書いて、とことん真面目な人は無言劇

図3–1　517年のコンスル、フラウィウス・アナスタシウスの二つ折りコンスル銘板の左パネルに描かれた踊り子と女優たち。左側の女性像は無言劇女優で、テオドラも舞台に立った時、このような服装だったのだろう。© Erich Lessing/K&K Archive/ アフロ

が不倫を助長すると非難するかもしれないと認めつつも、次のように言っている。そのような考えは馬鹿げている。なぜなら、不倫をしても必ずばれるからである。このようなお芝居から学べる有益なことは、事件をどのように裁判所へ持ち込むかであり、捕えられた者が有罪を宣告されることである。

代表的な「不倫劇」では、主役は身持ちの悪い妻、必ずと言ってよいほど間抜けな夫よりずっと年下の妻の、夫を欺く努力が話の中心である。このテーマの変種として、妻が若いハンサムな奴隷を誘惑する劇もある。これらの劇では、主役の女性はかなりおぞましい性格とされており、時には言うことを聞かない高潔な奴隷を虐待したりもする。このテーマの劇で、今日まで伝わっているある台本では、アイソポスという名の奴隷が、もうひとりの奴隷アポロニアに首ったけで、

女主人の口説きを拒否するところから始まる。女主人はふたりを殺すよう命じるが、次の場面で、神様がふたりを釈放したと告げられてしまう。アポロニアが再度捕まると、死んだふりをしたアイソポスが運ばれてくる。この時点で新たな人物が登場する。もし女主人が夫を殺したなら、彼女と寝ようという奴隷である。劇はアポロニアとアイソポスが無事な姿で現われ、主人も自分を殺そうと企む妻の手を逃れるところで終わる(6)。

キリスト教的なテーマは、伝統的な主題とはかなり異なっており、ずいぶん違った扱いを受けていたようである。キリスト教の視点からは、劇の筋書きは、やがて殉教者となる登場人物の突然の回心を含むのが理想とされた。事実、カトゥルスという名の作家——愛を歌う前一世紀の有名なラテン詩人のことらしい——の作とされる、ラウレオルスという名の盗賊に関する有名な劇には、十字架刑で終わる改訂版がある。この劇は、ローマのもっとも冷酷な皇帝のひとりであるカリグラが殺された日に、ひどい流血の事態があったとする演出をはじめ、奇怪で吐き気を催すような話もいくつか含んでいた。ひどい流血沙汰はのちになって、カリグラの獣のような性格の象徴、その暗殺の予兆と理解された。別の皇帝を対象とした同様の劇は、実際の十字架刑を含んでいた。多分、これらの細部描写のいくつかは、「実話劇場」のような極端なかたちではないとしても、物語が殉教で終わるよう「改善された」キリスト教版にも残されたであろう。他のテキストから、時には修道女役も登場したことが窺える。近年になって、テオドラ時代の劇の台本の一部が見つかった。そこでは登場人物がキリスト教の聖職者とされており、その一方で、棒で叩かれ、娼婦であると告発される人物も登場する(7)。このような物語は、おそらくは主教から不満が出たことで、しばしば上演禁止となった。

ひどく淫らな筋書きや演技に関して主教は抗議し、その主張を押し通すこともできた。テオドラの鸞鳥の演技のようなものは、ほぼ間違いなくコンスタンティノープルの主教が即座に上演禁止としたであろう。しかしたいていの場合、主教たちは不満を表明するだけで、それ以上の行動はとらなかった。皇帝も大衆娯楽を禁止しようとはしなかった。演劇は民衆の好む見世物であり、それゆえ社会秩序を維持するのに重要だと考えていたのである。劇場の閉鎖は、この秩序を崩壊させる暴動を招くかもしれない。実際、しばしばそのような事態に至っている(8)。

聖職者による非難はほとんど効果がなかったが、当時の人々が劇場で目の当たりにしたことをそここそ教えてくれるという理由で、今日では重要な史料である。これら記録の残っている非難のなかでもっとも興味深いのは、アンティオキア主教のセウェルスの発言であろう。芸人としての活動を終えたテオドラの人生に大きな影響を与えた人物、のちにテオドラの口利きで復権した人物である。テオドラがコンスタンティノープルで舞台に立っていた頃、セウェルスは会衆を導くために、踊りがもたらす罪悪を説く聖歌を創った。諸君はロトの妻の運命に注目すべきである、と彼は激しく非難する。ひと目ソドムの町を振り返っただけで、ロトの妻が塩の柱になったのだから、コンスタンティノープルで上演されているような見世物を見る者は、必ず恐ろしい災難に巻き込まれる。「何度もくるくるとまわり、狂ったように舞う下品な踊りを見て、深い闇のなかにいるように、心のうちで思いさまよう」者たちは、「恐ろしい天使が頭上に現われて、突然我が身をこの世から運び去ってゆく［のではないか］」と恐れるべきである。実際、そのようなことは「しばしば生じた」。しかも彼らはそのあと、神の裁きの席に立たねばならないのである。セウェルスはあらゆる種類の見世物にも反対である。人々の感情を掻き立て、神について考えさせなくなるからだというのである。なお悪いことに、人々は戦車競走に歓声を挙げ、「運命の女神《フォルトゥーナ》」のような異教の神々に祈りさえする。セウェルスに言わせれば、古きカナンの悪徳は、今も淫らな劇場に息づいている。「この問題について、改めて何か言うことはないのか」との質問を想定して、「いいえ」と答えたとセウェルスは語る。私の言うことを聞いてほしいと願うのみだというのである。[9]

セウェルスの見解は彼ひとりのものではなかった。少し年長で、主としてエデッサ（今日、南東トルコのウルファ）で活動していたヤコブは、この問題についてかなり長い著作を書いた。セウェルス同様ヤコブも、劇場の常連との議論というかたちで見解を表明している。彼が論じるのは、男の踊り手がひとりだけで神話の物語を演じるという「高級な」形式の無言劇についてである。常連の観客は言う。「だったらどうだと言うのだ？　これらの劇はただ楽しむためのもので、見ること自体は異教信仰ではない。私はキリスト教徒だ、踊りを見たからといって突然異教徒になるなんてありえない。踊りを楽しんでも、神を信じていることに変わりはない。」これに対してヤコブは答える。「泥の風呂に入って汚れない者がいるでしょうか。……踊りを愛してはいけません、それは淫蕩の母です。」セウェルスにとって、あるいはもうひとりのテオドラの同時代人、ガザのコリキウスにとっても、問題は、人間は見たものに同化するのか、それとも行なったことで決まるのかであった。まさにプロコピオスがテオドラを非難する際に持ち出した論点そのものである。[10]

セウェルスとヤコブは、観客の魂に主たる関心があったと思われるが、ふたりは、ある種の人々が舞台での芸によって多額の金を手にしていたことも見逃さなかったようである。すでに三九三年に、時の皇帝テオドシウス一世は、女優は宝石をちりばめた金の服を着用してはならない、緋紫の衣をまとって歩き回ってはならないと命じていた。それ以外の高級絹織物や、飾りのない金色の服は身に付けてもかまわないともしており、女優に皇后を思わせるような姿で歩きまわることを禁じた規定である。アンティオキアでは、ペラギアという名の有名な女優に関する次のような話が広まっていた。ある日、ペラギアが驢馬に乗り、金・真珠・宝石で全身を飾り立てて、揃いの金の頸飾りをかけた少年少女のお供を従えて通りかかったところへ、主教が近づいてきた。彼女はとても美しかったと言われており、しかも娼婦であった。少しのちにペラギアが主教座教会の傍を通った時、主教の説教が聞こえてきた。突然、己の罪に対する後悔の念に打たれて、彼女は改宗を決意した。もっと下層の芸人でも、エジプトに残っている契約書は、大都市アレクサンドリアから遠く離れ、アンティオキアやコンスタンティノープルの栄華にも与れない旅芸人ですら、平均以上の収入を得ていたことを示している[11]。

テオドラが一座のなかで出世できたことは、彼女の覚悟と才能を語るものであり、女優として有名になったというプロコピオスの記述が正しいことを思わせる。この時期のテオドラは良き仲間をもっていたようである。間違いなく後半生の友人であったクリュソマロもそのひとりである。しかし、テオドラが働いていたのは激しい競争の世界であり、勝者には確かにそれなりの利益があるが、誰かが成功すれば、その分誰かが損をする世界であったと思われる。俳優たちのあいだで、あれこれの嫉妬や不満に煽られた争いがあったに違いない。のちにテオドラ自身も、恨みを抱えた恐ろしい敵対者となった[12]。

愛人をもつことから得られる金で収入を補うという、十代のテオドラがしたもうひとつの決心は、必要に迫られての選択ではなく、どちらかといえば、そうする機会があったからだと思われる。すでにみたように、プロコピオスが有名な娼婦たちに関する書物から借用して脚色した『秘史』の記述、たとえば、自分の乳首がペニスを受け入れられるほど大きな穴をもっておればよいのに、そうすれば五つの穴を使える、とテオドラが言ったという主張などは、かなり貴重な情報を含んでいる。プロコピオスはテオドラの客がかなり裕福であったと考えており、テオドラは毎晩のように、これら身分の高い男たちが果てたあと、その従者たちとセックスをしたと述べている。彼女が自分自身の居場所をもっていたこと、街路で商売をしていたのではないこと、ある程度自立した存在であったらしいことなどを示唆する細かい情報である[13]。

この時点におけるテオドラの境遇は、古代から現在まで、他の時代にみられる女性と異なるところはない。彼女も、この世界で自立してやってゆく女性であり、性産業で働くよう売られたり、強制されたのではなく、みずからその道を選んだ女性である。古代には、若く活発な玄人女性に惹かれて、喜んで金を出してくれる、満足や贅沢も与えてくれる男たちがいただろう。そのような男たちのなかには、国家の最高の地位にある者もいた。皇帝ネロは、母やふたりの妻を殺すなど、女性に対するおぞましい行為で有名であるが、彼の葬儀を取り仕切ったのは、ともに十代後半だった頃からの愛人である解放奴隷のアクテであった（ネロの母は、宮殿の宝物がアクテの家へと持ち去られたのが不満で、息子との関係がこじれてしまった）。テオドラがユスティニアヌスと出会ったのは、人生のこの段階ではなかった。もしもそうだったなら、多くの者が憶えていたはずである。ふたりの出会いは、テオドラの生涯のもっとのちの時点だとすべての者が認めている。ただし、彼女はそれ以前に、ビザンツ社会の最上層に属する愛人を何人かもっていた。

　テオドラは自分自身の生き方を強制されたわけではなかったらしいが、売春を強要された女性たちと同じように、無力感や、罠にはめられたという思いに悩んでいたようである。彼女は贅沢な生活を送っており、そのため、愛人に依存するという悪循環に陥っていた。現代の性産業に身を置く女性の多くとは異なり、テオドラは、仕事を断念するという条件付きではあったが、これまでの不安定な生活から自分を解放してくれると確信できる、安定した関係に入ることができた。ずっとのちになって彼女は、性産業に身を落とすことがもつ意味について深い理解を示すようになる[14]。

　たとえテオドラが次々と愛人を変えたのではなかったとしても、そうに違いないと受け取られていたようである。そのことも、彼女が罠に陥ることになる一因となったのかもしれない。ユスティニアヌスとテオドラの結婚を認めた法からも明らかなように、一般に女優はふしだらな女とみられ、上流階級の者とは結婚できなかった。三〇六年から三三七年まで帝位にあったコンスタンティヌス一世が、自堕落とみなされる職業女性のリストを提示していた。その後、貧困は名誉ある状態でありうるとして、マルキアヌス帝が法を修正し、単に貧しいだけの女性はリストから除外された(15)。テオドラが自堕落な人間の範疇に含められた理由が、プリスクスやプロコピオスなどによるスキャンダルのばら撒きだけではないことは、女優の経歴を捨てて、帝国官僚の内縁の妻になったという事実によって確認されるだろう。そもそも彼女には他の選択肢もあった。母は同じ娯楽産業の男性と結婚しており、ガザのコリキウスが主張するように、男優と女優の結婚はしばしばみられることであった。その点は、二十一世紀でも六世紀でもそれほど驚くべきことではない。テオドラは早くから別の世界へと移りたいと考えていた。母のようにはなりたくなかったのである。

テオドラの時代よりずっと以前から、みずからの選択の結果として、大きな力をもつようになった女性が多数いた。その実例として先にアクテの場合をみた。二世紀後半のローマのマルキアも、上流階級の男と数々の不倫をした末にコンモドゥス帝の愛人となり、ローマ国家に大きな影響を与える存在となった。一九二年大晦日《おおみそか》の夜のコンモドゥス殺害を手配したのは彼女であった。また、皇帝ウェスパシアヌス(六九～七九年)の妻が死んだのち、長きにわたって同皇帝の愛人であったアントニア・カエニスは解放奴隷であった。かつてなら、マルキア(あるいはテオドラ)のような存在――みずからの家庭と雇い人をもち、顔も見たくない者は出入り禁止にできる女性――は、ラテン詩人の恋愛詩の主人公であっただろう(16)。

六世紀のコンスタンティノープルには、このような女性が、前章で言及した歴史家でもあるアガティアスや、そこそこ重要な地位にあった宮廷人パウルス・シレンティアリウスのような著作家の詩のなかに登場する。アガティアスは述べる。

愛という道をどのように歩くべきか？　街角に愛を探すべきか？　それなら、黄金や贅沢品に対する少女の愛——そのために汝は金を使う——に用心せよ。ただし名門の娘には手を出すな。彼女をベッドに連れ込みでもすれば、結婚しなければならなくなるだろう。他人の妻にも手を出すな。後家ならいいかもしれないが、後家さんは、気まぐれの愛か、セックスにまったく興味がないかのどちらかである。もちろん、汝の奴隷は避ける必要がある。そんなことをすれば、汝はみずからの従者の従者になるだろう。もし他人の奴隷に手を出せば、最後は法廷に立つことになり、良いことは何もないだろう。

アガティアスはここで自分のような男たち、つまり金があり、出世したなら結婚相手の選択枝が狭くなるとしても、政府内部での昇進を優先する男たちに語りかけている。たとえばヨハネス・リュドスは、五一一年に道管区長官であったゾシムスのお眼鏡に叶ったようで、ゾシムスはリュドスのために盟友の娘との結婚をとりまとめた。その際にリュドスに対して、その娘は気立てが良く、持参金がたっぷりついていると言っている。リュドスの将来の妻について、ゾシムスが言うべきことはそれだけであった。(17)

すべての女性が夜を家庭で過ごすか、パトロンの言うがまま、ただじっと待っていたわけではなかった。古代の詩人たちが助言するように、テオドラのような女を扱うためには、男はある程度自制心を捨てる覚悟が必要であった。自分は文句なく見栄えがよく、魅力的だと思っていても、それが何だというのだ？　あの女は間違いなく自分のものだとお前が思っても、それがどうしたというのだ？　彼女に悟られたなら、お前のほうが彼女のものになってしまうだろう。昨日まできわめて自信満々だった男が、今日は愛人の玩具になっている。[18]このような情念が表現される詩的な言葉は、典型的な決まり文句らしく、特定の個人の感情について伝えているものではない。にもかかわらず、時代の雰囲気を私たちに教えてくれる。出会いがあっても、けっして結婚相手とはならない女性について、人々が何を考えていたのかを教えてくれるのである。

これらの男たちは何よりもセックスを望んでいたが、それだけではなく、ひと時だけでも愛をめぐる戦いに勝ったと感じたかったのである。しかも愛人は男が望むことをよく承知していた。「私は彼女の乳房を手にしている、私たちは口を重ねている、私は彼女の銀のように白い首のまわりを愛撫する。しかし私は彼女をそっくり我が物としていない。」愛人が性交渉を持とうとしないと、パウルス・シレンティアリウスは書いている。アガティアスは、アリアドネという名の女優の姿を、その声は芸術の女神ムーサたちもかくや、その美しさは美の女神アフロディテをもしのぐと描写している。アリアドネは私のものだった――少なくともアガティアスはそう言っている。パウルスは、ダナエのベッドに入るために、ゼウスは黄金の雨に変身したという物語がようやく理解できた、と言っていた。

さあ、わかっただろう、肝心なのはそこである――恋する男は愛の女神に祈る必要はない。お金で充分なのである。やはりテオドラと同時代のマケドニウスも、金は愛の女神の蜜を集める働き蜂だと明言していた。宴会などの集まりでの出会いを思い描いていた詩人もいただろうが、たいてい詩人は孤独を好んだ。詩人に言わせると、彼が求める女性には選択の自由があった。ガラテアは昨夜私に対して扉をぴしゃりと閉めた、とパウルスは言い、それが彼をますます燃えさせた。会わずにおこうとしても、できなかった。それから、ライスが彼を愛し、彼女は泣いていた。なぜか？　捨てられるのではないかと恐れていたのである。それが男というものであった。[19]

パウルスの描くガラテアが彼を追い返したのは、見下されたからである。階級という要素がパウルスの著作に入り込んでいる例は、これ以外ほとんど知られていないし、同時代人の著作にもほとんどない。男たちはたいてい愛を探し求めているが、愛人は対象にすぎず、貴重で楽しくはあっても一個の人間ではない。男の視線は自己中心的である。彼女が我が物となれば素晴らしいだろう。もちろん彼女にとっても素敵なことだ。どうしてパルメニスは私から逃げて他の男を求めるのか？　そうとも、それが彼女にとって素敵なことだろうか？　そんなことは問題ではないのだ。彼女はどう感じるだろうか？　それも問題ではない。彼女は女神だと思われているだけである……。しかし時には「対象」が豹変する。ポレモがロダンテをぶちのめす。パウルスはここでも次のように書いている。「まったく大胆な手よ、どうしてそんなことができたのか？　お前は彼女の髪を掴み、彼女を引きずり回した。さあ、手よ、私はお前で私の頭を叩く。彼女は私を許してくれないのだ。」暴力沙汰はあるかもしれないが、ここにまったく出て来ないものがひとつある。子供を作ることを示唆するものは何もない[20]。

いずれにせよ避妊は女性の仕事であった。この地域、この時代の女性たちにとって、妊娠や中絶の方法を学ぶ手段はいろいろあった。テオドラも知っていたと思われる方法は、二世紀の医者ソラヌスの著作『婦人科医学』を通じてある程度想像できる。『婦人科医学』は女性の健康について述べており、女性自身から得た情報もいくらか含めてはいるが、著者ソラヌスが主たる対象とした読者は男性の医師である。性に関する彼の姿勢は、テオドラの客となった男たちが彼女の寝室に持ちこんだ思い込みについていろいろと教えてくれる。

ソラヌスはこう言う。妊娠を避ける最善の方法は、相手が射精しようとしていると感じた時に、女性が息を止めること、それによって精液が膣の奥深くまで入らないようにすることである。そのあと女性は立ち上がり、くしゃみをして、膣を洗い、冷たい飲み物を摂るべきである。性行為の前に、膣に古いオリーブ油を塗るようにしなさい。あるいは蜂蜜、杉の樹脂またはバルサム液に白鉛を混ぜたものでもよい。もうひとつの方法は、ギンバイカと白鉛を含む軟膏であった。それ以外にも、女性がとる方法として、膣にきめ細かい羊毛を挿入するか、座薬を用いることがあり、それに関しては多くの処方箋があった。妊娠中絶薬を服用することもできたが、ソラヌスはそのような方法は危険だと考えていた。かなり強い副作用を引き起こす薬品が含まれており、胃を悪くしたり、鬱血が生じたり、自律神経に異常をきたすからである。彼はまた、妊娠を避けるためにお守りを身につけるのもよいと言っていた。ソラヌスは、妊婦の健康が危険だと思われる時以外は中絶に反対であったが、中絶したいと言う女性に勧めたのは、勢いよく飛び上がること、重い物をもつこと、飛び跳ねる動物に乗ること、長湯、そして月経を生じさせると彼が信じていた薬であった。中絶がきわめて危険であり、女性が二度と妊娠できなくなる可能性があることを彼は知っていた(21)。

やはり医師で、婦人科全般に関心をもち、数々の著作のあるアミダのアエティウスは、自分が唱える処方のいくつかは女性自身から教えられたと認めている。アエティウスは晩年のテオドラの医者であったとか、その著作における女性の発言のひとつである「アスパシア」の言葉は、実際はテオドラのものである、という話が広まっている。前五世紀のアテネの政治家ペリクレスの愛人で、その知性で有名な女性の名前が、テオドラの偽名とされたという想像は興味深いが、そのような話が事実かどうかは別として、アスパシアが婦人病の治療に豊富な経験を有し、妊娠をどのように防ぐか、中絶をどのように行なうかについてよく知っていたことは明らかである。アエティウスはアスパシアの処方をいくつか引用している。子宮繊維症、月経痛への対処もその一例であり、馬または驢馬の新鮮な乳——新鮮なものが手に入らなければ加熱する——を用いることも勧めている。

望まない妊娠に気づいた女性のために、アスパシアは順に厳しさを増す一連の処置を推奨している。

理論的にはソラヌスが示唆するものと似ており、以下のように始まる。

もし女性が子供を産むことを望まないか、出産に耐えられないというのなら、医師は、妊娠後の三十日のあいだに、妊娠した女性への注意事項と正反対の処置を施すべきである。すなわち、激しく揺さぶること、飛び上がり飛び降りること、重い物を持つことを彼女に勧めよ。そのあと、尿管、卵管を温めたり、苦い煎じ薬で胃をきれいにすることが必要である。風呂場では、腹の上部、陰部、背中の下部をこすり、毎日長時間、お湯に浸かるように。薄紅立葵《うすべにたちあおい》とニガヨモギに、古い(オリーブ)油だけ、あるいはヘンルーダの汁と蜂蜜を加えた薬を服用せよ。

湯船に長時間浸かるという文言から考えて、アスパシアの患者は極貧階級ではなかったであろう。しかも彼女の推奨する薬は複雑に調合されている。アスパシアは中絶薬の処方をいろいろ挙げているが、まず処方されるのは、大量に服用したなら毒であるニガヨモギに、それを飲み込みやすくする薄紅立葵の汁、さらに中絶効果に定評のあるヘンルーダ汁などの薬草を混ぜ合わせたものである。アエティウスが膣の座薬として勧めるさまざまな薬草は、受胎を妨げる化学成分を含んでいる。そのような薬のひとつについて、服用する女性に対して次のような指示がなされる。「松の樹皮と皮なめしの液体に、絞った葡萄から造ったワインを同じ割合で混ぜよ、それを性交渉を行なう前に羊毛に注げ。二時間後にそれを取り出せ、そうすればあなたは性交しても大丈夫である。」より複雑な処方は次のようである。「ザクロの杯状花、樫の樹液をそれぞれ二ドラクマ[を手にとり]、大麦の粒のサイズで、ドングリのような形の膣用座薬を作れ。月経が終わったあと二日後にそれを挿入し、一日そのままにしておけ、そのあと――その前ではない――[望むなら]男と性交渉をすることができる。これがもっとも間違いのない方法である。[22]」

避妊と中絶に関する議論においてソラヌスとアエティウスが提供する情報は、どちらも既婚女性を想定していないという点がとくに興味深い。ソラヌスのほうは、体形を維持するために中絶を望む少女もいるだろうと述べている。ほとんどの少女は、十代の後半で、数歳年上の男と結婚し、そのあとの十年の大半を、妊娠と子育てに費やすことになるはずであった。妻は平均五人の子供を産んだようだが、幼児の死亡率が高かったので、五歳以上に育つのは二人か三人だけだったことはほぼ間違いない。つまりテオドラの家族は平均的な数だったのである。より高貴な身分の女性は、もっと若くして結婚しており、思春期に達するとすぐに結婚する者も多かった。彼女たちには結婚直後から性に関して積極的であることが求められた。ただし医者は、十代前半での妊娠は問題が生じがちで、少女のその後の健康に長く悪影響を与えると忠告していた。早期の結婚が好まれた理由のひとつは、適齢期に達した少女はセックスを求めているという点にあった。アエティウスが挙げるもうひとつの理由は、思春期の少女は陰核の肥大に悩まされ、それがセックスを楽しむよう促すというものであった。アエティウスは、「過剰な自慰行為」のもたらす影響への対処法も用意していた。エジプト人は陰核切除を勧めていると彼は特筆し、手術の仕方さえも示している。

このような結婚制度に伴う一側面として、若い男、とくに金がある若者は、性交渉の相手に与える結果について心配することもなく、ところ構わずセックスを求めたということがある。重視されたのは刺激であった。ある律法学者は、男は子供のために妻を持とうとし、セックスのために愛人を持とうとすると書いた。[23]

妻が性生活に積極的であることを男たちは想定していなかった。そのようなことは愛人に期待していたのである。あるローマの詩人は、女友達が出てきた午後の夢のなかで、薄いスリップをまとった彼女が、ベッドにいる自分のもとへやってくる様子を描いている。彼はスリップを脱がせ――そもそもほとんど身体を隠していないのだが――、手を彼女の胸、平らな腹、均斉のとれた太腿に這わせた。彼女は若い。以上が、詩人がこの場面に幕を降ろす前に私たちが見るすべてである。それから詩人は読者を次のような言葉で寝室につれ戻す。「そのあとのことは誰もが知っている。疲れて、私たちふたりはひと休みした。」少女のほうが男のところへ来たことに注意しておこう。その点は紀元二世紀のギリシアの小説の一節でも同じであるが、こちらには幕はなかった。夕べはお酒とともに始まり、それから、

お酒を飲んで、夜の本当の営みにふさわしい雰囲気になった時、彼女は真剣な表情でこう話しかけてきた。

「さあ、若いお方、思い出してちょうだい。私がパラエストラ［レスリング場の意］と呼ばれているのは伊達じゃないのよ。あなたはここへレスリングをするために来たの。それじゃ、お手並み拝見しましょうか。」私は答えた。「心配いらないよ、俺を後ろから捕まえることはできないぞ。さあ、かかってこい。服を脱ごうじゃないか、すぐさまフォールを狙ってやる。」彼女は言った。「ええ、そうしましょう。私がトレーナーになって、歌で指示するわ、あなたは私の言う通りにするのよ。」

そのあとの「レスリング」はそこそこ詳しく述べられているが、肝心なのは、男性の夢物語《ファンタジー》でも、女性のパラエストラが主導権を握っていることである。物語はこのあと、魔術を試して失敗したことから、主人公の若い男がパラエストラによって驢馬に変えられるという話になってゆく。

この物語は、ローマが生んだ文学的天才のひとりであるアプレイウスによって、ラテン語で書き変え

られたが、細部と科白は少し異なっている。アプレイウス版からも、テオドラの相手となった男たちが期待していたことが、ある程度までわかる。恋人たちは衣服をすべて脱ぎ捨て、「ヴィーナスの狂宴」に飛びこむのである。アプレイウスは続ける。「……私が疲れ果てた時、フォティスは優しく私の手をとり、そしてふたりは物憂く、瞼が重くなり、まどろみが訪れて、明け方まで私たちをすっぽり包む。」先に述べたように、プロコピオスはテオドラを性に関して能動的な存在とみなしている。しかし、それを確認するために、テオドラと寝た人物にわざわざ取材する必要は感じていない。そもそも彼女のような境遇の女はそんなものだと思われていたのである。(24)

テオドラの愛人について私たちはほとんど何も知らない。わかっているのは、舞台生活を捨てて、新たに属州の長官に任命されたヘケボルスという名前の、かなり年上の官僚の内縁の妻となったことだけである。ここから、当時テオドラが社会的上昇を遂げつつあったことが窺える。彼女に一生女優として暮らすつもりはなかったことを私たちは知っている。女優という職業は、せいぜい二十代前半までしか続かないと思われていた。まもなく迎える引退を前にして、テオドラができるだけ長く続く、安定した関係を求めていたのは間違いないだろう。その際に自分が「いかがわしい者」という身分であることは頭にあったはずである。

テオドラの女優生活は、ユスティニアヌスとの関係が確かなものとなり、婚姻法を修正してユスティニアヌスの妻になれるよう、ユスティヌス帝を急き立てる必要が生じた時、すなわち五二一～五二二年には間違いなく終わっていた。しかしそれより四～五年前に、娘の誕生とともに現役を退いていたこともほぼ確かである。娘の誕生の時期については、どこにも直接的な記録はないが、テオドラにはアナスタシウスという名の孫がおり、五四三年には、友人のアントニナの娘と婚約していたという事実から、大体のところがわかる。孫のアナスタシウスは婚約の時点ではおそらく子供であり、結婚したのは五四八年のテオドラの死より少し前で、十五歳くらいであったから、生まれたのは五三三〜五三四年頃と思われる。それ以前でありえないことは、娘の結婚相手の父、故アナスタシウス帝の甥が、五三二年の一月から五三三年の初めまで追放されていたことからも確かである。五三三年初めと思われる彼の息子(ないし孫)とテオドラの娘の結婚は、重要な政治的和解を意味していた。この結婚年代が、テオドラの娘の誕生時期のもっとも重要な手がかりである。当時、娘たちは十代の前半に婚約し、結婚も可能であったが、初婚の平均的な年齢は十五歳くらいであったと思われ、医者も、性行為が未成熟な少女に与える危険性を認識していた。テオドラが、のちに少女売春の根絶に努めたという記録があることを考えると、自分の娘が十代半ばにもならないうちに結婚したなら、健康に大きなリスクがあると気づかなかったとは考えにくい。逆算すると、娘が生まれたのは遅くともおそらく五一八年であろう、もう一年早かったかもしれない[25]。

テオドラの娘の父は誰だったのか? 娘はただひとりの子供だったのか? ふたつの質問には、かなりの確信をもって答えられそうである。先に述べたように、プロコピオスは、テオドラには息子もいたと主張し、父親がその子をボストラ(今日のシリア)に連れて行かなかったなら息子を殺していただろうと言っている。ヨハネスという名のこの息子は、のちに短期間コンスタンティノープルに姿を現わしたが、テオドラが手をまわして行方不明になった、というのである。息子ヨハネスの物語は五四〇年代の前半、彼女が帝位の確保に奮闘していた当時のことのはずで、しかもこの話には、淫らな醜聞につきものの要素がみられる。誰も見たことのない、誰もその父を知らないという息子は、架空の存在である可能性が高いようである[26]。

つまりテオドラの子供は娘ひとりだけだったのである。残念ながら、プロコピオスはその娘の名前を教えてくれない。しかし当時、彼が想定していた読者は、そんなことをわざわざ言う必要のない人々であった。プロコピオスが母のテオドラを貶していた時には、すでにその娘は有名になっていたのである。娘を産んだことがもつ意味は、ただ次の点だけにある。すなわち、テオドラは、子供の存在が自分の女優生活に終止符を打つことを知っており、この時点ですでに舞台を去る決意をしていたに違いない。中絶しないとテオドラが決意したのは、当時男と確かな関係にあったからであり、しかもその関係は今後も続くと考えていたからだ、ということにならざるを得ない。だとすれば、娘の父親はヘケボルスであったと考えてよいだろう。ヘケボルスが父であるという結論は、テオドラの人生の軌跡と、プロコピオスが具体的に名前を挙げている愛人がヘケボルスだけだという事実から導き出すことができる。プロコピオスがヘケボルスの名を挙げた理由は、『秘史』執筆の時点では、何らかの理由でヘケボルスが有名人となっていたからだと思われる。その第一の理由は、今やよく知られた女性であるテオドラの娘の父だったことであろう。すでに子供のいる女性を妾とすることはめったになかったから、さらに推理を進めると、テオドラが二十代の前半で、かつ妊娠する以前に、舞台生活を終えようと決意したことも想定できるだろう。

先に言及したように、皇后テオドラは後半生、経済的にやむなく性産業に身を沈めた女性たちに、望むならそこから抜け出す機会を与える手段を講じた。児童売春を終わらせるための法の制定を促したのも彼女だったと言われている。そのうえ、特権をもつ裕福な男性に対して、あからさまな反感をもっていたようである。少なくとも最後の点は、プロコピオスの語る逸話から導き出すことができる。皇后となったのち、高級官僚たちが自分と夫にひれ伏すという宮廷儀礼を要求したことは言うまでもなく、謁見の席上でコンスタンティノープルの上流階級の者たちを辱めたこともあったというのである。テオドラ自身は、彼女が支援の手を差し伸べたような類いの性労働者ではなかったが、その振る舞いは、一千年にわたってローマ法が無視してきた人々の境遇に寄せる暖かい真心を語っている。皇帝たちは、両親が子供を奴隷として売るという事実を遺憾に思っていたが、そのような貧しい親が娘を娼婦として売ることを止める手立ては講じなかった。娼婦として売られた少女を斡旋業者から解放するという五二九年の法は、ローマの歴史に例をみないものである。史料の伝えるところでは、この五二九年の法は、のちの「売春婦更生施設」計画（7章、10章を見よ）と同じくテオドラの肝入りとされる。(27)

性産業の犠牲者への同情は、若かりし日のテオドラの思いを教えてくれるようである。明らかに、テオドラは母とは違う道を望んでいた。舞台から離れた生活をしたい、豊かな著名人の世界に入りたい、そう思っていた。それが叶ってみると、彼女はそのような豊かで名声のある人々にとって、自分は人間ではなく、気まぐれな愛の対象であったことに気づいた。友情を大切にする気持ちは、次々と現われる男の愛人という生活に強い不満を感じていたことを示唆する。彼女はそこから抜け出したかった。そこへヘケボルスが現われたのである。

ヘケボルスとの関係はほどなく破局を迎えることになる。長い目でみると、それがユスティニアヌスとの出会いへとつながった。その時点でヘケボルスの名前は二度と聞けなくなる。

女優であるテオドラは、ヘケボルスのような高位の男と結婚することはできなかったが、内縁の妻として受ける待遇はそれなりに期待することができ、ある程度安定した生活も見込めた。内縁関係は、身分の異なる者のあいだで、結婚に代わる法的関係として認められていたのである。テオドラはヘケボルスの内縁の妻として、自分以外に愛人をもたないよう求めることや、子供ができれば、離婚の際に自分が引き取る見込みもあった。ヘケボルスの年齢と地位からみて、ふたりの関係は長く続くとテオドラは期待したかもしれない。高級官僚であったヘケボルスはテオドラよりかなり年上であったと思われ――多分三十代半ばだったらしい――、すでに結婚歴があっただろう。結婚歴があり子供がいた男は、財産を請求する権利をもつ新たな嫡子の誕生を避けるために、多くの場合、内縁関係を選んだ。内縁の妻が生んだ子供が相続に与れるのは、父に嫡子がない場合のみだったからである。テオドラにとってヘケボルスとの同棲は、舞台の道を捨てて、安心できる確実な関係に入るという選択を意味していた。建前上、彼女はヘケボルスの財産に何の権利もなかったとしても、実際には、ヘケボルスがどこでどうなろうと、一定の権限をもつ存在と認知されるはずであった。[28]

ヘケボルスの任務は、ローマ帝国の西端の属州ペンタポリスの総督であった。今日のリビアのベンガジ市を中心とする地域である。かなり重要な役職であり、任命はヘケボルスが高く評価されていたことを窺わせる。ヘケボルスの任地のすぐ西隣にはヴァンダル王国があり、東はエジプトであった。「行政長官兼軍事長官」という称号を帯びたことは、任地の民政および軍政双方の責任者たることを意味していた。通常、軍事的任務は民事行政とは区別されていたので、異例の兼任であった。ペンタポリスはコンスタンティノープルから遠く離れており、この時期には砂漠の遊牧民の脅威にさらされていたための措置と思われる。

ヘケボルスの職務活動の拠点となったのは、ソズーサの町、かつては異教の神アポロンにちなんでアポロニアと呼ばれていた町であった。この地のキリスト教徒住民は、五世紀に町の名称をソズーサと変えるよう主張した。ソズーサはもともと、前七世紀中葉にギリシア人の植民者が建てたキュレネの、一一マイル西にある外港に過ぎなかった。ギリシア本土のスパルタから来た植民者たちは、この地域の豊かな農産物に注目し、新たな居住地を、ナツメヤシ・葡萄・オリーブ・林檎・小麦を輸出する農業地帯の活気ある中心都市へと発展させた。この地方では良馬が生産され、シルピオンも採れた。シルピオンはかつては香辛料として、治療薬としても催淫剤としても効能があると信じられ珍重されたが、今日では幻の植物となった。資源の保全・管理がずさんだったので、紀元一世紀にはほぼ絶滅していたので

図 3-2　アポロニアの総督館跡。テオドラはヘケボルスの妾としてここで暮らしていたのであろう。© akg-images/ アフロ

ある。都市キュレネの衰退は、シルピオンの消滅とも関わっているのかもしれない。五世紀半ばには、キュレネの衰退は決定的となっており、代わってソズーサがこの地域の主要都市となっていた[29]。

ヘケボルスが着任した時、これから住む新しい館と付属施設がちょうど完成したところであった。現存する建物が、テオドラが夜を過ごした様子を今も彷彿させる。彼女が住むことになった町にも、多くの教会があり、異端の主教がおり、そして一連の宗教問題があった。時期は不明だが、アナスタシウス帝は当時の軍事・行政長官ダニエルに書簡を送り、任地の混乱状態を解決するためにダニエルが採った方策を追認した。その地に駐屯する兵士たちが、自分たちは行政当局によって不当に扱われていると表明するという事態を前にして、ダニエルは、長官配下の行政役人は四十名に限る、各々給料として生計用食糧のみを受け取る——官僚は、それ以外に、従者や家族分の手当も受け取ったであろう——という制度を導入し、アナスタシウスはそれに同意したのである。これらの官僚たちは、通常の職務に対して

兵士から超過手数料を請求しないよう命じられた。先任の総督が軍団内かつ軍団間で、一方を贔屓にするなどして、兵士たちを張り合わせていたことも問題となっていたようである。兵士たちには、宿泊場所として割り当てられた家の住人に迷惑をかけるな、遊牧民との非合法な商売に従事しないよう充分注意せよ、との命令が出された[30]。

アナスタシウス帝の勅令が明確に警告していたにもかかわらず、ヘケボルスの配下の者はかなり高額の給料を得ており、ヘケボルス自身もずいぶん優雅な生活をしていたと思われる。長官の館は三つの部分からなっていた。ひとつは、公務のための官邸、もうひとつは従者が住まう屋敷で、市城壁に接する門番小屋や衛兵詰所が付随していた。三つ目は総督の私邸である。建物の設計者は、総督が多数の取り巻きを伴って着任すると想定していたのか、あるいは単にきわめて印象深い建物にしたかっただけなのか、どちらかであろう。いずれにしても、コンスタンティノープルの宮殿を真似たものと思われる[31]。

今やテオドラは、その気になれば、帝国を動かす方法を何ほどか学べる立場にあった。確かに彼女は、宮殿でどのように暮らすのか、多数の要員をどう扱うのかを学んだであろう。思い立って街へ出たなら、館の東西に大きな教会を見たはずである。市城壁のすぐ外にある劇場を訪れたかもしれない。ソズーサで優勢な信仰形態は反カルケドン派で、先に述べたように、神の言葉の体現たるイエス・キリストは、カルケドン公会議によって定められたような神と人間の両面をもつ存在ではなく、唯一の、つまり神としての性質を有すると信じる人々であった[32]。

テオドラがどれほどの期間、このような信仰の世界で過ごしていたのかは不明であるが、ヘケボルスとの関係が、彼女が妊娠した時、あるいは娘を生んだあとのいずれかの時点で、破局に至ったことはわかっている。いずれにしても、ヘケボルスはテオドラをお払い箱にした。テオドラは幼い子供を連れて、ただひとり新しい生活に入らなければならなかった。しかし彼女は、見知らぬ他人の善意にすがるシングルマザーの列に加わろうとは思わなかった。そこでアレクサンドリアへと向かい、ほどなくアレクサンドリアを立ってシリアのアンティオキアに赴いた。そのアンティオキアで彼女の人生はまたもや変わることになる。

第4章　党派と人脈《ネットワーク》

プロコピオスの伝えるところでは、テオドラはヘケボルスに棄てられたのち、金を払う者なら誰とでも寝て、地中海世界の各地をめぐったという。子連れであったこと、この間にシリアの反カルケドン派教会の指導者たちと交流があったらしいことを、プロコピオスは知らなかったようなので、彼の言い分を真に受ける必要はない。プロコピオスには、味噌も糞も一緒にする傾向がまま見受けられるのである。テオドラはアンティオキア滞在中にマケドニアという名の女性と知り合いになった、マケドニアは、舞台で魅惑を振りまいていない時は、青党の諜報員をしていたとプロコピオスは伝える。子供だったテオドラを受け入れた競馬党派のアンティオキア支部であり、宮廷ともっとも深く結びついていた集団である。テオドラがユスティニアヌスと初めて会ったのは、マケドニアを腹心の友としていた時期であった。ヘケボルス同様、マケドニアも空想の産物ではない、まして中傷するために創り上げた架空の存在ではない。ヘケボルスによる精神的・経済的な虐待のあと、マケドニアが救世主、導き手として現われ、テオドラの人生が好転するというのが、ふたりの関係であり、プロコピオスはその話を歪めているのである。[1] テオドラの物語に登場するマケドニアという存在は、どのようにしてユスティニアヌスと出会ったのか、どのようにしてこの若いシングルマザーが、世界でもっとも有力な男を虜にする魅力と自信をもつようになったのか、というテオドラ伝の最大の謎を解明する手掛かりとなる。

この時点におけるテオドラの変貌のあとをたどるなら、帝国社会の表街道と裏道の双方を彷徨することになるだろう。物語は五一八年七月十日、皇帝アナスタシウスが睡眠中に死んだと報告された時に生じた争いと深く関わっている。私たちはテオドラに会うために、コンスタンティノープルの競馬場からアンティオキアの競馬場へ行き、当時のもっとも偉大な教会人であるセウェルス主教の世界を訪ねることにしよう。セウェルスはテオドラに強い影響を与えることになる人物で、のちにテオドラは、この人物を守るために夫に逆らうことも辞さなかったほどである。テオドラとセウェルスの関係は常に良好というわけではなかったから、それは彼女なりの政治的駆け引きに過ぎないという説もあるが、そんなはずはないだろう。ユスティニアヌスと結婚した時のテオドラは、直接会ったはずのないセウェルスも含めて、帝国の東方国境から宮殿まで広がるネットワークの一員とみなされていた。彼女が頭角を現わすのに必要な支援や力は、セウェルス主教の友人たちが提供したのだろうか[2]?

アンティオキア時代に出現したテオドラは、強力で独特の個性をもつ女性だったのであろう。きわめて聡明で美しく、とてもタフと評判だったに違いない。彼女が女優、高級娼婦、内縁の妻という過去をきっぱり捨てて、帝国を統治する女となるのはこの時期であった。

テオドラが旅の途中で立ち寄ったはずのアレクサンドリアと同じく、アンティオキアもそれなりに特異な町であった。アレクサンドリアは、少なくとも教養ある人々にとっては、学問の中心として、裕福な家庭の子供たちが学ぶところという評判を得ていた——そのような少年のひとりにまもなく出会うことになる。つい最近までアレクサンドリアは、大きな図書館のあるところ、異教の知識人がキリスト教の主教と親しく交わるところであった[3]。

アンティオキアはそうではなかった。この町は、六二一平方マイルに及ぶ広大な地域の産物に恵まれた、派手なところであった。四世紀に住民のひとりが街灯の素晴らしさを称えた町であり、現代の考古学者は、この町とその周辺で発掘に従事して、華麗なモザイクに飾られたきわめて豪華な邸宅の跡を発見した。モザイク画の多くは、神話を題材とした演劇の場面を描いたものであった。アンティオキアの町は、聖人や孤独の禁欲者の居住地が点在する荒涼たる地域と接しており、世界に向かって敬虔なキリスト教信仰を訴えつつ、父祖伝来の異教を幾分なりと残している町であった。民衆が「我が町の女神《フォルトウーナ》よ、勝利を与え給え」と競馬競走の際に叫んだ時、主教セウェルスは激怒した。そのような祈願は、この町の古い異教の女神への呼びかけに他ならないことを知っていたからであった。この町がオリンピック競技を続けていることも、セウェルスは気に入らなかった。それもまた異教信仰の現われであると、彼は端的に指摘した(4)。

テオドラがアンティオキアに到着した時、セウェルスがなおこの町の主教だった可能性もあるが、たとえそうだとしても、ふたりの軌跡が交わった期間はごく短いものであった。というのは、セウェルスの解任が五一八年の夏の終わりであるのに対して、テオドラはいずれの伝承でも、ヘケボルスと別れたのち、まっすぐアンティオキアへ向かったとは言われていないからである。彼女のアンティオキア到着はおそらく五一九年のことであろう。しかしながら、テオドラがコンスタンティノープルで育ち、舞台での経歴を積んでいた頃、セウェルスも都で活動していたことを考えると、それ以前から彼のことをよく知っていたに違いあるまい。アンティオキア、さらには帝国全域でのセウェルスの影響力は、主教を解任されても消えることはなかった。

セウェルスが、都の反カルケドン派の陰の指導者になるために、二〇〇人の修道士を率いてパレスティナからコンスタンティノープルに到着したのは、五〇八年のことであった。三年後に、反カルケドン派と、カルケドン信条に立つ総主教マケドニウスの支持者とのあいだで生じた争乱の一端を、テオドラは目にしたかもしれない。それぞれの宗教信条を掲げて通りに溢れ出た男たちによる殴り合いの数日後、マケドニウスは総主教の地位を追われた（セウェルスの視点からこの事件を見るために、のちほど解任の件に戻ることにする）。一年後、競馬場での反カルケドン派への抗議から始まった大暴動によって、アナスタシウスは危うく帝位を追われそうになった。アナスタシウスが帝冠も戴かず、惨めな姿で群衆の前に現われ、抗議に対する不手際な対応を許してくれるよう求めた時、その場にテオドラもいたであろう。夫ユスティニアヌスの治世の最大の危機、競馬場で暴動が起こり、もはや都から逃げ出すしかないとなった時に、テオドラがとった対応は、これらの事件から学んだ結果と言えそうである[5]。

五一二年の騒乱とそのあと生じた事態との関係は、テオドラには理解できなかったであろう。確かにこの時点では誰にもわからなかったし、また新たな危機が来るとアナスタシウスが触れて回ったと考える理由もない。テオドラを含めて、五一三年にコンスタンティノープルにいた者すべてが否応なく知らされたのは、反乱将軍ウィタリアヌスがトラキア地方で皇帝軍を撃破し、町の城壁に二度目の進撃を行なったことであった。このたびはアナスタシウスの甥のヒュパティウスを捕虜として連れていた。この惨めな若者は籠に閉じ込められていた、と言う者もいる。ほどなく、ヒュパティウスの釈放やウィタリアヌスの撤退と引き換えに、アナスタシウスが莫大な身代金を支払ったことが、人々の噂に上るようになったかもしれない。翌年には陸と海で激しい戦いがあり、勝敗の分かれ目となったのは、金角湾でのウィタリアヌス艦隊の炎上であった。これによって反乱は終結した。競馬党派がアナスタシウス支持に結集したこと、ポルフュリウスという名の騎手がこの戦いにおいて決定的な役割を果たしたことを、テオドラは知っていたに違いない。テオドラがヘケボルスとともにこの町を去った時には、すでにポルフュリウスの記念碑が競馬場に建てられていたようである。加えて、彼女は政府の高官たちと知り合いになっていたので、セウェルスのアンティオキア主教叙任も知っていたであろう[6]。

セウェルスは、アンティオキア総主教となるまで激動の生涯を送ってきた。ピシディア地方の町ソゾポリス（今日の西トルコ）の豊かな異教徒の家庭に生まれたセウェルスは、アレクサンドリアとベイルートで修辞学と法学の教育を受けた。政府内ではキリスト教が支配的であったが、帝国の教養階層のあいだや農村部には、なお多くの異教徒がいた。そのような異教徒の何人かは、いずれテオドラの物語に登場することになる。

図 4-1　この時代のもっとも有名な騎手（御者）であったポルフュリウスを称えて、競馬場に建てられた5つの記念碑のうち2つが、イスタンブルに現存している。ここに描かれている場面は、戦車に乗る勝利騎手ポルフュリウス〔左面上中央〕と、彼を歓呼する競馬党派の人々である。©akg-images/ アフロ

アレクサンドリアに着いたセウェルスは、何人かの知人から、血で穢れた祭壇、「異邦人の偶像」、魔術師といった、異教の信仰が続いていることを知らされ、また、そのような知人たちが引き起こした残酷な反異教徒暴動を目撃した。ベイルートでは、別の知人たちが反魔術警護団とでも言うべき組織を結成しており、愛の魔法をかけようとした異教徒がエチオピア人奴隷の首を刎ねるのを辛うじて止めたこともあった。そのあとセウェルスは異教徒たちに魔術の書を焼くよう説得した。彼がキリスト教に改宗したのはベイルートにいた時で、反カルケドン派の指導的な神学者が監督するエルサレム近郊の修道院に居を構えた。ただし実際に洗礼を受けたのは、レバノンの町トリポリのレオンティウス殉教者聖堂であった。ベイルート主教が断固たるカルケドン派であり、セウェルスが惹かれた信仰は、カルケドン派の教義と一致しなかったからであろう(7)。

洗礼の直後にセウェルスは、良き友人であり、学問仲間、そしてのちに伝記を書いてくれたミテュレネのザカリアスと別の道を歩むこととなった。ザカリアスはコンスタンティノープルへ向かい、法律家となって両親を喜ばせた。それでもふたりは友人であり続け、ザカリアスが都の法曹界に築いた人脈のおかげで、セウェルスは十五年間の修道生活ののち、この町で急速に力をもつようになったと思われる。修道士となって最初の数年間、セウェルスはガザ付近の修道院に住んでいた。そこからエレウテロポリス(今日イスラエルのベイト・グヴリン)近郊の農村部へ移ったが、その地で、極端な禁欲生活のために危うく命を落とすところであった。近くの修道院で健康を回復すると、セウェルスはガザの郊外に自分自身の修道院を設立し、ほどなく当時のもっとも影響力のある説教師のひとりとなる一方、家産を注ぎ込んで貧しい者を支援した。西暦五〇〇年頃、彼は叙階されたが、その数年後、エルサレムのカルケドン派主教と激しく対立して、自身の修道院から追い出されてしまった。こうして五〇八年にセウェルスは、二〇〇人の修道士の先頭に立ってコンスタンティノープルにやって来たのである(8)。

それに先立つ数十年の間、貧民救済をみずからの任務と考えるコンスタンティノープルの各修道院が、しだいに影響力を増しつつあった。東帝国の各地から修道士が都にやって来て修道院を建てたが、多くは過激な神学の信奉者で、自分たちの主張を権力の中枢に届けようとしていた。とくに柱頭行者ダニエルという聖人は、普段は郊外の円柱の頂で過ごしていたが、ゼノ帝に対するバシリスクスの反乱の鎮圧に大きな役割を果たしたりもした。彼の功名を見た修道士は、たとえみずからの修行がダニエルほど徹底していなくとも、自分たちにも見込みがあると気づいたであろう。確かにセウェルスは、都に来る前から、都に滞在することの効果を探っていたように思われる。彼はすでに友人のザカリアスを通じて市内の者と接触しており、短期間のうちに宮廷内にも多くの知遇を得たようである。なかでもとくに重要だったのは、元老院議員のクレメンティヌスと、セウェルスの神学の見識を高く評価する敬虔な信者の宦官エウプラクシウスであった。断片も収めたセウェルスの書簡集には、教義の核心に関するエウプラクシウスからの一連の質問に答え、カルケドン信条の支持者との論争で展開すべき論点を列挙した長い返信がある。同じ頃にエウプラクシウスに送ったもう一通の手紙の断片も残っている。うち一通は、宮廷でエウプラクシウスの仲間であったフォーカスも宛先となっていた。おそらく、これらの人々を通じてセウェルスは交際範囲を広げ、修道士になりたいと相談に来た金持ちの官僚テオドルスとも知り合いとなったのであろう。テオドルスは「あなたのなかに輝く神の篝火を見たように思うと［セウェルスに］告げている」。他にも、セウェルスのもとにやって来て、同僚の行政官の娘との結婚について助言を求めた高級官僚もいた。自分は哲学者であって魔術師ではないと言って、セウェルスはその依頼を断った。もっとも、そのような仕事をする聖者が存在することを認めはした。セウェルスをアナスタシウス帝に紹介したのは、皇帝の甥のプロブスだったようである。(9)

セウェルスは、故郷のパレスティナを追われてからわずか数年のうちに、自分を帝国のもっとも有力な人物のひとりにしてくれるパトロンを何人も見つけていた。そのために持ち前の機知、確かな知性、雄弁を用いた。彼の経歴は、帝国統治の特権階級に属さない者でも、当を得た人脈と振る舞いによって栄達できたことを示している。

セウェルスがコンスタンティノープルにいた時期、アナスタシウス帝が、この町の総主教マケドニウス、すなわちカルケドン公会議によってローマ教皇に次ぐ、地中海世界の第二位の高位聖職者とされた人物と良好な関係になかったことは明らかである。マケドニウスのほうは、カルケドン公会議の教義が正統信仰であるとますます強く主張するようになり、他方アナスタシウスは、ゼノ帝が四八二年に作成した文書、いわゆる『統一令《ヘノティコン》』に沿って統治しようとしていた。『統一令』は非常に抜け目のないもので、飲んだくれの馬鹿者と言われるゼノとは思えない勅令であった。『統一令』においてゼノは、帝国に宗教的平和をもたらそうとして、ニカイア公会議が正統教義を定め、その決定を三八一年のコンスタンティノープル公会議が確認した、とのみ宣言する。帝国の法典に収められたテオドシウス一世の声明と一致する文言である。「朕と各地の教会は、ニカイア信条と異なる信仰や教義、異なる信仰の定義や信条をもつ者を、これまで持たなかったし、今も持たず、将来も持たないであろう。そのような者は存在しないのである」というゼノ帝の言葉は、エフェソスの第二公会議やカルケドン公会議はなかったことにするものであった。さらに、父と子は、神としてかつ人間として同じ本質であると言うことで、ゼノは肝心かなめの問題を回避した。そもそもニカイア以外の公会議について語るべきではないと言うまでになった(10)。

ゼノ帝が四七六年にコンスタンティノープルを確保できたのは、バシリスクスが強硬な反カルケドン路線をとって、民衆と不和になったからでもあった。その結果、柱頭行者ダニエルに組織された群衆がバシリスクスを罵倒するに至り、かつ将軍イルスをゼノ側へ走らせて、反乱の成否を決めることとなった。『統一令』を発布した時、ゼノは、もうひとり別の親族（アリアドネの妹の夫）が企んだ暗殺計画を切り抜けたばかりであった。『統一令』は、燻っている火に宗教的非寛容という油を注ぐことを避けた、賢明な措置のようである。アナスタシウスも事態を同じように見ていたと思われ、マケドニウスもまた、さしあたり同じ意見であった(11)。

マケドニウスは、失脚を招いた五一一年の暴動が勃発する数か月前、強硬なカルケドン派から、『統一令』支持をやめるよう圧力を加えられていたようである。このたびの対立の直接的な原因は、典礼の際に讃美歌の朗唱に先立って唱えられる「聖三祝文」と呼ばれる祝福の文言であった。当時の標準的な文言は、今日と同じく、「聖なる神、聖なる勇者、聖なる不死の者、我らを憐れみ給え」であった。キリストの磔刑をめぐる見解は、カルケドン派と反カルケドン派とで根本的に異なっていた。カルケドン信条の支持者が信じていたのは、「神の子が母である処女マリアから受肉した時、人の子は天から下ってきた。そして神の子は十字架に架けられ、葬られたと言われる。その時、神の子がこれらのことに耐えたのは、父なる神のひとり子、永遠に共存する、同じ本質である神そのものにおいてではなく、人間としての弱い性質においてであった」というものである。反カルケドン派は、聖三祝文の「聖なる不死の者」に「我らのために十字架に架けられた」という文言を挿入することによって、神として十字架に架けられたことを強調した。すでに注意を促しておいたように、反カルケドン派によれば、神としての側面がキリストの唯一の位相であった(12)。

セウェルスによれば、暴動は五一一年七月二十日に聖ソフィア教会（現在同じ場所に立っている大教会の元の建物）で始まった。礼拝のさなかに反カルケドン派の集団が、自分たちの聖三祝文を唱えた。マケドニウスはこのような動きに備えていたようである。彼は多数の暴漢を従えており、反カルケドン派に襲いかかるよう命じた。セウェルスは伝える。

彼らがまだ教会内で讃美歌を歌い、このような方法で神を讃えている時に、あの不信心な男マケドニウスは、神も恐れぬ炎と狂気に駆られ、奴隷や、どんな悪事でも引き受けるその類いの輩、浮浪者を金で雇い入れて、正統派に対抗すべく教会に送り込んだ。この連中は、聖三祝文を唱えていた兄弟をひどく殴打し、長く癒えることのない傷を与えた。髪を引っ張り、引きずり回し、手で打ち据え、足蹴にし、肉食の鳥がするように眼をつつき、爪を剥いだのである。

帝国当局の人々が割って入ると、マケドニウスは自分は『統一令』を信奉していると主張した。のちに彼が前言を翻すような態度をみせると、アナスタシウスは彼の職を解いた。マケドニウス廃位の直後に、アナスタシウスはアンティオキア総主教のフラウィアヌスも解任し、その後任に選ぶようセウェルスを送り出した。すんなりと選ばれたセウェルスは、ただちに主教館の台所・食堂を閉鎖する、主教用の浴場を取り壊す、地べたに眠る、市場で一番安い食べ物を買う、といった措置を講じて、教会に新風を吹き込んだ(13)。

五一五年の年末までに、アナスタシウスは戦争・暴動・反乱を切り抜けていた。しかし無傷では済まなかった。確かに、五一八年七月九日に死んだ時には、四九一年に最初の夫ゼノを亡くした時のアリアドネほどの権力は持っていなかったようである。アリアドネが後継皇帝を決めたのに対して、アナスタシウスは自分で決めることができなかった。

アナスタシウスとアリアドネ（五一五年没）には子供がなかった。そもそも先妻とのあいだに子供がなかったことが、アナスタシウスが皇帝の地位にふさわしいとされた第一の理由であった。しかし彼には甥が三人おり、全員を軍隊の最高の地位に就けていた。甥のひとりプロブスは、五一八年七月にはコンスタンティノープルから二〇〇マイルほどのところにいた。たぶん、流罪の身のウィタリアヌスを監視していたのであろう。ウィタリアヌスが「隠れ住む」状態であることは、公然の秘密だったようである。もうひとりの甥ヒュパティウスは、東方国境の軍隊の司令官だったのでアンティオキアにいた。三人目のパトリキウスは首都で軍隊を指揮していた[14]。

ゼノ帝が死んだ時、コンスタンティノープルの民衆は競馬場に集められた。アリアドネ皇后は総主教や宮廷人を伴って皇帝席に入り、新皇帝に求める条件について民衆の声を聞くことにした。彼女が姿を見せると、群衆が歓呼した。

皇后アリアドネ、あなたに勝利あれ！
聖なる主よ、彼女に長命を！
主よ、憐れみ給え！
皇后に長寿を！
帝国に正統な皇帝を！

群衆は「正統な」という言葉で、カルケドン信条を認める皇帝を望んでいることを表明した。カルケドン派神学に傾いていたアリアドネは、群衆の忠誠心に謝意を表わした。それを受けて群衆は再度アリアドネを歓呼し、「ローマ人」が皇帝となるよう求めた。ゼノ帝の弟ロンギヌスが、自分には帝位に就く資格があると考えていることは周知の事実だったので、イサウリア人であるゼノの親族は拒否する、という意味である。アリアドネは群衆に対して、皇帝はローマ人でキリスト教徒であると約束した。自分の義兄弟であるロンギヌスは論外だとしたのである。群衆は続いて、皇帝には強欲でない人物を求めた。市総督を新たに選ぶという要求——アリアドネはその申し出を認めた——も含めて、さらに対話がなされたのち、皇后は宮殿に退き、元老院と会見した。帝位をめぐる議論はその後も続いたが、最終的に宮殿の寝室長官が、アリアドネ皇后に次の皇帝を選んでもらおうと提案した。元老院は、総主教を皇后のもとに派遣してこの提案を伝えた。アリアドネはそれに応じて、皇后付の四人の式部官のひとりであったアナスタシウスが皇帝となると宣言した。当時アナスタシウスは六十歳であった。彼は数年前にめざましい業績を上げており、次のアンティオキア総主教を選ぶ議論のなかでその名前が挙がっていた。とり立ててカルケドン派支持というわけではなく、このあとますますカルケドン派とは一線を画すようになるが、それ以外の点で支持を集めたようである。(15)

以上、四九一年の一連の出来事は、すべてではないとしても、少なくとも一部は、慎重に計画され、演出されたものだったようで、ともかく整然と進められた。これに対して五一八年七月九日の状況はずいぶん異なっていた。

この日、式部官たち、皇后が空位だったのでおそらく全員で三〇名（皇后には別途四名が配置されるはずであった）は、宮殿の諸部局を管轄する官房長官と宮殿守備隊のひとつであるエクスクビトル軍団の長官に、皇帝の死去を伝え、至急宮殿で会議を開くよう告げた。五〇八年以来官房長官であったケレルは、マケドニウスの追放に大きな役割を果たしたこともあって、この数年間カルケドン派のために尽力してきたにもかかわらず、カルケドン派から胡散臭《うさんくさ》く思われていたので、帝位を要求しにくい立場にあった。エクスクビトル軍団の司令官であったユスティヌス将軍は、アナスタシウス帝の治世初期にいくつかの重要な作戦において大きな役割を果たし、ウィタリアヌスの反乱でも都の防衛に当たるなどの実績を有していた。集まってきた官僚たちに皇帝の死を伝えたのがユスティヌスだったことからも、六十歳を過ぎてはいるものの、彼が本命だとみられていたようである。

宮殿で事態がこのように展開する一方で、民衆は競馬場に集まり、軍人が皇帝に指名されるべきだと要求した。この間に官房長官のケレルは宮殿の官僚たちに、早く皇帝を決める必要があると告げてまわった。秩序正しい帝位継承のためには、元老院と宮廷官僚が候補者について合意したうえで、その人物を軍隊と民衆に示すことが重要である。時間が経てば経つほど、何かよからぬことが生じ、兵士ないし競馬党派が主導権を握るような事態になりかねない、というのである。ケレルが通告しているさなかに、エクスクビトル軍団が競馬場でヨハネスという人物を歓呼したが、青党の怒号によって却下されてしまった。この間に宮殿内では、もうひとつの皇帝親衛隊であるスコラレス軍団が、アナスタシウスの甥のパトリキウスを歓呼しようとした[16]。しかしパトリキウスを嫌っているエクスクビトル軍団が、奴を殺すと脅した。

ここに至って、ユスティヌスの甥で、当時はカンディダトゥス軍団（輝く白衣をまとっていたことから名付けられた親衛隊）の一員に過ぎなかったユスティニアヌスが登場する。彼はパトリキウスに、安全な場所に隠遁し、帝位に就くようにという申し出を断るよう説得した。いずれにせよ、宮殿の宦官たちは、預かっていた皇帝の徽章を手放すことを拒否していた。最終的に、元老院議員以下の高級官僚が声を上げて、ユスティヌスを皇帝と宣言した。スコラレス軍団の兵士がユスティヌスの横面を張るという珍事も生じたが――この暴行がむしろ事態を前に進めた――、全員がユスティヌスに対する皇帝歓呼に加わり、宦官たちは帝標を引き渡した。正装したユスティヌスは官僚に囲まれて競馬場の皇帝観覧席に入った。皇帝席からユスティヌスは民衆に語りかけ、民衆は彼の即位を称えて大声で喝采した。そのあとユスティヌスは親衛隊全員にたっぷりの「贈物」を約束した[17]。

この時に三つの重要な事件が相次いで生じた。（1）ウィタリアヌスが「隠れ家」から呼び戻され、首都の軍団の司令官に任じられた。(2)セウェルスがアンティオキア総主教職を解任された――ウィタリアヌスは彼をひどく嫌っており、奴の舌を切りたいと言ったほどである。(3)ユスティヌス殺害を試みたとして、宮殿の宦官の一団が告発された。三つ目の事件は、聖ソフィア教会で親カルケドン派が示威行動をし、これらの宦官を排除さるべき異端と呼んだことから創られた話らしい。のちになると、宦官長のアマンティウスが、自分の護衛兵であったテオクリトゥスを皇帝にしようとしたとか、群衆に部下のテオクリトゥスを歓呼させるため、ユスティヌスに金を与えたという話も生まれた。少し異なる話として、その金は、ユスティヌスが帝位に就くための買収に充てようとして盗んだのだと言われたりもする。さらにまた別の話では、彼はその金を渡して、自分を歓呼させたともいう。これらはすべて、事件よりずっとのちになって生まれた、意地の悪い噂話に過ぎないと思われる。アナスタシウス帝が死んだ翌朝の時点で皇帝の徽章を確保していたはずのアマンティウスが、そのあと処刑された理由を説明するために、また貴族の一部がユスティヌスのことを、たまたま皇帝になった男で、自分の名前すら書けない、無学文盲の農民であると中傷するために捏造された話であろう。貴族のなかには、ユスティヌスの妻エウフェミアは年増の売春婦、せいぜいのところユスティヌスの妾だと言う者もいた(18)。

ユスティヌスの権力掌握をめぐる一連の状況には、きわめて重要な共通点がひとつある。すなわち官僚層のあいだでの、反カルケドン派に対する親カルケドン派の立場の強化である。ユスティヌスが皇帝になれた理由は、ひとつには、ウィタリアヌスとは違って、その経歴において首都の多くの人々に受け入れやすい存在だったことがあり、またアナスタシウスと同じく未知数ではなく、加えて、信頼できるカルケドン派とみなされていたこともあった。ユスティヌスが直面した問題は、帝国の東部地方、西部より豊かで、反カルケドン派が多数を占める地域をどのように統治するかであった。もちろん宗教的な問題だけが障害となったわけではなく、ローマ帝国の特徴であった富の大きな格差に由来する軋轢《あつれき》や、都市内、都市間、都市農村間の対立が引き起こす騒動など、他にも多くの問題があった。確かに、ユスティヌスが直面した神学問題は政治化し、帝国経済の構造によってさらに複雑になり、誰が重要な行政職を握るか、支配下の各地域において政府がいかに機能するか、を左右する要因となったのである。

それ以前の一千年間と同じく、この時代も富の大半は土地から生まれた。ローマ帝国内の農地は、辛うじて糊口をしのぐ村落農民、あるいは都市に住む不在地主ないしさまざまな機関・組織が保有していた。ユスティヌスの時代には「機関・組織」とは、教会、とくに反カルケドン派が優勢な帝国東部の教会を意味するようになった。不在地主の多くはとくに豊かというわけではなかった。わずかな所領しか有しておらず、それを現地の代理人を通じて小作人に貸し出し、収穫時の農繁期には別途に労働者を雇っていたようである。それ以外に、少数ではあるが、帝国の富のかなりの部分を握る大地主が存在した。彼らは所領をいくつも有しており、整備された独自の家政機関を通じて経営し、みずからの手足となる「子分」に監督させていた。このような地主はみずからの利害を国家の利害に重ね合わせ、法的には国家直属の村落共同体に、地主の家政機関を通じて帝国政府との関係をもつよう強制しがちであった。大地主の多くが帝国の高級官僚でもあったので、村落共同体全体に圧力をかけることが可能となったのである。

富裕層がこのような地位を独占していることに憤慨したのは、農民共同体だけではなかった。ヨハネス・リュドス（あるいはリュディアのヨハネス）、政府内に職を求めていた金持ちの男は、この問題についてとくに雄弁で、アナスタシウス帝に仕えて「諸都市をあたかも敵であるかのように扱った」と言われる道管区長官マリヌスの行為に不満を述べている。というのもマリヌスは、徴税を本来の担当者である各地の都市参事会ではなく、みずからの官庁の役人にさせようとしたからである。この時期の政治を動かしていたマリヌスについては、このあとすぐ触れることにする[19]。

大土地所有者による農村部の支配は、今に始まったことではなかった。新しかったのは、属州の大領主が高位の官僚にもなったことである。同じく新たな現象として、富裕者と農民共同体の緩衝材としての教会の役割がますます増大したことが挙げられる。この傾向は、砂漠の周辺が多くの禁欲修行者の住処となったシリアにおいてとくに顕著であった。禁欲修行者たちは、セウェルスのように高度な教育を受けていることもあったが、その多くは農民の出で、自分たちの村が神の加護に与る方法として禁欲生活を選んだのであった。禁欲修行者の聖なる力、奇蹟が、悪魔を封じ込めると考えられたのである。日常生活の面では、彼らは地域内部の争いや、仲間内の人々と外部勢力との争いを解消するために行動していた[20]。

このような土地所有制度は、都市でも農村でも、経済的な不平等や抑圧を生活の現実として受け入れる住民を生み出した。ほとんど毎日、ほとんどの場所で、人々はただその現実を生きていた。そのなかにあって、一般の民衆が自分たちの主人に抵抗できる環境を提供してくれる集団がふたつあった。教会と競馬党派である。たいていの場合、このふたつの組織は、物質的にも精神的にもある程度の満足を人々に与えていた。これらの組織の指導者は通常、帝国当局に対して混乱をもたらすつもりはなかったのである。しかし時には、指導者が政府当局者と一般住民との板挟みになることもあった。もし群衆の暴行が生じたなら、競馬党派または教会が、時には両者が関わることになった[21]。

紀元前一世紀から後四世紀前半、つまりコンスタンティウス二世がローマの古い元老院とバランスをとるために、コンスタンティノープルに新しい元老院を設けるまでの間、古来のローマ元老院を構成する、きわめて富裕な土地所有者からなる小さな集団が、社会的・政治的権力を独占していた。ローマの元老院議員は、時には一族の出身地において過ごすこともあったが、大半の歳月をローマで送っていた。自分たちは地方の指導者ではなく、帝国の指導者だと考えていたからである。ローマ元老院の力は、議員の重要な所領があった北アフリカがヴァンダル族によって征服されたことに加えて、西ゴート族によるスペインの占領、ガリアへのフランク王国の進出によって大きく後退したが、皇帝たちがもはやローマに住まなくなっても、その重要性は変わらなかった。これに対して、コンスタンティノープルの元老院は、地方の拠点との結びつきがローマの元老院議員よりも強かった。つまり、地域的な派閥が宮廷において大きな影響力をもったのである。地域的派閥がもつ力を示すものとして、ゼノの東皇帝即位ほどよい例はないだろう。彼の一族は、タウロス山脈を挟んで東南トルコ、北シリアにまたがるイサウリア地方を拠点としていた。帝位に就いたユスティヌスが出身地であるイリュリクム地方の、やはり地域的な派閥の代弁者という本来の立場を、イリュリクム派がウィタリアヌスを支持したという理由で捨てたという事例もある。彼はその一方で、東方の属州との確かなつながりがないことをよく承知していた。[22]

ユスティヌス帝が成功しようとすれば、シリアとエジプトを満足させておく必要があった。同時に、自分を皇帝にしてくれた勢力を無視するわけにもゆかなかった。官僚を納得させねばならず、反カルケドン派に傾いている東方諸属州の修道院が広大な土地を所有していることも念頭におかねばならなかった。帝位に長くとどまるためには、個人的なつながりをもたない地域における少数派の宗教的立場を支援していると、コンスタンティノープルの人々が認めるような方策を見出す必要があった。統治の成果を上げるために、ユスティヌスはこれらの地域で官僚の協力を得たり、うまく使える聖職者を探し出すだけではなく、それに加えて、彼らとの関係を強化するには、コンスタンティノープルを拠点として、主要な都市とも密接なつながりをもつ組織を通じて働きかける必要もあった。そのうえ、過去三十五年間に、ゼノを帝位に復帰させた反乱も含めて、コンスタンティノープルへ向けた軍事行動に三度も加わった地域の軍隊の忠誠を確保しなければならなかった。競馬党派が当てにできれば、東方の諸都市とのあいだに、教会・軍隊・官僚とは別ルートのつながりを築くことができるであろう。

四世紀には競馬党派の維持が、都市の義務、市参事会に課される義務となっており、党派側も、都市社会の組織化に向けて、これまで以上に積極的に取り組むようになったと思われる。その点は帝国の法典にも反映している。法典には、たとえば、引退した競走馬のための秣《まぐさ》を公の倉庫に用意すべしという命令や、カンパニア出身の人々が私的な娯楽のための馬を入手するのは、各競馬党派に大量の豆を納入したうえのことで、それが「義務、古来からの慣習」であるという規定がみられる。また、三八一年には、レースに際しての競走馬の取り扱いに関する勅令が発布されている。明らかに、法外な値段での取り引きを防ぐ措置であった。テオドシウス二世が四二六年に出したふたつの法令から、それぞれ劇場と戦車競走を担当する会計官の存在が確認でき、これ以降、同じ色の党派は都市の違いを越えて、一流の名士も含む一元的なネットワークを形成した[23]。今日知られている限りでは、党派は各都市の競馬場の近くに本部を置いていたが、通常、都市は職業ごとにいくつかの地区に分かれていて、特定の職業の者がそれぞれの党派を支援する傾向があったようである。家族もまた同じ党派を支援したと思われる一方、貴族とのつながりは、競技団体への所属だけではなく、それ以外のパトロン関係にも基づいていたようである[24]。党派の構成員は異なる社会層にまたがっており、時にその活動は、ひとつの党派内の異なる集団の利害を代弁することとなった。それゆえに、見世物に伴う暴力沙汰のいくつかは、競技場ないし劇場での催物をきっかけに生じたのに対して、大規模な暴動はまったく異なる原因で生じており、前もって計画されたものであった[25]。

テオドシウス二世は、緑党贔屓が高じて、いつも緑党と向かい合うよう競馬場の座席配置を変えたと言われている。[26] 皇帝親衛隊が皇帝席の向かいに陣取るといった、標準的な座席配置がいつ定められたのかはわかっていない。しかしこのような配置は、三世紀末から四世紀初めのディオクレティアヌス帝が、都ニコメディアの宮殿とともに開設した競技場に遡るとみてよさそうである。テオドシウス二世がコンスタンティノープル競馬場に加えた変更が、他の都市の座席配置にも及んだと考える明白な根拠はないが、「テオドシウスは緑党を贔屓にし、あらゆる町で緑党の肩をもった」と言われているので、同帝の個人的な好みは地方にも知られていたと思われる。実際にどの程度なのか定かではないものの、競馬党派に関する問題を歴代の皇帝が細かく管理していたことを示す史料はいくつかある。騎手のポルフュリウスを称える詩は、皇帝が彼を贈物として青党に与えたと述べている。この措置は長続きしなかった。五〇七年にアンティオキアで、東方軍の長官のバシルスが、当時厩舎にエース騎手がいなかった緑党にポルフュリウスを「割り当てた」。緑党に移籍したポルフュリウスは競馬に勝利し、そのあとサポーターを率いてユダヤ人に激しい暴行を加えた。別の史料では、ポルフュリウスは青党の「愚かさ」ゆえに緑党に移ったといわれている。遡って四八六年、ゼノ帝が各々の党派に専属の踊り子を割り当てたことがあったが、これもまた皇帝による直接的管理の現われである。これらの踊り子が都の外から来たという事実は、宮廷と属州の中心地を結ぶネットワークの広がりを示している。[27]

帝国政府は、競馬党派を細かく管理統制する一方で、党派による殺害行為を見て見ぬふりをすることもあった。党派の暴力沙汰をある程度大目に見るどころか、唆《そそのか》しさえした形跡が、暴力行為を抑制しようとする努力と並行してみられるのである。バシリスクス追放に際して緑党に大きく依存したゼノ帝は、緑党によるユダヤ人殺害をやめさせようとした高級官僚を解任した。[28] 五〇七年に緑党は、暴動を起こして逮捕された数人のメンバーを釈放するよう要求した。アナスタシウス帝が拒否すると、緑党の者たちは皇帝観覧席に突入し、皇帝は石を投げつけられて、辛うじてその場を逃げ出した。競馬場や町の中心部の広い地域が焼け落ちて、ようやく暴動は収まった。そのあとアナスタシウスは暴動を起こした者たちのパトロンを市総督に任命した[29]。ポルフュリウスに唆されて生じたアンティオキアの反ユダヤ人暴動のあと、教会に隠れていた緑党員を処刑した高級官僚は、緑党によって殺害されたようである。アナスタシウスはもっと巧みな対策を考えていた。彼は、アンティオキアで緑党が行なった暴挙、ある高級官僚が今後「赤」を贔屓にすると言ったことに腹を立てて、その官僚を追放したことに対して措置を講じた。その措置は、ふたつの主要な競馬党派に対するみせしめ、度を越えた不法行為をなす者は誰であれ、皇帝が処罰するという表明だった可能性もある[30]。これは確かに強力な声明であった。このあと数年間そこそこ平穏な状況が続いたのはそのためかもしれない。何もかもうまくいっていたと考えるわけにはゆかないが、少なくとも五〇一年の青党員大量虐殺事件までは、大きな騒動の報告はない[31]。

帝位に就いた段階でユスティヌスは、確かな同盟者をほとんどもっていなかったし、競馬党派に対して受け身になるわけにもゆかなかった。党派のネットワークのおかげで、ユスティヌスは帝国の主要な都市において確固たる地盤を築くことができたし、宗教政策に対する反感を弱めることにもなったかもしれない。反カルケドン派であり同時に競馬党派の一員である者が、どちらにより強い帰属意識をもったのか、明らかではない。いずれにしても、すべての者が同じような基準でみずからの帰属を決めていたとは考えにくい。ある者は党派に、ある者は教会に軸足をおいた。ユスティヌスの場合、党派の指導者との協同は、確かに宗教的な対立の緩和につながった。しかし自分が相手にしている連中が、つねに信頼できるとは限らないことをユスティヌスは知っていた。有用な情報を届けてくれる諜報部員を各都市にもつ必要があった[32]。この点では、テオドラの友人であるマケドニアのような女性が役に立ったし、さらにはテオドラ自身もそのような存在であった。

これまでのところ、カルケドン派か反カルケドン派かという神学上の対立と、いずれの競馬党派の支持者かとのあいだには、とくに密接な関連はなかった。アンティオキアのセウェルスなどは戦車競争を異教の行為とみなしており、どちらかの競馬党派を贔屓にしていたとは思えないし、若い日のテオドラのような女には顔を背けたであろう。セウェルスは劇場を嫌悪し、姦淫について言いたいことが山ほどあり——絶対に認めないという立場であった——、イヴを悪魔の手先とみなし、キリストの性質を定義する教義に深い関心を示した。テオドラにもキリスト論に注目するよう勧めたが、数年後には、セウェルスの期待していたような反応がないことがはっきりした。そこでいくつかの疑問が出てくる。（1）アンティオキア時代のテオドラが、反カルケドン派にとって頼れる女性だと評判になったのはなぜか？（2）セウェルスのような人物が、彼女の関心を引こうとしたのには、何があったのか？（3）そもそもこのふたりには相手に語るべきことがあったというのは、何を根拠としているのか？

これらの疑問のうちの最後のものは、最初のふたつを考える手がかりとなる。セウェルスはユスティヌス帝によって主教職を解任されたあと、追放されていたようである。しかしこの「追放」は多くの点でウィタリアヌスの「潜伏」のようなものであった。追放されてエジプトへ行ったが、依然としてアンティオキアでは有名人であり、著名な人々と広く手紙のやりとりを続けていたし、その教説はなお教会の導きであり続けた。テオドラのほうは、セウェルスの書簡に出てきそうな女性となってゆく。しかしセウェルスが五二〇年代初め以前にテオドラと知り合いになっていたはずはない。五一八年ないしその前後では、彼のテオドラへの影響は間接的なものであり、テオドラをシリア教会のネットワークに入れたのは、セウェルスではなく、我々の知らない人々であった。

セウェルスの友人集団が直接テオドラと交流をもったはずはないが、セウェルスの膨大な書簡の一部が現存しており、属州の重要な中心地の有力者と帝都を結びつけるネットワークの性格を垣間見ることができる。セウェルスの証言から、アンティオキアとコンスタンティノープルの競馬党派間の結びつきに関する情報が得られる。党派を通じて、ふたつの都市の関係はあらゆる面で深まったようである。この時期には属州に住んでいるのは「地方出身者」だというわけではなかった。だから、現存するセウェルス書簡にカエサリアという名前の女性がふたり——ひとりは「本当に重要な」と特記され、もうひとりは単に「パトリキウス」と呼ばれた女性——みえるが、前者はアナスタシウス帝の妹である可能性も否定できない。ふたり目のカエサリアは、トルコ東部のカッパドキア出身の有力官僚の妻だと言われている。彼女はのちにエジプトへ行き、その地で修道院に多額の寄進をして、余生をそこで過ごした。セウェルスが接触をもったとわかっている帝国官僚として、コノン、エウプラクシウス、フォーカスに加えて、ミサエルという名の宦官がいる。このミサエルはユスティヌスの即位の日に、皇帝の徽章を引き渡すのを渋った宦官集団のひとりであった。彼はのちにアマンティウスの陰謀への加担を告発されて追放の身となり、さらにそのあと、テオドラのもっとも近しい従者のひとりとなった[33]。

他にも、行政の各部局や軍隊の有力者とセウェルスのつながりを示す書簡も現存している。軍司令官のティモストラトゥス宛の書簡では、聖職者が教会の行動規範を厳格に守ることの重要性をセウェルスは伝えている。オエクメニウスという名の人物は、教義問題を論じた書簡を少なからず受けとっているが、聖職者になりたいと思っていたようである。セウェルスがアンティオキア主教となる前にオエクメニウスに書いた書簡のうち一通は、あれこれの権威からの引用に満ちており、セウェルス神学の根本を詳しく解き明かしてくれる。主教になったのち、セウェルスはオエクメニウスに宛ててもう一通、やはりさまざまな権威の文を引用した長い手紙を書いた。手紙の論点にオエクメニウスが強い関心を示したので、セウェルスは、ふたりのあいだで文通が始まる前から、オエクメニウスがすでにこの問題に精通していたと感じた。ふたりのやりとりはごく一部しか伝わっていないが、最初の手紙で、返事が遅れたことを謝る必要を感じたセウェルスが、仕事に追われていたと弁明しているのは興味深い。ふたりの関係の実務的な側面は、もう一通の書簡から明らかとなる。イサウリア地方のある主教に宛てたその書簡で、セウェルスは、不品行ゆえに辞めさせた数名の聖職者に対する処置をオエクメニウスに頼んだと言っている。

先に言及した帝国官僚のコノンは「山賊駆逐者」として知られているが、本当の肩書は、東方軍団司令官の「補佐官《ウィカリウス》」だったらしい。コノンのほうが年長だったにもかかわらず、セウェルス主教は、重要と思われる諸問題への対処が遅いと、コノンに厳しく当たった。問題のひとつは、三度結婚していた——三人目の夫はまだ生きていた——にもかかわらず、教会においてそこそこの地位を占めている女性に関するものである。この女は「悪魔に取り憑かれている」というのがセウェルスの見解で、彼はこの件に関してひどく怒り、コノンの上司であるルフィヌスに手紙を書いて、何らかの措置をとるよう求めた。セウェルスは別の書簡で、すでに本章でユスティヌスの即位との関わりで言及したケレルというきわめて有力な官僚に、自分が異端とみなした連中を取り締まるよう依頼している。セウェルスは、アナスタシウスが五一五年にウィタリアヌスの後任として派遣したルフィヌスや、その兄弟で、やはり東方で高位の軍官職に就いていた人物ともうまくやっていたようである。ちなみに、ルフィヌス一族は、有力な官僚が出身地で任務に就く傾向を示す一例である(34)。

出身地に近い地域に関しては、セウェルスが南トルコの修道院の修道士たちに手紙を送ったことが知られている。そのなかで彼は、何人かの兵士から、自分たちの主教を任命してほしいとの嘆願があった、と修道士たちに伝え、すみやかに誰かひとりを派遣するよう要請している。シリアの都市ベロイアの主教には、地域のユダヤ人共同体に対する暴行をけしかけるなと言い、復讐は神に任せるのが最善であると指摘している。イサウリアの主教ソロンには、気に食わない数名の聖職者を厄介払いするよう伝える手紙を書いている。タルススの主教には、近くの町で予定されている叙階は進めるべきではない、なぜなら兵士たちが介入しているからだと告げている。エウスタキウスという名の聖職者には、主人による解放が確認できないならば、奴隷は叙階されないと教えている。セウェルスは自分自身の管区内で、諸都市が提出する数名の候補者名簿のなかから主教を選ぶことができた。彼の権限をよりいっそう強くしたのは、地方行政官が彼の同意しない人物を主教職に推しても、任命を拒否できたことであった。アパメアの住民が新しい主教について書き送ってきた手紙のなかで、異教の著作家の言葉を引用した時など、セウェルスは強い不満を示した[35]。

セウェルスは、コンスタンティノープルだけではなく、地方の組織との結びつきを通じてその権限を確立した。彼は各地域の殉教者信仰に強い関心を示し、骨身を惜しまず管区内を巡って宗教施設を訪ねた。そのような殉教者信仰のひとつとして、ルサファの殉教者セルギウスとバックスの信仰がある。聖堂に祀られている戦士聖人セルギウスとバックスは、四世紀初めの大迫害の際に処刑されたと言われる人物である。ほどなく聖堂自体も、砂漠のアラブ部族がシリアの定住民と出会う場所、キリスト教を部族民に伝える場所として重要となった。東方属州一帯でセルギウスとバックスは、ペルシア人の劫掠から守ってくれる存在として崇拝されていた。事実この時点では、ペルシア人はアナスタシウス帝と結んだ和平を守っていた。五二四年になって、セルギウス゠バックス信仰がテオドラにとって重要となる[36]。

セウェルスがアンティオキア主教在任中に現地において築いた人脈、コンスタンティノープルと結んだつながりは、明らかにユスティヌスの好意を得られるようなものではなかった。ユスティヌスは以前から、セウェルスが主教職にあることを問題視していた。何よりも、自分が全面的には信頼していない人々と、セウェルスがあまりにも深く結びついていたからである。それゆえ、セウェルスの主教職解任は、教義の問題であるとともに政治的な決定でもあった。しかし政治的な必要性がどうであれ、解任という判断は拙く、混乱を招いた。セウェルスの後任の主教たちは、かなり乱暴な方法でみずからの権威を行使しようとし、惨めな失敗に終わった。

テオドラが有力な反カルケドン派集団に近づき始めたのは、この時だった可能性が高い。テオドラを訪ねて都まで来た東方の聖人への彼女の対応について、のちにエフェソスのヨハネスが描いた像を信頼するなら、テオドラは、コンスタンティノープルでの成功に必要なギリシア語に加えて、シリア語も習得していたと思われる。後半生においてテオドラは、エフェソスのヨハネスも含めて、砂漠の聖堂につながる人々と通訳なしで応対できたようである。しかしながら、彼女をユスティニアヌスに引き合わせたのは、反カルケドン派集団ではなかった。事実は正反対のようである。コンスタンティノープルに戻ったテオドラがユスティニアヌスと出会ったのは党派を通じてであり、党派との結びつきを創り上げたのは、マケドニアとともにするようになったある種の仕事であった。プロコピオスは、その主張にどれだけ信憑性があるかは別として、ユスティニアヌスとテオドラはコンスタンティノープルで出会ったと明言している。すでに見たように、セウェルスのネットワークが示すのは、コンスタンティノープルとアンティオキアの社会の上層部が、教会と党派を通じていかに密接に結ばれていたかということである。競馬騎手ポルフュリウスの手紙が伝来しておれば、セウェルスの場合と多くの点で共通するネットワークの存在が明らかになったに違いない[37]。

テオドラと反カルケドン派の関係は、彼女が五二〇年ないし二一年にコンスタンティノープルに戻る以前に形成されたものに違いない。彼女がこのような集団に入ったという事実は、どんな女性になろうとしていたのかをある程度教えてくれる。何がテオドラをこの集団に引き寄せることになったのだろうか？　セウェルスやその仲間は劇場や競馬場を好まなかった。性や性にまつわるすべてのものを非難していた。セウェルスの書簡の受取人は、神学的な思索を好む傾向があったようである。これらの事実はどれをとっても、これまで見てきたテオドラはもちろん、このあともう一度見ることになる、権力の座に就いたテオドラを魅了するものではなさそうである。「罪へと惑わすものは女からやってくる」がゆえに、女は男に劣るというセウェルスの信念は、天国においてはすべてが許されるので、そこでは男と女は平等であるという、もうひとつの主張を考慮に入れても、テオドラにはやはり全面的には受け入れがたかったであろう。がたかったであろう。しかしながら、セウェルスが説いたきわめて強力なメッセージがもうひとつあった。そのメッセージは、ユスティヌス帝が任命した者に対するセウェルス支持者たちの頑強な抵抗から判断するなら、民衆の強い共感を得ていた。セウェルスは、虐げられた人々の運命に強い思いを寄せており、愛人に棄てられた未婚の母であるテオドラは、確かに自分もそのひとりだと感じていた。彼女は教会に、しばしの平和、成熟した大人らしい会話、この数年間過ごしてきた競争の社会からの解放を見出したのだろうか？　さらには、子育てへの援助すら期待したのだろうか？　テオドラはセウェルスをいたく称賛していたと言われており、その点は、ふたりは通じていると考えていた敵側の人物の一連の発言によっても確認できるようである。これらの情報は五三〇年代のものであるが、テオドラはそれ以前からセウェルスの著作に関心をもっていたと考えてもおかしくはない[38]。

セウェルスは金持ちに対して非常に厳しい態度をとった。彼らが富を自分自身のため、きらびやかな服や豪華な装いに費やすのを非難した。その一部を貧しい者に食事を与えるために使うべきだと促した。彼は司法制度を不公平だと考えていた。教会は利息なしで金を貸すべきである、貧民が金貸しに虐げられるのは根本的に間違っている、そう信じて、金の貸し借りについて厳しかった。借金の全面的帳消しを提案したことさえある。彼は、老人・孤児・困窮者を助けるための機関の設置に努力した。アンティオキアにたどり着いたテオドラが訪ねたのは、このような慈善組織だったのだろうか？　彼女はまったくの一文無しだったわけではなかっただろう。しかしマケドニアと付き合うようになった経緯をみると、どうしても仕事をみつける必要に迫られていたと思われる。(39)

テオドラとマケドニアが青党のために「諜報活動をしていた」時期に行なっていた仕事がなんであれ、ふたりは暴力沙汰と無縁ではない環境におかれていたが、ストレスの多い職業に従事するシングルマザーにとって、教会は駆け込み寺であっただろう。皇后となったテオドラは、貧民や抑圧された者の味方となり、反カルケドン派の主張にも耳を傾けた。セウェルスの神学は必ずしもわかりやすくはなかった。たとえば、昔詩人だった者が聖職者になれるのかという質問に対して、セウェルスは「否」と答えたが、その詩人が昔の仕事を辞めたと誓った場合はさにあらずとも言った。のちにこの人物が過去を悔い改めたと知って、セウェルスは「大いに喜んだ」。彼は人類の贖《あがな》いを説き、人間は過去に縛られてどうすることもできないという考えを否定した。テオドラが聞きたかったはずのメッセージであり、彼女が肝に銘じた言葉であった。(40)

いずれ皇后という人格を帯びる女性がこの時期に育っていたように思われる。もっとも重要なのは皇帝権力の働きについて、その全容を理解するに至ったことである。このあとテオドラはこの新しい知識を有効に活用するだろう。

第5章　パトリキウス叙任

五二〇年六月のある日、ウィタリアヌスは、コンスル就任を記念して主催した戦車競走を見るために競馬場の皇帝観覧席に入った。第一レースの終了後、彼はふたりの副官とともに宮殿に戻った。これが公衆に見せた最後の姿であった。

この時ウィタリアヌスは宮殿の広い中庭デルファクスを横切ろうとした。デルファクスという名前は、中庭の柱廊玄関を支えるためにギリシアのデルフォイから持ってきた円柱に由来している。この優雅な空間は、新皇帝への歓呼も含めて、数々の皇帝儀式において重要な役割を果たしていた。ユスティヌスが新たな支配者として宮殿の官僚たちにお目見えしたのもここであった。デルファクスの北側と西側は、競馬場およびゼウクシッポス浴場との境の壁であった。南には謁見の間である「一九寝椅子の大広間」があり、東には皇帝親衛隊の詰所があった（今日この一角は、大部分がブルー・モスクとなっている）。デルファクスは儀式の場であるとともに、多くの暗殺事件の舞台でもあった。そのすべてが首尾よくいったわけではなかったが、今回は成功した。

この日に生じた事件の大きな特徴は、殺害者の名前がついに挙がらなかったことである。ユスティニアヌスがやったとプロコピオスは言っているが、それはほぼありえない。ウィタリアヌスの息子たちや甥が、ユスティニアヌスの治世のかなりの期間、高位の司令官であったという事実は、彼らがユスティニアヌスをウィタリアヌス殺害犯と考えていなかったことを示唆する。もっともそれらしい説明は、ユスティヌス帝が、帝位に匹敵するような地位を与えていた男にうんざりし、おのれの権限を強化しようとしたに過ぎない、といったところであろう。この数年前にユスティヌスはアマンティウスとその一味を処刑するという決断をしているが、そこにも、脅威と感じられる者には迷わず思い切った措置を講じる姿が窺える。ちなみに政府の公式声明は、ウィタリアヌスは国家に対する反逆の代償を支払ったという素っ気ないものであった(1)。

ユスティニアヌスはウィタリアヌスの死に責任はないものの、そこから大きな利益を得たことは確かである。なによりも、かつてウィタリアヌスが就いていた首都軍団の司令官という地位に、ユスティヌスによって抜擢されたことが大きい。伯父の死後帝位に就くという立場への確かな一歩、とユスティニアヌスは考えたかもしれない。

ユスティヌスと同じく、ユスティニアヌスもイリュリクム地方の農家に生まれた。四八二年に生まれた時、彼はペトルス・サバティウスと名付けられた。故郷はタウレシウム、今日のカリチン・グラードで、マケドニア共和国(旧ユーゴスラビアの一部)のスコピエ市に近い町である。ユスティヌスの妹がユスティニアヌスの母であり、ユスティヌス自身は、荒廃したナイススの町(今日のセルビアのニシュ)の近くの生まれで、ユスティニアヌスより三十歳ほど年上であった。コンスタンティヌス帝生誕の地として知られるナイススは、ユスティヌスが生まれる数年前に、フン族のアッティラによって破壊されていた。いつ頃ユスティヌスが、甥のユスティニアヌスを養子としたのかはわかっていないが、皇帝となる前だったことは確かである。妻のエウフェミアとのあいだに子供ができないとわかった時かもしれない(2)。

プロコピオスも含めて、ユスティヌスを誹謗する者たちは、彼が無学な農民であり、完全にユスティニアヌスに牛耳られていたと仄めかしている。それは大きな誤解である。ユスティヌスが着々と昇進したのは、大いに注目すべき業績を上げたからに違いない。加えて、ずいぶん早くから、抜け目なく立ち回る術《すべ》を身につけていたはずである。バシリスクスとイルスの反乱に際してはゼノ帝を支援したらしく、アナスタシウス帝にも貢献した。決定的に重要だったのは、あらゆる史料が示唆しているように、注意深くつねにアリアドネ皇后の側についたことであろう。アナスタシウスは、四十代になっていたユスティヌスを、皇后の親族であるディオゲニアヌスとともに、不穏な動きを示す南トルコのイサウリア諸部族を抑える作戦の将軍に任命した。ユスティヌスは五〇二～五〇三年に生じたペルシアとの戦争にも、短期間ではあったが将軍として姿をみせている。この時はケレル指揮下の「軍事長官」として、ウィタリアヌスの同僚であった。その作戦はペルシアの侵入を食い止めることにほぼ成功した[3]。

司令官集団のもうひとりは、アピオンという名の裕福なエジプト人である。彼の任務は軍隊への補給を確保することであった。そのあと十年以上経って、アナスタシウス帝のもとで道管区長官マリヌスがウィタリアヌスの艦隊を撃破した時、マリヌス艦隊の一員としてユスティヌスの姿をみることができる。金角湾を舞台としてコンスタンティノープル市民の見守るなか行なわれた戦いにおいて、マリヌスは艦船に装備した「ギリシアの火」――アテネの科学者プロクロスが硫黄から作った物質――を使ってウィタリアヌスの軍を焼き払った。ユスティヌスが果たした役割は大きかったようで、戦いのあと昇進している。当時のテオドラについては、ユスティヌスの出世が自分の人生に及ぼす影響を知る由もなく、この戦いを見ていたのであろう、と想像できるのみである[4]。

いずれの側につくのが出世の道かという選択に際して、ユスティヌスは抜け目なく立ち回ったようである。ところが、いったん頂点に立つと、最高の地位に留まることを何より優先させ、古い友人たちを職務から追放することも厭わなかった。そういうわけで、これまでユスティヌスにとって重要だった人物、帝位に就くのに貢献したマリヌスやケレルも――ユスティヌスの生涯を描いた壁画を公共浴場に掲げて、覚えのめでたかったマリヌスさえも――、五一九年の年末までに官職を失っていたようである。

彼らの失脚は宗教的な理由によるものだったらしい。というのは、マリヌスとケレルはともに、はっきりと反カルケドン派信条を表明しており、他方、ユスティヌスにとっては、カルケドン信条への支持が皇帝に選ばれた決め手だったからである。すでに五一九年の年末以前に、ユスティヌスはセウェルスをアンティオキア主教の座から追放しており、加えて、帝国の東方属州の反カルケドン派集団に対して厳しい措置を講じ始めていた。アナスタシウスの治世末には皇帝と対立していたカルケドン派の者たちが、今や揃って表舞台に出てきた。そのなかには、アナスタシウスが追放し、このたびユスティヌスによって東方軍団の司令官に任命されたディオゲニアヌスもいた。同様に、やはりアナスタシウスが治世末に追放していたフィロクセヌスも、トラキア属州の軍指揮権を与えられ、のちにはコンスル職に就いた。ひとかたならぬ優遇である。そして最近反カルケドン派からカルケドン派に転向したエジプト人アピオンも、追放から呼び戻されて、帝国の属州行政の長である道管区長官になった(5)。

この時期のテオドラは「青」であると同時に反カルケドン派でもあった。「青」は彼女を宮廷の側に立たせ、反カルケドン派支持は、ますます激化する宗教的分裂において、断固として異端の側に立つことを意味した。セウェルスとユスティヌスの双方と手を結び、大きな影響力をもつようになる道が、テオドラの前に開けつつあった。

ウィタリアヌスの死は、ユスティヌスの支配体制の最上層部に小さくない空白を生みだした。それまでの二年間、ウィタリアヌスは事実上の後継皇帝と広く認められていた。ユスティヌス、エウフェミア、ユスティニアヌスなどと同じように、ウィタリアヌスもローマ教皇ホルミスダスから書簡を受けとっているほどである。教皇の宛先リストに名前があることは、有力者であり、かつカルケドン派の見解に好意的だとみられたことを意味している。教皇の存在がコンスタンティノープルにおいて政治的に重要だったのは、ローマの元老院貴族との独自の回路をもっていたからである。その重要性は、コンスタンティノープルの宮廷と、ラヴェンナを拠点としてイタリアを支配する東ゴート王テオドリック（在位四七一〜五二六年）との関係が、不安定になってゆくにつれて増大した。[6] テオドリックは東方で過ごしたことがあり、ゼノ帝の治世にはウィタリアヌスの原型ともいうべき存在とみられていた。そのあとゼノは、イタリアを支配するゲルマン人の将軍オドアケルを打倒するようテオドリックを説得した。オドアケルは四七六年に西のローマ皇帝を廃しており、その結果、西の皇帝と名乗り出ていた連中が、排除されたり、野望を断念することになったのである。オドアケルが王として権力を掌握するまで皇帝と称していた者たちの子孫の一部は、なおコンスタンティノープルで活動しており、東のローマ皇帝がすべてに優越するという観念も存続していた。帝位をめぐるこれらの主張は主として机上のものであったが、ウィタリアヌスは現実に帝国政府を揺るがせた。

ウィタリアヌスから解放されると、ユスティニアヌスは青党との関係を通じて、帝国各地の都市の支持をとりつけるべく積極的に動いたようである。この時点でのテオドラは、前述のように、青党の諜報員だったらしい。彼女が将来の皇帝と初めて会ったのはこの時だったのだろうか？[7]

プロコピオスによれば、テオドラは、アンティオキアにいた時に悪魔の大王と寝た夢を見た、とマケドニアに語ったとのことである。悪魔の大王との出会いなどといった話を、テオドラ自身がするとは思えず、この話は、広く知られている悪魔の物語にプロコピオスが脚色を加えたものであろう。彼ならいかにもやりそうなことである。プロコピオスが言及しているところをみると、テオドラが権力の座に登り詰めたことが語り伝えられるうちに、いつのまにか神の力という要素が紛れ込んだものと思われる。テオドラの生涯を理解しようとする者にとって、この話は、彼女がユスティニアヌスの目にとまった時期を判断する手がかりとなる。出会いは彼女がアンティオキアにいた時だったに違いない。さもなければ、マケドニアが話に登場するはずはないだろう。アンティオキアからコンスタンティノープルへという異例の転身を見て、テオドラには何か神の力が働いたと考えた人々が確かにいたようである。たとえば、彼女の生涯を伝える話のなかに、将来を予見するよう導いてくれる聖人との出会いがあるのも、そのひとつであろう。プロコピオスがこの種の素材をうまく調理した実例は、他にも多数知られている。

神の関与を除けば、テオドラは青の諜報部員としての活動を通じてユスティニアヌスと出会ったと考えざるを得ない。情報提供者が伝えてくる報告は、自分たちの利益になるように細工されがちであることを皇帝たちは承知していた。それぞれの集団が既得権を守るために、自分に知らせたい情報のみを送って来ることを皇帝は知っていただろうし、配下の官僚たちがしばしば私利私欲に走り、不誠実であることにも気づいていたはずである。そのような制約を克服するために、皇帝はテオドラのような人物を雇って、上がってくる報告の真偽を確かめようとしたのである。幸いにも、ユスティヌス時代の文書で、テオドラが暮らしていた世界に関わるものが現存しており、特別な調査官を必要とした問題についてある程度のことがわかっている。

問題の文書はトマスという名の皇帝諜報部員による報告である。トマスはユーフラテス属州の町キュロスにおいて進行している事態の調査を命じられた。派遣先は、その名前からも推定できるように、ユーフラテス川の西岸地域である。今回の問題は、アンティオキアの財務長官が、最近叙任されたセルギウスという名の主教の言動に疑惑を抱いたことから始まった。道管区長官の官庁に所属し、ある種の

「内政問題」担当である諜報部員は、キュロスにおいて深刻化しつつある問題に気づいた。

調査の結果、キュロスの市民が前主教のテオドレトスを大いに誇りにしていることが判明した。テオドレトスは、教会の歴史と地方聖人の伝記を書いた人物である。どちらの著作も現存しており、それを読めば、当時喧《かまびすし》しかった教義問題に関するテオドレトスの立場が、必ずしも正統派ではなかったことがたちどころに明らかとなる。財務長官の疑惑を招いたと思われるのは、テオドレトスの怪しげな神学を称えるかのような出来事であった。最近行なわれた祭の際に、ふたりの聖職者がテオドレトスの肖像を、元コンスタンティノープル総主教のネストリウスなど、この地方の英雄たちの像とともに、戦車に乗せて町を行進したのである。

ここで問題となったのがネストリウスである。この時には、ネストリウスの熱心な支持者であったテオドレトスより、むしろネストリウス本人が大きな問題であった。というのもネストリウスは、マリアは神の母（テオトコス）ではなく、キリストの母（クリストトコス）であると主張していたからである。カルケドン派からみても極端なこの見解は、四三一年のエフェソス公会議で、アレクサンドリアのキュリロスによって弾劾されていた。キュリロスは、自分を取り巻く世界においてものごとがどう展開するのかをよく理解し、それを神学の才知と結びつけた人物であった。エフェソス公会議におけるキュリロスの勝利は、彼がたっぷりと賄賂を贈っていた宮廷官僚の支援に多くを負っていたし、ネストリウスは実に不愉快な奴だというテオドシウス二世の発言も力となった。その結果、ネストリウスはペトラ（現在はヨルダン領）に追放され、のちにはエジプトの大オアシスに送られて、質素な生活を送りつつその地で生涯を終えた。テオドレトスのほうは、エフェソス公会議の決定のあとも、ネストリウスの忠実な支持者であり続けたので、事実上の自宅監禁を申し渡されても、誰も驚かなかった。こうして彼は、四四九年のエフェソス第二公会議ののちしばらく職を離れたものの、二年後のカルケドン公会議に

端的立場を変えることはなかった[8]。テオドレトスは四五〇年代半ばに死んだと思われるが、最後まで異
よって最終的に復権が認められた。

ネストリウスの見解はローマ帝国の大部分の地域で異端とみなされていたが、ユーフラテス属州から川を渡ってすぐのペルシア帝国には、ネストリウス派の強力な集団が存在した。ネストリウス派の宣教師は、ローマ帝国とペルシア帝国のあいだの砂漠地域を支配するアラブ人部族を、自分たちのキリスト教に改宗させることにも努め、かなりの成功を収めた。これらの活動の結果、隠れネストリウス派は単なる宗教問題にとどまらず、帝国の安全を脅かしかねない問題となったのである。というのも、ネストリウス派のアラブ人が、自分たちを異端とみなすコンスタンティノープルの政府に対して友好的な態度をとるはずはなかったからである。確かに、支配者がゾロアスター教徒であるペルシア人から迫害されない限り、ネストリウス派アラブ人には、コンスタンティノープル側につく理由はまったくなかった。

今回の場合、主教テオドレトスとその師ネストリウスを公然と称える行動に、帝国当局が好感をもっていないことを、キュロスの市民はよく承知していた。そこで彼らはその件に関して嘘をつき、自分たちが肖像を担ぎまわったネストリウスは、異端者ではなく、同じ名前の殉教者であると主張した。ユスティヌスの調査官はその点も調査し、そのような殉教者は存在しないのみならず、セルギウス自身がネストリウスを称える讃美歌を歌って、兵士たちも祝福に加わったと報告した。すべての軍関係者はカルケドン公会議の信仰告白を支持せよという、ユスティヌスの命令が出たばかりだったので、キュロス市民の言動は著しく反抗的であり、皇帝の命令をこれ見よがしに無視する態度は、ペルシアの脅威を前にして、帝国に対する彼らの忠誠心をきわめて疑わしいものとした[9]。

「特別諜報部員」トマスは、情報を集める際にある程度身の危険を感じたであろう。調査の対象が地域特有の問題であったことも、よそ者である彼にとって任務の遂行をなおいっそう難しくしたと思われ

る。テオドラやマケドニアが集めていたような情報も、同じように取扱いに注意が必要だったに違いない。テオドラたちの報告は、まっすぐユスティニアヌスのもとへ届けられた。この時点では、彼が「青」の情報網を統括するようになっていたらしい。諜報部員のひとりが、トルコ中部で宿屋を経営していた女性を妊娠させたとか、その子供が聖人になったという話もある。ユスティニアヌスにとって「青」の情報網への関与は、ウィタリアヌス殺害の頃にはかなり重要になっていたようである。おそらく、ウィタリアヌスがコンスルとして提供する競技会や、五二一年のユスティニアヌス自身のコンスル就任祝賀の華麗な競技会の準備を通じて、「青」との関わりを深めたのであろう。(10)

ユスティニアヌスとは何者なのか、どんな人物だったのか? テオドラと関係を持ち始めた時にはすでに有力な存在であったが、どうやらかなり孤独だったようである。知られている限りでは、テオドラと出会うまで、どちらかといえば禁欲的な生活を送っていた。すでに三十代だったのに結婚していなかったのは、貴族社会の仲間が娘を、高位の将軍とはいえ、もとはといえば農民の倅に嫁がせようとしなかったためもあるが、それだけではなく、彼自身の社交性のなさも一因だったと思われる。テオドラ以前に恋愛関係は知られておらず、知られていないのは、ほとんどなかったためだと考えるべきである。庶子の存在も知られていないし、宮殿で女の尻を追いかけまわすなど、彼を嫌っていたプロコピオスでさえ仄めかすことはない。むしろ、不眠症に悩む、きわめて小食の、ひどく孤独な人物、神学問題の考察に打ち込む人物とされている。現存するユスティニアヌス関連の文書のうちでももっとも初期に属する、五二〇年のローマ教皇ホルミスダス宛の書簡をみると、アウグスティヌスの神学作品を引用できたことがわかる。同書簡からは、ユスティニアヌスが厳格なカルケドン派の信仰と、反カルケドン派のなかでも、セウェルスの伝統を受け継ぐ、神学的により温和な集団との和解に尽力していたことも明らかとなる。和解をはかるユスティニアヌスを強く惹きつけたのは、「神の受難論」と呼ばれる教義、すなわち十字架に架けられたのは父なる神であると説く教えであった。この教えを最初に提起したのは、問題を論じるために五一九年にコンスタンティノープルからローマへ旅した四名の修道士で、そのなかにはウィタリアヌスの親族もいた。「神の受難論」の魅力は、キリストは神という性質のみをもつという、反カルケドン派にとって決定的に重要な点を認めつつも、カルケドン派の教義の要である、キリストも人間と同じように受難することを認める点にあった。長い議論の末、教皇ホルミスダスはこの教義を却下したが、「受難論」的な考え方へのユスティニアヌスの傾倒を抑えることはできなかった[11]。

ユスティニアヌスの生涯変わらない性格として目立つのは、時には度が過ぎると思えるほどの、徹底した誠実さであった。たぶん、この誠実さがあればこそ、職務を部下に任せることができたものと思われる。優柔不断と思える時もあった。とくに部下の意見が分かれた時にはそうだったらしい。冷静で、かつ強い責任感をもっていたようである。ロマンティストの側面があり——確かに大きな夢を抱いていた——、神学と並んで歴史も好んだ。友人となった者、彼のもとで高い地位に就いた人々、たとえば親衛隊員から将軍になったベリサリウスとシッタス、出世した法律家のトリボニアヌス、財務大臣となるカッパドキアのヨハネスなどは、そろって伝統的な貴族社会の外部から来た者であった。ユスティニアヌスは、自分と似た境遇の者と一緒なら居心地がよかったのだろうか？　上記の人物のひとり、トリボニアヌスは矛盾した存在であった。異教徒だと言われたことすらあった。おそらく神学よりも哲学に関心があったからであろう。このことから、ユスティニアヌスは自分自身の宗教的な見解をしっかり持っていたが、側近集団に入るのに神学が試金石ではなかったことが窺える。もし神学を重視していたなら、テオドラは入れてもらえなかっただろう[12]。

ともかく何らかの方法でテオドラはユスティニアヌスと知り合った。彼女は「青」の諜報部員としてとくに優れていたのか？　彼女の報告には、他の部員とはひと味違う知性や機知のひらめきがあったのか？　私たちにはわからない。しかしユスティニアヌスがたちまちのうちに、しかもぞっこんテオドラに惚れ込んだことは確かである。そこに何があったのかは、辛うじてプロコピオスの記述から推定できるだけである。上述のようにプロコピオスはふたりの結婚を、昔女優であった女性と高位の男性との結婚を合法とする法律を制定するよう、ユスティニアヌスが皇帝ユスティヌスに求めた五二一年ないし五二二年以降としている。プロコピオスによればテオドラをひどく嫌っていたという、エウフェミア皇后

図 5–1　ユスティニアヌスの最大の業績である聖ソフィア教会を称えるモザイク壁画には、同教会をコンスタンティノープルの町に捧げるユスティニアヌスの姿が描かれている。©ALBUM/ アフロ

の死後のことであった。この法律の条文からさらに多くの手がかりが得られる。同法令はユスティニアヌスが五三〇年代に編纂させた法典に収録されているので、制定の日付がわかっている。エフェソスのヨハネスの『東方聖人伝』からも、ふたりの結婚は遅くとも五二二年の末ないし五二三年のことに違いないと思われる。

問題の法律は、ユスティヌスが道管区長官のデモステネスに宛てて発布したものである。デモステネスは五二一年六月から五二二年七月の間その職にあり、同法令を起草した当人であろう。ヨハネス・リュドスにとって、デモステネスの振る舞いは好ましくなかったようで、みずからの権威についてきわめて狭い見方をする男だと述べている。しかしユスティニアヌスは、五二九年にこのデモステネスを道管区長官に再任している。婚姻法制定への協力に対する謝礼だったことはほぼ確かであろう。この婚姻法の文言は、ところどころ異常なほど特定の個人に即したものとなっており、テオドラとおぼしき人物が出てくる。当時のテオドラの立場を考えるうえで有益な情報であり、彼女の振る舞いの原動力を垣間見せてくれる貴重な資料である。まさしくこの法は、本当のテオドラはどんな人物だったのかという謎を解明するにあたって、もっとも重要な手がかりのひとつであろう。

この婚姻法は長い序文で始まる。そのなかで皇帝は、帝国臣民の福利に配慮するのが慈悲深い皇帝にふさわしく、朕が思うに、「女という弱さゆえに恥ずべき道を選び、名誉を失うに至った女性の過ちは、節度のある生き方によって償われる……、彼女たちから、より良い境遇を求めるという希望を奪うべきではない」と述べている。確かに、日々「特別な憐れみ」でもって人間の罪を赦す神の慈悲を真似ることは、皇帝にふさわしい振る舞いである。本文の第一条は、奴隷が皇帝の特免によって解放され、自由人の地位を与えられるのに、「見世物の舞台に立っていたが、のちにその悪しき生活を捨て、心を入れ替えて不名誉な職業を離れた女性が、皇帝の慈悲を期待できないのは不公平である。皇帝の慈悲は、過ちがなかったなら留まっていたはずの状態に彼女たちを戻すであろう」と述べている。こうしてユスティヌスは、「かつて選んだ邪悪で不名誉な生き方を捨て、より良い生活を受け入れ」て、「立派な存在」となった女性は合法的な結婚をする権利を皇帝に願い出ることができる、と定めた。女優と結婚した者も、その婚姻が古い法の規定によって無効となると心配するには及ばない。かつて女優であった者には「不名誉な肩書」が付きまとうのではないかと心配する必要もない。そのような女たちも「罪を犯したことのない」女性と同じ身分である。

第二条は、男性が元女優と結婚したのちに生まれた子供は嫡子であり、先妻とのあいだの子供と同じ権利をもつと述べている。第三条は、結婚する権利を願い出て認められた女性が、その結婚を延期した場合を想定したものである。その時点では未婚であるが、名誉ある女性とみなされるべきであるとしている。テオドラの場合はこのような事態にはならなかったが、当時では充分想定できることであった。第四条は第三条を補完して次のように述べている。このたび結婚を許された女性は、「たとえ名誉ある地位を認めるよう皇帝に請願していなくても、結婚前に無償の贈り物として皇帝から名誉ある地位を与えられた女性」と同じ立場である。「この立場ゆえに、特定の男性との結婚を禁じる理由とされる汚点はすべて拭い去られるであろう。」第五条は、母親が舞台を辞めたあとで生まれた娘は、「元女優の娘と特定の男性との結婚を禁じた……法に服すものとはみなされない」と規定しており、さらに母が女優を辞める前に生まれた娘も、結婚する権利を請求できるとも述べている。すなわち「現在のところ、その高い地位ゆえに、あるいはその他の理由で女優の娘との結婚を禁じられている男と夫婦になることが……今後は認め」られるのである。

第六条は、現役の女優のまま死んでしまった女性の娘を対象としている。このような娘たちにも、望む結婚をする権利を求めて皇帝に請願することが認められた。続く条文は、他の法律にみられる、不釣り合いな身分の者の結婚を禁じた規定は、女優には適用されないと述べており、同時に、近親相姦やその他の「人の道に外れた」男女関係に対する皇帝の嫌悪感も明記している。最後に、この新しい法はユスティヌスの治世初年に遡って適用するとしている[13]。

この法の草案を作成した人物は、テオドラを念頭においていたのであろうか？　一例を挙げるなら、第三条は、もしコンスタンティノープル総主教が、反カルケドン派集団とつながりのある人物と、帝位継承の可能性のある者との結婚に反対したなら、まさしくテオドラが置かれていた状況を述べたものといえよう。さらに第四条は、ヘケボルスの内縁の妻という、かつてのテオドラの立場から生じる婚姻障害を解消する規定のようである。女性が舞台に出ていた間に生まれた娘――ここでは「子供」ではなく「娘」としているのが興味深い――も同様に、皇帝に請願すれば結婚する権利が認められるという規定は、テオドラの娘のための特免措置のようである[14]。

最後に、五二一〜五二二年という法の日付は、エフェソスのヨハネスが伝える話の意味を理解する手がかりとなる。ヨハネスは、反カルケドン派にとってテオドラがもった重要な役割について記しており、その記述から、同じ五二一／二年にユスティヌスが反カルケドン派の指導者たちを、ペルシア国境の重要な都市アミダ周辺の修道院から追放したことが確認できる。修道院の指導者たちはペトラ市の近郊に追放され、厳しい扱いを受けた。

そのあと生じたことは、洞穴に関する物語から再現することができる。この穴はエジプトの町メンデスから二マイルのところにあり、アミダを追われた修道士たちが、ユスティニアヌスに対するテオドラの執り成しによってペトラから移されたのち、修道士のひとりで、前述の特別諜報部員トマスと同名の人物が六年間にわたって住んだことで有名になった。こちらのトマスが、かつてはある聖人の住処《すみか》であった穴に住むことにしたのは、この地方に広がっていた贅沢な生活をおぞましく思ったからである。

トマスが六年間にわたって洞穴生活を送ったのち、つまりアミダからの追放の八年後の五二九年に、アミダの前主教マレが死んだと言われている。それゆえ、追放された修道士集団をエジプトへ移すようテオドラに働きかけを求める使節がコンスタンティノープルに到着したのは、五二三年以前のこととなる。使節はユスティニアヌスが「当時将軍でパトリキウス、そして王の甥」であると知った。テオドラは「女優集団《ポルネイオン》の出であるが、今ではパトリキアで、このあとユスティニアヌスが王になると王妃となる者」と言及されている。ふたりがパトリキウスの称号――この称号については、このあとすぐ論じる――を得たのは、五二三年のことであった。同じくエフェソスのヨハネスには、この時ユスティニアヌスは「彼女の夫であった」という記述もある。これらの記述はすべて、ユスティニアヌスの経歴について私たちが知っていることと符合し、テオドラへの言及も、五二一／二年の新婚姻法から確かめられる状況と合致する。(15)

支援を求めてテオドラに近づいた者たちの期待は裏切られなかった。この人たちのためになんとか措置を講じてほしい、というテオドラの願いをユスティニアヌスは聞き入れた。もっとも、元のアミダへ戻してやろうとまではゆかなかった。別の伝承によると、ほぼ同じ頃、アレクサンドリアで強硬なカルケドン派の主教パウルスによって殺された助祭の息子が、テオドラを通じてパウルスの蛮行を皇帝に訴え出たという。パウルスは一年も経たないうちに辞めさせられた。この話は、のちのシリア語史料によって伝わっており、そこではテオドラをすでに皇后と呼んでいるが、ある程度事実に基づくもののようである。確かにパウルスは一年しか在職しなかったし、そこに窺える属州からコンスタンティノープルへの情報伝達の様子も、アミダの修道士の追放に関する物語の焼き直しではなさそうである。(16)

人々は宮廷の動向を注意深く見守っており、誰が「与党」で誰が落ち目なのか見ていた。だから、このきわめて異例の結婚が報じられるや、テオドラの執り成しを期待して、問題を彼女のもとに持ち込んだとしても不思議ではないだろう。それだけではなく、あなた方の訴えに耳を傾けるつもりだと、テオドラ本人が早々と表明していた可能性もある。熱心な親カルケドン派であったエウフェミアとはまったく異なる姿勢を、テオドラがとったことは間違いない。皇后エウフェミアはテオドラとユスティニアヌスの結婚の前に死んでいた、というプロコピオスの主張が事実ならば、エウフェミアは夫の治世のごく初期に死んだことになり、五二〇年以降、彼女に関する言及がないという事実も、史料が少ないからだと説明する必要はない。彼女はみずからコンスタンティノープルに設立した修道院に葬られたと言われており、ユスティヌスが、自分たち夫婦の遺体を同じ石棺に納めるよう命令したことは、死んだ妻に対する深い愛情のしるしである。エウフェミアがテオドラに対して示した敵意は明らかに、かつまったく文字通り、短命であった。そうではないとプロコピオスが力説するのも、入手した噂や当てこすりなどの意味を捻じ曲げたり膨らませたりする、いつもの傾向と見るべきであろう[17]。

アミダからの追放者たちを支援するというユスティニアヌスの決定は、宮殿に広まっていたカルケドン派支持の雰囲気を考えると、栄達のためには最善の行動ではなかったかもしれない。そもそもテオドラと付き合うこと自体、最善の道ではなかったのである。それでも彼は、テオドラが幸せでいられるようできるだけのことをする必要をはっきり感じていた。権力面で大きな差がある男女に生まれた関係としては異例のことであった。そこには、テオドラがユスティニアヌスに及ぼした強いインパクトがさらにはっきり見て取れる。

婚姻法の制定とアミダの使節の物語は、ユスティニアヌスが、コンスル就任の頃にはテオドラを深く愛するようになっていただけではなく、ふたりの関係がきわめて急速に進んだことも示している。婚姻法の条文は、テオドラが娘の幸福に深い関心を持ち続けていたことを示唆する。彼女は姉コミトのためにも取り計らっていたようである。姉は、ユスティニアヌスの親衛隊員で、のちに将軍となったシッタス、きわめて有能であると同時に美男と評判の若者と結婚した。先にも指摘したように、将軍ベリサリウスも女優と結婚することになった。妻はテサロニケの有名な競馬騎手の娘アントニアである。かの婚姻法における救済の文言、セウェルスの著作にも通じるその表現は、特定の一個人を念頭において書かれたとは断言できないが、女性が犯しかねない悪しき選択を強調している点は見逃すべきではない。この法文の言葉遣いは、当該の女性をみずからの将来を決定する能動的な主体としているのである。

それはテオドラの自画像だったのだろうか？　そうだといえる確かな根拠がある。政治的には賢明な選択ではなかったが、テオドラは自分の反カルケドン派信条に忠実であり続けた。ユスティニアヌスと結婚するためでさえ、自分の信仰を捨てなかったのである。コンスタンティノープルの公けの席に姿を現わした「テオドラ」は、きわめて敬虔な、毅然とした女性、変わることなく友に忠実な女性である。彼女はパトリキアであると同時に元女優であり、時代の最前線を生き抜いた。権力の頂点に昇り詰めても、昔の自分を捨てようとはしなかった。

テオドラをコンスタンティノープルの政界における新奇な存在としたのは、彼女の過去だけではなかった。若く美しい金髪の女性は、過去数十年にわたって権力の上層部ではめったに見られない存在であった。(18)四五〇年のテオドシウス二世の死以降、ローマ国家の支配権は、おおむね母親と老人が交互に握っていた。テオドシウス二世が四十九歳で死んだあとの七十年間には、即位の時点で、テオドシウスの没時の年齢くらいの若い皇帝はたった一人しかいなかった。帝位に就いた時四十九歳ないし五十歳だったゼノだけである。マルキアヌスとレオは五十代半ばから後半であったし、アナスタシウスは六十歳を過ぎており、ユスティヌスに至っては七十歳くらいであった。皇后アリアドネは何年にもわたって権力を握っており、テオドシウス二世の姉プルケリアもそうだった。ウェリナ皇后もまた決して控え目ではなかった。

この時点において、ユスティニアヌスはまだ四十前であり、過去数年のあいだウィタリアヌスの後塵を拝していたので、ユスティヌスの跡継ぎと万人が認める存在ではなかった。ローマ教皇ホルミスダスと帝国宮廷でやりとりされた書簡から判断すると、教皇側もウィタリアヌスが実質的な共同皇帝だとみていたようである。

プロコピオスは、ユスティニアヌスが伯父ユスティヌスを牛耳っていたと主張している。この主張を支えるために持ち出した二つの論点、すなわち皇后エウフェミアがテオドラに対して持っていた反感と、ウィタリアヌスの死はユスティニアヌスによるものだという主張に関していえば、明らかにプロコピオスは事実を取り違えているか、捻じ曲げているのであろう。実際のところ、ユスティニアヌスがユスティヌスを牛耳っていたという、プロコピオスの主張が事実だとしても、大した意味はない。五二三年にユスティニアヌスが、危うく帝位継承者の地位を失うところであったことを示唆する史料が存在する。プロコピオスの記事を真に受ける必要はないが、事件よりも何年ものちに作成されたに違いないこの記述によると、コンスタンティノープルや帝国の他都市で青党が大規模な暴動を起こした。腹を立てたユスティヌスはテオドトゥスという名の官僚を任命して、街に秩序を回復しようとした。テオドトゥスは任務の遂行に際して、宮廷役人のテオドシウスを捕え、裁判もせずに処刑するという失策を犯した。この措置はユスティヌスの我慢の限界を越えており、テオドトゥスは即座に罷免された。

これがひとつの説明である。この事件に関するもうひとつの説明は、ユスティニアヌスが青党の暴行事件の黒幕だとするもので、そのためテオドトゥスは、テオドシウスを処刑した後、「パトリキウスのユスティニアヌス」を逮捕すると宣言したとする。ユスティニアヌスはちょうど重い病に伏せっていた。この第二の説明では、ここに至ってテオドトゥスはユスティヌスの逆鱗に触れて罷免され、その結果、エルサレムに移り住むことになったという。さらにまた、プロコピオスによれば事態は次のようであった。ユスティニアヌスが病になったのは、聖ソフィア教会も舞台とした殺害行為へと青党を唆したのちであり、彼が病に倒れたので、テオドトゥスの任命となった。病癒えたユスティニアヌスは、自分の地位をテオドトゥスが脅かしていることを知り、彼が進めている調査を止めようとして、テオドトゥスを陥れる証言を引き出すために多くの者を拷問にかけた。濡れ衣であると弁護する者もひとりだけいたが、ユスティヌスはかまわずテオドトゥスをエルサレムへ追放した。

第二の説明はのちのエジプトの年代記が伝えるところであるが、プロコピオスの説明と、第一の説明の出典であるマララスの年代記の記事をつなぎ合わせただけの、価値のない情報であろうか。しかしプロコピオスの『秘史』を当時読んだ者がいたという証拠はないし、エジプトの年代記の著者が『秘史』を知っていたと考える根拠も他にはないので、そのような解釈は妥当なものとは思えない。エジプトの年代記とプロコピオス『秘史』にみえるのは、間違いなく同じ物語のふたつの変種である。どちらも問題の事件よりかなりのちになって書かれたことから考えて、ともにこの同じ話を書物で知ったのであろう。その話が書き物として存在すること自体、ユスティニアヌスの治世のこの時点で、ユスティニアヌスに対して悪意に満ちた話を言いふらす人々がいたことを示唆している。少なくともその点は信じる値打ちが充分ある。[19]

テオドトゥスをめぐる事態がどう展開したにせよ、ユスティニアヌスは苦境を切り抜け、五二三年にパトリキウスの地位に昇進した。ユスティニアヌスと並んでテオドラもパトリキア（パトリキウスの女性形）に叙任された。六世紀のコンスタンティノープルではパトリキウスになるのは簡単なことではなかった。ユスティニアヌス、テオドラどちらにとっても、パトリキウス就任は広く周知し、宮廷と市内の双方で大々的に祝うものであった。「パトリキウス」という称号は、もともとローマ共和政時代初期の貴族家系が名乗っていたが、コンスタンティヌス帝のもとで、皇帝がお気に入りの人物に与える個人的な栄誉を示す称号となった。高位の官職への叙任と同じく、パトリキウス就任は晴れの舞台であった。現存しているパトリキウス叙任式典の記録はのちの時代のもので、そこにはテオドラ時代の宮殿にはまだ存在していない施設で行なわれた儀式も記されている。そういうわけで、テオドラの場合にどのようなことが行なわれたのか、正確には知ることができない。しかしまず元老院議員と宮廷人に紹介され、続いて一般民衆にお披露目されたことは確かである。式次第は帝国政府内の階層序列に従っていた。

　儀式は、ほぼ間違いなく、当時このような場合に用いられた謁見の間《ま》のいずれかに高級官僚が案内されることで始まったようである。テオドラは侍従と儀典長に付き添われて、謁見の間の外で待っていた。高官たちが集まると、テオドラは室内に導かれ、ユスティヌスの前に跪《ひざまず》いた。ひとりの役人が、パトリキウスであることを認証する銘板を彼女に手渡し、ユスティヌス皇帝の弥栄《いやさか》を唱える祈りのあと、参列者たちは謁見の間を去った。そのあと、さらなる祈りのために、元老院議員、同輩のパトリキウス、宮廷官僚に囲まれて、テオドラは宮殿の別室へ導かれてゆき、ふたつの主要な党派（まず青党、続いて緑党）の代表と対面する。党派の代表は「テオドラ、永久《とわ》のパトリキア！」と歓呼したであろう。そのあと彼女は宮殿を出て聖ソフィア教会に向かい、聖ソフィアの拝廊でパトリキウスの儀礼服をまとった。彼女は、のちのパトリキウスたちがしたように、聖ソフィア教会から聖使徒教会へ向かい、同教会でもう一度民衆の指導者と党派に披露されることになっていた。[20] 真新しい礼装でその場に立ったテオドラの姿……、舞台で踊っていたのを見たことがある人々、あるいは彼女を軽蔑した、彼女に欲情した、そしてこれも充分ありそうなことだが、彼女の愛人であった人々の歓呼を受けるテオドラの感慨は想像するしかない。

今やテオドラの居場所は宮殿であった。宮殿はひとつの建物ではなかった。ビザンツ宮殿の面影を伝えるイスタンブルのトプカプ宮殿と同じく、多くの建物がある行政区画であった。ユスティニアヌスとテオドラはこの時点で、宮殿の一角、当時ホルミスダス宮殿と呼ばれていた建物に入ったようである。ホルミスダスという名前は、同時代の教皇からではなく、四世紀にそこに住んでいたペルシアの王子からとられたものである。ここにテオドラと居を構えるというユスティニアヌスの決定は、慣習からいささか逸脱する行為であった。伝統的に皇帝の威光を示す場とされてきたのは、皇帝を取り巻く集団の政治的拠点であり、儀式の心臓部でもあった大宮殿である。宮殿複合体の主要部分は、現在では重要な宗教施設と市街地となっていて発掘できないので、今後もわからないことが多いだろうが、往時の姿をなんとか推定すると、宮殿は青銅門という壮大な儀礼門の南に広がっていた。青銅門は真西を向いており、この門を出たところから、ゼウクシッポス大浴場とアウグスタイオン（聖ソフィア教会に面する広場）のあいだを通る中央大通《メセー》が始まる[21]。

大宮殿それ自体は、古代の神々の住まいであるオリュンポス山のようであった。少なくとも宮殿の住人のひとりはそう言っている。宮殿は光り輝き、広々としており、誰もが自分の居場所をわきまえている施設であった。この複合施設に欠くことのできないのが親衛隊の詰所で、第一に、ゼウクシッポス浴場に隣接するスコラレス軍団の詰所、次にエクスクビトル（哨兵）とカンディダトゥス（かつてユスティニアヌスが所属した軍団）の詰所があり、後者はデルファクスの東柱廊に接していた。さらにデルファクス本体、そして最後に、その東にコンシストリウムがあった。この名称はラテン語の動詞コンスターレ（ともに立つ）に由来するもので、文字通り皇帝の「まわりに立つ人々」で構成される皇帝顧問会議の議事堂である。コンシストリウムの南にはオノポディオン（ギリシア語で「驢馬の足」）があっ

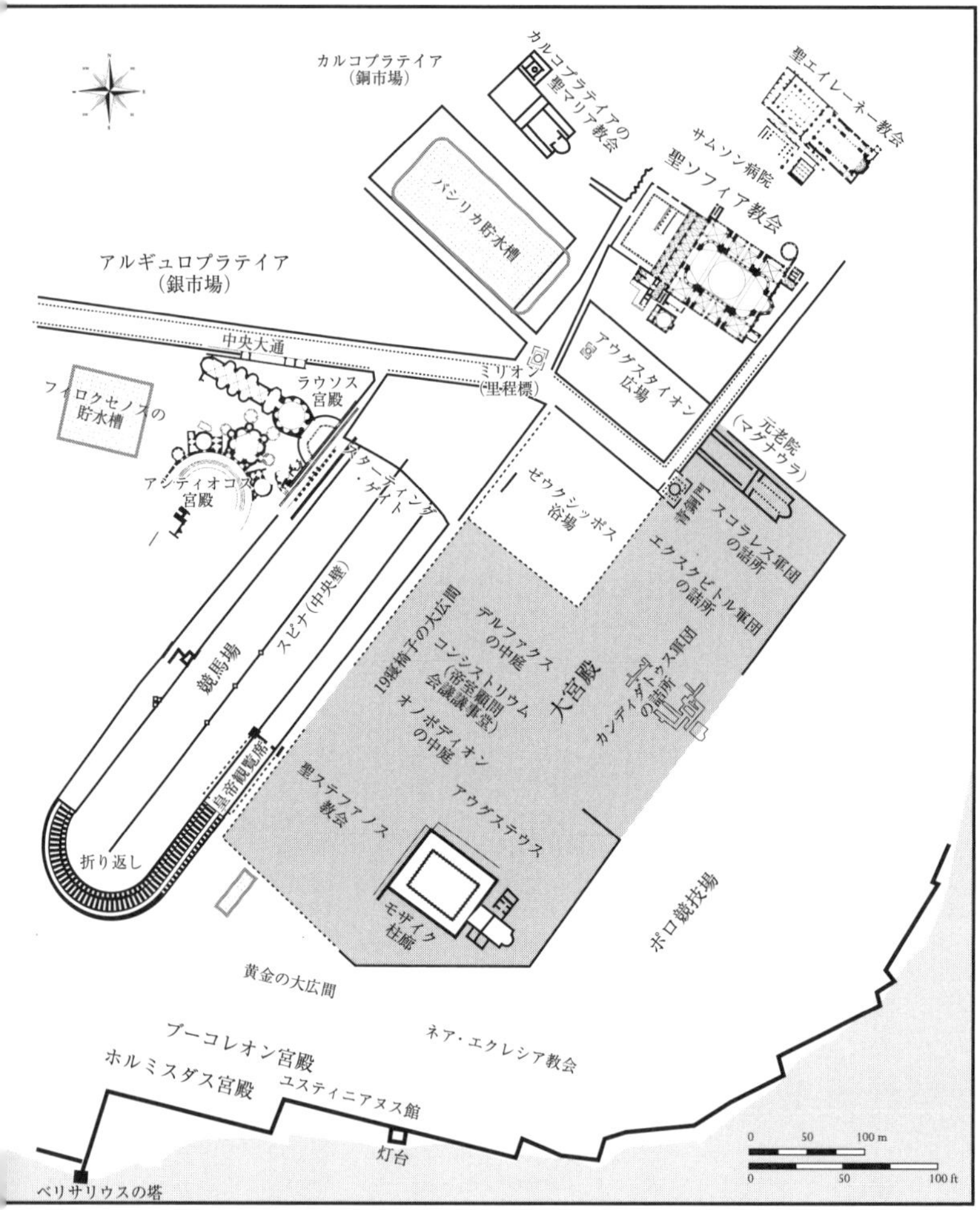
カルコプラテイア
（銅市場）
カルコプラテイアの
聖マリア教会
聖エイレーネー教会
サムソン病院
聖ソフィア教会
バシリカ貯水槽
アルギュロプラテイア
（銀市場）
中央大通
ミリオン
（里程標）
アウグスタイオン
広場
フィロクセノスの
貯水槽
ラウソス
宮殿
アンティオコス
宮殿
スターティング
・ゲイト
元老院
（マグナウラ）
青銅門
ゼウクシッポス
浴場
スコラレス軍団
の詰所
エクスクビトル軍団
の詰所
カンディダトゥス軍団
の詰所
スピナ（中央壁）
競馬場
19寝椅子の大広間
デルファクス
の中庭
コンシストリウム
（帝室顧問
会議議事堂）
オノポディオン
の中庭
大宮殿
皇帝観覧席
聖ステファノス
教会
アウグステウス
折り返し
モザイク
柱廊
ポロ競技場
黄金の大広間
ブーコレオン宮殿
ホルミスダス宮殿
ネア・エクレシア教会
ユスティニアヌス館
灯台
ベリサリウスの塔
0 50 100 m
0 50 100 ft

図3　大宮殿の平面図

た。その名称から考えて、おそらく馬蹄形の中庭であっただろうと思われる。西へ進んで「一九寝椅子の」柱廊を通り、それから南に曲がると、同じく「一九寝椅子の」と呼ばれる大広間に入る。大広間の南側に出て東に向かうと、「八角形《オクタゴン》」と呼ばれる建物を通って、聖ステファヌス教会、そしてもうひとつの謁見の間であるアウグステウスに入る。皇帝の住まいは聖ステファヌスの南にあった[22]。

これらの建物・広間のうち、もっとも重要な施設はおそらくコンシストリウム（帝室顧問会議議事堂）であろう。皇帝が高級官僚と会い、重要な使節を迎える施設だったからである。コンシストリウムは、玉座が置かれた別格の「崇高な広間」であったと伝えられている。玉座は、緋紫の布で覆われ、金や宝石で飾られて、「水金《みずきん》のように」輝く天蓋を支える「四本の素晴らしい柱」に囲まれていた。天蓋には、一枚の月桂樹の葉を左右から支え持つ、翼のある「勝利の女神」が二体描かれていた。衛兵たちは大きな扉を閉ざして「ふさわしくない者」を立ち入らせなかった。テオドラもこの時点では「ふさわしくない者」に含められていたであろう。というのも、この時代には会議が行なわれているあいだは、女性は立ち入り禁止だったからである。「一九寝椅子の大広間」は大掛かりな宮中晩餐会が催される会場であった。これに対して、アウグステウスは皇帝が臣下・従属民や異民族の使節を迎えるところである。ユスティニアヌスの妻として、みずからも要人のひとりとして、テオドラもこのふたつの広間にしばしば姿を見せたはずである。ユスティニアヌスと共有していたやや狭いホルミスダス宮殿に、テオドラが自分専用の謁見の場を持っていたこと、支援を求める人々とそこで会見したこともほぼ間違いないと思われる[23]。

ユスティニアヌスが危機を乗り越えたばかりか昇進すらできたのは、コンスタンティノープルから遠く離れた地域で生じた一連の恐るべき事件と関係があるようだ。その事件のためにユスティヌスは方針の変更を迫られたが、政策の変化はユスティヌスが単独で実施できたとは思えない。というのも、断固たるカルケドン派支持の彼にとって一貫して非常に扱いにくい存在であった、反カルケドン派集団に関わる政策変更だったからである。ユスティヌス以外の新たな人物が関与したと考えるべき理由はふたつある。ひとつは、五二三年にシリア国境の安全が突然脅威にさらされたこと、もうひとつは、これまた突然、帝国政府が宗教的敵対者を納得させるような対応をして、この脅威がすみやかに解消されたことである。急速に制御不能となりつつあった状況が落ち着きを取り戻したのは、テオドラの人脈が働いたのであろうか？　いずれにしても、帝国の東方境界域とその彼方の非カルケドン派の扱い方を知っている者たちが、コンスタンティノープルにいたからこそ、破局が避けられたのである。私たちも知っている人物を含むこの集団は、数年来テオドラと結びついていた。五二四年頃に始まったと思われるテオドラと彼らの関係は、帝位継承者としてのユスティニアヌスの立場を強化するのに役立った。五二三〜四年に生じた新たな状況は、コンスタンティノープルとアラブ人諸部族との関係、またアラブ人相互の関係、さらにはアラブ人・ペルシア人とアクスム（今日のエチオピア）の人々との関係が関わっていた。

コンスタンティノープルが「アフリカの角《つの》」と関わりをもつようになる経過は、複雑でおぞましいものであるが、話はアラビア半島の南端から始まる。この地域は、ローマ世界で珍重された香辛料の産地として重要であるとともに、東アジアの交易網と地中海の交易網をつなぐインド洋の一大交易路——今日のムンバイなど南インドの主要な港を抱える——の一角を占める点でも重要であった。コンスタンティノープルの宮廷人の美しい衣となる絹や、香辛料、とくに都の高級料理に不可欠の胡椒は、この交易網を通じてやってきた。インド洋交易路の西の端、エジプトの紅海沿岸にはベレニケの港があり、そこで商品は積み替えられて、厳重に守られた砂漠ルートを越え、ナイル沿いのコプトスへ至る。コプトスからアレクサンドリアへと川を下り、アレクサンドリアから最終目的地へと運ばれた。かつてはこれとは別に、ユーフラテス川を遡って、シリアの砂漠を越え、隊商の町パルミュラへと向かう有名なルートが存在した。しかしこのルートは、ほとんど使われなくなってしまっていた。歴代のペルシア王がほぼ一貫して現金不足だったので、この交易ルートがローマとペルシアの争いに巻き込まれたり、争いの原因にもなったからである。

ローマ人は自身の深刻な通貨問題――大量の金銀がインドへと流失した――にもかかわらず、何世紀にもわたって紅海の交易路に強い関心をもっていた。ローマ世界では異国の物産を手に入れるのが威信のしるしであり、威信のために金を使うのはごく普通のことだったからである。初代のローマ皇帝アウグストゥスは、アラビアを支配下に置こうとしたようであるが、その努力は実を結ばず、のちには、重装備の偵察隊を出しただけだなどと言って、みずからの関与を否定した。二世紀にローマの守備隊が、イエメン南岸の沖にあるファラサン島に配備されたことも知られている。当時も現在と同じく、「アフリカの角」周辺の海賊が問題だったらしい(24)。

五二三年の危機が生じる数年前に、反カルケドン派系のキリスト教徒であるアクスムの王《ネグス》カレブが西アラビアに侵入した。作戦は成功し、カレブは南イエメンから、ヒムヤルと呼ばれる西サウジアラビアに至る細長い地域を支配下においた。この遠征によって、最近ユダヤ教に改宗したばかりの王国の支配者の地位を追われたのがズー・ヌワースである。ズー・ヌワースは、五二三年の冬、悪天候のためにアクスムから増援部隊が来る可能性がなくなると、反撃に転じてアクスム王の駐屯軍を撃破し、今日のサウジアラビア南西部のナジュラーンという町に住むキリスト教徒集団を虐殺した。何百人もの男女、子供が集まっていた教会に火が放たれたのである。他にも、ズー・ヌワース王の面前で酷い仕打ちを受けた者もおり、王は北方へ伝令を派遣して、自分の行為を誇らしげに告げた。

ズー・ヌワースによる暴虐行為の生々しい思い出は何十年も残り、預言者ムハンマドの時代にも語られていたようである。ムハンマドは『クルアーン（コーラン）』の八五章で、宗教的な迫害を非難して、ナジュラーンの火事に言及している。この虐殺事件をめぐるぞっとするような話を、「ペルシアの論客」シメオンが伝えている。彼はこれまでも、ペルシア王の支配下の地域に住むネストリウス派・ユダヤ人・ゾロアスター教徒に対して、みずからの反カルケドン派キリスト教を掲げて、国際的な摩擦を引き起こしてきた。シメオンはテオドラが敬服する人物のひとりで、五二四年にはローマ＝ペルシア国境の平和を保つのに重要な役割を果たした。この間にアクスム王カレブのほうは、ズー・ヌワースに対して復讐すべく遠征の準備をしていた(25)。

ナジュラーンの虐殺は、アラビア半島の住民と接するローマ人入植地全体の安寧を脅かす宗教暴動の一例に過ぎなかった。ズー・ヌワースは、現イスラエル領であるティベリアス地域のユダヤ教教師——帝国政府とはずいぶん曖昧な関係にあった——と結託していたようであり、ユーフラテス川の少し西の町ヒラを拠点とするナスリド・アラブ族の王、アル・ムンディル三世と接触したことも確かである。混乱の一端は、過去数年にわたってユスティヌスの部下たちが、近年テオドラの支援を受けていたアミダの修道士集団をはじめ、地域に密着していた宗教人を追放・交替させたことにあったと思われる。さらに、平和の維持に向けてもっとも貢献したふたりが、ともに反カルケドン派であったことに注目すべきである。そのふたりとは、前述のシメオンと、コンスタンティノープルの宮廷から派遣された使節のアブラハムで、後者の任務には、アル・ムンディルが人質としていたふたりの高級官僚の釈放交渉も含まれていた(26)。

アル・ムンディルに対するズー・ヌワースの提案は、キリスト教徒迫害に加わるようにという内容であった。ズー・ヌワースは、ローマとペルシアというふたつの権威とは異なる独自の宗教的過激主義を、両者からの執拗な介入に対する対抗手段と考えていたようなので、これは注目すべき申し出であった。だとすれば、アル・ムンディルがズー・ヌワースの提案に耳を傾けたのも不思議ではない。百年のち、きわめてよく似た勢力、ナジュラーンの事件を不幸な思い出とする集団が、もう一度西アラビアから広がり、北アラビアの諸部族を信仰による同盟へと引き入れようとした。今回は、主だった指導者たちは耳を傾け、その結果が今日まで続いている。この時には、エチオピアにいたローマの同盟者が介入する可能性はなかった。この預言者こそムハンマドであった。

五二四年の時点で、ユダヤ教の影響を受けた南アラビアの宗教運動が、ローマ国境における勢力均衡を崩すかもしれないという危機感が、同年アル・ムンディルがラムラに招集した会議の背後にあった。ローマ側には、ルサファ主教セルギウスとともに出席したアブラハムとシメオンに加えて、ペルシア帝国のネストリウス派教会の代表者三名、アル・ムンディルの首席将軍（ほぼすべての参加者にとって幸運なことに、彼はキリスト教徒であった）もいた。ちなみにルサファは、ローマ人が「セルギウスの町」と呼んだ土地で、砂漠の端に位置し、この地域の定住民と遊牧民が出会う要衝であった。アル・ムンディルと部下の首席将軍とのあいだでの激論ののち、会議は、キリスト教徒に対する新たな迫害はしない、人質は釈放されるという結論に達した。[27]

ラムラでの合意は大きな意味をもった。今後は平和が保たれることに加えて、ユスティヌス本人には、これまで邪険に扱ってきた人々を納得させる力がなかったと思われるので、支配体制の維持にとってテオドラが重要となったのである。深刻な分裂と対立を招く帝都の宗教政策が広く帝国全体に及べば、平和の維持に貢献している関係に重大な影響を与えずには済まなかった。アル・ムンディルを動かせる人々との連携がどうしても必要であり、それを提供したのが、ユスティニアヌス、とりわけテオドラだったのかもしれない。アブラハムの息子ノンノススがユスティニアヌスによって再任されたこと、テオドラが数年後にシメオンの遺体をコンスタンティノープルの自分のもとへ運ばせたことには、それなりの理由があったのである。同様に、このあとテオドラは新たなアクスム主教の任命を実現させることとなる。ペルシアのネストリウス派は、内部に深刻な分裂を抱えていたにもかかわらず、苦難に陥ると、最大の敵であった反カルケドン派と手を結ぶ姿勢を示した。

五二四年の年末までにアクスム王カレブは、ズー・ヌワースがもたらした惨事の傷跡をすべて消し去っていた。ズー・ヌワースは姿を消し、南アラビアには新たにアクスムの保護領が設定された。これらの事実はすべて大きな成功を意味していた。成功は、実際にはユスティニアヌスとテオドラの功績だった、と考えてよいのだろうか？

そうだと考える理由のひとつはきわめて簡単で、適切な人物が選ばれ、望ましい結果が得られたことである。他にも、周知のようにユスティニアヌスとテオドラが、この件で主要な役割を果たしたアブラハムとシメオンのふたりと、個人的な関係をもっていたことや、アブラハムは直接コンスタンティノープルから派遣されたと伝えられていることも重要な手がかりである。この問題が解決してほどなく、ユスティニアヌスとテオドラは、自分たちの住むホルミスダス宮殿の隣に、ふたりの聖人、セルギウスとバックスを称える教会を建てている。ルサファの町はこのふたりの殉教者崇拝の中心地であったので、ラムラ会議での三人の主要な人物、シメオン、セルギウス、アブラハムはそろって、ユスティニアヌス夫婦と何らかのつながりをもっていたことになる。最後に、皇帝の回答を取りまとめたのが、当のユスティニアヌスとテオドラ自身ではないとしても、ヒュパティウスであった可能性がある。ヒュパティウスは五二〇年以降、正式に東方における軍事長官として任務に就いていたが、やることなすこと失敗続きであった。一例を挙げるなら、アル・ムンディルが人質としていたふたりの高級官僚は、ヒュパティウスの管轄下で捕えられたのである。このあと一年も経たないうちにヒュパティウスは、ユスティニアヌスとの関係が非常に悪化し、ペルシア人と手を結んでユスティニアヌス打倒の陰謀を企んだと言われるようになった。以上の事実だけでは、今回のような微妙な状況に巧みに対処できた人物を特定することはできないが、ひどくイライラしているらしいパトリキウスの存在が窺える。(28)

五二四年はユスティニアヌスにとって重要な年であった。というのは、なおもテオドトゥスがもたらすかもしれなかった脅威を乗り越え、以前より強い立場になったからである。翌五二五年、ユスティニアヌスはユスティヌスの後継へ向けて重要な一歩を踏み出した。ようやくこの年に至って義父のユスティヌスが彼を「カエサル」すなわち法定相続人に任命したのである。もはやユスティニアヌスが帝位継承の最有力候補であることに疑いの余地はなかった。ただし、唯一の候補者ではなかったし、最有力候補となったのも、ローマ帝国とペルシアの関係がさらに拗《こじ》れた結果かもしれない。ローマ＝ペルシア関係の緊張、および五二三年にユスティニアヌスを脅かした支配階級内の緊張はなくなっていなかった。その緊張関係がこのあと、彼の人生、そしてテオドラの人生を創り上げてゆく。

第6章　帝位継承

ズー・ヌワースがアラビアで残忍な活動を続けていた間に、ローマ＝ペルシア国境のもう一方の端で奇妙な事件が起きていた。ラジカ（ほぼ今日のジョージア黒海岸地域）のツァティオス王がキリスト教徒になる決意をしたのである。名目上ペルシアの属国であったラジカの王が、ペルシアへの忠誠を放棄するというかなり重大な事件であった。ユスティヌス帝は喜び、キリスト教徒の象徴である白と金の豪華な衣に加えて、キリスト教徒の妻も与えようとして、コンスタンティノープルの貴族の娘を選ぶ手配をした。当初ペルシア王カワードは激怒したが、長きにわたってペルシア帝国の悩みの種であり、かつしばしばローマの同盟者となった北方のフン王国――五世紀にアッティラによって統合されたフン帝国とは別の国である――との複雑なやりとりの挙句、フン王を殺してしまったので、ユスティヌスと新たな交渉に入るべきだと考えた[1]。

ふたりの君主がおかれていた状況は実によく似ていた。カワードにとっても後継者問題がもっとも重要であった。彼はすでに七十歳であり、息子のホスローにあとを継がせることに躍起になっていたが、宮廷の派閥や、目下悩みの種となっていた強力な異端宗派の抵抗があって、息子の王位継承が危ういのではないかと心配していた。遠い昔に、死期を悟ったローマ皇帝アルカディウスが、ペルシア王のヤズデギルドに、まだ幼い息子テオドシウス二世の後見人となるよう頼んだことがあり、ヤズデギルドが引き受けたという話が知られている。この驚くような事態に関する現存資料は、すべてユスティニアヌスの時代ないしそれ以降の著作であり、史実だとみなすべき充分な理由はない。合意が実際にあったとこれらの著作家たちが断言する根拠は、カワードがユスティヌスに、息子ホスローを養子とし、国内の暗殺者から守るよう頼んだ時に、先例としてこのアルカディウスの話を持ち出したという事実にある。ユスティヌスは提案を受諾するつもりだったようであるが、元老院の会議でこの問題が議論されると、皇帝の法律顧問で、当時宮廷司法長官であったプロクルスが、申し出に応じればホスローにローマ皇帝位への請求権が生じることになると指摘したので、受諾を断念した。こうして申し出は拒絶され、元老院議員の何人かはユスティヌスに、後継者問題を揺るぎないものとするために新たな措置を講じる時期であると助言した。カワード王は怒った。提案は歓迎されるだろうとヒュパティウスが請け負っていたので、怒りもひとしおであった[2]。

この事件によって撒かれた不和の種は、双方を戦争の準備へと向かわせた。ヒュパティウスはペルシア人と結んでユスティニアヌスを亡き者にしようと企んでいるという噂も広まった。最終的に、ユスティニアヌスを後継者とするため正式の手続きをとることに、ユスティヌスがようやく同意して、決着がついた。ユスティヌス帝が採ろうとした手続きは、ずいぶん昔から行なわれていたものであり、プロクルスの助言のようなきっかけを待っていた可能性がかなり高い。ここに至ってユスティヌスは、ユスティニアヌスに公式の帝位継承者が帯びるカエサルの称号を与えたのである。

その場面を想像してみよう。式の当日、官僚や護衛兵が宮殿の中庭デルファクスに集まった。パトリキウスの地位にある者たちは一九寝椅子の大広間に案内された。そこにはユスティヌスがユスティニアヌスと並んで着席していた。すべての準備が整うと、コンスタンティノープル総主教が、パトリキウスたちとともに、ふたりの主役を大広間からデルファクスの壇上へと案内した。デルファクスの祭壇にはカエサルの位標が置かれていた。祭壇の前での短い祈りののち、宮内官が進み出て、新カエサルに帝衣を着せ、群衆が「誰よりも幸福な！」と歓呼し、続けて「ユスティヌス皇帝、ユスティニアヌス皇帝万歳、偉大な皇帝たち、神によって任命された皇帝たち万歳！」との唱和が起こった。もう一度祈りが唱えられ、ふたりの皇帝は、臣下の者たちが席次順に並んで待っている大広間へと戻り、彼らの挨拶を受けた(3)。

パトリキウスたちに立ち交じってテオドラもいる。称賛の言葉が響きわたるなか、輝く真新しい帝衣をまとった夫を見ている彼女の気持ちを想像してみよう。何か思いもよらぬことが生じないかぎり、いずれは私が次の皇后となるのは間違いない。農民の息子と熊使いの娘、私たち夫婦が、この場に集まっているパトリキウスたちから、場違いな存在とみられていることはよくわかっている。時間をかけて、自分たちが新たな支配者であると人々に納得させる必要がある。私たちは支配者としての役割を果たさなければならない。だから信頼できる友人が必要だ。

テオドラとユスティニアヌスは今後もホルミスダス宮殿に住み続けるであろう。皇帝たる存在にふさわしく、聖セルギウス＝バックス教会を設立する計画を立てたのは、この時だったようである。五二七年に完成することになるこの教会は、先にも述べたように「小ハギア・ソフィア・モスク」として現存している。ユスティニアヌスが選んだ場所はホルミスダス宮殿に近く、ひと足先に彼の肝いりで建てられたペテロ＝パウロ教会の隣であった。つまり宮殿複合体のこの一角は、帝位継承者と認められたユスティニアヌスの宗教的関心を表わすよう工夫されていたのである。マルマラ海に面するふたつの教会は、行き交う人々からは見えなかったであろう。当時、この新しい教会への立ち入りが許されたのは、日頃から宮殿に出入りしている少数の選ばれた者だけで、一般の民衆は教会で祈ることはおろか、目にすることもなかったのである。

セルギウスとバックスは、奉仕という概念を体現する聖人であり、適切な選択であった。彼らの死にまつわる伝説によれば、ふたりはともに兵士で親友であり、四世紀の初めに皇帝マクシミアヌスの命令で、拷問にかけられ殺されたという。彼らの殉教物語は百年以上のちになって創られたものである。すでに見たように、聖セルギウス、聖バックス崇拝はルサファにおいてきわめて盛んであり、この町の主教はラムラ会議に出席していた。アンティオキア主教セウェルスは五一四年にふたりの殉教者を取り上げた説教をしたことがあったし、ユスティニアヌスは五二〇年代に、ルサファの城壁の補修に力を貸したようである。(4)

この新しい教会は、隣接するペテロ＝パウロ教会とはずいぶん異なっていた。ペテロ＝パウロ教会は当時の標準的なバシリカ様式を採用しており、正面の祭壇へと続く細長い空間である身廊をもっていた。これに対して聖セルギウス＝バックス教会は、ふたつの主要な部分から構成されていた。正方形の外郭と、その内側のドームをもつ八角形の部分である。床面積二五〇平方フィートほどの八角形の建物は、二層構造の柱廊に囲まれている。柱廊は三〇フィートを少し超える高さで、天井部のドームを支えている。ある目撃者の証言によると、建物の内部にはドーム下の窓から光がたっぷり差し込み、かつてはその全体がモザイク画や金などで飾られていたという。教会のなによりの自慢は、ルサファから持って来たセルギウスの聖遺物（足の指）であった。

セルギウスとバックスへの称賛は、ユスティニアヌスとテオドラ夫婦の建築面での独創性だけではなく、当時やや反カルケドン派に傾いていたシリアとのつながりも強調していた。他方、ペテロ＝パウロ教会はローマを表わしていた。ふたつの教会を並べることで伝えようとしたメッセージは、過去の不和

図6-1　520年代半ばに、ユスティニアヌスとテオドラによってホルミスダス宮殿のそばに建てられたセルギウス＝バックス教会は、新機軸の教会建築への皇帝夫婦の関心を示して、コンスタンティノープルの中央大通沿いの壮大な聖ポリュエウクトス教会と著しい対照をなしている。© photo by David Potter

は水に流し、新たな世界秩序のなかで異なる集団が共生することを学ぶべきだということであろうか？宮殿内部の者の多くは、一般の首都住民に比べて、宗教論争への関心は低かった。隣り合うふたつの教会は、長きにわたって実現は不可能とされてきたけれども自分たちは聞く耳を持つという、皇帝夫婦のメッセージかもしれない。

セルギウス＝バックス教会の建設が伝えるもうひとつのメッセージは、自分たち夫婦のことを場違いにも大宮殿に入り込んだ存在と考える連中に振り回されるつもりはない、というものであった。この小さな教会は斬新な様式を採用することによって、熱心なカルケドン派の皇帝オリュブリウスの娘で、当時世界でもっとも豊かな女性のひとりであったアニキア・ユリアナが、二十年ほど前に中央大通――宮殿から聖使徒教会に続く主要道路――沿いに建てた教会に対抗しようとしたものである。セルギウス＝バックス教会の身廊に刻まれ、教会に入る者が必ず目にする銘文は、当時コンスタンティノープルのもっとも新しい、大きな建物であったアニキアの教会を念頭において書かれたと言っても過言ではない。セルギウス＝バックス教会の銘文が言わんとするところは、無益な生涯を送る者を称える支配者もいるかもしれないが、敬虔でありたいと願うユスティニアヌスは、この教会を、火にも剣にも、不当な拷問によっても信仰を捨てることなく、死をもって天国へ入ることを許された聖セルギウスに捧げる、である。「神が戴冠したテオドラ、彼女の魂は敬虔さで輝いている」という文言は、虐げられた者を救うという彼女の一貫した努力を貫く精神であった。(5)

同じように雄弁であったが、アニキアの教会が振り撒く雰囲気はずいぶん異なっていた。彼女が建てた聖ポリュエウクトス――セルギウスたちより以前の殉教者――の教会は、彼女の一族が設立した古い教会を建て替えたものであった。近くにあった一族の館を修道院とするよう提供したこともあり、一連の事業の結果、都の中央部にアニキアの信仰世界が出現していた。巨大な聖ポリュエウクトス教会はそれ自体がちょっとした試みであった。身廊の壁が大きなドームを支え、中央の身廊に沿った一連の柱間《はしらま》にはアニキアを称える詞が刻まれていた。教会の姿について詞文は述べる。「側廊の両側に、太い柱の上に立つ柱が黄金のドームの光を高く掲げている。両側のアーチに続く柱間が月の永遠の光を捕える。」この一節から、ポリュエウクトス教会の雄大な空間をある程度感じとることができる。アニキアは自分の教会をソロモンの神殿にも勝るものとみなしていた。この教会のために雇った建築家たちに、計測の単位として、聖書に出てくる腕尺《キュービット》を終始一貫使わせたほどであった。(6)

もともと邸宅であったアニキアのもうひとつの宗教施設については、聖ポリュエウクトス教会ほどよくわかっていないが、だいたいの様子はさまざまの史料から思い描くことができる。第一の手がかりは聖エウフェミアという名前にある。聖エウフェミアは、セルギウスとバックスを死に至らしめた迫害の際に、同じく殉教したと言われる若い女性である。セルギウスとバックスはシリアで殉教したが、エウフェミアが死んだのはカルケドンの町だった。彼女はカルケドンの信者集団にとって非常に重要な存在だったので、この町の教会、有名な公会議が開かれたバシリカ様式の大教会に、その名が付けられているほどである。そういうわけで、聖エウフェミアに捧げられた聖堂は、カルケドン派信仰を称える施設であった。そこに刻まれた碑文は、アニキアは元の邸宅に積もっていた埃を洗い流して、新たな輝きをもたらした、生まれ変わった教会の美しさは星と競うほどであると唱えている(7)。

奉献の詞は、建物の輝きだけにとどまらず、アニキアがこの教会に込めた期待についても明快な言葉で伝えている。帝都の中心部のこのような大きな建物は、当然ながら、神学的にも政治的にも強力な発信力をもった。アニキアがカルケドン信条に深く帰依していたことはよく知られていたが、教会の碑文は、彼女の関心が正しい信仰の道だけではなく、そのはるか先にまで及んでいたことを明らかにしている。そこまで読み取ることで、奉献の詞文から、ユスティヌスとその後継に指名された者を悩ませた深刻な神学問題や、テオドラの前に立ちはだかる人々の野心を感じとることができる。要するに、これらの詞は、自分たちにも等しく、あるいはそれ以上に帝位請求権があると考える、きわめて有力な人物たちの思いを吐露しているのである(8)。

アニキアは聖エウフェミアに捧げた教会に、一族が三世代にわたってこの邸宅を建て、のちにそれを三位一体に奉献したと書いたであろう。テオドシウス二世の妃エウドキア——彼女が追放先で死んだことは、さしあたりおいておこう——が第一世代である。エウドキアの孫プラキディア、ヴァンダル族が四五五年ローマを略奪した時に人質として連れさられた皇女が、第二世代の代表である。数年間の捕虜生活から解放されたプラキディアは、東皇帝レオの指名で四七二年のごく短期間、西方の皇帝であったアニキウス・オリュブリウスと結婚した。プラキディアの父は西皇帝ウァレンティニアヌス三世だったので、彼女は、三九五年に死んだ統一ローマ帝国の最後の皇帝テオドシウス一世の直系の子孫であった。最後に来るのは、もちろんアニキア自身である。彼女の夫アレオビンドゥスは、アナスタシウス帝

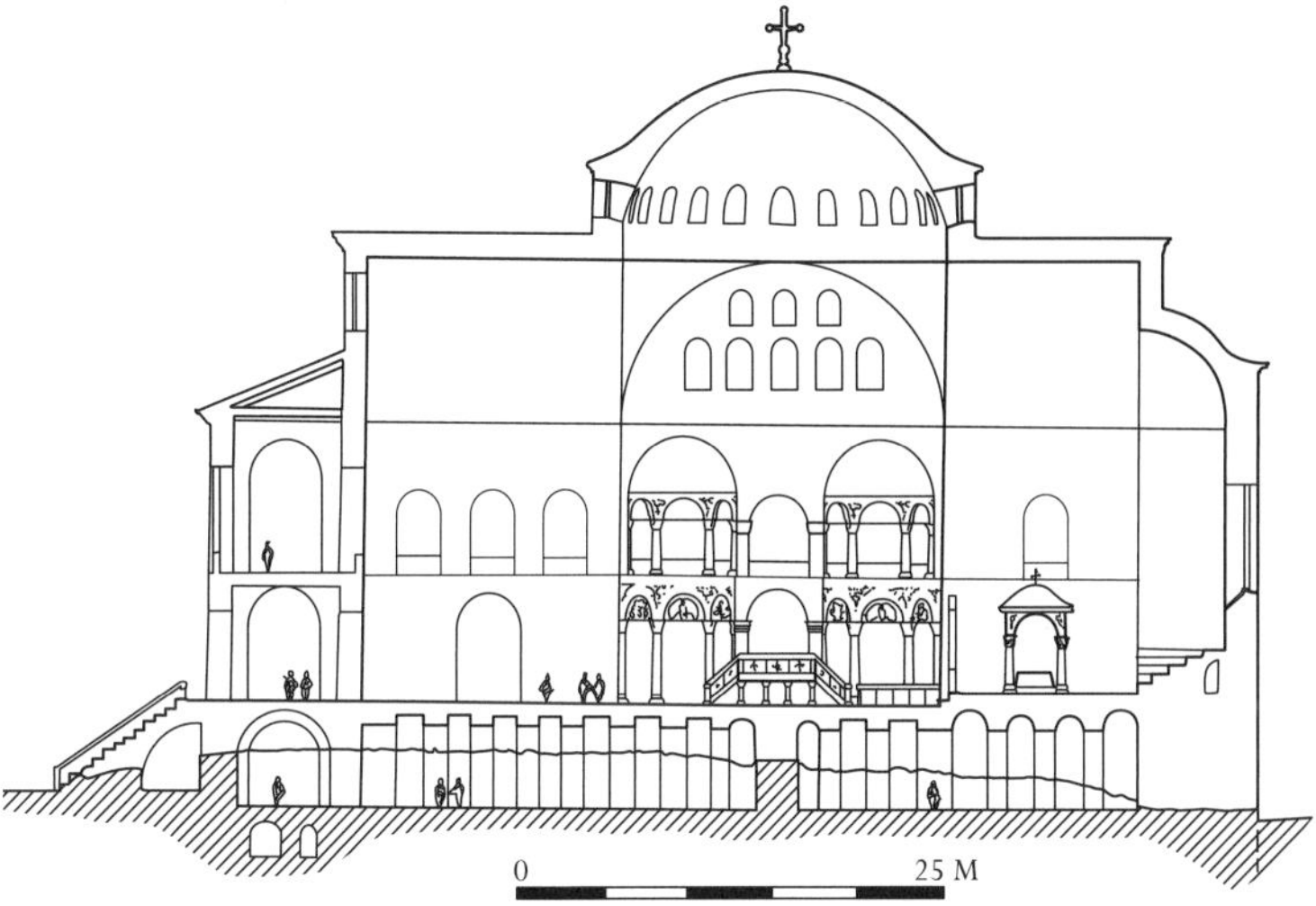

図 6-2　聖書にみえる計測単位を用いて建てられ、アニキア・ユリアナが、祖先の皇族たちを誇らしげに列挙する聖ポリュエウクトス教会の復元図。

の時代に行なわれた対ペルシア戦争の際に、ローマ側の作戦の大半を指揮した野心的な将軍であった。五一二年、アレオビンドゥスが都を出立したのちに、コンスタンティノープルの群衆が彼を皇帝にしようとしたことがあった。結局アレオビンドゥスは申し出を拒否した。息子のアニキウス・オリュブリウスが、自分は父が辞退した地位に就く権利があると考えたのも当然であろう。一族の野望は、聖ポリュエウクトス教会を飾る詞のなかにはっきりと現われている。詞は次のように始まる。

当時皇后であったエウドキアは、神を称えようとして、神の下僕たるポリュエウクトスに捧げられた最初の教会を建てた。しかし彼女はその教会をあえて輝かしいものとはしなかった。……彼女の預言者のような魂が、教会を飾る方法に精通している子孫に任せよ、と告げたからであった。かくして、祝福されたる両親の誉れである［アニキア・」ユリアナは、第四世代となる皇帝の血を両親から受け継ぎ、栄光あるエウドキア皇后の意向を無にすることなく、教会を小さな聖堂から今日の大きさにし、帝位にあった多くの祖先の栄誉を高めた。彼女はキリストを愛する魂の正しい信仰のもと、みずからの事業をあらゆる点で祖先たちよりも輝かしく成し遂げた(9)。

ふたつの教会の奉献碑文にみられる、帝位の要求と言ってよいアニキアの主張は、ユスティヌスの帝位が実際にはかなり不安定だったこと、それゆえユスティニアヌスとテオドラの帝位継承はなおさら危うかったことを語っている。これらの碑文においてアニキアは、自分という存在を皇后たちの子孫であるというだけではなく、コンスタンティヌス帝の母、あの偉大なヘレナの生まれ変わりであるとも表明していた(10)。以前だったら、このようなことを碑文に記した者は謀反の罪で処刑されたであろう。ところが今回は、碑文の作成者は有力者としての社会的地位を保ち、自分の教会のどちらかに、皇帝が少なくとも年に一度は参るだろうと期待できたのである。

ユスティニアヌスにとって、アニキウス・オリュブリウスだけが帝位をめぐるライヴァルだったわけではない。オリュブリウスに加えて、まず第一に、アナスタシウス帝のあれこれの親族たち、宗教的立場が疑わしいためか、主要な官職から追放されていた連中がいた。旧皇帝家系のいずれかとのつながりを主張する者もいた。そのひとりがアンテミウスであった。アンテミウスの同名の父は、レオ帝の支持のもと、四六七〜七二年の間イタリアで皇帝であった。息子のアンテミウスはゼノ帝に対する蜂起に加わり、失敗に終わると、いち早くバルカン半島のゴート人のもとへ逃亡し、四八〇年代にはゴート人のイタリア征服に同行した。このような経歴にもかかわらず、アンテミウスは今やコンスタンティノープルに戻って高い地位にあった。彼を道管区長官にするようにと、アリアドネがアナスタシウス帝に頼んだことがあった。経験不足という理由で皇帝は却下したが、すぐあとコンスルに任命している。アンテミウスは申し分のないカルケドン派と認められており、近年帝位にあった老人たちと同じく、反カルケドン派の元女優にうつつを抜かすことは決してなかった。[11]

宗教施設を設立するというアニキアの決断は、この時代の宗教的パトロン活動に沿ったものであったが、大きな都市においては、そのような行為はもちろん政治的な含みをもつことになった。帝都にはこの時期、カルケドン正統信仰の砦である有力な修道院がいくつかあった。宗教組織がもつ政治的な力がとくに顕著にみられたのは、柱頭行者ダニエルが、バシリスクス帝の反カルケドン派体制を揺るがすのに大きな役割を果たし、ゼノの帝位復帰に道を開いた時である。

カルケドン公会議の頃、「アコイミタイ（眠らない人々）」――集団での祈りが一日二十四時間、週に七日間行なわれるのでそう呼ばれた――という修道士団体が、カルケドン派の立場を積極的に訴えていた。教義という点ではアコイミタイも、市内の他の修道院、とくにダルマティウス、バッシアヌー、アウクセンティウー、マトロネス、ストゥディオスと軌を一にしていた。大きい修道院、とりわけアコイミタイとストゥディオスは、属州とくにパレスティナと深い結びつきがあった。エルサレム管区はカルケドン派の重要な拠点であり、コンスタンティノープルだけではなく西方の各地とも結ばれていた。コンスタンティノープルでは、これらの修道院の支持があるうちは、総主教の権威も安泰であった。首都のもっとも豊かな人々にとって、競馬党派と並んで宗教組織も、市城壁の内外において世論を誘導する媒体となった。[12]

修道士と競馬党派に対する不信感、とりわけ高度な教育を受けた帝国のエリート層が感じていた脅威は、ユスティニアヌスの治世に書かれた、理想の政府に関する興味深い対話篇にはっきり見てとれる。

匿名の著者は修道生活に入る人々を罵る。そのような者は、と彼は言う、家庭にとどまり耕作することで、人類に大きな貢献ができたはずである。著者は競馬党派にも好意的ではない。彼に言わせれば、どちらもきっぱりと追放されるべきである。しかしながら、このような提言が実行不可能なのは、パトリキウスの就任に関わる儀式などから明白である。これらの儀式は、あらゆる階層の者が皇帝の恩恵に注目するよう仕組まれていた。帝国政府はすべての者から支持を取りつける必要があったためである。確かに、競馬党派や修道士という存在は絶えず脅威となった。だからこそ、彼らの重要性を認識し、異議を唱えさせまいとして、儀式に参加させたのである。

その一方で、どれほど注意を払っていても、何かの拍子に暴動が勃発する可能性は常にあった。競馬党派が存在しなければ、暴動は少なくて済んだかもしれないが、その代わり、市民との対話・交流の手段や、ウィタリアヌスのような反逆者から体制を守るために市民を動員する効果的な方法が失われたであろう。前日に皇帝を歓呼していた群衆、その同じ群衆が今日は皇帝に対して反乱を起こすかもしれない。虐げられた人々にとって、競馬党派と修道院が、帝国社会に存在する深刻かつ根深い不平等に抗議する組織だったことは事実である。皇帝はこのような状況を変えることができなかったが、充分な準備を整え、絶えず警戒を怠らなければ、うまく対処できたのである(13)。

あらゆる問題の処理は宮殿から始まった。宮殿には独自の作法があった。儀式の手の込んだ式次第が、宮殿の人々の生活を支配していたのである。この数年にわたってテオドラは、帝国の官僚をはじめ廷臣、特別顧問に至る、あらゆる種類の人々を扱う方法を学んできたであろう。ユスティニアヌスの妻となって生じた身分の変化は、絹と宝石をふんだんに使った着物から、食べ物、性生活に至るまで、多くの面で影響を与えたはずである。今やテオドラは、莫大な収益のある所領を有する、きわめて豊かな女性であった。[14]

まずは食事からみてゆこう。テオドラの食べ物は昔と比べてずっと上等で、もちろんはるかに多くの香辛料を使っていた。優雅さのしるしである「多種多様」を特徴とするのがエリートの食事であった。テオドラには改めて、健康に良い食事を摂る最善の方法についてあれこれと助言がなされたであろう。この時代でも医学・医術は、前五世紀初めのギリシア人、医師になる者が行なう「ヒポクラテスの誓い」を制定した、偉大な医者ヒポクラテスが説いた四つの体液の理論に基づいていた。ヒポクラテスによれば、健康な身体は体液――血・粘液・胆汁・黒胆汁――のバランスを、適切な食事と生活習慣によって保っているという。テオドラが受け入れたであろう助言について教えてくれるのは、彼女より少しあとの時代に活動していたらしい著名な知識人ヘロフィルスの著作である。

ヘロフィルスは、健康に良い美食術として作成した食事暦において、たとえば一月には、粘液に配慮するよう勧めている。粘液がもたらす倦怠感に対処するため、一日の最初に香りの良いワインを三口、ゆっくり飲むのがよい。肉には子羊の肉を焼いたものや、生まれたばかりの豚も含めるべきで、胡椒・甘松・肉桂《につけい》で味付けされた肉汁を添える。その他の香辛料のなかでは、東方産の姫茴香《ひめういきょう》（キャラウェー）も調味料に含めるべきである。豚肉は焼く前に蜂蜜入りのワインに漬けておく。小鳥というのもよい考えで、鯛のような珍しい輸入の魚も悪くない。どちらも香辛料の効いたソースで炒めて、キャベツ、蕪、ネギ、人参のような野菜を添える。

定期的な入浴もまた不可欠である。パトリキウス身分の者は、ヘロフィルスが提案する月に四回よりも、もう少し入浴回数が多かったように思われる。二月、賢明な者はビートや山菜を避けて、食事に甲殻類を加え、セックスの回数も増やすように。三月には甘めの調味料を、摂取過多に注意しつつ使うのがよい。五月は黒胆汁に注意しなければならないので、乾燥したものを避けて、子羊や家禽類を摂るようにし、魚の種類も増やす必要がある。それと同時に、性行為を慎むべきである。六月には、できる限り血液の温度が上がらないようにする。つまり性行為は全面的に禁じられる。七月と八月は、二種類の胆汁を制御しなければならない月である。入浴に際しては、エーゲ海のキモロス島産の粘土を含む化粧水を用いるべきである。九月、十一月、十二月は性行為が大いに推奨される期間である。もっともテオドラの場合は、宮廷官たちの好奇心に満ちた視線にさらされていたので、ユスティニアヌスとの関係はほぼ間違いなく、同時代の詩人たちの言葉から推定されるそれ以前の状況（第3章）よりも、はるかに精神的なものとなっていたであろう。すでに見たように、その点もまた、結婚生活に関する同時代人の考え方に合致するものであった[15]。

官僚に関して言えば、テオドラのもっとも身近な存在は、個人的な従者である女官や宦官だったはずである。彼らは衣服や生活必需品を整えてくれた。テオドラは手紙をやりとりするために私設の秘書をもっていたに違いないし、おそらく護衛兵もいただろう。政府内で活動しようとすれば、この時代においても政治の言語であったラテン語を駆使する必要があった。テオドラは宮殿に迎えられる前からラテン語をかじっていたとしても、洗練された宮廷風の言葉をすらすらと話せるようになるには、かなりの努力が必要だったことは間違いない。ギリシア語に関しては、舞台での経験、あるいは社会の各階層に属する愛人との交際によって、巷の俗語から、幾分なりと洗練された、帝国政府の古風な文体に至る、さまざまな水準のギリシア語を身に付けていたと思われる。しかしギリシア語についても、自分の新たな役割をみごとに果たそうとすれば、ひととおりの訓練が必要だっただろう。

エジプトから出土した一通のパピルスには、テオドラがどのようにして言葉を習得していったのかを示唆する貴重な情報が含まれている。この文書は二段組で、一段にギリシア語、もう一段にギリシア文字で書かれたラテン語を並べた用語集である。単語は分野ごとにまとめられている。つまり「星について」の項目は、ギリシア語の欄に **peri astron**（星について）、ラテン語欄には **de seiderivous**（不正確な表記だが「星について」の意）とあり、その下に、星の名前に加えて虹のような天体現象の名称が列挙されている。あるいは今日の文法書のような、ギリシア語の動詞の活用とそれに対応するラテン語を並べた形式の本が、テオドラの手元にあったのかもしれない。単語はすべて単数形で示されており、**hypere-to** は **ministro** すなわち「私は仕える」であると憶えることができた[16]。テオドラは異郷の地を行く旅人であった。

テオドラは政府の大きな組織を動かす必要があったが、これらの組織の人々がしばしばどれほど辛辣になるのか、我々もすでにある程度見てきたところである。実際のところ、この人々はどのような存在だったのだろうか。彼らを嫌味な存在としたのは何だったのか。淫らな話をまき散らさなかったのは、どういう思惑だったのか？　彼らはテオドラが日々やりとりする相手であり、彼女の最終的な成功・失敗は、人生経験の大きな違いを越えて、どれほどうまく彼らと通じ合えるかにかかっていたといえよう。

宮殿は異質の世界であり、テオドラの前には深い溝があった。それゆえ、行く手に待ち受ける危険を克服するために、微妙なバランスを取ることが必要であった。プロコピオスが示唆するような、女性の友人をごく少数もつだけで孤立しており、夫に対して行使したという「悪魔的」影響力でもって君臨しているような存在だったなら、そのテオドラは、実在の皇后というより神話の人物だっただろう。しかしこのあとの年月が示すように、彼女はプロコピオスが描くような孤独な存在ではなく、帝国全域にわたって広汎な支持者集団を組織することにみごとに成功したのである。しかしそのためには、まず宮殿の内部で受け入れられなくてはならなかった。

テオドラが直面した問題を理解するために、これから宮廷官の何人かに会うことにしよう。ヨハネス・リュドス（言うところのリュディア人ヨハネス）から始めるのがもっとも適切である。というのも、彼は自分自身について忌憚なく述べており、官僚が出世のためにとった方法を教えてくれるからである。

ヨハネスはおそらく四九〇年の生まれ、テオドラより数歳年上である。彼は故郷の町トゥモルス、トルコ西海岸リュディア地方の町で立派な教育を受けた。おそらくラテン語をそこで学んだのであろう。二十一歳になった時に、トゥモルスを出てコンスタンティノープルへ上ったが、その際にヨハネスが何の不安も感じなかったというから、地方においても優れた教育が提供されていたことがわかる。二十一歳というのは、アンティオキアのセウェルスが、アレクサンドリアとベイルートで学問を続けようと決心したのとほぼ同じ年齢である。「セクンディヌスがコンスルの時に」コンスタンティノープルに来たとヨハネスが言っているのは、短い句だが、彼の世界観を雄弁に語るものである。フラウィウス・セクンディヌスは、アナスタシウス帝の義兄弟で、ヒュパティウスとポンペイウス（本書ではまだ登場していない）の父である。セクンディヌスはこの年、テオドリック大王が任命したフェリクスという名のガリア出身の貴族とともにコンスル職に就いた。ヨハネス・リュドスにとって、フェリクスのような者は存在しないのも同然であった。彼の存在を認めることは、テオドリックのイタリア支配を受け入れることになりかねないからである。ヨハネスがローマの官職者たちに関する書物を書いた時には、オドアケルとテオドリックの措置によって正統な皇帝政府がすでに消滅していた西方の官僚に言及する意味はなかった。伝統に対する強い思いという点で、ヨハネスも皇帝に仕える人々全般に通じるところがあった。

もうひとり、ヨハネスと人生の軌跡が交わったに違いない人物はプロコピオスで、ヨハネスより十歳くらい年下であったが、やはり法律家としての教育を受けていた。ただし、ふたりのあいだでどれだけ会話が成立したかは大いに疑問である。ヨハネスのほうは、テオドラの権力掌握をとても良いことだと考え、のちには彼女の宮廷政治への参与を高く評価した。ヨハネス自身は言及していないが、トリボニアヌスも彼と人生の歩みが交差したひとりであろう。異教徒だとの噂のあった人物である。

トリボニアヌスの場合、異教徒というのは嘘だったらしいが、異教という告発は注目に値する。たとえば、リュディア人ヨハネスにも嫌われていたカッパドキアのヨハネスも、実際のところ敬虔なキリスト教徒であったにもかかわらず、プロコピオスによれば異教の祈りをつぶやいたとされる。すでにみたように、セウェルスも、おそらくはそれなりの理由があったようだが、聖職者としての経歴を始めるまでは異教徒ではないかと疑われていた。確かに高等教育の世界は、伝統的な観念に深く染まっていた。本格的な古典教育を受けた人物は、異教的儀礼は行なっていなくとも、正統な宗教信条の持ち主かどうか疑わしい、そんな感覚が広く共有されていたのである。

異教徒であれキリスト教徒であれ、高等教育を受けた人々にとって、本当に愛着を感じるのは過ぎた時代であった。そのような人々の自意識を形作っていたのは古典への傾倒である。たとえばリュディアのヨハネスは、親衛隊の中核であるエクスクビトル――かつてユスティヌスが司令官を務め、ユスティニアヌスが隊員であった軍団――が、鎖帷子の鎧に青銅の兜を着用し、左手に短い段平《だんびら》（広幅の剣）、右手に広刃の投げ槍を二本持って、編み上げの黒い脛当てを付け、伝統的な靴を履いていることを称えている。彼の言うところでは、かつてはこれこそが全ローマ兵の標準装備であり、アエネアスがローマを建てるべくイタリアに到着した時の出立《いでた》ちであった。今や伝統的な服装・装備を残しているのはエクスクビトル軍団だけとなり、「今日の」ローマ人兵士は蛮族と事実上見わけがつかなくなってしまった。エクスクビトル軍団はロムルスによって創設され、ローマ帝国第二代皇帝ティベリウスによって再編されたものである。以上のような主張を展開するにあたって、ヨハネスは己の学問の幅を示すものとして、ラテン語作品をいくつか引用している。問題のエクスクビトル軍団が「屠殺人」レオによって創設されたという事実には敢えて目をつぶったようである。もっとも、この種の「歴史」は、すでに同軍団が編成された時から語られていたらしい(17)。

ヨハネス・リュドスのような人々は、学問によって出世したことを誇りにしていた。ヨハネス自身、皇帝に仕える道へとまっすぐ進み、ちょうど一年後に、道管区長官ゾティクスによって配下の部局に取り立てられた。ゾティクスはその後も長官職にあり、彼の在任期間中にヨハネスは金貨一〇〇〇枚もの収益を手にした。それゆえ、ヨハネスがゾティクスを称える詩を(ギリシア語で)書いたのも当然のことと思われ、ゾティクスが、詩の一行につき金貨一枚をヨハネスに支払うよう命じたことも、ヨハネスと金持ちの女性との結婚をまとめたことも、少しも不思議ではないだろう。この種のパトロン関係は、今日の「人事担当者」なら二の足を踏むだろうが、ヨハネスにとってはなんら恥ずかしいことではなかった。事実、彼はそれを大いに自慢しており、また若くして、元老院に新たな法案を提示する集団のひとりであったことも誇りとしていた。彼が言うのには、

私は「提案」の作成に取り掛かった。それは次のような作業であった。まずもって、最高の官庁では、書記局の補佐官はそろって学問に秀でており、職務に不可欠のラテン語に磨きをかけるため厳しい努力をしていた。上訴に付される法的事件が持ち込まれ、判決を受けるために元老院に提案される際には、もっとも上席の助手が、いわゆる「提案」すなわち「説明」を元老院のために作成する。非常に巧みに行なうので、元老院の法務官や、かつて監察官と呼ばれ、現在では転写官という名称の役人たちを驚かせるほどである。

これらの「提案」の結果は、四三八年にテオドシウス二世が公布した法典や、このあとまもなくトリボニアヌスがユスティニアヌスのために編纂する大法典に収められた多くの法文に、今でも見ることができる。専門的知識に欠ける皇帝や高級官僚の多くは、法律を制定する際に、細部についてはヨハネスのような人々に任せたのである[18]。

ヨハネスは職務をきわめて巧みにこなし、さらに昇進した。あの頃は自分たちのような官僚は、職務上の依頼人からの支払いをあてにできたのだ、と読者に念を押している。確かにそれは目新しい現象ではなかった。四世紀半ばの北アフリカの状況を伝える注目すべき文献は、職務に対して政府がすでに給料を支払っていたのに、官僚が商人などから追加の手数料として穀物を徴収したと記している。明らかに、そのような行為は汚職とみなされていなかったのである。さらに、帝国官僚は官職への就任に際して対価を支払うものと思われており、官職を辞す時には後任の者から金を受け取れるはずであった。ヨハネスは言う。「賢明なる正義の神は、正しいことを追求する者を慰めるべく、私を役人たちの尊敬の的とし、皇帝からの名誉を受けるにふさわしい者とした[19]。」

ヨハネス・リュドス、ゾティクス、ヘロフィルスのような人々は、今やテオドラが毎日付き合う相手であった。彼らの世界に立ち入るようになって、テオドラはプライバシーを失った。派閥の世界である宮廷に、彼女が独自の派閥をもちこんだことは、驚くに当たらない。テオドラの恩恵に与ろうとしたのは、かつての愛人である元キュレナイカ総督ヘケボルスのような者ではなく、彼女と同じように、厳しい環境を這い上がってきた人々だったことも不思議ではない。農民の息子ユスティニアヌスも、かつてはそのようなひとりであった。それもまた確かにふたりを近づけることとなった。

五二七年の段階でユスティニアヌスとテオドラは宮廷内に勢力を確立していたが、それでもなお出自や経歴が取り沙汰されていた。しかも直前の二度の帝位交替では、本命と思われた人物が皇帝となったわけではなく、ユスティニアヌスとテオドラも、高等教育を受けた宮廷人たちが支持しそうな人物を退けなければならなかった。

ユスティヌスがこの不安を解消したのは、同じこの年、五二七年であった。おそらく四月一日のことと思われるが、彼はコンシストリウム（帝室顧問会議議事堂）にパトリキウスの会議を招集し、ユスティニアヌスを「アウグストゥス」とすると言明した。パトリキウスたちはそのあとデルファクスの中庭へ移り、残りの宮廷官僚や親衛隊と合流した。総主教のエピファニウスが祈りを唱えたのち、ユスティニアヌスに帝冠を置いた。この儀式は四七四年に若いレオ二世がアウグストゥスと宣言された際の式次第を踏襲していたが、レオの皇帝歓呼が競馬場で行なわれたのに対して、今回は宮殿が舞台だった点が違っていた。変更した理由は、ユスティヌス帝の体調がすぐれず、群衆の前に姿を見せられなかったためかもしれない。三日後に、第二の儀式が行なわれることになっていた[20]。

テオドラの「アウグスタ（皇后）」歓呼もおそらく宮殿で行なわれ、謁見の間アウグステウスから始まったようである。その様子を再現してみよう。テオドラはベールを被り、ユスティニアヌスに付き添われて入ってくる。彼女は総主教のもとへ進み出る。総主教が祈る。それからベールが取り去られ、彼女に帝衣が着せられる。テオドラの装束は、まさに聖ヴィターレ教会のモザイクに見られる姿である。総主教は皇后の冠に祈りを捧げ、ユスティニアヌスに手渡す。ユスティニアヌスは冠をテオドラの頭上におく。これをもって儀式は終わり、テオドラはもう一度ヴェールを被って、序列の順に並んだ女性たちの行列にユスティニアヌスとともに加わる。そのあと女性たちがふたりに付き添って、一行は一九寝椅子の大広間へと向かう。

一九寝椅子の大広間でテオドラは元老院から歓呼を受けた。たぶん、民衆の代表や護衛兵の歓呼も受けたであろう。彼女はもう一度ヴェールをとり、会衆が三聖唱「聖なるかな、聖なるかな、聖なるかな、いと高き神に栄光あれ、地に平和あれ」を唱えて彼女を歓呼する。続いて彼女は蠟燭に火を灯し、それを真の十字架――キリストが磔になり死んだと信じられていた十字架――の断片の前に置いた。群衆が再度彼女を歓呼する。最後に、彼女はアウグステウス殿を通って引き返してゆく。[21]

テオドラの儀式に使われた宮殿の施設は、ユスティニアヌスの儀式が行なわれた場所とは別であった。そのことは、今後ふたりが、帝国という大きな枠組みのなかで異なる位置を占めることを象徴している。女性皇族が権力を揮った時代を経て、皇后は夫の単なる付随物ではなくなるのである。皇后は独自の権限をもつ支配者である。そのことが持つ意味をテオドラはよく理解していた。[22]

第7章　アウグスタ——最初の五年

ユスティヌスは、ユスティニアヌスとテオドラの戴冠のあと約四か月生きて、五二七年の八月末に息を引き取った。翌五二八年になると新皇帝夫婦は一連の改革を進め、皇帝権力の新たなイメージ、新政府の基本的な方針を臣下の者たちに示した。新政府の基本精神は、ユスティニアヌスの建築事業について記したプロコピオスの『建築について』にみることができる。皇帝側の主張をそのまま伝えている作品である。プロコピオスは言う。ユスティニアヌスは単独の皇帝となるや、三つの大きな事業に取り掛かった。ひとつは蛮族を支配下におくことで、もうひとつは正しい信仰の確保、つまり帝国を正統信仰に基づくものとし、あらゆる不適切な信仰を取り除くことであった。三つ目が帝国の法典を整備することである。多くの法が曖昧だったので——とプロコピオスは事態を正確に述べる——、ユスティニアヌスは矛盾を除き、法典の欺瞞的な文言を「洗い清める」ことに着手した[1]。

新皇帝が一連の課題に取り組むと、宮廷は大きく姿を変えた。生まれ変わった宮廷の姿を目の当たりにした者たちは、多くの変化に驚いたであろう。ユスティニアヌスの側近集団は、ユスティヌスの側近より若く、これまで行政を担ってきた者とは一線を画していた。例外はトリボニアヌスである。トリボニアヌスは法学の天才で、五二八年二月十三日に新たな法典の編纂を任された。ユスティニアヌスの名前で作成した多くの法からわかるように、宮廷法務長官である彼の影響力は、皇帝の大臣のなかでも際立っていた。トリボニアヌスとその助手のコンスタンティヌス以外には、飛び抜けて有力な人物はひとりもいなかった。財政問題を統括する道管区長官は任期が終わると次々と交替し、軍人として優れた者は皆とても若かった。まもなく帝国の指導的人物のひとりとなるベリサリウスも、初めて重要な司令官職に任じられたところであった。のちに重要となる人物は、たとえばカッパドキアのヨハネスなど、他にもいた。ユスティニアヌスの従弟のゲルマヌスは、ユスティヌス帝のもとで傑出した存在であったが、ここに至って突然姿が見えなくなった。

どちらかといえば流動的な中核集団のなかで、テオドラは、誰の目にも重要で不動の存在と映る、ごく少ないメンバーのひとりであった。カッパドキアのヨハネスをあからさまに嫌いつつもその昇進を止めることができなかったとはいえ、テオドラと良好な関係にあることが知られていた義理の兄シッタスがいた。シッタスは五三〇年に属州の重要な司令官職から中央軍団司令長官という帝国の要職に移り、五三八～五三九年に死ぬまでその地位にあった。ユスティニアヌス治世初期の道管区長官のうちの二名が彼女とうまくいっていたことも知られている。莫大な富のおかげで、テオドラの権力、地位は急速に向上した。彼女が大きな力を持つに至ったことは、これまでの皇后とは違って、皇帝顧問会議、つまり夫が主催する大臣たちの会議に出席していたことからも明らかである[2]。

このような権限はテオドラにどのような影響を与えたのだろうか？　持ち前の逞しさは、女優としての生活とヘケボルスとの関係の破綻、この両者を乗り越えることを可能とし、さらに宮廷という激しい競争の世界にあって、自分自身を見失わない力を与えてくれた。受け身にまわれば破滅に追い込まれる世界に生きていた彼女は、自分が危険な敵であることを示そうとした。テオドラは伝統的な富裕層を軽蔑する一方で、貧しい者、見捨てられた者、持たざる者に深い共感を覚えたと言ってよい確かな理由が存在する。

テオドラとユスティニアヌスが治世の最初の五年間に抱えていた大きな課題は、新体制の正統性の確立へ向けての継続的な努力、大胆な行政改革、さらには、直前まで展開されていた宗教紛争を棚上げして、神との安定した関係を確保するという宣言の実行であった。宗教問題も正統性の確立と無縁ではなかった。というのは、アンティオキアの町を破壊した五二六年の大地震をはじめ、東地中海世界を襲った一連の自然災害は、神の怒りの表明だと考えられていたからである。このような事象は、自分は地上における神の代理人だというユスティニアヌスの主張に疑問を抱かせるものであった。当時の政治理論家の著作によれば、皇帝は神の似姿として創られたものであり、それこそがユスティニアヌスの皇帝権力観の根幹をなす見解であったから、自然災害の問題はとくに重要であった。ユスティニアヌスは自分を民衆・市民に責任を負う存在とはみていなかった。この時代の法律の条文において初めて市民は「臣民」と呼ばれた。ユスティニアヌスは民衆を、集団としても個々人としても、みずからの「神聖な」恩恵に与るべき存在とみていた[3]。

正統性の追求は、六世紀コンスタンティノープルの人々がまだ体験していないような、皇帝側のある種の主導権のもとで行なわれた。皇帝政府は効率的で、腐敗が少なく、全能の神の意思としっかり結びついていると言われたが、理論的にはともかく、現実はしばしばそうはゆかなかった。変革の動きに続いて反動が生じ、皇帝の不寛容な態度の想定外の結果として、帝国の各地に腐敗が広がった。雅量は残虐な行為と相容れず、政府は新たな未来への首尾一貫した展望を示せなかった。これらのことすべては、あまりにも強引にことを運んだ結果であったが、潜在的な抵抗、ないし官僚の意図的な怠慢のため、そうせざるを得なかったのである。しかもユスティニアヌスは、今や帝国にはそのすぐ隣人さえ支配する力がないことを思い知らされた。ユスティヌスの治世末期に至って、軍事的な状況がコンスタンティノープルの思うようにゆかなくなったのである。帝国領に隣接するイタリアの東ゴート王国とのあいだでいざこざが生じ、ペルシアとの紛争の恐れもあった。ペルシア王カワードは絶えずローマ帝国の防衛の隙を狙っていた。従属王国ラジカがキリスト教化されたことにも腹を立てていた。彼は、隣接する草原地帯の民族の侵入を食い止めるために金を必要としており、攻撃に充分な軍隊が準備できれば、ローマ帝国から金を引き出せると考えていた。

テオドラの皇后時代のうち最初の五年間は残りの時期と区別される。その理由は、国内問題に集中する必要があったこと、夫の支配体制を覆しかねなかった五三二年一月のニカの乱が、政権中枢の再建が必要だったコンスタンティノープル（8章を見よ）だけではなく、帝国の全域においていくつかの大きな変化を引き起こしたことにあった。ニカの乱のあと五三二年の末までに、ユスティニアヌスは西帝国の奪回という試みを開始した。彼の治世はこれ以降、多くをこの大事業に費やされることになる。ニカの乱を鎮圧したことで、ユスティニアヌスとテオドラは、もはや自分たちの地位を正当化する必要を感じなくなった。ここに至って、ふたりが玉座にあることになんの疑いもなくなったのである。

即位後の数年間におけるテオドラの公的な活動のなかには、すでにそれ以前の皇后たちが行なっていたことも含まれていた。たとえば諸都市に高価な贈り物をするとか、みずからの判断で外国の高官と連絡を取ることなどである。しかしそれ以外に、テオドラ自身の人生経験と関心が窺える行動もあった。言い換えると、ある種の行為は、皇后がテオドラであったからこそ実現したのであり、テオドラが皇后だったからこそできたのである。そのような行為の最初の例が、イタリアのゴート族の女王アマラスンタ殺害だと信じている者もいた。夫ユスティニアヌスがテオドラを捨てて、アマラスンタと結婚するのを防ぐためだったというのである。この話はおそらく嘘であろう。とはいえ、テオドラならやりかねないと思われていたことを窺わせる話には違いない。より確かに彼女の行動といえるのは、教会に対する、あるいは宮廷における皇后としての役割に関するものであり、教会や宮廷の人事に口出しして、お気に入りの人物を昇進させ、時には、自分の気に入らない者を罷免するよう夫を説得していたようである。プロコピオスの言うところでは、テオドラは自分を脅かすかもしれない者を、誰憚《はばか》ることなく好きなように罷免していたらしい。だとすると、彼女は忠実な手下を多数——一〇〇〇人以上の可能性も充分ある——もっていたと思われる。莫大な財産を使って、自分が後援する施設に多額の贈与を与える者として、明らかにテオドラは金の使い方を心得ていた。帝国支配体制の顔となるよう期待されていたのである(4)。

プロコピオスによれば、テオドラは皇后の居住空間で——皇后は宮殿内に独自の場所と自身の寝室を持っていた——、長い入浴と朝食でもって一日を始めた。そのあと一日の大半を眠っていて、起きるとたっぷりの昼食をとり、それから夕食もやはりたらふく食べた、とプロコピオスは主張する。もっとも、テオドラは細身だったとも言っているので、たっぷりの食事というのは事実とは思えない。プロコピオスが沈黙しているのは、彼女が読書に使った時間である。テオドラの読書の様子は、セウェルスが宦官のミサエルに宛てて書いた手紙から明らかとなる。ミサエルは、ユスティヌスに対するアマンティウスの陰謀とされる事件(五一八年)に連座して追放されていたが、今では、テオドラの個人的な宦官のひとりとして、腹心の側近とも言うべき地位に戻っていた。ミサエルの仕事のひとつが、テオドラに届けられた書物の管理だったようである。ミサエルがテオドラのために大きな文字で書物を複写した、とセウェルスは述べている。大きな文字というのは、たぶん、彼女が自分で読むことを想定して、近視だったテオドラのための措置だと思われる。確かにこのあと十年も経たないうちに、彼女の近視は進んだ。先に述べたように、黙読は上流階級のあいだでは一般的はなかった。みずから読もうとしたのは、帝国の統治や文化に関わりたいと本気で思っていたからであろう(5)。

皇后らしく見えることもテオドラにとっては重要であった。ラヴェンナの聖ヴィターレ教会の有名なモザイクは、両脇に宮廷人を従えた印象的なテオドラ像を伝えている(図7-2)。彼女は大きな金の鉢をもっており、白い短外套の上に、黄金の縁取りがあり裾の部分に三人の賢者像の刺繡が施されている、緋紫の衣をまとっている。「賢者《マギ》」は、ペルシア王への忠誠を捨てようとしている従属王たちを表わすとともに、テオドラを処女マリア「神の母」に擬えているのである。彼女は、宝石を散りばめた幅の広い首飾りを肩のまわりに巻いている。金の耳飾りをつけて、頭には宝石をちりばめた王冠を戴いている。右手にふたりの男性の従者がおり、左にはお付きの女官が七人いる。聖ヴィターレ教会のモザイクが完成したのは彼女の死後であるが、現存するテオドラ像で、間違いなく生前の姿を伝えているものも、同じように精巧な王冠を被った姿である。ただし、こちらのテオドラ像は、最後のコンスルとなった人物の就任を称える五四〇年の二つ折り銘板のもので、皇后の姿はかなり小さく、細部についてそれ以上細かく考察することは難しい(図7-1)。

他にも皇后を描いた肖像や胸像があるが、四世紀から六世紀にかけて様式化が進み、きわめてよく似たイメージを表現しているので、どの皇后を描いたのものか特定しがたい。パリにもそれらしい女性の全身像と胸像があり、アリアドネだと言われることもある。セルビアのニシュには青銅の「皇后」頭部像があり、ミラノには、テオドラその人とされる胸像がある(図7-3)。ローマの聖クレメンテ教会の地下聖堂にある、皇后の服装をして幼子キリストを抱いた聖母の図は、同時代の皇后像の影響を強く受けている(図7-4)。これらの聖母と皇后たちは皆、宝石を散りばめた冠を被っており、穏やかな表情をしている。浄福と平静が彼女たちのもっとも重要な特質だったのである。描かれている皇后の多くは細身である。おそらく禁欲的な生き方を物語るのであろう。これらの肖像は、個々の皇后を描いた

図 7–1　コンスル職に就いた最後の人物であるユスティヌスの二つ折りコンスル銘板。540 年のものである。各面左上のテオドラ像は、唯一、彼女の存命中に作成された肖像である。Wikimedia commons

ものではなく、皇后という地位・権力を表現したものである。同時代のある詩人はこう言っている——定型化された皇后像がテオドラの金髪を覆い隠してしまった。[6]

テオドラが手に入れた統治の空間は、先立つ皇后たちが努力して築き上げたものであった。最初はコンスタンティヌスの母ヘレナ（二七〇頃～三二八年）である。彼女はキリスト教徒にとって重要なふたつの場所に教会を建てて、聖地への巡礼を促すとともに、ローマのカシリーナ街道沿いの聖マルケリヌス＝ペテロ教会の隣に、自分の墓所を建てさせた。伝承によると、ヘレナはエルサレムに滞在していた折に、真の十字架の断片を発見したという。このあと四世紀には、皇后たちを称える演説は、その英知、親切、率直、寛容、そして家族への行き届いた配慮を強調するようになる。先に指摘したように、テオドシウス二世の姉プルケリアは、皇族女性の宗教的役割をさらに強調し、永遠の処女となると宣言して、妹たちにも宮殿で自分と一緒に修道女として暮らすよう説得した。

コンスタンティノープルの至るところで皇族女性を表現した肖像を見ることができた。その多くは夫と並んだ姿であった。一人ひとりの像が、皇后とは独自の権力をもつ存在であるという観念の強化に与っていた。処女マリア崇拝が広がったのは五世紀のことであった。マリア崇拝は四三一年の第一回エフェソス公会議で取り上げられ、その二十年後に開かれたカルケドン公会議によって強く打ち出された。カルケドンの教義によれば、マリアは「神の母《テオトコス》」であり、それゆえに神と死すべき人間のあいだの理想的な仲介者であった。テオドラの時代には、都市の女神という古い異教の偶像に代わって、テオトコスの像が広がっていた。

マリア崇拝が広がるにつれて、皇帝への執りなしができる人物として、皇后の重要性も増大した。確かに、皇后はマリアの役割を地上で果たす存在であった。[7] テオドラの素性を考えれば、そのような解釈は受け入れ難いという者もいたであろう。彼らにとって、次のような宮廷儀礼の変更はなおさら認め難かった。

謁見に際しては、パトリキウスの地位にある者も含めてすべての者が、うつ伏せでまっすぐに床に伏さなければならなかった。それから腕と足を精一杯伸ばして、あの二人それぞれの足に接吻しなければならなかった(8)。

この文言は、古き良き時代は終わった、このたびの皇后は夫とまったく同じ高みに立っている、とのあからさまな嘆きである。しかも今やふたりに向かって「御主人様」「奥方様」と呼びかけなければならない。かかる事態を招いたもうひとつの要因として、ユスティニアヌスがすでにユスティヌスの晩年から政治の舞台で大きな役割を果たしていたとはいえ、過去半世紀を通じて初めて息子が父の跡を継いだことも挙げられるだろう(9)。

新たな象徴的行為が、皇帝と臣民の隔絶、皇帝の超越性を強調し、誰が支配者なのかを目に見えるかたちで表現しているものの、それだけでは充分でないことをユスティニアヌスとテオドラは理解していた。ふたりはこのメッセージを強化しようとさまざまな努力をした。新しい時代の精神をかなり詳しく表明しているのは、トリボニアヌスが編纂に当たっていた法典である。

五二九年四月七日、『ユスティニアヌス法典』の初版の発布に際して、ユスティニアヌスは次のように宣言した。

国家の安全はふたつのものにかかっている。武器と法律である。浄福の民であるローマ人は、こ

上：図 7–2　ラヴェンナの聖ヴィターレ教会に描かれたテオドラと廷臣たちの像。もっとも有名な肖像であるが、完成したのはテオドラの没後であった。© Bridgeman Images/ アフロ
下：図 7–3　ミラノで発見された、テオドラのものと思われるビザンツ皇后の胸像。Wikimedia commons

図7–4　ローマの聖クレメンテ教会にある処女マリア像。宝石が飾られた冠を被っているマリアは、テオドラ時代の皇后のイメージを伝えている。© photo by David Potter

のふたつを通じて力を蓄えるや、あるゆる民族の上に立ち、すべての民族を支配する存在となった。慈悲深い神の助けを得て、今後もそうであろう。武器と法律は、お互いに支え合って機能してきた。というのは、軍事が法によって守られるように、法は武器によって守られるからである。

『ユスティニアヌス法典』のうち現存する法令の多くは、トリボニアヌスと高級官僚とくに道管区長官とのあいだで交わされた、統治に関する覚書という性格のものである。トリボニアヌスの法文がとりわけ強調するのは次の三点である。（1）過去の立法に付き物であった混乱が今回は正されている。（2）皇帝は臣下に深い関心を寄せている。（3）皇帝は、公的な生活、つまり帝国と教会のそれぞれを担当する者に大いに期待している。

国家が社会の道徳的な秩序の維持にきわめて強い関心を示した時代にあって、コンスタンティノープル総主教は、聖職者がとるべき振る舞いに関して、他の教会人とのあいだで精力的なやりとりを行なっていた。[10] これらの問題への取り組みに関して注目すべきは、同時代のある年代記作者が指摘するふたつの既存の法令である。一方は競馬党派、他方は異端に関するものであった。

異端に関する法は、異なる信条に対する断固たる排除宣言であり、ユスティヌスの死の少し前に発布された。競馬党派を統制する法は、彼の死後まもなくのものである。ふたつの法令のうち前者は、ユダヤ人・マニ教徒・サマリア人――最後に挙げたのは、エルサレムではなくゲリジム山をイスラエルの神信仰の聖地と考える、パレスティナの民族宗教集団である――を帝国政府の職から追放するよう命じていた。ただし場合によっては、立法の意図は実効性より象徴的なものだったかもしれない。マニ教徒は紀元三世紀の預言者マニの啓示に従う人々で、その教義は、キリスト教・ユダヤ教・ゾロアスター教の諸要素に、マニ自身の豊かな想像力の産物を混ぜたものである。ローマ帝国にはマニ教徒はそれほど多くなかった。帝国内のマニ教徒は、辺境地域、たとえばエジプト砂漠のケリス村の修道院のようなところに集中していたようである。サマリア人の場合は、名前を変えれば信仰を変えたものとみなされたし、信仰の選択について細かく詮索されることもなかった。サマリア人を取り締まる法は、地方のキリスト教徒によるサマリア人の共同体襲撃という血腥い暴動の引き金となったが、名前をシルウァヌスと変えたひとりのサマリア人が現地で官職にあったので、慎重に適用されたと思われる。キリスト教徒の異端は、「普遍的な教会」と皇帝の「聖なる、正統な信仰」に従わない者たちと定義された。この法のもとで許された唯一の例外は、アリウス派とみなされたゴート人兵士であった。

異端に関するこの法律の主眼は、人は常に「聖なる信仰に忠実な人々の安全・名誉・名声が増大する」よう行動すべしということであった。反カルケドン派の宣教がこの法の対象とはなっていないことに、同時代の人々が気づかなかったはずはないだろう。確かに、言及されていないのである。あたかも「正しい信仰」はカルケドン論争の双方を受け入れていると言わんばかりである。断固たる正統派のユスティニアヌスが、非正統派との疑いの濃いテオドラと暮らしている宮廷もそうだというのであろう。

帝国が外からの挑戦にうまく対応してゆこうとすれば、何よりも国内が平和でなければならなかった。

競馬党派に関する法は、帝国全域で党派による暴力沙汰を禁止するもので、青党への加担という、ユスティニアヌスの周知の前歴を隠そうという意図があったようである。しかしこのような法令の実際的な効果は微々たるものであった。だとすれば、ユスティニアヌスは何を考えてこのような法令に署名したのだろうか。単に愚かだっただけなのかもしれず、その可能性を排除することはできない。確かに、ユスティニアヌスの判断が疑わしい場合が、過去には何度かあったし、今後もあるだろう。しかし今回の場合、競馬党派への彼のメッセージは、党派も他の集団と同様に、トリボニアヌスが熱心に取り組んでいる新たな民法典に服すべしということだったのかもしれない。ユスティニアヌスは帝国の姿を一新しようと決意した。言い換えれば、制度を「再建し、さらに強化するために」異端に対する法の文言を用いることにしたのである。彼の計画は、帝国の行政構造の改革に加えて、物質的な側面にも及んでいた。確かにコンスタンティノープル市内、そして地方においても大規模な建築計画にいくつも取り組んでいる。新しい国内平和の時代に期待するよう臣下に告げる法令が、新たな支配者にとってもつ象徴的な重要性は、争う余地のないところであった。しかしながら、そこに提示された新たな道とは、より以前の時代、ローマが地中海周辺の全域を支配していた時代への回帰ではないかと考えた者もいたであろう。

過去の栄光を復活させることで前へ進むという主張は目新しいものではない。何をもって過去の栄光とするのか、その定義もひとつではなかった。ヨハネス・リュドスやプロコピオスのような人々なら、自分たちのような人間が帝国を動かしていた時代と定義しただろう。たとえばヒュパティウスなら、農民の息子や元女優が帝位を占めるようなことのない時代を、栄光の過去とみなすだろう。今やエジプトで暮らすセウェルスにとっては、良き過去とはカルケドン公会議以前の時代であった。コンスタンティノープル総主教にとっては、セウェルスのいない時代である。同じ時代を生きる人々の対立する願望を、できる限り調和させるような過去のイメージを提示することが、ユスティニアヌスとテオドラの課題となった。あるいは、対立がほとんどないとまではゆかずとも、できる限り抵抗の余地を少なくすることが必要であった。以上の点を現実に即して言うと、ユスティニアヌスの新たな立法は、力強く目的を追求するという宣言である。新法発布のもうひとつの側面は、古い法のうち回復できるものは何であれ回復する、修正できるものは修正するということであった。そしてまた、大規模な建築計画を通じて、隣国に脅かされ近年の自然災害によって破壊された地域の再建に取り掛かることであった[12]。

国内の問題以上に、注意が必要な切迫した問題があった。ラジカ王ツァティオスのキリスト教改宗に対してペルシア人がなお不満を燻らせており、黒海岸のラジカ地方に戦争の危険が迫っていたのである。同時に、黒海周辺の諸部族からイタリアの東ゴート族に至るさまざまの民族との外交交渉も続いていた。夫ユスティニアヌスと対等な妻として登場したテオドラは、異国の宮廷との個人的なつながり、独自の情報源を持っていた。「ペルシアの論客」シメオンは、聖職者としての経歴の大半をペルシア帝国で過ごした人物であるが、頼みごとがあって「ペルシアの第一王妃」宛の手紙をテオドラに書いてもらった。カワードの息子ホスローは、東ローマ帝国の連中は、帝国の用件で高位のペルシア官僚に送る手紙をテオドラに「書かせている」とからかった——少なくともプロコピオスはそう主張している。のちにはスーダンの部族も、自分たちのもとへ主教を送ってほしいとテオドラに頼んで、そうしてもらっている。(13) ただし、当時の状況でテオドラが望みどおりに外交上の主導権を握れたのは、ペルシアとの関係が悪化したためであった。

当初はユスティニアヌスが有利な立場にあった。五二八年の初めにユスティニアヌスが、カスピ海周辺に住んでいたサビル＝フン族の支配者のひとりと結んだ同盟は大きな成果をもたらした。この王はさっそく、ペルシア支援に傾いていた他のフン族を攻撃したのである。その結果生じたペルシアの北部国境の混乱は、東ローマ側に南のメソポタミアの防衛を強化する時間的余裕を与えた。

対応すべき課題が他にもあるのは明らかで、ユスティニアヌスは東部国境における帝国の影響力を強化することに乗り出して、古い町マルテュロポリスの城壁を再建し、自分の名にちなんで「ユスティニアノポリス」と改名した。反カルケドン派の拠点アミダからさほど遠くないマルテュロポリスに注目したのは、中央政府にあまり好意的でない地域を、個人的な保護関係という絆でつなぎとめようという試みを示唆している。同時に、ペルシアとの武力衝突の可能性が高い状況下で、国境の防衛をより効果的に行なおうとしたことも窺える。

ユスティニアヌスのもうひとつの事業はパルミュラの再建であった。この町は、支配者のゼノビア女王がローマの帝国政府と争う——結果的に二七三年のパルミュラ破壊となった——までは、帝国東部のもっとも大きな町のひとつであった。再建されたパルミュラには、かつての有名な隊商都市、インドとの貿易で豊かになった町の面影はなかった。今や交易は大半が紅海へと方向を変えていたのである。交易に代わって、パルミュラはダビデがゴリアテを倒した場所として、聖書の伝統で知られる町となった。聖書によれば、ユスティニアヌスが現在行なっているように、その昔ソロモンが父ダビデを称えるためにパルミュラを壮麗な町にしたという。ユスティニアヌスがこの話を奉じていたことは、アニキア・ユリアナが自分の教会、コンスタンティノープルの聖ポリュエウクトス教会を、ソロモンの神殿と肩を並べるものにすると主張したことを考えると、ひとしお興味深いものがある。ユスティニアヌスは、アニキアのように、いやさらに大規模に、聖書の偉大な君主の伝統をそっくり受け継ごうとしたのであろうか？　より現実的な側面に目を向けると、ナスリド・アラブ族の王アル・ムンディル三世が、五二五年のラムラ会議の頃に見舞われた昏睡の発作から回復して、ローマとの国境地域を荒らしていた。大きなオアシスをもつパルミュラは、アル・ムンディルのような厄介な敵に対しても、ヤフニド族のようなローマと同盟するアラブ人への支援に際しても、作戦基地として有用であった[14]。

マルテュロポリスにおける事業は、ペルシアに対するユスティニアヌスの取り組みの一面を明らかにしてくれる。町を囲む新たな城壁が古い城壁の内側に造られ、ふたつの城壁のあいだの隙間が瓦礫で埋められて、今や高さ二〇フィート、厚さ一二フィートの市城壁となった。この地に壮大な城壁を新たに築くという決断は、ペルシアの侵入を妨ぐ最善の方法は、長らく両勢力間の争いの舞台となってきた地域を要塞化して、敵の侵入を遅らせることだというローマ側の考えを反映していた。その点では、アルメニアの高地や黒海に面する地域といった、北方の紛争多発地域に対するユスティニアヌスの取り組みとは対照的であった。彼がアルメニア高地などにおいてははるかに攻撃的な姿勢をとったのは、敵の攻撃にもっとも弱い地域からペルシア軍を逸らすための陽動作戦だったのだろうか？　これらの地域は、五二六年の地震で受けた被害から復興の途中にあった。いくつかの例外が目立つものの、ユスティニアヌスの計画はそこそこ成功していた。テオドラから見て、おそらくそれに劣らず重要だったのは、東方国境の命令系統がペルシアとの戦争に備えて大幅に刷新される時に、義兄シッタスが司令長官の地位に就くことであり、現任の将校を交代させる場合に、友人のアントニナの夫ベリサリウスが真っ先に高位の司令官候補に挙がることであった。後者は翌年に実現をみている。しかしながら、この地域のローマの行政の拠点であるアンティオキアが近年の地震で被害を受けていたため、作戦はなかなか進まなかった。(15)

現存する記録によると、五二六年の地震は大規模なものだったと思われる。二年後の余震によってまたも数千人が死に、アンティオキアは「テオポリス（神の町）」と改名されることになった。町の再建に貢献する方法のひとつとして、ユスティニアヌスとテオドラはそれぞれの名義で教会を奉献した。ユスティニアヌスは、新たな市城壁のすぐ内側に処女マリア教会を創建し、テオドラは「大天使ミカエル教会」を修復することを選んだ。教会の奉献は、修道院・救貧院・病院の建設や支援と並んで、皇后にふさわしい行為であった。これらの慈善行為は、女性たちの家族・安寧・調和に対する関心を象徴するものと言えよう。しかし集団のアイデンティティが信仰と不可分であった時代においては、政治と文化、より具体的に言えば男性と女性のあいだに線を引くことは不可能である。公共建築物は国家の重要性を語るものであり、そのことをある研究者は適切にも「君主権の公的文化」と表現した。(16)

アンティオキアの場合、ユスティニアヌスとテオドラが設立した教会は、それぞれ異なる意味で重要であった。ユスティニアヌスはマリアを称えることで、多数派である反カルケドン派に対するおよそ不愛想な対応ゆえきわめて不評であった、新主教エフレムを支援しようとしていた。テオドラにとって、聖ミカエルの属性のうちでもっとも重要だったのは、癒しの人という側面であった。当時のアンティオキアで多くの人々が必要としていたことである。テオドラは、聖ミカエル教会の修復と並行して、はるばるコンスタンティノープルから柱を運ばせ、アンティオキアの中心部に聖アナトリウスのバシリカ式聖堂を建てた。その一方で、宝石を散りばめた高価な十字架をエルサレムに送ったりもした[17]。

テオドラは敵からも味方からも党派の人とみなされがちであったが、五二八年の一連の行為は、彼女が党派性を脱却しようと試みていたことを示唆している。自分の人生が見違えるほど変化したこのアンティオキアの町に、そして宗教信条の異なる指導者たちにも、テオドラは贈物をした。贈物を通じて、自分もまたユスティニアヌスと同じように、宗教的な信条がどうであれ、この町のすべてのローマ人のための支配者となると伝えようとしたのである。競馬党派の暴力沙汰を禁止する法令の場合と同じく、皇后も皇帝もともに、過去の分裂を捨てて、新しい未来へと向かうよう臣下に告げていた。アンティオキアよりさらに東の地域でも同様の趣旨から、五二一年にエデッサとアミダの修道院から追放されたふたつの修道士集団に故郷への帰還が認められた。ユスティヌス帝の強引な親カルケドン派政策は、重要な国境地域の忠誠心を確認できなかったと認識しての措置だったのだろうか。いずれにしても、そこにはテオドラの影響がみられる。彼女は双方の修道士集団と関係があり、ペトラさらにエジプトへと追われたアミダの修道士たちを、過酷な追放生活から解放する手配をしていた。エデッサの修道士共同体の帰還についても、テオドラが命令を出させたと明言されている。帰還の実施はベリサリウスに委ねられた[18]。

和解を進めるというテオドラの努力は、現実的と言うよりも理念的なものであったが、彼女は、自分は変化した、しかも根本的に変わったと感じていた。それに加えて、婚姻法にみられる悔い改めの強調は単なる美辞麗句ではなかった。テオドラの敵たちは、人々に彼女が女優だったことを思い起こすよう仕向けていたので、かつての女優とは別人だとみられる必要は、政治的な理由からも決してなくなりはしなかった。彼女にとって皇后であることは演技ではなかった。彼女は人生における新たな役割にふさわしくあろうと絶えず努めていた。そして「あの女」がこのような変貌を遂げるなら、他の人々に新たな未来への道を示すことができると思っていた。

異端に対する処置と「宗教的逸脱者」の取り扱い、ふたつの政策は、これまで見てきた上意下達、中央＝周辺モデルとは大きく異なる、帝国政府のもうひとつの側面を見せてくれる。どちらの政策も、ユスティニアヌスの政治活動の幅を広げることになった、ふたつの問題をふまえているようである。ひとつは、同性と性関係にある者に関する問題で、もうひとつは、「神の怒り」と考えられた相次ぐ自然災害と異教徒の関係であった。五二八年にソロイ・ポンペイオポリス（今日の南トルコのメルシン州の町）で生じた大規模な地震、町の半分を飲み込んだと言われる地震や、同じ年にアンティオキアを襲った地震は、「神の怒り」のしるしとされた。町の半分が突然地面の下に埋まってしまったという報告は誇張であろう。しかし、全能の神が機嫌を損ねた時には、そんなことも生じかねないという人々の信仰が現われている。性的な逸脱とみなされる行為を神の怒りに結びつける傾向は、ふたりの主教が関わった五二九年の出来事――似たような事件はその後も生じた――への言及にみられる(19)。

同性愛関係にある者に対する処分は、明らかに逸脱した性行為とみられるものを禁止した古いローマ法をふまえていた。今回、ふたりの主教、ひとりはロードス、もうひとりはトラキアの主教は、それぞれの主教座からコンスタンティノープルへ連行され、市総督のもとで裁かれた。市総督はひとりを拷問にかけたうえで追放処分とした。もうひとりは去勢して、輿《こし》に乗せて晒し者にした。そのあとユスティニアヌスは、男色に耽る者たちを一斉検挙するよう命じた。この間の騒動に関するもっとも重要な史料である、同時代の年代記作者ヨハネス・マララスは、「男に対する性欲に悩んでいる者たちに大いなる恐怖が襲いかかった」と述べている。「宗教的逸脱」の咎で有罪とされた者に対する処罰として、公然たる辱め、鞭打ち、去勢などが行なわれ、時には虐待のあまり、殺してしまうこともあった。

テオドラがこの法律を利用して、自分を中傷したバシアヌスという人物、緑党の支持者で金持ちと伝えられる男を片付けた、とプロコピオスは主張する。バシアヌスを教会から引きずり出し、裁判にかけた、と言うのである。今回もロードス主教の場合と同じく、バシアヌスは裁判の途中で拷問にかけられ、有罪として去勢された。これらの手続きに伴う残忍な行為、とくに高い身分の者に対する残酷な扱いは、ユスティニアヌスもまた同性愛を異教の慣習とみていたことを示唆している。加えて、逸脱した宗教行為と判断したものを根絶せんとする本格的な努力の第一歩も窺える。五五九年に同性愛に対する新たな法を発布した際には、神の怒りを恐れての措置であるとユスティニアヌスは説明している。ただしこの勅令は、コンスタンティノープル総主教の前でみずからの罪を告白し、「治療」を受ける者は罰せられないとしている。他方、「我々に正義の怒りを示す」神を宥めるために必要な行動をとらない者には、統治者が措置を講じるとする。[20] この五五九年の勅令と先の五二八年の諸決定を促したものが何であれ、この問題に関するユスティニアヌスの考えが、三十年のうちに大きく展開されたとは考えられない。

同じような出来事が次々と起こり、翌五二九年にアテネの哲学学校が閉鎖されることになった。アテネには、合理主義的なヨーロッパ思想の原点に遡る教育の伝統が、一千年以上にわたって続いていた。ながらく学問的に停滞していたこの学校は、神から直接啓示を受けて獲得する叡知という観念を含む、新プラトン主義のとりわけ「鋭い」学問を教える新学長ダマスキウスのおかげで、近年になって輝きを取り戻していた。

すでに述べたいくつかの出来事と同様、この件もコンスタンティノープルの著名人、今回は天文学への関わりを告発された者に対する処分から始まり、のちには属州における同様の動きも取り締まりの対象となった。この時点で何が生じたのかを知る手がかりは、ヨハネス・マララスの著作に依拠した同時代の年代記数点にみられる、断片的な記事のみである。いずれにしても、アテネにおいてダマスキウスと対立していた者たちが、ある種の異教的行為、とりわけサイコロや指骨を転がして占う神託――いくつかの地域ではすでにキリスト教化されていた慣習――を対象とした勅令を利用して、哲学学校を閉鎖させたようである。二年後の五三一年に、さらに包括的な反異教徒立法が出されると、ダマスキウスとその同僚は荷物をまとめてペルシアへと移った。地方的な事件が帝国の問題となったのは、「回答」の性格からみて当然の結果であった。ヨハネス・リュドスも言うように、「回答」は、地方からの請願のうち皇帝が選んだ件について作成される法文書であり、長期的にせよ短期的にせよ、帝国全域で統治の基礎となったからである(21)。

異端と宗教的逸脱に対する立法は、この時代の特徴のひとつに過ぎなかった。ユスティニアヌスは各方面できわめて積極的に取り組み、とりわけ政府内部や教会行政の腐敗をなくそうとした。五二九年にトリボニアヌスは、既存のローマ法を体系化した新しい法典、今日『ユスティニアヌス法典』として知られている法典の初版をまとめた。西欧における法の伝統を構成する基本文書のひとつである。

『ユスティニアヌス法典』には、国内の問題をめぐってテオドラが夫とともに積極的に発言している様子が垣間見える。この現象は、彼女が貴族層内部の動向に厳しい視線を向けつつ果たすようになった役割と関係がある。プロコピオスの主張によれば、テオドラの介入はしばしば気紛れかつ残忍で、パトリキウスの父を亡くした娘に、低い身分の男との結婚を「強制する」こともあったという。テオドラとしては、弱者を強者から保護するつもりだったのかもしれない。大きな借金を残して死んだエウラリオスという名の男が、ユスティニアヌスを相続人にしていたことが判明した。相続人には相続に伴う借金を支払う義務があったのである。ユスティニアヌスは、エウラリオスの困窮した娘たちに配慮することは敬虔な行為であるから相続人になると宣言し、ただちに三人の娘を皇后の住まいで育てるようにとテオドラに委ねた。みずからの権限を不幸な子供たちのために行使して、少女売春に関する条文を盛り込ませたのはテオドラであった。セルギウス＝バックス教会の碑文に謳い上げられた、虐げられた者に対する配慮の何よりの具体例である。ヨハネス・リュドスは、不正に苦しむ者たちへのテオドラの配慮に言及している。この場合、リュドスはとりわけ自分自身のことを言っているのだが、テオドラに関するその記述は、彼女の公人としての人格を映し出している。[22]

やはり主要な史料であるヨハネス・マララスは、その記述にユスティニアヌス時代の政府見解を組み入れており、テオドラという存在がどう見られていたのか、その一端を教えてくれる。マララスは「敬虔なテオドラは多くの慈善事業を行なったが、なかでも次のことは」という文言から叙述を始めている。この時彼女が取り組もうとした問題は次のようであった。売春斡旋人が貧しい両親に金を渡し、悪いようにはしないからと約束して、子供を買いとることが日常的に行なわれていた。しかしいったん両親の目が届かなくなると、彼らは少女たちに売春を強要した。テオドラはすべての売春斡旋業者をその被害者ともども拘束するよう命じた。女衒たちが皇后の前に引き出されると――取り調べは謁見の間アウグステウスで行なわれたはずである――、テオドラは、両親にいかほど払ったのか、誓約したうえで申告するよう命じた。それぞれの親にノミスマ金貨数枚を払ったとの答に、テオドラは娘一人につき五ノミスマを女衒たちに与えて、少女たちの解放を命じた。女衒たちは元の商売に戻ることを禁じられ、少女たちは新しい着物と銀貨一枚を貰って、家に送り返された。

この事件はかなり演出されているように思われるが、売春婦を被害者とし、問題を道徳ではなく社会事象として扱った点で、解決はまさに画期的なものであった。ローマ国家は以前からずっと家族の維持に関心を持っており、苦境に陥った貧しい者がしばしば子供を捨てることも承知していた。コンスタンティヌスの時代以降、国家はそのような行動を止めるため努力してきたが、社会的な不平等の根本原因に取り組むことができず、その意思もなかったので、わずかな成功しか収めなかった。ここに至ってテオドラが、他に寄辺《よるべ》をもたない人々の救済に乗り出したのである。もっとも、彼女が救った子供たちが家族のもとへ戻ってどれほど歓迎されたのか、疑問の余地はあるが。売春問題に関してテオドラが従来とは大きく異なる取り組みをみせたのは、その場限りの慈善行為を行なっても、深刻な社会病理に対する解決策ではなく、演技に過ぎないと気づいたことを示すものかもしれない。少女売春を道徳問題ではなく、社会問題として扱ったという事実は、同性愛問題に対する五二九年の当局の対応と対照的で、注目すべきである。

以上の事実もまた、弱者に対する彼女の関心が、現実の政治への発言へと展開していく兆候のひとつである。五三一年の法律は、内縁の夫を亡くした奴隷女について、相続人によって奴隷とされることはないと定めている。夫が遺言で奴隷身分にとどめると明言していない限り、彼女とその子供たちは自由人であるという条文は、無力な女性たちを守ろうという関心を示しているようである。この種の法律をみると、テオドラはトリボニアヌスを宮廷における同志とみなしていたという印象を強くする(23)。

五三〇年の年末に、テオドラは生涯初めての、そして二度としないだろうことを行なった。ともかくもその行為は、この時点でかなり評判となった。ボスフォラス海峡を渡り、ビテュニア地方のピュティア温泉と呼ばれる場所(今日の近代的な保養地ヤロヴァ)へと、豪華で華やかな皇后行列を行なったのである。ピュティアの地は快適で、行啓は行く先々の教会・修道院・慈善施設に寄進する機会を与えた。彼女とともに旅をした四〇〇〇人ほどの集団のなかには、パトリキウスも大勢いた。道管区長官のメナスもそのひとりで、官僚機構の腐敗に対する彼の厳しい態度は、多くの文献から明らかである。行列の詳細は伝わっていないが、道管区長官メナスの存在や、上流階級の同行が強調されていることから考えて、テオドラはこの旅を、冷え切った関係にあった人々と親しくなる機会とみなしていたものと思われる(24)。

不幸な人々を支援する皇后と見られようという彼女の努力にもかかわらず、バシアヌスに関するような事件、あるいは同じ時期の、テオドラを侮辱したと告発されたプリスクスの追放は、思い描いていた皇后像を打ち出すのに邪魔となった。人々はありとあらゆることを言い立てたであろう。プロコピオスは、東ゴートの女王アマラスンタの殺害は夫のテオダハッド王によるものだ、と事実を述べたあとで別の話を持ち出している。大変な美人と言われ、少し前に未亡人となっていたアマラスンタにユスティニアヌスが夢中になって、自分を捨てるのではないかとテオドラが恐れていたと主張して、テオドラ自身がアマラスンタ殺害に関与していたと仄めかすのである。確かに、テオドラは西方の高級官僚たちと接触があったことが知られている。有力なローマ人元老院議員で、ゴート人の宮廷と支配下のローマ人の関係の調整という重要な役割を果たしていた、カッシオドルスの書簡が二通現存している。一通は、テオドラがゴート王にやや怪しげな要請をしたらしいことを示唆し、カッシオドルスは王の名前で返事を書いて、「微妙な仄めかしが私のもとへ届いている人物についても、貴殿の意向に添うと思われるところを命じたとご承知おきください」と述べている。この曖昧な言及は実のところ、テオドラがテオダハッドに頼んだ件が、あまり感心できないことだったと示唆しているようである。プロコピオスの主張するように、彼女は独自の政治的決定をする権限を与えられていた。この書簡から、きわめて重要な人物でさえ、テオドラの命じるところを行なうのが賢明だと考えていたと推定しても、深読みとは言えないだろう(25)。

宮廷の内部でもテオドラは脇役には甘んじず、五三一年に道管区長官に任命されたカッパドキアのヨハネスなど、心の底から嫌っていた人物に主導権を譲ろうとはしなかった。彼女はヨハネスに対する不平不満を列挙してユスティニアヌスに提出した。ヨハネス・リュドスは、テオドラがカッパドキアのヨハネスを公然と非難することも厭わなかったと明言している。プロコピオスの言うには、テオドラとユスティニアヌスは、政策面においてしばしば食い違いを見せたとのことである。宗教が関わる場合には、夫婦の意見の違いは重要な意味をもったであろう。この件に関しては、プロコピオスの主張を裏付ける人物であるヨハネス・リュドスに、テオドラの立場を支持する傾向があるとしても、プロコピオスの言うことにはそこそこの根拠がある(26)。

テオドラは皇后の地位になじんでいった。日々彼女は自分の才覚に自信を深めつつあった。テオドラの生涯は、彼女が危険も厭わないこと、手強い敵となりうること、愚かな者には我慢ならなかったことを語っている。いやそれだけではなかった。ひどい扱いを受けたと思える女性には変わることなく関心を寄せ、同じように一貫して、帝国の貴族たちには、皇后である自分に敬意をもって対応するよう繰り返し告げていた。これまでわからなかったことのひとつとして、テオドラはもっと子供が欲しかったのかという問題がある。答えは、確かに子供を欲しがった、である。五三一年二月二十日に発布された法に窺えるトリボニアヌスの見解と同じく、テオドラも、自然は子供を産むよう女性を創った、子供を産むことが女性の最大の願いだと信じていたのかもしれない。ほぼ同じ頃に発布されたもうひとつの法は、結婚する前の情事で生まれた子供と、正式の結婚後に生まれた子供に関するもので、それによると、結婚前に生まれた子供——言うまでもなくテオドラの娘はそれに該当する——も、結婚後の子供と同じように嫡子と認定するものとされた(27)。

もっと子供が欲しいというテオドラの思いを伝えるもっとも確かな情報は、実のところ、敵対的な立場の資料、スキュトポリスの人キュリロスの『サバス伝』である。五三〇年に、ユダヤ砂漠の修道院の院長であったサバスは、ユスティニアヌスとテオドラが、前年のサマリア人の大規模な蜂起のあと、パレスティナのキリスト教徒はどうなったのか心配していることを知った。そこでサバスは都へ行き、その問題を皇帝と協議することにした。ユスティニアヌスはサバスを大いに歓迎し、喜びの涙を流しつつ駆け寄って、その頭に口づけをしたと伝えられている。確かに、高位の聖人には皇帝にひれ伏す義務はなかった。そのあと皇帝はテオドラを訪ねるようサバスを促した。皇后テオドラは彼に親しく挨拶したのち、頼みごとをした。「師父よ、神が『子宮の賜物』を与えてくださるよう、私のために祈ってください。」サバスは答えた。「万物の主である神はあなたの帝国を守るでしょう。」テオドラは願いを繰り返した。「師父よ、神が私に子供を与えてくださるよう祈ってください。」しかしサバスが約束したのは、栄光の神が帝国を敬虔と勝利に包むことだけであった。ここに至ってテオドラは諦めたが、自分の願いを聞き入れないサバスに対してあからさまに憤慨したようである。のちになって、なぜ皇后に頼まれたように祈らなかったのかと問われて、サバスは答えた。「あの子宮から生まれた果実ば、必ずやセウェルスの教えを啜り、教会にアナスタシウスよりも悪い事態を引き起こすであろう(28)。」

テオドラがこれほどまではっきり子供が欲しいと言ったのは、どうしても妊娠したかったからに違いない。子供ができないことが周知の事実となれば、自分の立場は弱くなるかもしれない。ユスティニアヌスと結婚生活が十年になっても、なお子供が生まれない……。この発言に限って、珍しくテオドラの生の声が聞こえるようである。

五三二年の一月、皇帝夫婦の地位を脅かす大反乱の前夜には、テオドラは夫との見解の相違を公然と表明することも厭わない女性、地中海世界一帯にかなりの影響力を行使できる、独立した女性となっていた。つまりプロコピオスの描く「テオドラ」は、ある程度まで実像なのである。ただし、それは物語の一面に過ぎない。というのもテオドラは、貴族たちに対して、統治を担うのは自分たちであると表明し、彼らが主張する世襲の名門などさほど重要ではないと主張する一方で、悪政の被害者と思われる人々に手厚い配慮をしていたからである。テオドラはサバスのような男に、プロコピオスが与えるよりもはるかに大きな自由裁量を認め、かつ尊敬の念をもっており、ヨハネス・リュドスのような学識ある人々の称賛を受けることになった。

第8章　革命

五三〇年、ペルシアとの戦争の勃発によって、国内の変化は加速し、ユスティニアヌスは帝位すら危うくなった。即位直後から次々と生じた多くの自然災害が、彼の統治者としての適格性を疑わせるには至らなかったとしても、サマリア人の反乱と、それに続く、ユスティニアヌス自身が選んだ将軍たちの苦戦ぶりは、新たな疑惑を招いたであろう。五二七年四月から五三一年十二月に至る間の戦争と不幸な出来事は、五三二年一月の前半に生じた大事変の背景をなしている。競馬場での比較的小規模な暴動に端を発するこの事件は、十年の時を挟んで生じたふたつの事件、テオドラの個人的な介入が夫ユスティニアヌスの治世の流れを変え、廃位の危機を救ったといえるふたつの事件のうちのひとつであった。

テオドラに関することすべてに当てはまるように、間違いのない事実、個人的な意見、明らかな虚構の絡み合いを解きほぐすためには、さまざまな史料から手がかりを見つけることが必要である。手がかりというのが、文書記録とのちの歴史叙述のあいだの矛盾であれ、記述資料の説明とこの時代の政治文化に特徴的な要素との矛盾であれ、その点に変わりはない。本章で述べる、ローマ世界の政治生活にひとりの女性があからさまに介入するという、注目すべき事態のなかにみてとれるのは、並々ならぬ性格の強さ、家族・友人への献身、必要と思えば情け容赦なくとる行動である。テオドラは虐げられた者たちの友人でありたいと願っていた。ただし、この友情は彼女自身が引いた境界線の内側に存在した。テオドラは自分の地位を守るためなら、みずからが面倒をみた人々に対するきわめて残忍な弾圧も厭わなかった[1]。

　間違いなくユスティニアヌスの立場を弱めたと思われる要因のひとつは、本人にはどうしようもないことであった。一連の自然災害である。五二六年と五二八年にアンティオキアで生じたふたつの大地震についてはすでに述べたが、これらの地震は他の地域にも大きな被害をもたらした。そのあと、同じく五二八年にポンペイオポリスで地震があった。五三〇年の九月には西の空に数週間にわたって彗星が現われた。彗星は破局が迫っている徴と受け取られ、各地で暴動の引き金となったと言われている[2]。ペルシアとの紛争に加えて、エフェソスのヨハネスが伝えるところでは、これまでユーフラテス川を越えたことないサビル・フン族が突然侵入してきた。そのあとサマリア人の反乱が起きた。メソポタミア中央部の国境で生じたペルシアとの戦争は、国境線のすぐ内側に位置するダラ市近郊でのローマ軍の大勝で始まり、続いて、少し前に再建されたマルテュロポリスもペルシア軍の猛攻撃に耐え抜いた。しかし五三一年にはユーフラテス沿いのカリニクム郊外でローマ軍は大きな損害を蒙った。敗因は司令官のあいだでの連絡の悪さにもあり、東方軍の指揮体制の見直しを迫られたユスティニアヌスは、ベリサリウスをコンスタンティノープルに呼び戻すことにした。そのあとユスティニアヌスはペルシア王カワードとの和平交渉を開始し、カワードはすぐさま多額の金を要求してきた[3]。

　現金の損失や威信の喪失が妥当な範囲内に収められたなら、ペルシアとの和平は大いに意味のあることだった。ローマ軍は、本格的な作戦を展開して、現状を大幅に変更できるほど強力ではなかったからである。国境を挟んでそれぞれ堅固に要塞化された諸都市があり、どちらの側も相手の領土へ大きな脅威を与えることは難しかったし、双方の軍隊は戦術面でもほぼ互角であった。簡単には勝てない戦争を避けようとした点でユスティニアヌスは正しかった。しかしひとつの明白な不祥事が、地上における神の代理人という彼の立場を傷つけることになる。つまり敵との交渉が始まったなら、ペルシアの使節が都に来たことは知られずに済まなかったのである。

そのうえ、数々の自然災害、フン族の侵入、あるいはローマ軍とペルシア軍の衝突は、いずれも費用が嵩《かさ》んだ。アナスタシウス帝が国庫に積み上げ、ユスティヌス帝がなんとか維持してきた、かなり額の余剰金は、五年にわたるユスティニアヌスの精力的な活動によって驚くほどの速さで減っていった。五三一年の春に、妃テオドラが嫌うカッパドキアのヨハネスを道管区長官に任命する決心をしたのには、このような背景があった。おそらく政策の転換を期待してのことであろう。

プロコピオスとリュディア人ヨハネスは、カッパドキアのヨハネスについて長々と不満を述べており、その行動を革命的、破壊的と結論していた。悪魔的とさえ明言している。しかしいささか言い過ぎだと思われるところもある。実際、『ユスティニアヌス法典』にみられるトリボニアヌス起源の情報は、プロコピオスたちの毒舌から推定されるよりもはるかに大きな連続性が、それ以前の道管区長官とのあいだにあったことを示唆している。連続性があったことに不思議はない。重要な決定は帝室顧問会議でなされ、そのあとトリボニアヌスの属僚によって実施に移されたからである。カッパドキアのヨハネスの肝いりとされる大胆な行政改革が実施されたのは、二度目の道管区長官の任期である五三二年十月から五四一年五月の間と思われる。この行政改革が、五三二年一月にコンスタンティノープルで生じたニカの乱の直接的な原因であるとするヨハネス・リュドスの見解は、不公平で強制的な税制度の導入——一連の改革のうちもっとも重要なもの——を、五三二年一月以前の措置としていたリュドス自身が、のちに翌三三年以降であると正しい年代を記しているという事実からも受け入れ難い(4)。

カッパドキアのヨハネスに関するヨハネス・リュドスの毒舌は、プロコピオスがテオドラやユスティニアヌスについて言わんとした多くの事柄――ユスティニアヌス帝の頭部が身体から離れて、夜中に宮殿をさまようといったような主張――と同じく、当然疑ってかかるべき話である。興味深いのは、五三二年一月の大事変の責任がカッパドキアのヨハネスにあるとしたのは、ヨハネス・リュドスだけではないことである。エフェソスのヨハネスの著作に基づき、この時期の歴史を記したシリア語の年代記の編者であるミテュレネの偽ザカリアスも、カッパドキアのヨハネスについてほぼ同じことを述べている。すなわち、ニカの乱に至るまでの間に、彼に対する不満が繰り返し表明されていたというのである。ところが、エフェソスのヨハネスは当時コンスタンティノープルにはいなかったこともわかっている。彼の帝都到着は、テオドラがカッパドキアのヨハネスを最終的に役職から追放する前後のことである。そこから次のように考えることができよう。後世の年代記編者たちは、カッパドキアのヨハネスを非難するために、帝国支配体制の大きな危機としてなお記憶に新しいニカの乱を持ち出すのが適切だと考えた、と。そのことはまた、五三二年のニカの乱がいかに重大な事件であったのかを示している。以上の見解を検証するためには、ニカの乱以前の史料において、カッパドキアのヨハネスの役割がどう記されているかに目を向ける必要がある(5)。

カッパドキアのヨハネスの行動に見てとれるのは、それ以前の道管区長官と同じく、トリボニアヌスの立法に則《のっと》っていたことである。法律家トリボニアヌスの仕事ぶりをみると、多数の法案が道管区長官のもとへ送られ、実施に移されたことがわかる。法案は時には数か月ごとに、時にはたった数週間おきに次々と送付されてきた。たとえば、五三一年十一月一日に道管区長官ヨハネスは以下の諸問題について指示を受け取っている。(1)遺産相続と調停手続、(2)結婚の合意に関する女性の権利、(3)財政上の違法行為、(4)養子縁組、(5)一千年以上の歴史をもつ準ローマ市民身分である「ラテン市民権」の廃止(6)。

ニカの乱に関するヨハネス・リュドスやミテュレネの偽ザカリアスの説明は、細かい検証に耐えられないし、プロコピオスのふたつの説明も同様である。プロコピオスは『戦史』において、競馬党派の力が強くなったのは近年のことであり、そうなったのは党派の団員の狂気のためであると主張している。

各都市において民衆はずっと以前から「青」と「緑」に分かれていた。しかし人々が、「青」「緑」という名前と競技観戦の際に占める座席のために金を使い、身体を非常な苦痛にさらすようになったのは近年のことである。とうとう彼らは不名誉な死さえも無駄だとは思わなくなった。

プロコピオスは続けて、競馬党派の連中は危険を顧みず、また路上で暴力沙汰を展開すれば投獄されるのを承知で、互いに戦っていたと述べる。こうして、彼らのあいだに大いなる憎しみが生まれ、対立する党派をやっつけるためなら、人間のことも神に関することもいっさい気にかけないようになった、というのである。

党派に関するこのような見解は、すでに見たとおり正確ではないのだが、それにもかかわらず、この時代の著者不明の著作『政治学に関する対話』と興味深い共通点をもっている。『政治学に関する対話』では、登場人物のひとりトマスが、「政府当局」は「青」「緑」という色への愛着に厳格な統制を加える必要がある、なぜなら党派への忠誠が大きな危険を招くからだ、と述べている。プロコピオスの記述と同じく、こちらの記事も、これほどまで激しい党派争いは比較的最近のことだと仄めかしている。プロコピオスは別の箇所で、もうふたつ異なる説明を持ち出す。ユスティニアヌスの建築事業に関する記述のなかでは、「都の屑どもが」どのようにして皇帝に刃向かったのかを語り、『秘史』では、元老院の忠誠心を試すために皇帝が暴動をけしかけたと示唆する。ユスティニアヌスは、眼鏡に叶わない者を罷免し、都の中心部を灰にするという犠牲を払って、自分の金庫を満たしたというのである。のちに見るように、この反乱の本当の原因は、ユスティニアヌスと側近たちの残忍かつ愚かな無能さであった[7]。

これらの破壊的な暴動に関するもっとも貴重な記述は、ありがたいことにプロコピオスではなく、ヨハネス・マララスとそれを元にした一連の年代記にある。現存するマララスのテキストは、原本の要約であり、重要な原史料が省かれているので、七世紀の初めに編纂された『復活祭年代記』や九世紀に書かれた『テオファネス年代記』のような、後世の著作が主たる拠り所となる。これらの史料から、騒動は五三二年一月三日の土曜日に競馬場で始まったことがわかる。この日、緑党は政府の弾圧に抗議して立ち上がり、何人かの役人の更迭を要求した。この時点で、民衆が大挙して都へ向かっており、ただならぬ事態となっていたようである。到来した人々は緑党に加わったと思われるが、彼らのあいだには堅固な結びつきはまだ形成されておらず、党派への忠誠心が行動の決定的な要因ではなかったようである[8]。

一月三日に競馬場でなされたやりとりについてそこそこ信頼できる情報は、『テオファネス年代記』から得られる[9]。事件は緑党の歓呼で始まった。おそらくは応援団員による根回しがあったのだろう、競馬場の群衆の半分が立ち上がって皇帝席に向かい、応援団の音頭に応じて叫んだのである（そのため、以下では一人称が用いられている）。

ユスティニアヌス皇帝、万歳！　あなたは勝利者であれ！　おお、徳の権化たる御方よ、神が御存じのように、私は不当に扱われており、それに耐えることはできない。
奴がさらにのさばり、私の身に危険が迫るのが怖くて私は奴の名前を言うことができない。

皇帝は伝令を通じて、お前たちが不満を訴えている者は誰なのかと民衆に訪ねる。伝令を通したやりとりがさらに続き、そのなかでユスティニアヌスはそんな話は知らないと言い、緑党は名前を挙げることを拒否する。乏しい記録からでも、誰もお前たちに危害を加えていないという伝令の主張に緑党が反論するにつれて、事態がどんどん悪化し、切迫してゆく様子がわかる。

神の母［テオトコス］よ、ひとりの男、たったひとりの男が私に悪をなす。奴が肩で風を切ることがないように。

今や緑党は抗議を込めて、自分たちは正義と正統信仰のために身を捧げているのに、陛下がそうではないのなら、皇帝は正義と正統信仰の象徴ではないと言い出す。こうして一触即発の状況となったが、ユスティニアヌスの対応は拙かった。ようやく群衆が、自分たちの怒りの対象はスパタリウス（皇帝親衛隊の長官）のカロポディオスだと名前を挙げた時、ユスティニアヌスは事態を収拾するのではなく、群衆に向かって、お前たちは間違っているとだけ告げたのである。カロポディオスはイスカリオテのユダと同じ運命をたどるだろうと緑党が言い返すと、伝令は、お前たちは競走を見るのではなく、為政者を侮辱するために競馬場に来たのかと反論する。そのあと伝令は緑党の者たちを「ユダヤ人」「マニ教徒」「サマリア人」と呼ぶ。苛立つ緑党はみずからの正統信仰を表明したうえで、党派のメンバーの殺害をもみ消していると皇帝を非難し、とうとう次のように叫ぶ。

サバティウス［ユスティニアヌスの父］が生まれて来なければ、殺人者の息子をもつこともなかっ

図 8–1　テオドシウス１世の円柱の基壇部。競馬場に姿を現わす皇帝を描いている。© photo by David Potter

たのに。

帝位の威厳を高めようという努力にもかかわらず、ユスティニアヌスは、臣下――ないしその一部――の目には、なお農民の倅であった。そしておそらくテオドラも、これまでもしばしば非難されてきたように売春婦だったのである。[10]

侮辱の言葉が繰り返されたあげく、対話は決裂した。他にどのようなことが一月三日に生じたのか不明であるが、緑党はこの日はこれで終わりとした。ユスティニアヌスの権力の本質をめぐる問題は残されたままであった。自分たちこそが真理を代弁しているると主張する群衆にとって、神の代理人、法と秩序の担い手であると唱えるユスティニアヌス帝は、不正と抑圧の象徴である。十一日の日曜日に、市総督のエウダイモンが七名の者を殺人の容疑で裁判にかけたが、事態は好転しなかった。七名は市内を通って、金角湾の対岸にある処刑場へと連れて行かれた。四人は首を切られ、残る三人は絞首刑になるはずであった。最初の者が絞首刑になったあと、続くふたり、青党と緑党のそれぞれ一名が絞首台に上げられた。刑吏が処刑をやり損なった。死者を称えようと集まっていた群衆は、刑吏がふたりを再度絞首刑にしようとしてまたも失敗したので恐怖に襲われた。群衆は、ふたりの釈放を求めてユスティニアヌスを歓呼し始めた。動転した人々の目に今や皇帝は正義の代弁者となっていたのである。聖コノン修道院から修道士が現場に駈けつけ、死刑囚を引きとろうと申し出た。エウダイモンは同修道院を監視下におくよう命じたが、これまた大きな過ちであった(11)。

緑党というひとつの党派から始まった不穏な動きは、ここに至って青党を巻き込んで広がり、その結果、皇帝の正統性が真正面から論じられるようになった。一月十三日にも競馬場ではレースが予定されていた。ユスティニアヌスは開催を取りやめることもできたのだが、そうはせず、新たな暴動の機会を与えてしまった。

今回は青党と緑党が声をそろえて、例の二名の釈放を要求した。ユスティニアヌスは要求を却下した。わざわざ事態を悪化させてしまったといえよう。この日に予定されていた二十二のレースが行なわれ、午後の部の最後になって競馬党派のシュプレヒコールが変化した。「慈悲深い青党と緑党、万歳!」となったのである。彼らは「ニカ(勝利)!」という合言葉を叫びつつ、コンスタンティヌス広場近くの、中央大通に面している市総督の館へと向かった。満足のゆく回答が得られなかったので、彼らは市総督館にいた囚人を解放し、建物に火を放った。そのあと宮殿の青銅門前の広場へと行き、ここでも火を放った。焼け落ちた建物のひとつが聖ソフィア教会であった。ユスティニアヌスは親衛隊を宮殿の外には出さず、おそらくこの時点で、元老院身分の者に安全な避難場所を提供した。そのなかにはヒュパティウスやポンペイウスをはじめとするアナスタシウス帝の親族たちもいた(12)。

翌十四日の午前、焦げ臭い煙が町に重く漂っていた。この日、群衆は再度競馬場に集まった。このたびはより大きな目的をもって集まったのである。集まった人々の言うところでは、皇帝の不正が暴動の引き金となったのであり、騒ぎを拡大したのは、我々の主張に耳を傾けようとしない皇帝であった。民衆はこの日の午前、自分たちは本当の変革を望んでいると表明し、エウダイモン、カッパドキアのヨハネス、トリボニアヌスの罷免を皇帝に要求した。都の秩序維持担当、ユスティニアヌスの鳴り物入りの法改革の責任者たる三名である。コンスタンティノープル市民の目には三名は失格であった。今回ユスティニアヌスは群衆とは面会しないことにし、要望を聞くために派遣した役人を通じて事態の進展を知った。そのうえで、ようやく彼は返答し、この三名の解任と、新たな法務長官と道管区長官の任命を伝えた[13]。

今や群衆の気配はますます険悪となり、ユスティニアヌスも辞めさせるべきかどうかが取り沙汰されていた。暴徒たちはアナスタシウスの甥のプロブスの屋敷へと向かい、帝位に就くつもりはあるかと確かめた。しかし、同じような提案をアナスタシウス帝の時代に受けたアニキア・ユリアナの夫のように、プロブスも町から逃げ出してしまった。がっかりした群衆は、「都に別の皇帝を!」と叫びつつ、プロブスの屋敷を焼き払った。こうなるとユスティニアヌスも少なからず動揺して、暴徒と戦うための軍団を街に派遣した。しかし数が充分ではなかったので、軍団の投入は火に油を注いだだけであった。十六日の金曜日にも戦いは続いた。新たな火事で聖エイレーネー教会や大病院をはじめ、多くの建物が焼け落ち、多数の死者が出た。この間、宮殿の内部でも緊張が高まりつつあった。十七日にユスティニアヌスは、ヒュパティウスに弟のポンペイウスともども宮殿を出るよう命じた。裏切りかねないふたり——実際そのつもりだったようである——を、できる限り宮殿守備隊から離しておくのが最善策だったからである。このあとの事態からも、確かに守備隊の忠誠は怪しかったことが窺える。ここに至って人々は、ユスティヌスが皇帝になるために、アナスタシウス帝の甥たちをどのように「排除した」のか「思い出した」かもしれない。今やユスティニアヌスにとって、ベリサリウスと中部ヨーロッパ出身の将軍ムンドゥスの忠誠心がなによりも頼みの綱であった[14]。

一月十八日の午前、ユスティニアヌスは危機の克服へ向けて最後の努力をした。前もって群衆に宛てて宮廷から、おそらく競馬党派関係の役人を通じて、本日の午前に皇帝が競馬場に姿を見せるとの通知がなされたに違いない。その日は日曜だったので、競馬開催の予定はなかった。確かに、皇帝の登場は異例の措置であった。異例といえば、姿を現わしたユスティニアヌスが福音書を手にしていたことも異例であった。皇帝は民衆に直接語りかけ――全員に聞えるよう皇帝の言葉を伝令官が繰り返したのであろう――次のように誓った。

「おそらく手にした福音書を掲げて」この力に誓って、今回の過ちについて朕は諸君に許しを与える。誰も逮捕されないから、安心するがよい。というのも、諸君にはなんら責任はなく、すべては私の責任である。罪深い朕は、諸君が競馬場で頼んだことを拒否してしまった[15]。

これは驚くべき演技であった。柄にもない発言なので、演劇の素養がある宮廷人が、ユスティニアヌスのためにそのような演出をしたのではないかと思えるほどである。この演出はかなり効果があった。群衆の一部は、皇帝への歓呼である「ユスティニアヌス、アウグストゥス、貴方に勝利あれ」と唱え始めた。しかし他の者たちは「お前は嘘つき驢馬だ！」と叫んだ。それに対してユスティニアヌスはなんら対応せず、宮殿に戻った。

皇帝に対する異なる反応はまったくの偶然というわけではなかっただろう。というのも、すでに帝位を狙う決意をしていたヒュパティウスが、注意深く事態を演出していたと思われるからである。ユスティニアヌスが退出すると、群衆は競馬場からどっと出て行き、その先でヒュパティウスとポンペイウスに出会った。この時に群衆全体から響き渡った歓呼は、「ヒュパティウス皇帝、貴方に勝利あれ！」であり、彼らはそう唱えながら、ヒュパティウスをコンスタンティヌス広場へと送り届けた。広場の中央には、コンスタンティヌスが遷都式典を行なった日にお披露目された、同皇帝の巨大な像を載せた大きな円柱が立っていた。そしてそこへ、テオドシウス一世の最初の妻フラキラの屋敷に保管されていた皇帝の徽章が運ばれてきた。フラキラの屋敷はコンスタンティヌス広場とかなり離れており、ヒュパティウスは前夜からユスティニアヌス追放計画を練っていたものと思われる。この時、彼はフラキラの屋敷の周辺地域で集めた、独自の暴漢集団を伴って姿を見せた。フラキラ邸は、コンスタンティヌスの遺体が葬られている聖使徒教会の近くにあった。その象徴的意味は明らかであり、ヒュパティウスは、簒奪者ユスティニアヌスを除こうとして、ここに遷都したコンスタンティヌスを含む「本当の皇帝たち」の思い出を持ち出したのである。こうして、カッパドキアのヨハネスの前任の道管区長官であるユリアヌス、さらに弟のポンペイウスも伴って、ヒュパティウスは競馬場の皇帝席へと向かった[16]。

どう対処すべきなのか、ユスティニアヌスは途方に暮れていた。ヒュパティウスが競馬場へ向かいつつあった時点で、早くもユスティニアヌスはトラキアへ向けて出帆してしまったという噂が広がった。側近たちを呼び集めて会議を開いた時、確かに彼は逃亡を考えていた。テオドラが口を挟んだのはこの時であった。プロコピオスは、テオドラに皇帝に向かって次のように語らせている。

女が男たちの前で語る、あるいは恐怖にすくむ者たちを叱咤するのは、おぞましいことでしょうか？　どちらにせよ今は、そんなことを議論する場合ではありません。最大の危機に直面する者には、なんとかして最善の方策を探すしか道はないのです。事ここに至っては、たとえ可能だとしても、逃亡は得策ではないと私は思います。生を受けた者は死を免れることはできませんが、支配者が逃亡者となることもまた不可能だからです。私はこの緋色の衣を脱ぎ捨てるつもりはありません し、出会う者が私に皇后陛下と呼びかけないような日を、一日たりとも過したいとも思いません。陛下、もし助かりたいとお思いでしたら、難しいことではありません。お金はたっぷりあります、すぐそこは海で、船もあります。しかしお考えください。逃亡して助かったとして、あなたにとって良いことでしょうか、死なずに安全を手にしたとして、幸せでしょうか。古《いにしえ》の格言がぴったりだと私は思います。「帝位は輝かしい死装束である」[17]。

テオドラがこう語った時、会議の席にプロコピオスがいなかったことは確かなので、本当にこのように言ったと考える必要はない。しかしその一方で、プロコピオスがテオドラに認めようとした影響力を、彼女は確かにもっていたと思える理由は十二分にある。暴動のあと、ユスティニアヌスは都から逃げ出そうとしていたという話が広がったし、それとは別に、テオドラがユスティニアヌスにポンペイウスとヒュパティウスを処刑するよう迫ったという伝承もある。さらに言うなら、テオドラの発言を伝えているプロコピオス『戦史』は、『秘史』とは違って、彼女の存命中に広く一般の読者を念頭において書かれたものである。『戦史』におけるプロコピオスの主題のひとつはベリサリウスの才覚であり、ユスティニアヌスが逃亡を決意した時、ベリサリウスは確かにその場にいたので、テオドラの役割をこのように描くことは、ベリサリウス将軍にとっても、また実際に何があったのかを知っている者たちにも納得できたと結論してよさそうである。この記事では、優柔不断のユスティニアヌスがさほど好意的に描かれていないことも重要であろう。せいぜいのところ、ヒュパティウスが妻やオリゲネスという名の元老院議員の助言、競馬場に近づくなという適切な助言を無視したのに対して、ユスティニアヌスは助言を聞き入れたとされているくらいである。

もうひとつ重要な点がある。カッパドキアのヨハネスの罷免について述べる際に、プロコピオスはヨハネスに関する悪口の数々を並べている。その一方でトリボニアヌスと、ヨハネスの後任の道管区長官フォーカスのふたりについては、上品な人間であったと述べている。以上の事実から、先に引用した一節の執筆が、ほぼ間違いなく、テオドラが最終的にヨハネスから権限を剝奪した五四一年と、五四五年の異教信仰を理由としたフォーカスに対する訴追の間――あるいは五四二年のトリボニアヌスの死までの間かもしれないが――であったことがわかる。すなわち、またもやテオドラの政治的影響力が大いに発揮された時期である。聴取されたものの却下された助言の内容も大きな意味をもつ。さらにプロコピオスの伝える死装束に触れたテオドラの発言は、王でなく、古代の僭主の言葉だったため、人によっては受け取り方に幾分なりとも違いがあったかもしれないが、テオドラは断固たる行動を主張するに際して、婉曲な言い回しはしなかった。それによって生じた虐殺の責任は彼女だけにあるのではない。続く一連の事態を宮廷人たちは遺憾に思うことなく、悲劇ではあったが、競馬党派による暴力・反抗の不可避の結果であると主張した。(18)

テオドラが何を、どう言ったのにせよ、彼女の発言が事態の流れを変えたことは確かである。ユスティニアヌスは力ずくで反乱を鎮圧する決意をし、ヒュパティウスが競馬場の皇帝観覧席に入った時には、行動を起こす用意ができていた。少なくとも当初、ヒュパティウスはもっと曖昧な態度だった。彼は、ユスティニアヌスの護衛のひとりであったエフラエムという名の男を傍らにおいており、この男を宮殿に派遣して皇帝へのメッセージを伝えさせた。自分はユスティニアヌスの敵すべてを一箇所に集めた、そのことにあなたは感謝すべきである、という伝言であった。エフラエムは宮殿内に皇帝の侍医のトマスしか見かけなかった。侍医トマスは、ユスティニアヌスは逃亡してしまったとヒュパティウスに伝えるようエフラエムに言った。報せを聞いてヒュパティウスは、帝位を掌握したと確信したようであった。エフラエムが伝えた報告は今日でも大きな謎のひとつである。本当にエフラエムは、宮殿に集まっていた大軍に気づかなかったのだろうか？　宮殿内をていねいに調べたのか？　二重スパイではなかったのか？　二重スパイだったという説がもっともそれらしく思われる。というのは、エフラエムが皇帝観覧席に戻ったあと反乱派に対する大虐殺が生じたが、彼は助かっており、結局のところ追放処分しか受けていないからである。しかもその追放は、状況から判断する限り、処罰というよりも身柄を保護するための措置だった可能性が高い(19)。

エフラエムが戻ってくると、聖使徒教会に近い地区から重武装した緑党の集団が到着し、ヒュパティウスを押し立てて宮殿に突入すると申し出た。緑党の登場もまた、ヒュパティウス側では見かけ以上に早くから計画が立てられていたことを示唆している。しかしそれでも遅すぎた。ユスティニアヌスはまさに反撃に出るところであった。

最初の作戦は競馬場に混乱を起こすことであった。そのためにユスティニアヌスは宦官のナルセスを派遣し、青党の一部を買収して、ユスティニアヌスとテオドラへの歓呼を始めるよう促した。残念ながら、この命令が伝えられるまで、群衆がどんな叫び声を挙げていたのか、史料は伝えていない。青党が求められた歓呼を唱え始めるや、ユスティニアヌスの将軍たち、ムンドゥスとベリサリウスがそれぞれの兵を競馬場に突入させた。皇帝はなお宮殿守備隊を信頼していなかったのである。三つの門から皇帝軍が競技場に入ると、ベリサリウス将軍の親衛隊は背後からヒュパティウスに近づき、襲いかかって彼の身柄を拘束した。恐ろしい光景であった。歓呼の声は悲鳴に変わり、競馬場内に閉じ込められた群衆は、皆殺しにせんと襲いかかってくる兵士から逃れようと必死だった。

事態に関する公式の記録には、ひとりも助からなかったとある。結局、この一日だけで死者の総数は三万人に上った。ヒュパティウスとポンペイウスは翌日に処刑された。死体は海に投げ捨てられ、どちらの死体ものちに岸に打ち上げられた。ある言い伝えでは、ユスティニアヌスはふたりを許そうとしたのだが、テオドラが処刑するよう主張したという。最高位の帝国貴族十八名が追放となり、その財産は没収された[20]。

ユスティニアヌスに向かって、踏みとどまって戦うよう説得した時、あとはどうなるとテオドラは考えていたのだろうか。結果として生じた事態に彼女が驚いたとは思えない。しかし、もし自分と夫が逃亡したならどうなるかは知っていた。たちまちのうちに殺されるか、あるいは東方軍団が駐屯しているペルシア国境まで逃れ、かつてのアリアドネとゼノ帝のように、都に戻って帝位を奪回するか、そのいずれかであろう。テオドラの義兄シッタスがなお東方の司令長官の地位にあった。しかしシッタスの軍を率いてコンスタンティノープルへ戻れば、東方国境はもぬけの殻であろう。ペルシアとの戦争を終わらせる条約は、ニカの乱が生じた時には、最終確認の段階にあった。ユスティニアヌスが帝位を追われた場合、望めるのはせいぜいのところ、多額の現金支払いを含めて、すでにあまり有利ではない条項がますます不利になることであった。すべてを考慮すれば、コンスタンティノープルに留まるという決定は、冷酷な見積もりではあるが、その結果失われた人命よりも多くの命を救うことになったと思われる。いずれにせよ、たとえテオドラないし別の誰かが、判断に際して犠牲者の数を考慮に入れたとしても、注意深く計算したとはとても思えない。

それでもやはりテオドラの直観は正しかった。しかも、すでに何度もみてきたようにヒュパティウスはかなりの愚か者であり、彼女はそのことを承知していた。もしヒュパティウスが帝位に就いたなら、帝国はうまくゆかなかったであろう。プロコピオスが巧みに仕立て上げてテオドラに語らせた演説が、本当にそんなことを言ったのかどうかはさておき、決定的な発言をしたという彼女のイメージは、本人やその同時代人、演説の場にいた人々にとって納得のゆくものであった。テオドラの仕事は統治することであった。なんとしてでも皇后に地位にとどまるという、彼女の決意を疑うのは間違いであった。

第9章　戦争と宗教

五三四年の終わり頃、ベリサリウスはコンスタンティノープルの邸宅を出て、競馬場へ向かう行列の先頭に立った。ヴァンダル王ゲリメルからアフリカを奪取すべく派遣された艦隊の司令官として、五三三年六月に都を出て、このたび華麗な帰還となったのである。今日はゲリメルも捕虜として式場に姿をみせるはずであった。見世物が次々と行なわれ、ベリサリウスに続いてゲリメルの平伏で式典が最高潮に達するのを、ユスティニアヌスとテオドラは皇帝観覧席から見ていた。競馬場で戦利品や捕虜を披露するのは、ローマでもコンスタンティノープルでも、皇帝の凱旋式を飾る儀礼として古くから行なわれていた。ただし、今回の凱旋行列には新しい要素があった。ベリサリウス将軍は謀反の告発を受けて司令官職を解任されたという噂を打ち消そうと、皇帝が特別の配慮をしたのである。ニカの乱を速やかに鎮圧するため、多くの市民を虐殺したベリサリウス将軍にとって、このたびの凱旋式は、虐殺で友人や近親を失った人々との関係改善の機会でもあっただろう。栄光のベリサリウスと敗者のゲリメルの対照的な姿は、ユスティニアヌスを通して働いた神の力の顕現だと考えられた。凱旋式の主催者が身にまとう伝統的な服装で競馬場に立った皇帝は、神の恩寵によってヴァンダル人に勝利したと誇らしげであった(1)。

ベリサリウスがアフリカから持ち帰った宝物は驚くべきものであった。その日競馬場で披露された品物には、遡って四五五年に、当時のヴァンダル王ガイセリックが、ローマの宮殿や神殿から略奪したものが多数含まれていた。黄金の玉座、ヴァンダル王族の馬車、宝石をはめ込んだ黄金の食器、莫大な量の銀などに加えて、ティトゥス帝が紀元七〇年にエルサレムを攻略した際に奪いとった宝物もあった。ローマのティトゥス凱旋門に描かれた宝物から考えると、そのなかにエルサレム神殿の大燭台、そして契約の箱が含まれていたであろう。契約の箱は、それを持っている町は必ず略奪されるとユダヤ人たちが指摘したため、そのあとすぐエルサレムに送り返された。ユスティニアヌスが何より称え、強調したのは、ローマから奪われた皇帝の徽章が他ならぬ自分に戻されたことであった。かかる勝利への返礼として、神にどのような感謝と称賛を捧げるべきか、自分には思い浮かばないと彼は言った。[2]

ローマ軍が数世紀ぶりに得た大勝利を称えて行列は進んだ。ベリサリウス将軍はたった一度の遠征で、羨望の的であった莫大な宝物を手に入れただけではなく、旧ローマ帝国のもっとも豊かな属州をいくつか奪回し、それまでローマ軍が敵わなかった強国を滅ぼしたのである。かつて東方政府がヴァンダル族の支配する北アフリカを奪おうとした作戦、すなわち四六八年のバシリスクスの遠征は、先例のない莫大な戦費と全面的な敗北のために、ユスティニアヌスの時代でもなお人々の記憶に残っていた。もちろんその苦い記憶は、ユスティニアヌスの偉大な成功を浮き彫りにしたであろう。しかし同時に、大きな危険を冒したことを改めて感じさせるものでもあった。[3]

五三二年一月末、分別ある人々の眼には、ユスティニアヌスの政権は崩壊したように見えたかもしれない。血腥い暴動に見舞われて、彼は辛うじて帝位にしがみついていた。元老院との関係にも問題が多く残されたし、もっとも信頼していた部下の何人かを罷免せざるを得なくなった。ペルシア人が平和の代償として莫大な金額を要求しており、都コンスタンティノープルは焼け跡に煙が漂っていた。何らかの変化が必要、それも早急に必要だった。

夏の終わりまでに、ペルシアとの和平が、ほぼペルシア側の主張に沿って締結された。多額の金銭を支払っての平和であったが、支払いのほうが戦いよりも安く済んだ。加えて、都の復旧に莫大な資金が必要であった。これらの費用の一部は、ニカの乱に際して身の振り方を誤った元老院議員（計十八名）の資産の没収によって賄われたであろう。もっとも今回の没収は、国庫の収入よりも見せしめという意味合いが強かったようである。一月に全財産を没収されたプロブスは、その年のうちに財産を取り戻しており、のちに彼の息子ないし孫がテオドラの娘と結婚することになる。宮廷と取引したのはプロブスだけだったとは考えにくい。しかも財産の返還も結婚も、ユスティニアヌスの独断ではなかったようである。テオドラの家族にも波及する和解が、彼女抜きで成立したはずはなく、ニカの乱に関するプロコピオスの記述から浮かび上がる皇帝夫婦の関係が、そこそこ事実を伝えているとすれば、プロブスへの対処にもテオドラが主導権を発揮したと結論してもよさそうである(4)。

娘がアナスタシウスの親族と結婚したことは、テオドラが社会の最上層に受け入れられたしるしである。アナスタシウス一族のうちでもこの家系にみられる反カルケドン派的傾向も、同様の考えをもつ帝国貴族たちのあいだで、テオドラの立場を強化したであろう。というのも、のちに見るように、彼女はおそらくこれまで以上に、反カルケドン派の衆望を集めるようになるからである。テオドラは大きな影響力をもつネットワークの中心として、政権全体のなかにしっかり足場を固めてゆく。彼女の広汎な人間関係が持った本当の意味合いは、次章で検討する政治的な危機を通じて明らかとなるであろう。

次章では、テオドラのネットワークが、政府内のライヴァルに対処するのにどれほど有効だったのかをみることにする。彼女がいかに有力になろうと、その意見だけでユスティニアヌスが動いたわけではなかったからである。五三二年の年末までにカッパドキアのヨハネスが道管区長官に復帰しており、トリボニアヌスは法務長官に戻っていた。このあと数年間のヨハネスの政策は、いずれも歳入の増大をめざしたものであり、深刻な現金不足に陥っていたユスティニアヌスがヨハネスの財政改革に期待して復職させたことが窺える。トリボニアヌスはなお新法典の編集を続けており、並行して、法律問題に関する法学者の見解をまとめた大部な書物を編纂していた。同書はユスティニアヌスの『法学提要』というかたちで今日まで伝わっている。『法学提要』はローマ法学の伝統をまとめた重要な作品であり、西洋の法思想史にもっとも大きな影響を与えた人物として、トリボニアヌスの名声を法典にも増して高めている。同じく五三二年にユスティニアヌスは、反乱によって焼け落ちた聖ソフィア教会に代わる新たな教会の建設の総監督として、もうひとりの天才、建築家トラレスのアンテミウスを召し抱えた。アンテミウスの業績も、トリボニアヌスと同じく、人間の創造力が生み出した偉大な成果として今日まで残っている。

五三二年一月の惨事にもかかわらず、ユスティニアヌスが大きな野望を持ち続けていたことは明らかである。しかし、トリボニアヌスの復職とアンテミウスへの新教会の設計依頼が、法制度改革や壮大な建築計画に向けた熱意からみて、想定内の行動であったのに対して、アフリカへ攻め込むという決意、作戦の司令官にベリサリウスを選ぶという決定は、直前まで、それを示唆する兆候すらなかった。確かにベリサリウスは将校として評判が良かった。たとえば、遠征に出た兵士たちに自国民への略奪を許さなかったのは、ある同時代人が、特筆に値すると記したほど異例のことであった。とはいえ、彼はとくに優れた戦略家というわけではなかった。五三一年のカリニクムの戦いでは、ペルシアの司令官アザレテスに出し抜かれた。にもかかわらず、ベリサリウスには他の将軍たちにはない強みがあった。なおアルメニアにいて将軍として一目置かれていたシッタスと同じく、テオドラと親密な関係にある妻の存在である。テオドラとの関係は、主としてベリサリウス自身の政治音痴のために、十年後に破綻するのだが、この段階ではベリサリウスは皇后と強いつながりがあった。遠征軍の指揮を任せるに値すると衆目の一致する人物ではなかったことを考えると、テオドラの意向が選任の決定的な要因だったと思われる。(5)

北アフリカ遠征の勝算に関心を持っていた者なら、前例として、プリスクスという人物の歴史書を繙《ひもと》いたと思われる。一時期帝国官僚の秘書として仕えたという点で、プロコピオスと同じ社会的地位にあるプリスクスは、トラキアのパニウムの生まれで五世紀の半ばに活動し、アッティラやガイセリックが帝国を脅かしていた緊張の時代に関する貴重な記録を残している。著作に一貫するプリスクスの見解は、ローマ軍の敗北は敵の優れた戦術のためではなく、みずからの不手際や無能の結果に他ならないというものである。この主張は、プロコピオスが北アフリカ再征服を記すに先立って、ヴァンダル王国の歴史を簡単にまとめた記事にも明快に示されている。ただしプロコピオスはそのあと、独自の、自分の時代と地域に特有の文言を付け加えている。彼が付け加えたのは、帝国の一部が失われてしまった、今や奪回すべき時であるという観念である。プリスクスは正反対の考えをもっており、フン族アッティラの陣営において、たまたま西宮廷の使節に出会った時、「西ローマ人」を他国の人間とみなした。この時期になっても、ローマの元老院は、まだ皇帝が存在していた時代に遡る伝統を尊重しつつ、ラヴェンナのゴート王テオドリックと連携していた。東皇帝ゼノの時代のギリシア人歴史家マルコスは、四七六年にゼノが西方にはもはや皇帝は必要ではないと認めた、と伝えており、四七六年の事件を重要と考えていなかったことは明白である。帝国のふたつの部分はすでにそれぞれ独自の道を歩んでいた。

このような見解を、テオドラの同時代人で、少し若いヨルダネスも共有している。ゴート人の歴史を記したヨルダネスの小品はラテン語で書かれ、五五一年頃に完成した。ヨルダネスは、ゼノがローマの元老院の存続をテオドリックに託したこと、テオドリックにイタリアの王として統治するよう助言したことを伝えている。ローマ元老院はみずからを、紀元前八世紀の伝説のローマ建国者ロムルスとともに始まる組織と自認していた。「ローマの滅亡」はあり得ない、なぜならと議論は続く。彼らのみるところ、元老院というもっとも重要な制度がなお機能し、影響力を行使しているからである。

しかしコンスタンティノープルでは見解に変化がみられるようになった。たとえユスティニアヌスの同時代人のひとりが西の帝国を「ホノリウスの帝国」と呼んだ——西帝国は別の世界だという意味が含まれている——ことがあったとしても、公式の見解はしだいに、「西方を解放する必要がある、ローマ帝国を再建すべし」となりつつあった。ユスティニアヌスは、アフリカの「解放」は以前の皇帝たちには許されなかったと言い、ヴァンダル族に奪われた帝位の徽章は「私に戻された」と主張した。プロコピオスの同時代人、コメス・マルケリヌスは、四七六年の若い皇帝ロムルスの強制的退位とオドアケルのイタリア王即位をもって西ローマ帝国の滅亡とみなした。マルケリヌスは五二七年以前にユスティニアヌスの秘書官だったことがあり、著作『年代記』——その第二版は五三四年に完成した——のなかで漠然と示されているかかる解釈には、この時点での政府の公式見解が取り入れられている。ちなみに同書は、ニカの乱は実は帝位簒奪の試みであったとか、ヒュパティウスとポンペイウスの処刑を命じたのはユスティニアヌスであったと述べている(6)。

ローマ帝国の滅亡に関する新たな理論は、ユスティニアヌスの時代に浮上した段階では、さほど正確でも首尾一貫したものでもなかったが、最終的にはヨーロッパ史の見方を何世紀にもわたって規定することになった。ローマで生まれ、コンスタンティノープルで修正された、年代・時間を計る理論も後世に長く影響を与えたが、西ローマ帝国の滅亡に関するマルケリヌスの考えと同じく、成立した時点では整合的でも明快でもなかった。新たな理論は、復活祭をいつ祝うべきかという問題から出発し、教会の時間と国家の時間の関係を整理して完成した。

ユスティニアヌスが皇帝となるまでのほぼ一世紀の間、復活祭の日付は、第5章で紹介したアレクサンドリアのキュリロス、四三一年の第一回エフェソス公会議において、ネストリウス弾劾の中心となった人物によって作成された表に従って決められていた。キュリロスの復活祭表は、周期の始まりを、ディオクレティアヌス帝の治世初年と、国家業務で用いられていたインディクティオと呼ばれる十五年周期の財政年度の第一年に対応させている。復活祭の日付計算の方法が東方とは少し異なっていたローマで活動していた小ディオニュシウス——この名前は彼の学問上の謙虚さを称えている——は、五三二年から始まる新しい復活祭周期表を作成した。それは既存の年月計算方式と、キリスト誕生の年代をめぐる新たな説を組み合わせたものであった。なお多くの人々が、世界は六〇〇〇年で終末を迎える、イエスの誕生は天地創造から五五〇〇年の年であると信じていたことを思えば、キリスト誕生からすでに五百年以上経っているとするディオニュシウスの見解は、六〇〇〇年終末論を空論としてゴミ箱に捨てることを意味するものであった。新たな年代方式は、時間を計るのに、教会への厳しい迫害で知られるディオクレティアヌス帝を持ち出さずに済むというメリットもあった。ディオニュシウスが変更を提案するまでは、それぞれの事件の年代を、ディオクレティアヌスが定めた十五年周期の課税年度で表示するのが一般的だったのである。この結びつきを断ち切ることで、教会史の年代は帝国史から独立したものとなった。

ディオニュシウスの同時代人のなかには、ユスティニアヌスの新しい高度なキリスト教帝国にあっては、時間をより正確に計ることができるはずだと考える者もいた。そこでディオニュシウスは従来の説を微調整して、「主の紀元一年」つまりキリスト誕生の年を、ローマ市の建都七五四年としたのである。この年代も、修正した元の年代も、キリストの誕生について福音書が述べる証言と矛盾するという事実を、ディオニュシウスは気にしなかったようである。実際のところ、ヘロデ大王が存命中で、かつキリニウスがシリア総督だった時に、ナザレのイエスが生まれたはずはない。というのは、今日の計算では、ヘロデは紀元前四年に死んでおり、キリニウスの総督在任は紀元六年とされるからである(7)。

北アフリカ遠征は知的な興奮のなか始まったのであるが、同時に、賛否対立するなか進められたのでもあった。遠征のための物資が集められた時になっても、元老院のメンバーのあいだには、この新たな遠征は過去の事例と同じように失敗するのではないかという大きな不安があった。プロコピオスの伝えるところでは、状況がきわめて厳しいものだったので、遠征の指揮官になろうという将軍はおらず、カッパドキアのヨハネスに至っては、あまりにも危険な作戦だとして、計画を断念するようにユスティニアヌスに諫言するほどだったという。この時に、ひとりの修道士が訪ねて来て、暴君からキリスト教徒を守る必要性をユスティニアヌスに告げよと神が命じたという夢の話をし、ヴァンダル族に対する戦いには神の支援があると約束した。これを聞いて、ユスティニアヌスのためらいは消え、遠征軍に出陣が命じられた(8)。

プロコピオスがここで描いている場面は、古典の歴史叙述に基づくものであり、実際にあった話と信じる必要はない。その一方で、修道士の助言という主題が選ばれたのは、当時の人々の関心を反映しており、悪しき助言をした人物としてヨハネスが挙がっているのは、間違いなくプロコピオスがこの男を嫌っていたからであろう。ニカの乱におけるテオドラの演説と同じく、語られたことは、文字通りの事実であるとは言えなくとも、人々の関心を表現したものと考えることは可能である。しかしながら遠征の危険性は思ったほどではなかった。注意深く観察すれば、ヴァンダル王国内に、五三〇年にゲリメルが従弟のヒルデリヒから王位を奪ったことを歓迎しない向きもあると気づいたであろう。五三三年の夏にサルディニアでゲリメルに対する反乱が生じたため、ベリサリウスの艦隊が迫って来ても、ヴァンダル軍のかなりの部隊は動けなかった。またこの反乱によって、ラヴェンナの東ゴート政府はヴァンダル族に不信感をもち、ベリサリウスが東ゴート領のシチリアから進撃するのを認めることにもなった。[9]

遠征が始まっても、その結果にテオドラが強い関心をもっていたとは思えない。ただ、夫ベリサリウスに同行していたアントニナとは連絡をとっていたようである。ベリサリウスと部下の高官の争いや、ベリサリウスが皇帝に対して謀反を企んでいるという告発も知っていただろうし、戦争終結後、凱旋式というかたちでベリサリウスを庇うような見世物を行なうという決定についても、知っていた可能性が高い。[10]

まだベリサリウスが捕虜を献上しているうちから、早くも次の、はるかに危険な遠征計画が議論に上っていた。東ゴート族から領土を奪回しようというイタリア遠征である。明らかにこの計画はヴァンダル戦争の成功を受けて、二匹目の泥鰌《どじょう》を狙ったものであった。東ゴート王国では、アマラスンタ女王の息子が夭折したので、女王の従弟のテオダハッドが、女王との共同統治というかたちで王位に就いていた。しかしふたりはまもなく決裂し、東ゴート王国の支配体制は混乱状態となった。アマラスンタは東方への亡命も考えたが、結局テオダハッドと和解することにした。逃亡が最善の方法だっただろう。というのも、和解は短命だったからである。テオダハッドはアマラスンタをバルツァーノ湖の島に監禁し、そのあと彼女の殺害を命じたのは周知のとおりである。その間に、おそらくは女王の身柄の確保をめぐって、コンスタンティノープルとの交渉が、テオドラのお気に入りで、そこそこ知られた歴史家でもあるパトリキウスのペトルスを通じて行なわれた。[11]

アマラスンタは、五三三～五三四年のアフリカ侵攻を強力に支援していたから、その殺害は、五三五年のコンスタンティノープルとゴート人との開戦の公式の理由となったであろう。そもそも彼女の殺害以前から、支配層のなかの不満分子が東方へやって来て、ゴートの支配体制は揺らいでいるとの見解を伝えていた。先に、ヴァンダル支配下のアフリカからの亡命者が、ゲリメル王の統治の状況について同様の情報をもたらしたことがあり、その後の経過が示すように確かな情報だったので、ユスティニアヌスは、前回にも増して、このたびのイタリア人の報告に耳を傾ける気になったのである。情報源のひとりは、論争相手である反カルケドン派の歴史家から「地域の指導者」と呼ばれたドミニクスであり、テオダハッドと不和になってイタリアを逃げ出した人物である。もしも大多数の者がドミニクスと同じような考えだったなら、遠征軍は間違いなくもろ手を挙げて歓迎されるだろう[12]。

ユスティニアヌスにとって不幸なことに、ドミニクス以下の連中は、明らかにイタリアの世論の大勢から外れていて、共感も得ていなかったのであり、情報提供者としては最悪の部類であった。東方宮廷の人々に、イタリアの情勢は北アフリカと同じようであると説いたという点で、彼らは悪しき情報提供者どころか、明らかに危険な存在であった。本当のところ、元老院階級の人々は、ゴート人の支配体制とかなりうまくやっていたようである。有力家門の一員であったカッシオドルスの書簡が多数伝わっており、それを見ると、貴族層が意外なほどすんなりラヴェンナのゴート人支配体制を受け入れていたことが窺える。事実、ゴート人の支配体制は、リキメルが一連の飾り物の皇帝──その何人かはコンスタンティノープルから任命された──を通じて西ローマ帝国を統治していた時代、つまり四五六年から四七二年の間よりも、イタリア半島の平和の確保、ヴァンダル族の封じ込めという点で、はるかに成果を挙げていた。

ゴート人は、「アリウス派」、キリストの人間的側面を強調する四世紀の異端の支持者と自認していたものの、ローマの司教たちが進めるカルケドン派路線に弾圧を加えることはなかった。この寛容さがゴート族とヴァンダル族の支配のきわめて大きな相違であり、カルケドン派と反カルケドン派の交流の成果は、東ゴート王国の都ラヴェンナに今日でも見ることができる。ラヴェンナでは、聖アポリナーレ・ヌオヴォのようなアリウス派信徒のための教会が、カトリック信者の教会と並存していた。また、ゴート王はローマ人貴族の特権を侵害しなかったものと思われる。たとえば、ローマにおける見世物競技の管理・運営は元老院にまかされており、ローマ総督のバシリウスが、地震で被害を受けたコロッセウムを修復したのは、ゴート支配下の四九〇年代の初め、あるいは五〇〇年直後のことである。これが最後の大規模な修復となった。テオドリック大王は、ラヴェンナに独自の競技場を持ち、戦車競走を開催していたにもかかわらず、元老院の権威を尊重して、戦車競走のためにローマまでやって来た。ローマ貴族階層の指導者たちにとって、コンスタンティノープルの皇帝に服従しなくても、ローマの制度・伝統を保持することは可能だったのである。王に背いてコンスタンティノープルと通じたとして、五二五年と五二六年にふたりの有力な元老院議員をテオドリックが惨たらしく処刑したことも、王と元老院の関係を一時的に損なっただけであった[13]。

戦車競走が重要だったのは、政治的な意味合いだけではなかった。ヴァンダル族の北アフリカとは違って、イタリアが複数の都をもったという事実を語っている点でも重要であった。ゴート族を追い払うために、ローマ軍は多くの大都市を占領しなければならず、住民が町を明け渡すのを期待できないとすれば、攻略に多くの時間と戦費をかける必要があった。コンスタンティノープルはかつてほど資金不足ではなかったとしても、経験のある軍団の数は限られていたし、新たにアフリカに部隊を駐屯させる必要もあった。まさに「隣の芝生は青い」現象であった。変化は、実際に生じるまでは魅力的に見えるのが常である。しかもローマは、政治的な意味合いをもつ宗教問題をめぐって、すでにコンスタンティノープルとの緊張関係を孕んでいた。というのも、ラヴェンナの東ゴート宮廷はローマ教会を巻き込む宗教問題には介入しなかったので、ローマ元老院が教会に対する監督者の立場に立つこととなり、逆に、教会の指導者は、今やイタリアでもっとも豊かな組織である教会はもちろん、元老院の代弁者としても振る舞うようになったからである。(14) 加えて、歴代のローマ教皇は、教皇レオが唱えた教義に基づくカルケドン公会議の決定を全体として支持していたとはいえ、コンスタンティノープルの総主教が教皇に次ぐ序列の第二位であるとの主張には不満をもっていた。とりわけ近年の総主教のなかには、ローマでは異端とされる教義に傾く者もいたので、なおさらであった。

そういうわけで、東ゴートの支配階層は、今や驚くほどの無能さ、残忍さを示しつつあったが、イタリアは広かったので、短期間で王国が征服されることはなかった。しかもコンスタンティノープルからの遠征軍が速やかに勝利できなかったため、ゴート族は体制の建て直しが可能となった。まもなく彼らは、無能なテオダハッドを辞めさせ、ウィティゲスという有能な人物を指導者とし、続いて、さらに注目すべきことに、トティラという名の貴族を王とした。その結果、ゴート戦争は何年にもわたって続くこととなった。(15)

ゴート戦争は人と金を使い果たしただけではなく、帝国内の宗教問題を否応なく深刻化させた。教皇の支援を得たければユスティニアヌスは、内政面において、反カルケドン派の臣民を敵にまわさない範囲で、カルケドン派路線を強く打ち出す必要があった。このあとテオドラがもっとも重要な役割を果たすことになるのは、この問題をめぐる一連の交渉においてであった。ヴァンダル遠征軍の司令官の決定に口出しはしたが、もちろん彼女の役割は戦争の遂行ではなかった。神の母の化身として、テオドラの出番は宗教問題であった。

戦争が本格化する以前から、宗教はローマとコンスタンティノープルの関係において重要な位置を占めていた。明らかに教皇ホルミスダスは、帝国宮廷には信仰上の指導が必要だと考えていた。だからこそ、五一九年にユスティニアヌスが関心を寄せ、まもなく復活して有力となった「受難する神」（第5章を見よ）という教説を拒絶したのである。続く教皇ヨハネ（一世）はもう少し柔軟であったが、東方起源の危険な異端とみなした教義には、やはりかなり懐疑的であった。北アフリカで激しい戦いがなお続いている時期に、ユスティニアヌスはコンスタンティノープルに三日間にわたる教会会議を招集し、その席上、カルケドン派と反カルケドン派の代表者たちに和解するよう説得したこともあった。テオドラはテオドラで、今や美しく飾られ、大宮殿自体と一体化しつつあったホルミスダス宮殿を、反カルケドン派の聖者の避難場所とした。もっとも、以前から事実上そうなっていたのかもしれない。いずれにせよ、ホルミスダス宮殿にしばらく滞在したエフェソスのヨハネスは、反カルケドン集団の影響力が頂点に達した時には、そこに五〇〇人ほどが寝泊りしており、内部は修道院のように独房に分かれていたと言っている。この宮殿に暮らす人々にテオドラは生活費を与え、訪ねてゆくこともあった。時にはユスティニアヌスも一緒だったが、ユスティニアヌスのほうは、集まった人々と神学問題に興じていたとヨハネスは仄めかしている。この信者集団は聖セルギウス＝バックス教会と関係があったらしく、そのこともまた、イタリアの人々の苛立ちを招いたようである。というのは、同教会に隣接して、ローマからの使節が祈りを捧げるペテロとパウロのラテン教会があったからである(16)。

ユスティニアヌスが時おりホルミスダス宮殿を訪れたこと、それどころか、宮殿の一角に多数の反カルケドン派集団が住むのを大目に見たことは、帝国の宗教的分裂に平和的な解決を見つけたいという望みを示すものである。彼はすでにペルシアとの戦争との絡みで、修道院の指導者たちにアミダやエデッサへの帰還を許しており、間違いなく帰還させるようベリサリウス将軍に命じていた。ユスティヌス帝がこの地域にカルケドン派の主教を押しつけたために、教会組織と平信徒との分裂が生じ、その結果、防衛体制が損なわれたと考えての措置であろう。テオドラがユーフラテス川沿いのカリニクム付近の修道院に寄進したのも、この点を念頭においての行為かもしれない。のちの時代に広まる、テオドラの前半生に関するさまざまな話のなかには、寄進を通じて成立したこの地域との結び付きから生まれたものもある。他方ユスティニアヌスは、反カルケドン派が国境を越えて形成していた共同社会を、ペルシア帝国内のキリスト教徒集団をローマのキリスト教徒と結びつけるものとして重視していたようである。東方の修道士たちはそれに応えて、ユスティニアヌスに信仰宣言を送り、「恵み深い神が安寧の陛下と神を愛する皇后に天からの贈物を与えてくださり、陛下が平和と安寧にふさわしい存在となることを願うとともに、あらゆる反抗的な民を足台となさるよう祈っております」と告げた。ニカの乱の直後という時期にあって、彼が待ち望んでいた言葉であろう[17]。

五三二年にユスティニアヌスが、カルケドン派と反カルケドン派の有力者を招いて集会を開催したのは、修道院の指導者たちの復権のあとであり、ペルシアとのあいだで条約交渉しているさなかであった。この集会には、メソポタミアの反カルケドン派信者集団の代表であるテッラのヨハネス、ふたつの帝国のあいだに事実上の国家内国家を樹立した立役者も参加していた。集会においてユスティニアヌスは両者の陳述に耳を傾け、双方の集団に「受難する神」というみずからの教義を押し付けようとしたが、あまりうまくゆかなかった。反カルケドン派の代表団は、皇帝の提案に最終的な回答をする権限は与えられていないと答えた。とはいえ、この問題に取り組む努力は高く評価された。会議に招待されていたアンティオキア主教のセウェルスは、本人は姿を見せなかったものの、皇帝に宛てて書簡を認《したた》め、改めて皇帝への忠誠を誓った。セウェルスは反カルケドン派の顔であったから、その意向はそこそこ大きな力をもったが、それでも合意には至らなかった。ユスティニアヌスは、みずからが支持する信条への同意を主教たちから得られなかったことにも挫けず、なお自らの方針が正しいと思っており、彼の眼には些細なことと映る相違点の解消へ向けて働きかけを続けていた。反カルケドン派の主教たちに向かって次のように言ったという。「諸君の考えが正統信仰に基づいていない……などとは思っていない。ただ諸君は、細部にこだわるあまり、また銘板に刻まれた［すなわち正統な主教と認められた特定の］名前のために、聖餐式への列席［つまりカルケドン派との霊的交わり］を望まないのである[18]。」

ベリサリウスがアフリカへ向けて出航すると、教義に関する皇帝の理解を公表することがますます重要となった。五三三年三月十五日、ユスティニアヌスは宗教的分裂の両極端である、ネストリウス派とエウテュケス派を非難する勅令を発布した。前者は、マリアを神の母ではなく、キリストの母だとするネストリウス総主教（第5章参照）が唱えた教義である。後者は、コンスタンティノープルのエウテュケスが唱えた教義であるが、キリストの唯一の性質を極端に主張したため、大枠で単性論を認めた四四九年の第二エフェソス公会議においてさえ弾劾された。五三三年の勅令でユスティニアヌスは、新たな教義を導入するのではなく、誤りを除くことで信仰を明らかにするのだと表明した。五一九年に教皇ホルミスダスに送った書簡を要約しつつ、彼は三位一体への信仰を宣言し、さらに次のように述べている。

この間に、我らの主イエス・キリスト、神の独り子、はるかな時の彼方に、父から生まれ、父とともに永遠である御方、その御方から万物が生まれ、その御方を通じてすべてが存在する主イエス・キリストは、天から下って、聖霊とマリアすなわち聖なる、栄光の、永遠の処女にして神の母である御方から受肉し、人間の性質を帯びて、ポンティウス・ピラトゥスの時代に我々のために十字架に架けられた。

ユスティニアヌスは続ける。キリストは神と同じ本質をもち、人間と同じ本質をもつ。三位一体は常に三位一体であった、と。十年以上前と同じくここでも、ネストリウスとエウテュケスの両極端のあいだに中庸を認めようとする者に訴えかけるため、言葉遣いに注意が払われている。問題だったのは、両極端に分裂した世界にあっては、中庸はきわめて弱い接着剤でしかないことで、今回もその点に変わりはなかった。(19)

北アフリカでの大勝利によってユスティニアヌスは、自分の路線は正しかったと確信したであろう。その自信はかたちを変えて、五三三年十一月十二日に刊行された『法学提要』、ローマ法の教科書という性格の法書に現われている。そこには「長い年月を経て、神の御心による朕の勝利によって、アフリカをはじめとする多くの属州が朕のもとへ戻ってきたのであり」、皇帝の権威は、武器によって飾られ、法によって強化されるべきだとある。一か月後の十二月十六日、昔の法学者たちの見解をまとめたトリボニアヌスの『学説彙纂《がくせついさん》』も刊行されたが、そのなかで皇帝は次のように言っている。

ペルシア人との和平に続く、ヴァンダル族の征服と全リビアの獲得、その名も高きカルタゴの奪回のあと、神は朕に、古いローマ法の更新という仕事を完成させ給うた。朕以前に統治した皇帝たちには思い描くことすらできなかった、人間にはまったく不可能と思われていた事業であった。(20)

ホルミスダス宮殿に集まっていた信者仲間についてエフェソスのヨハネスが記すところから、勝利に高揚しているユスティニアヌスの姿が確かに読み取れる。テオドラと同じく、ユスティニアヌスもまた聖なる存在とみなした人物と交わる時には、普段の公人としての立場を棚上げすることができた。彼がそうしたのは、神学論争を楽しんだため、禁欲修行者の犠牲的行為を評価していたため、教会の役職者たちがこぞって禁欲の道を追求することを期待したためであった。五三〇年には、宗教施設が新たな修道院長、女子修道院長を決める時には、修道院の最年長というだけではなく、「良き生活、優れた性質、禁欲の実践」が、修道院全体の模範となるような人物を選ぶよう定めた法を発布している。彼はまた聖職者の独身も強調した。五三四年には賽子遊《さいころ》びや賭博をする聖職者がいるのを知って、嫌悪感を禁じえなかった。考えただけでも恥ずかしいことで、在任中にかかることのないよう注意せよと主教たちに命じた、と言っている。聖職者は他人から非難されない生き方をして初めて、人々の正しい手本となるのである。(21)

反カルケドン派へのテオドラの肩入れは、なによりも自分とユスティニアヌスが選んだ人生を肯定するところから来ていたようである。もっともテオドラはこの時点では、三位一体の問題に関して素人の域を超えていた。セウェルスの親友であったテオドシウスという人物が、アレクサンドリア総主教という要職にあった時に書いて、テオドラに献呈した論考が伝わっている。直接テオドラに宛てて書かれたもので、おそらくは公式の行事で彼女に向けて読み上げるつもりだったのだろう。皇后陛下は、とテオドシウスは言う、「このような預言者、福音記者、使徒たち、教父たちの教えを通じて」、キリストが三つの方法で人間の性質を帯びたことをお知りになるでしょう。さらに続けてこうも言っている。「なお念のために、神の啓示を受けた教父たちの証言もあなたにお届けいたします。ここに述べたことがあらゆる点で首尾一貫しており、教父の証言と一致することを示すためです、奇蹟を起こす人グレゴリウス［北トルコの三世紀の主教］、あのもっとも聖なる人物が、受肉に関する著作のなかで言ったことを改めてご覧ください……」

こう述べたあとテオドシウスはテオドラに向かって、「教会の勝利を謳い上げる聖職者の輝く喇叭《らっぱ》にして、真の教義の灯火である、我らの教父［アレクサンドリアの］キュリロス、人間に非ざる存在が

『一度限り生まれた』という奇蹟を誰よりも深く考察した人物、万人に通じる教会の秘義の師キュリロス」について思いを巡らすよう勧めている。これらの文章からもわかるように、この著作は主として、それ以前の著作家からの引用を並べたものである。キリストは人間の姿で受難と死を迎えたが、神としては受難していないという主張に加えて、キリストの知識はまさに神のものであったことも示している。後者の命題は、福音書がイエスの発言の正確な記録を伝えていると信じる人々にとって、肝心かなめの問題であった。以上の議論に含まれている意味合いは、テオドラに宛てられたもうひとつの論考、ラオディケイア主教コンスタンティヌスの著作にはっきりみられる。すなわち、世界の終末に関する「子」の日付は、「父」の日付と異ならないという主張である。[22]

テオドラとユスティニアヌスは臣民を騙すために、わざと矛盾する行動をとったとプロコピオスは主張している。[23] 皇后と皇帝が宗教問題で食い違うのはなにも目新しいことではない。アリアドネは、夫のゼノやアナスタシウスの治世にあって、カルケドン信条の熱心な支持者であり、ちょうどテオドラが反カルケドン派に示したような力強い支持を与えていた。皇帝夫婦間に実際に存在したかなり大きな不一致について、プロコピオスがある程度詳しく記録していることはさておき、彼の非難の力点は皇帝と皇后が臣民を欺くために不一致を装っていたことにある。ふたりの活動に違いがあったとプロコピオスが述べていたなら、もっと面白かったであろう。もしそう言っていたなら、この場合に限ってプロコピオスの叙述が、ふたりの関係に関する有益な手がかりとなり、ユスティニアヌスとテオドラを近づけたものが何であったのかが、より明確になっただろう。ふたりは大きく異なる種類の人間であり、同じ刺激に対してもずいぶん違う反応をした。たとえば、ヒュパティウスが帝位を乗っ取ろうとした時、ユスティニアヌスは逃亡を考え、テオドラは戦うことを考えた。

宗教問題に関しては、ユスティニアヌスが神学的な思索に関心があったのに対して、テオドラは議論より行動に熱心であった。彼女は自分を助けてくれた人々、さらには信仰に身を捧げた人々を支援することに関心があった。そのことは、エフェソスのヨハネスが伝える、以下の興味深い話からもよくわかる。

ヨハネスの記述では、テオドラは五三六年より少しのちに、アミダ地方出身で「孤独の人」マレと呼ばれる世捨て人とめぐり合った。マレは毛織物の切れ端で作った衣を身にまとっていた。ヨハネスは、マレが皇帝夫婦に語ったことを書き残さなかった理由として、世界を支配するこのふたりに向かってこの男のような話し方をする者がいるとは、誰も信じないと思ったからだと述べている。マレの長い前口上を聞くと、テオドラはホルミスダス宮殿に居場所を提供し、必要に応じて本人と貧しい人々のあいだで分けるための莫大な金を、マレに与えるよう会計官に指示した。ところがマレは会計官から袋を取り上げ、部屋の向こうに放り投げて、テオドラに向かって地獄へ落ちろと言うと――少なくともヨハネスはそう述べている――宮殿から飛び出した。テオドラはマレを引き止めず、彼がシュカエ（金角湾の北側、今日のガラタ地区）に落ち着いたのをみて、親交を結ぼうとして、たびたび彼のもとへ部下を派遣した。

各方面の有力者が次々と訪ねて来たところをみると、マレはちょっとした有名人となっていたようである。そのためにある夜、盗賊の集団に襲われることになった。金持ちに違いないと思われたのである。マレは盗賊たちを取り押さえたが、翌日、身柄を拘束するためにやってきた役人に対して、彼らを釈放するよう主張した。このあと見るように、この頃になると強硬な反カルケドン派はテオドラに苛立ちを感じるようになっていた。教皇や夫ユスティニアヌスとの見解の相違について、約束していたような決着をつけることができなかったからである。テオドラはマレを寛大に扱い、支援することを通じて、自分の支援が反カルケドン派には依然として重要であると伝えようとしていた(24)。

テオドラが親しく接したもうひとりの人物は、先に述べた修道士ゾーラであった。その名ゾーラがシリア語で「小さい」を意味するように、小柄なゾーラは、住まいの近くにあった円柱に登り、柱の上で暮らすことによって聖なる人物への道を歩み始めていた。アナスタシウス帝時代の末期のことである。続くユスティヌスの治世の間ずっと柱の上にいたのは確かなようで、柱から降りてコンスタンティノープルへと向かったのは、ユスティニアヌスの即位後であった。取り巻きを伴ってやってきたことからもわかるように、ゾーラはすでに有名人だったので、高級官僚や主教の居並ぶ前でユスティニアヌスに迎えられた。ゾーラの到来に支配層のあいだでは狼狽の色が隠せなかった。彼を迎え入れた人々は、素朴な修行者の武器は目に見えない恩寵の力だけだとは知らず、ゾーラの巧みな言葉に言い負かされるのではないかと恐れていたのである。ゾーラは聖書にまったく無知だと論敵が非難したのも、それほど的外れではなかったようである。

ゾーラは挨拶代わりに、信心深い人々への「迫害」——と彼は言う——に対する非難の言葉を次々とユスティニアヌスに浴びせた。迫害という言葉にユスティニアヌスは怒りを露わにし、ゾーラを背教者、異端と非難して、誰であろうと公会議を呪う者には死刑を宣告してきたことを思い知らせようとした。ゾーラは明快な言葉遣いで答えた。「はい、確かにそうです。自分は天国で天使たちとともに公会議を呪いました」。会見は中断された。この時に神の力がゾーラを救った。ユスティニアヌスの身体が腫れ上がり、テオドラが修道士ゾーラに夫のために祈ってくれと頼んだ結果、ようやく回復するという事態となったのである。ユスティニアヌスが全快すると、テオドラはゾーラをシュカエに住まわせ、ごく最近に禁止となった反カルケドン派信者の集会を許可した。ゾーラに会うために各地から人々がシュカエにやってきた(25)。

神のとりなしの問題はさておき、マレの場合と同じく、ゾーラの物語もその核心は、禁欲的な生活様式と、今日風に言えば言論の自由の実践とも言うべき、恐れずに語る態度である。当時このような態度は、神からゾーラに与えられたものと考えられていた。マレ同様、ゾーラも高度な教育は受けておらず、彼に大きな権威を与えたのは禁欲生活であった。マレの場合とは違って、五三六年のコンスタンティノープル教会会議におけるゾーラの重要な役割については、他にも記録が残っている。この会議でゾーラはセウェルス主教と並んで、反カルケドン派集団の指導者とみられ、洗礼を施したことからもわかるように、聖職者としての権限を認められていた。マレとゾーラ、どちらの場合も、身柄の安全と影響力を保証したのはテオドラであった[26]。

マレやゾーラに対する態度からみて、テオドラがセウェルスを称賛した理由は、おそらく何よりも信仰の人にふさわしく貧しい暮らしをしていることであろう。彼はその地位を利用して私腹を肥やすことはなく、自分が説く教えの通りに生きていた。しかし本当のところ、テオドラは神学にうんざりしていたのである。宦官ミサエル宛書簡においてセウェルスは、テオドラの読書習慣を詳しく伝えるとともに、彼女が昔のある神学者を人前で貶したと怒っている。その著作を理解していないというのである。ごく最近届けた小論の価値も、テオドラにはわからないだろうと懸念している。セウェルスの苛立ちは長い付き合いの証で、そこには、テオドラに送った著作は夫ユスティニアヌスによって公式に禁書とされていたが、場合によっては、私のためにテオドラが規則を曲げてくれるのではという思いもあった。セウェルスには思いも寄らないようなことが、彼女にはとても重要だったのである。セウェルスが書簡を執筆したのは、テオドラの保護のもとコンスタンティノープルからエジプトへ戻る旅の途上であった。同時代の論敵のひとりは、反カルケドン派運動のメンバーを「セウェルス派」と呼んでいたが、厳格なカルケドン派を抑える存在として「テオドラ党」に言及する者もいた[27]。

この問題への取り組みに関するテオドラと夫ユスティニアヌスの違いが鮮明となったのは、コンスタンティノープル＝ラヴェンナ間の緊張が高まった五三五年のことである。この年から翌年にかけての状況をみて、マレが怒りに燃えてコンスタンティノープルへやって来た。ただし、アレクサンドリアとコンスタンティノープルの総主教座が数か月のうちに相次いで空位となった時には、反カルケドン派の眼には、すべてがきわめてうまく滑り出したように映った。かつて五三二年にユスティニアヌスが反カルケドン派の主教たちに、どうすれば教会の統一が実現できるかと尋ねた時、彼らは、自分たちは小さな主教座しか占めていないので、反カルケドン派の活動全体について言うことはできない、と答えていた。これまで試みられていない解決策は、アレクサンドリアとコンスタンティノープルの総主教に、穏健な反カルケドン派の人物を任命することであった(28)。

コンスタンティノープル総主教としてテオドラが推したのはアンティムスであった。当時はトレビゾンドの主教で、五三二年の会談にカルケドン派側から出席した人物である。そのあと数年のうちに宗旨替えしており、テオドラが彼を総主教に選ぼうとしたのは、そのことを知っていたからである。アレクサンドリア総主教としてテオドラはテオドシウスを選んだ。彼の神学的著作についてはすでにみたところである。アンティムスもテオドシウスも、セウェルスを神学の師と仰いでいた。今回の事態に関する同時代人の証言として、偏見がないとはいえないが、もっとも重要なのはふたりの北アフリカ人の著作である。ふたりとは、『ネストリウス派とエウテュケス派の問題に関する短い歴史』の著者リベラトゥスと、天地創造から五六六年までの世界史（うち四四四年から五六六年の部分のみ現存）を扱った年代記を編纂したトゥンヌナのウィクトルである。

ふたりの歴史家はともに、アンティムスとテオドシウスが「テオドラ派」の威光を背にして登場してきたと主張している。その点はもちろんある程度まで事実であるが、ふたりの叙述は、実際に任命したのがユスティニアヌスであるという肝心な事実を伏せている。カッパドキアのヨハネスの経歴からも明らかなように、ユスティニアヌスは妻が好まない人物を任命することも文句なくできた。しかしこの場合は、テオドラの頼みを聞き入れたことに間違いない。いずれにせよ、厳格なカルケドン派は、ユスティニアヌスがとった神学的立場を拒否していたから、それ以外の派閥のほうがよかったのかもしれない。ユスティニアヌスは、自分が採用した教義はカルケドン派の信徒にも反カルケドン派信徒にも受け入れられると主張していた。ここにおいて彼が必要としたのは、見解を同じくする何人かの主教であった。カルケドン公会議など一連の教会会議に沿った対応から、非カルケドン派の総主教の任命への転換は、普段のユスティニアヌス帝らしくない、かなり大胆な決断であった。のちに見るように、彼はこの措置をみずから撤回している。深く信頼している人物——ここでもカッパドキアのヨハネスを挙げておく——に対して、普通なら行なわないようなことであった。「テオドラ派」の力に関するウィクトルの記述は、同時代の噂話に過ぎないかもしれないが、この場合、噂は現実を反映していた。五三五年の一連の主教叙任は、統一された教会の実現という課題に対するテオドラの解答であった。[29]

新たな総主教が着任すると、アレクサンドリアでもコンスタンティノープルでも事態は緊迫した。テオドシウスはセウェルスという味方をもっていたかもしれないが、アレクサンドリアの反カルケドン派集団の内部に強力な敵がいた。彼は敵対者によって町を追われ、テオドラの命令を受けた寝室長官のナルセスが、強力な軍隊を伴ってコンスタンティノープルから下って来て、ようやく職務に戻ることができた。アンティムスへの反発は、直接的な暴力のかたちをとらなかったが、彼の選出に対しては、教義上の理由に加えて、手続きの問題から反対する者もいた。主たる反対理由は、彼がすでにトレビゾンドの主教であり、伝統的に、主教がある町から別の町へ移ることは禁じられていた点にあった。この時期には、セウェルスその人がコンスタンティノープルに上ってホルミスダス宮殿で暮らし始め、アンティムスと霊的交わりをもった[30]。

コンスタンティノープル市内のカルケドン派修道士の大集団、とくにいわゆる「眠らない」修道士は、アンティムス総主教に真っ向から反対しようとはしなかった。それはニカの乱の置き土産かもしれない。人々のあいだに、危険な都市暴動はもう御免だとの思いが広がっていたようである。反対の方法として彼らに可能だったのは、地方からの支援を集めることであり、パレスティナの信者仲間に呼びかけたのである。その地の聖職者たちは、すぐさまローマのアガペトゥス教皇に手紙を書いた。アガペトゥスはちょうどコンスタンティノープルでの微妙な任務を引き受けようとしているところであった。

このあと五三六年の五月に開催された教会会議の膨大な記録のなかに、コンスタンティノープルのもっとも著名な修道院、ダルマティオス修道院の院長で、市内の各修道院の「監督者」であったマリアヌスが、アガペトゥスに宛てて自分たちの不満を並べ立てた書簡が含まれている。列挙されているのは、アンティムスは異端である、彼の選出は非合法である、市内にいる他の異端者たち、とくにセウェルス、アパメアのペトルス、ゾーラについて何らかの処置がなされねばならない、といった主張であった。ゾーラの生涯に関してエフェソスのヨハネスが言及しているのはこの書簡だと思われる。ヨハネスは、鍵となる存在はゾーラだと聞いて、アガペトゥスはコンスタンティノープルへ来たのだと述べている。ゾーラのような、あるいはのちにはマレのような人物が、皇帝の支援をめぐる競争相手であったこと、また既存の教会組織に代わって、宮殿と都市民衆をつなぐもうひとつの回路となったことも、教皇の到来の一因だったのだろうか。いずれにしても、マリアヌスにはゾーラという存在が許せなかったことは明白である[31]。

北アフリカの歴史家リベラトゥスによれば、アガペトゥスの訪問は、五三五年にテオダハッドがローマ元老院に送った手紙、イタリア侵入の脅しが撤回されなければ、元老院のメンバーを集団虐殺するという脅迫の手紙のためであった。この説明はそこそこ真実味があり、ローマ貴族が代表としてアガペトゥスを選んだことは、東西間の外交回路としての教会の役割を象徴している。ただし、テオダハッドの表向き好戦的な態度の裏には、ずいぶん異なる提案が隠されていた。アガペトゥスが実際にコンスタンティノープルに伝えたのは、もしユスティニアヌスがイタリア侵入をやめるなら、テオダハッドはさまざまの点で譲歩する、とくにシチリア島を譲る、という解決策の提案であった。このような状況において、ユスティニアヌスはローマ教皇の存在を無視できなかったが、他方、教皇の側も、新しい支配者になるかもしれない人物に、自分の存在の重要性を強調することに大きな意味があった。東方の修道院に加えて、コンスタンティノープルのカルケドン派勢力からの支援の声を背景に、教皇アガペトゥスは二月に到着し、時を移さず大胆に問題を提起した。アンティムスとの霊的交わりを拒否し、リベラトゥスの推定では、テオドラを破門したという。ユスティニアヌスも、妻の計画はうまくゆかないと判断したのであろう、テオドシウスの地位を確保するためにすでにアレクサンドリアに軍団を送っていたにもかかわらず、ここに至って、アンティムスの叙階が違法であったという理由で、渋々ではあったが総主教職からの追放を認めた。その上で、五月の初めに教会会議を開催することに同意した。五月初めという日付からみて、わずか二か月前に通知してパレスティナの修道士が多数参集できると、ユスティニアヌスが本気で考えていたはずはないので、すべて前もって準備されていたと思われる。パレスティナの修道士は確かにこの会議に参加しており、アガペトゥスがコンスタンティノープルに到着した時には、すでに現地を出発していたことは間違いない(32)。

テオドラと同じくアンティムスもまた、とるべき方策がよくわかっていた。彼は総主教の地位を放棄し、ホルミスダス宮殿内の隠れ家に向かった。そのような行動は、一連の事態が政治的な芝居であったことを遺憾なく表明している。教会会議の間、アンティムスはその隠れ家にとどまっていた。会議の議長は、アガペトゥスが三月十三日に叙階した新総主教メナスが務めた。すべてが終了すると、アガペトゥス教皇は、ユスティニアヌスの信仰告白が間違いなく正統であることを認めたのち、四月二十二日に死んだ。エフェソスのヨハネスは、死因はゾーラがかけた呪いであったと主張している[33]。

宮殿からさほど遠くないカルコプラテイア（銅市場）の聖マリア教会で開催されたこの会議は、六つの部会からなり、各部会に集まったカルケドン派は、セウェルス、アンティムス、ゾーラを弾劾した。アンティムスを召喚しようという試みが繰り返されたが、当人はその間ずっとセウェルスとともにホルミスダス宮殿を出ようとはしなかった。会議に参加していた主教たちはアンティムスの居場所を承知していたものの、召喚する手立てがなかった。教会会議の結果、コンスタンティノープルにカルケドン派の支配が復活した。八月十三日にユスティニアヌスはメナス総主教に宛てて勅令を発布し、セウェルス、アンティムス、ゾーラ、アパメアのペトルスを異端者と宣言して、都から追放した。セウェルスはエジプトに戻ったが、アンティムスは、おそらくユスティニアヌスの黙認のもと、宮殿に住み続けていた。ゾーラもトラキアのデルクスの町に移されるまで、しばらくのあいだ都にとどまっていたようである。ペトルスがどこで最期を迎えたのかは知られていない。もうひとりの有力な反カルケドン派主教、テオドシウスは、五三六年の末にコンスタンティノープルに呼び出され、翌年罷免されて、すでにゾーラのいたデルクスに送られた。のちにテオドラがこのふたりをデルクスから都のホルミスダス宮殿に移した[34]。

五三六年の五月半ばに至ると、教義問題へのテオドラの対応に一貫性がなくなり、その後の数か月間の出来事――とりわけ教会会議で弾劾された人々に対するユスティニアヌスによる追放処分――は、敬虔な皇帝夫婦という看板をどこまで額面通りに受け取るべきか、疑わしくしている。加えて、テオドラとユスティニアヌスが、近年の事態にみられた数々の茶番的要素に気づかなかったとは思えない。

議論の余地のないことがひとつある。それはテオドラが代理人の選択を誤ったことである。彼女は友人たち、とくにセウェルスを信頼しており、アレクサンドリア総主教としてテオドシウスを選んだことも正しいと信じていたが、それが大きな間違いであった。統一が肝心な時に、反カルケドン派の一部を同派の別の集団と対立させたからである。テオドラはゾーラにも信頼を寄せていた。五三六年の教会会議で彼に注目が集まったのも、確かに当時この分野で尊敬される人物だったとすれば、容易に納得できる。努力が失敗に終わると、テオドラは友人たちの身柄の確保に努め、そのためにある程度の批判を受けることも厭わなかった。プロコピオスの著作にみられるテオドラ像——執念深く憎しみを抱き続け、ひたすら権力を追求する愚かな女性——とは違って、彼女は過ちを認める人間だったのである。実際、五三六年のテオドラは妥協のできる人物として立ち現われ、友人たちの身の安全を自分自身の評判よりも重視していた。そのため、この年のうちに彼女の影響力は目に見えて低下した。しかしメナスに対して報復を試みたようには思えない。メナスは、テオドラの存命中ずっとコンスタンティノープル総主教の地位にとどまっていた。

テオドラとユスティニアヌスとの関係は、わかっている限りでは、対立する両派をそれぞれ支援することが明白になっても損なわれなかった。もしかすると、それが何よりも重要なことかもしれない。ふたりがお互いに深い愛情で結ばれていたからこそ、テオドラはセウェルス（五三八年二月八日にエジプトで死んだ）を、そしてまたアンティムス、テオドシウス、ゾーラを保護することができたのであろう。

エフェソスのヨハネスが、ホルミスダス宮殿の聖人たちとユスティニアヌスやテオドラとの関係について述べた記事から、皇帝夫婦の私的な生活を垣間見ることができる。今や四十代半ばのテオドラ、五十代のユスティニアヌスが、禁欲修行者と交わっている様子が窺える。ユスティニアヌスはあらゆる点できわめて禁欲的で、たとえば食べ物の選択などもそうであった。聖職者の純潔や禁欲主義の重要性を説く彼の公的見解は、キリスト教帝国の指導者にふさわしい生活様式に関する個人的な意見の現われであろう。もしそうなら、その意見はテオドラも共有していたに違いない。プロコピオスですら、彼女が愛人を侍らせていたなどとは仄めかしさえしていない。この点は、自分の信仰に真摯で高潔な皇后、聖なる人物との交際に安らぎを見出す皇后、というエフェソスのヨハネスのテオドラ像とも符合する。この頃になると皇帝夫婦の関係は、相手への確かな愛情が認められる一方で、肉体的な面は最小限だったと考えてよいだろう。

第10章　陰謀と疫病

テオドシウスとアンティムスの罷免に伴う一連の事態が展開するなかで、テオドラの時代を長く記憶に残すものがひとつ姿を見せつつあった。人々がホルミスダス宮殿にアンティムスを探し求めていた間にも、後期ローマ帝国の形成の核となったキリスト教の中心となる新たな建物が、都心部で完成に近づいていた。聖ソフィアの大聖堂は今日でもイスタンブルの空に聳えており、世界の驚異である。聖ソフィア教会の献堂式典は五三七年十二月二十七日に行なわれた。

宮殿に隣接する整備された広場の北に完成した新しい教会について、プロコピオスは、建物が崩れそうになった時にユスティニアヌスが建築家に与えた助言を記している。歴史家プロコピオスが言いたかったのは、皇帝の賢明な助言がなかったなら、この建物は完成しなかっただろう、皇帝は神の霊感を受けていたに違いないということである。なぜなら、ユスティニアヌスには建築の知識がまったくなかったのだから、とプロコピオスは説明する。(1)

聖ソフィア教会のドームは、五五七年にコンスタンティノープルを襲った地震で崩壊し、五六二～六三年に再建された。再建を称える詩を書いたパウルス・シレンティアリウスは、建物の姿を詳しく伝えている。パウルスに言わせれば、この建物は東方の都、「新しいローマ」が古いローマに勝《まさ》っている

図 10–1　今日なおイスタンブルの空に聳える聖ソフィア教会は、532 年のニカの乱で焼け落ちた同名の教会を再建したものである。537 年に奉献された壮大なドームは建築史上の不思議のひとつである。Wikimedia commons

ことを示すものであった。加えて、テオドラの死後十四年も経っているにもかかわらず、教会の建設は皇帝夫婦の共同作業だとも言っている。キリストがみずから皇帝を導き、ローマの精神はユスティニアヌスの世界支配を称えて立ち上がり、治世のもっとも輝かしい象徴であるこの教会の再建を促した。聖ソフィア教会を称えることでパウルスは、地震と伝染病によって近年人々のあいだに広がっている、世界の終末が来たという恐怖は錯覚であると主張する。ユスティニアヌスが直近の陰謀を乗り切ったように、世界も危機を乗り越えるであろう。聖ソフィア教会は、皇帝の力と神の力がひとつになる場所である。皇后テオドラを忘れることができない場所でもある。皇后の名を記す組み文字が夫の名前と並んでおり、マリアやイエスに導かれる皇后の姿が祭壇の布に描かれている。

力強い主《しゅ》［である神との結びつき］に

よって、皇后の魂が陛下のために神に執りなしてくださる。祝福されたる、もっとも優れた、情け深い、もっとも賢明な皇后、在りし日には陛下の敬虔な協力者であった御方である。皇后は亡くなる時に、陛下に仕える人々のために破られることのない誓いをなされた。その誓いを陛下が無視されることはなかったし、これからもなおざりになさらないであろう(2)。

新しい教会が誕生するのと並行して、テオドラは独自の仕事に取り掛かっていた。この時期になされた立法と関係があると思われる企画である。五三四年に出された法律は、もし女性が舞台に立ちたくないと言えば、誰も彼女にそれを強制することはできない、属州長官が強制しようとしても、その地の主教が止めるべきであると定めていた。その際に、ユスティニアヌスは、自分たちの結婚を認めさせた法の条文に言及して、女優の娘も同様の権利をもつものとすると言明している。ちょうどテオドラの娘がプロブスの息子ないし孫と結婚したばかりであり、この文言はまさに時宜に叶うものであった。五三七年に皇帝は、何ぴとであれ、女性に舞台に立つ契約を強要することは許されないという勅令を出した。併せて、強制的な同意は法的効力を一切もたないとも言っている。女性は「身の危険にさらされることなく貞節に生き」てよいと認められたのである。翌年出された修道生活の許可に関する規定において、ユスティニアヌスは、神への信仰においては男女や身分の区別はない、なぜならキリストにあっては、すべての者が「等しい存在であると考えるのが当然」なのだから、とさえ述べている。テオドラが婚姻法を骨抜きにし、女性たちに以前よりも大きな自由を認めた、その手法に対するプロコピオスの非難は、婚姻行為の要点を述べた五四二年末の重要な法律の条文と重なるところがある。こうしてみると、テオドラがこの五四二年の法、さらには関連する諸問題を扱ったそれ以前の法の作成に関わった、とみて間違いないだろう。事実、高級官職の購入に終止符を打つという、きわめて重要な問題を扱った勅令

図 10–2　皇后席から見た聖ソフィア教会の内部。皇后の座席は緑の石で目印が付けられている。テオドラはここから教会の典礼を見ていた。©ALBUM/ アフロ

において、ユスティニアヌスは皇后と相談して定めたと述べていた(3)。

プロコピオスが不満を述べている立法は、男女間の平等を実現することを主眼としており、同時に、プロコピオスが何と言おうと、法によって社会により高い道徳を求めるという意図ももっていた。五四二年の法は、性格の不一致という理由だけでは離婚を認めないという点で、ローマの婚姻法の伝統と決別した。ユスティニアヌスはのちにこの点を撤回するが、それでもこの法は、離婚理由を列挙するにあたって、女性よりも男性の不貞行為の項目を多く挙げている。姦通の他にも、たとえば、男性が自宅に妻以外の女を引き入れたり、市内で愛人を囲っているなら、そのような行為は受け入れられないと家族から通告があったのち、妻は離婚することができる、と同法は述べている(4)。このような規定は、テオドラがその前半生においてしばしば見聞きした事態を念頭においたもので、売春問題に関して彼女が発揮したに違いない主導権とも無縁ではなさそうである。

こうした問題にも窺えるテオドラの主導権が発揮された具体例として、娼婦としての生活から足を洗いたいという女性のための収容施設の設立がある。著作『建築について』において、プロコピオスは興味深い話を詳しく述べている。それによると、メタノイア（悔い改め）と名付けられた収容所は、コンスタンティノープルの数マイル北にあった昔の宮殿であり、五〇〇人を収容する広さがあったという（同じ時期にホルミスダス宮殿が趣を一新したのは偶然ではないかもしれない）。収容施設メタノイアが対象としていた女性は、上流階級の妾ではなく、むしろ多くは、古代版の性売買の犠牲者であった。コンスタンティノープルへ売られて、売春宿の経営者の食い物にされる、貧しい家庭の女性が対象だったのである。当該問題に関する法律からの引用らしく思われるこの一節で、プロコピオスは、あらゆる行動において「敬虔さを共有する」皇帝とテオドラは、町から売春宿経営者を一掃したと説明している。売春宿を根絶することで、娼婦たちから生計の手段を奪ってしまったことに気づいたふたりは、彼女たちが心の傷を癒す施設――自分たちの罪を浄めるために、過去の生活を悔い、信仰へと向かう施設、とプロコピオスはみている――、かつ生活必需品を購入するのための金銭を受け取る場所としてメタノイアを設立した。

同じプロコピオスが『秘史』においては、女性たちは救われたいとは思わず、夜に収容所の塀から身を投げようとしたと、いかにも彼が言いそうなことを記している、事実、このような法令は実効性と悔い改めのイデオロギーをひとまとめにしているのが特徴で、その点は、女優に関する諸法令にもはっきりみてとれる。この法令はまた、女衒《ぜげん》つまり売春斡旋業者と娼婦という別々の集団の異なる状況を理解したうえでのものである。斡旋業者は根絶されるべき悪人そのものである。売春女性に関しては、ローマの歴史を通じてメタノイアに類するようなものが設立された記録はなく、メタノイアは、テオドラの個人的な関心、彼女の目に社会秩序の犠牲者だと映った女性たちに対する深い関心の産物である。娼婦となった少女たちを保護しようと尽力した時と同じように、テオドラは売春を道徳の問題ではなく、社会問題、経済的な困窮の産物とみており、メタノイアの住人に年金を与えることで、問題を幾分なりとも解決しようとしたのである(5)。

五三〇年代半ばの立法は、帝国のふたつの主要都市の総主教に、それぞれアンティムスとテオドシウスを任命すべく尽力したのと同じく、宮殿内におけるテオドラの大きな影響力を反映するものと言えるだろう。しかし抵抗もあった。というのは、教皇アガペトゥスがアンティムスの叙階に反対して介入したように、別の利害関係によってテオドラの意向が通らない可能性があり、実際通らないこともあった。五三六年の対立は、イタリアでの戦争が長引き、緊張が増大するという帝国の苦難を背景に生じた。カッパドキアのヨハネスが帝国の歳入の増大をめざす多くの改革を行なったが、ゴート人の抵抗を挫くだけでなくそれ以上に重大な問題である、他の国境の安全を確保するために必要な軍資金を提供できるには至らなかった。

　五四〇年、ベリサリウスがようやくゴートの都ラヴェンナを占領し、ゴート貴族たちから皇帝と歓呼されるという条項を核とする和平協定を締結した時に、事態は山場を迎えた。この歓呼はユスティニアヌスに対する反逆を意味するものではないとの弁明にもかかわらず、ベリサリウスは即座に、ゴートの宝物、ゴート王の家族ともどもコンスタンティノープルに召喚された。今回は凱旋式は行なわれず、ベリサリウスは一時的に引退した。これらの出来事の意味するところは、宮殿の青銅門の上部に描かれたモザイク画によって一般市民にも伝えられた。青銅門は、新たに青銅製の巨大なユスティニアヌスの騎馬像が飾られて趣きを一新した広場に面しており、アフリカとイタリアの降伏を喜んで受け入れる皇帝夫婦と、軍隊を率いて無事に帰国するベリサリウスを描いたモザイク画が掲げられていた。もちろん、ベリサリウスはこの大事業をまだ成し遂げてはいなかったし、テオドラの存命中に達成されることもなかった。戦争はまもなくイタリアで再開されることになる。それは東方国境の動向と無縁の出来事ではなかった(6)。

　五月にゴート族が降伏したこの年、六月にはペルシア王ホスローが、北メソポタミアを通る通常の侵入路ではなく、ユーフラテスを遡って進軍してきた。ビザンツの東方軍には、まともに抵抗できるだけの兵力がなかったので、ホスローは、防衛体制が五二八年の地震から完全には復旧していないアンティオキアを略奪し、数千の市民を捕虜として連れ去って、ペルシアの都クテシフォンに近い「より良きアンティオキア」と名付けた新しい町に住まわせた。彼はさらに進んで、海岸の古い港町セレウキアを略奪し、わざわざ時間を割いて地中海で水浴した。そのあとアパメアで戦車競走を開催し、緑党が勝つよう命じた。ホスローはさらに軍を進め、エデッサの町には、包囲攻撃をしない見返りとして金二〇〇ポンドを課し、その他の都市からも、略奪しない代償として多額の金銭を徴収した。無駄な時間を費やさずに済んだので、すみやかな行軍が可能となり、途中の多くの地方を脅すことができたし、さらなる遠征で手に入るものの見込みも立った[7]。

ペルシア軍の侵入はまったく不意の出来事というわけでなかった。両宮廷の関係はその前年から緊張をはらんでいたからである。五三九年、ローマ帝国とペルシア帝国の境界地域にあって、東ローマと同盟するアラブ部族、ヤフニド族の王が、ホスローの庇護下にあるナスリド族を襲った。軍の主力がなおイタリアにいる状況で、ペルシア王に和平を破る口実を与えたのは重大な誤算であった。五四一年、ホスローはコーカサス山脈を越えて黒海岸へと侵入を開始した。非常事態とあって、ベリサリウスはかつての軽率な行動を許され、シリアを防衛する軍団の指揮権を委ねられた。前年から司令官であり、当時なおその地位にあったブーゼス、かのウィタリアヌスの甥よりもはるかに先見の明に富むベリサリウスは、敵の主力部隊が不在の間に、自己の軍団を巧みに使ってペルシア領を荒らした。その一方で、同僚の司令官たちともそこそこよい関係を築き上げていたようである[8]。

東方国境でのビザンツ軍の敗北に、ゴート族――ベリサリウスが自分たちの支配者にならないことが明らかになった時、騙されたと感じたであろう――は勇気づけられ、ローマをめぐる戦いを再開した。東方での敗北は、テオドラにも宿願を実行に移す機会を与えたようである。すなわち、カッパドキアのヨハネスを辞めさせることである。プロコピオスの記述は、両者に対するあからさまな敵意に染められてはいるものの、テオドラとカッパドキアのヨハネスが積年の敵対関係にあったことを示唆している。ヨハネス・リュドスも同じことを伝えており、プロコピオスの言う通りかもしれないが、官職就任に際しての裏金を禁じた法律において、ユスティニアヌスが「もっとも敬虔な配偶者」と相談したうえで、ヨハネスとも話をしたと言っていることが重要であろう。この法令はヨハネスに宛てて出されているので、以上のような文言は、支配の頂点に立つ者のあいだには完全な合意があり、この件に関してテオドラとヨハネスが対立しているなどという考えは捨てるよう、官僚機構全体に向けてそれとなく伝えたものとみなせるだろう(9)。

ヨハネスの身に降りかかった本当のところを知るには、主としてプロコピオスが頼りであるが、他の史料からも有益な情報がいくらか得られる。ヨハネス・リュドスの手稿本『官職論』には、五四二年の出来事を扱ったことが明白な記事の直前に、最終第三巻の内容目次がある。そこには、「敬虔な皇后テオドラ、彼女がいかに国家を助けたか」という気をもたせるような項目が含まれている。ここでヨハネス・リュドスが言わんとする「貢献」とは、カッパドキアのヨハネスの排除であろう。これに対して、ヨハネス・マララスに基づく各年代記は、カッパドキアのヨハネスは、パトリキウス位のアントニナによる陰謀に加わったために、五四一年八月に職を解かれたと伝えている。

マララス系の年代記は続けて、職を解かれたカッパドキアのヨハネスはアナトリアのキュジコスに送られ、その地で助祭に叙階されたと述べている。彼はキュジコスにいた間に一部の地主とともに、町の主教であるエウセビオス殺害の陰謀に加わった。報せを聞いたユスティニアヌスは激怒し、ただちに四名の高級官僚からなる調査団を派遣した。調査団がヨハネスを有罪と認めると、ユスティニアヌスは彼をエジプトのアンティノポリスへ追放した。ヨハネスはテオドラが死ぬまでその地にとどまることとなる。以上の記事には年月の誤りがあり、五四一年の五月から六月の間であるはずの、カッパドキアのヨハネスの追放を五四〇年としているなど、不正確な部分もあるようだが、プロコピオスが詳しく伝える物語の核心が、適当にでっち上げたものではなく、当時広められていた政府の公式見解であることが確認できる重要な史料である。プロコピオスは『秘史』のなかで詳細な情報も付け加えている。そのなかには公式の見解をさかさまにした話もあり、テオドラが異常なほど執念深いことや、かのキュジコス主教は、必ずしもヨハネス自身に責任があるとは言えない党派暴動で殺されたことを示唆する話もある[10]。

カッパドキアのヨハネスが寵愛を失うに至った事件に入る前に、調査団の構成について見ておくのがよいだろう。というのも調査団のメンバーは、ほぼ間違いなく、大なり小なり「テオドラ派」の人物だったたからである。ひとりは元宮廷官僚のフロールスで、パウルス・シレンティアリウスの祖父である。もうひとりのフォーカスは、ヨハネスが異教信仰の件で尋問された数年後の五三二年に、彼に代わって道管区長官の職に就いた人物である。残りのふたり、パウルスとトマスはこの調査以外には知られていないが、どちらも元老院のメンバーだったと言われ、パウルスは名誉コンスルであった。このような高級官僚が関与しているところをみると、ヨハネスの失脚は、単に互いに憎み合っていたふたりの有力者の不和ではなく、大きな政治問題であったと思われる。この揉め事にアントニナが加わったので、夫のベリサリウスも巻き込まれ、支配エリート層全体にさらに深刻な影響を及ぼす事件となった[11]。

もっとも古いプロコピオスの記録では事態は次のようである。テオドラは、自分に敬意を示さないカッパドキアのヨハネス、ユスティニアヌスに告げ口する男を憎んでいたが、辞めさせることに夫の同意が得られなかった。ここまではすでにみたとおりである。自分に対するテオドラの嫌悪感をよく承知していたヨハネスは、彼女が送り込んだ蛮族に寝込みを襲われるのではないかと恐れており、神経症になりかけていた。多くの護衛兵に囲まれていてもそんな具合だったのである。眠りはしばしば中断され、魔術師に診てもらって、あなたは皇帝になると言われて気を取り直したこともあった。その他にも、ヨハネスは、祈りに出かける時はいつも異教の神官のような粗末な服をまとい、皇帝の心をつかむような呪文を唱えたという。そのような振る舞いは多くの者が見聞きしたのだが、異教趣味はさておき、職務についていない時には禁欲修行者のような服装だったという点が注目に値する。禁欲的な傾向のある主君に寵愛された要因のひとつであろう[12]。

プロコピオスは続けて、ベリサリウス将軍がイタリアから戻った時、磁石のように憎しみを引き寄せていたヨハネスは、この将軍に敵対する行動に乗り出した、と述べている。ただし、五四〇年から四一年にかけての冬、ヨハネスはコンスタンティノープルにいなかったようなので、以下の話は事実ではなさそうである。アントニナは、夫ベリサリウスが国境問題に対処するため東方に派遣されていた時でさえ、ヨハネスが夫に対する陰謀を企んでいたことを知って、皇后テオドラのためにひと肌脱ごうと、次のような策略を思いついた。ヨハネスにはエウフェミアという名の娘がいた。彼はこの一人娘を深く愛していた。ある日アントニナは、エウフェミアに秘密を打ち明ける振りをして、ユスティニアヌスは夫ベリサリウスの成功を喜んでいないと嘆いた。テオドラを嫌っていたエウフェミアは、これを聞いて喜び、ベリサリウス将軍は体制の変革に関心があるのかと尋ねた。体制の転換は夫が単独でできることではなく、政権内部の者の協力が必要だ、とアントニナは答えた。エウフェミアの信頼を勝ち取るために、アントニナはキリスト教徒にできるもっとも厳粛な誓約もした、とプロコピオスは述べるが、これは後から付け加えた話のようである。事件を冷静に見なおすと、アントニナは単に、ヨハネスが町を離れていることを利用して、その娘との関係を築こうとしただけかもしれない[13]。

アントニナの言葉をエウフェミアが父ヨハネスに伝えると、彼は大いに喜び、自分の即位に関する予言は真実に違いないと即断して、できるだけ早くアントニナとの会見を設定するよう娘に頼んだ。ふたりの会見場所は、市内ではなく、郊外のルフィニアナエ（ベリサリウスが所有する土地）がよいだろうと、アントニナは提案した。そのあと彼女は事態をテオドラに報告した。報告を受けてテオドラは喜び、アントニナに計画を実行するよう促した。

ルフィニアナエでの会見が設定されると、テオドラはユスティニアヌスのもとへ行き、進行しつつある事態について告げた。それから独断で、寝室長官の宦官ナルセス、宮殿護衛隊長マルケルスの率いる軍団を派遣し、アントニナと陰謀の相談をするヨハネスを見つけ次第、逮捕するよう命じた。ヨハネスは嵌められたと判断したユスティニアヌスは、ヨハネスにアントニナとは絶対に会うなと伝えようとした。しかし皇帝の警告にもかかわらず、ヨハネスはアントニナと会ってしまった。ふたりの帝国官僚、ナルセスとマルケルスは、帝位簒奪を企むヨハネスの言葉を盗み聞きすると、罠を作動させた。しかしながら彼らは、ヨハネスが護衛兵に守られて逃げ出せるとは想定していなかった。ヨハネスは教会に逃れたが、それは大きな過ちであったとプロコピオスは言う。まっすぐユスティニアヌスのもとへ行ったなら、無罪となっただろうというわけである。ヨハネスの行動は、彼を陥れる絶好の機会をテオドラに与えることになってしまった[14]。

カッパドキアのヨハネスは財産を没収されて、免職となり、キュジコスで聖職者となるよう送り出されたが、ユスティニアヌスは彼に対してなお好意的で、没収された財産の多くを戻してやった。ところがそのあとヨハネスは、キュジコス主教殺害の罪に問われ、調査団の尋問を受けて、裸にされて鞭打たれ、追放されている。着の身着のままエジプトへ追放され、護送の旅の途中、停泊する町ごとで物乞いするよう命じられたりもした。最終的にヨハネスは、南エジプトのアンティノポリスに移され、テオドラが死んでようやくコンスタンティノープルに戻ることができた[15]。

この事件にみえる皇后と皇帝の人物像は、テオドラの死後に書かれたものであるが、少しも魅力的ではない。テオドラは陰謀を企む、復讐心に燃えた女として登場し、ユスティニアヌスのほうはかなりぼんくらな男のようで、お気に入りの者が——しかもお気に入りのふたりが——望ましくない性質の持ち主であることを認めようとしない。ところで、以上のことからテオドラについてどのような事実がわかるのだろうか。まず第一に、テオドラを嫌う人々が、彼女の行為をどう解釈したのかが判明する。プロコピオスが非難する行為は、ヨハネス・リュドスならテオドラの公共の福利への貢献として称えたはずである。プロコピオスは『秘史』において、カッパドキアのヨハネスについては、真っ先に取り上げたテーマを展開しようとした。その際に彼は話に彩りを添えている。『秘史』の冒頭部分の主題のひとつは、アントニナが夫ベリサリウスを牛耳っていたということで、妻の公然たる不倫を許しているベリサリウスは、一連の事件が生じる前から、馬鹿のようにみえたというのである。

当初、ベリサリウスを虚仮《こけ》にするアントニナの不貞はテオドラを憤慨させた。しかしアントニナは重要な問題で貢献することで「テオドラを意のままにする」ことができた。最初は、教皇シルウェリウスの件で、次が今述べたカッパドキアのヨハネスの問題である。

シルウェリウスに関しては著作家リベラトゥスが伝えている。それによると、五三五年以来コンスタンティノープルで教皇代理の任務にあり、当時なおその職にあったウィギリウスにテオドラは、あなたを教皇にしてあげるから、アンティムス、セウェルス、ペトルスを主教の地位に戻してやってほしいと持ちかけた。そのあとベリサリウスに文書を送り、なすべきことを命じた。テオドラの指示に従って、ベリサリウスは教皇シルウェリウスを告発した。ベリサリウスが守るローマをゴート人が包囲していた年、五三七年にゴート人をローマに導き入れようと企んだとの嫌疑であった。告発された教皇は教会に避難したが、ベリサリウスの息子フォティウスに誘い出され、リュキアのパタラに追放された。シルウェリウスがイタリアに戻る気配をみせると、身柄をパルマリア島の獄に移され、その地で飢えのために死んだ。五三七年三月に、予定通りウィギリウスは教皇となり、五五五年に死ぬまでその地位にあった。しかし彼は、一貫してアンティムスの復位には反対し、カルケドン派という立場を譲らなかった。このことからも、テオドラとの取引に関する噂は、噂に過ぎないと思われる。

以上は、プロコピオスが好みそうなテオドラ像を描いた不愉快な話であり、ウィギリウス本人の経歴からわかる間違いをはじめ、重大な事実誤認を含む物語である。リベラトゥスは、テオドラの命令がラヴェンナにいたベリサリウスに送られたと言っているが、五四〇年のこととしている点が注目に値する。先ほども指摘したように、ローマ包囲はすでに五三七年に始まっていた。つまりプロコピオスが『ゴート戦史』においてこの事件を取り上げ、ベリサリウスはゴート人に町を明け渡す陰謀を企んだ廉でシルウェリウスを解任した、と述べたのは五三七年のことになる。リベラトゥスの伝える話は五四〇年以降のことでなければならないし、プロコピオスが『秘史』を書いた時には、この話が広く流布していたことは説明する必要もあるまい。この話は五三七年にローマで実際に生じたこと、あるいはアントニナとテオドラの本当の関係とは何の関わりももたない。ただやはり注目すべきは、テオドラがアントニナの私生活に腹を立てていたとプロコピオスが書いていることである。これもまた、五四〇年までにテオドラとユスティニアヌスが修道僧のような禁欲生活に入っていたことを仄めかすものだろうか？[16]

『秘史』においてプロコピオスは、道管区長官ヨハネスの失脚に関するテオドラの役割についてまとめたヨハネス・リュドスなどの見解に、真っ向から反論しているようである。プロコピオスは言う。テオドラの行為は、国家の利益を図りたいという気持ちからではない。その証拠に、このあともっと非道な行為をした者がいても、彼女は何の処置もとっていない。テオドラの動機は、ただ単にカッパドキアのヨハネスに侮辱されたからである。さらにプロコピオスは続ける。執念深いテオドラは、キュジコス主教エウセビウスが殺された暴動に加わったと告発されたふたりの男を、事件から四年も経ってから拷問にかけた。ヨハネスが殺害に直接関与していたと、ふたりが白状するのではないかとの期待からそんなことをしたのである。ふたりとも認めなかったので、テオドラは手を切り落とさせた、この出来事についてはヨハネス・マララスも伝えており、マララスは、アンドレアスとヨハネスという兄弟が、暴動への加担の件で手を切り落とされたと言っている。名前が挙がっていることは、ふたりが競馬党派のなかでそこそこ高い地位にあったこと、また事件がプロコピオスの言うよりももっと有名なものであったことを窺わせる。実際のところマラスの記事は、おそらく公的な記録に基づいているのであろう。記録のひとつは兄弟の裁判、もうひとつはヨハネス自身の裁判に関するものである。マララスの叙述は、ヨハネスに関する調査からは、暴動における彼の役回りに明快な結論が得られなかったことも示唆している。確かなのは、アンドレアスとヨハネス兄弟の処罰を決めた追加の裁判の結果であり、判決がテオドラではなく、担当裁判官によってなされたことである。カッパドキアのヨハネス失脚を進めたのはテオドラだったのかもしれないが、彼女の独断ではなかった。[17]

プロコピオスの見解と、リュディアのヨハネス——加えてマララスの「公認の物語」——から得られる結論との相違は、何よりも次の点にある。プロコピオスのみるところ、テオドラは正しいことを不当な理由から行ない、リュディアのヨハネスに言わせれば、テオドラは正しいことを正当な理由から行なったというわけである。一般大衆にとってカッパドキアのヨハネスの失脚は、どちらかといえば見世物、つまり最初の弾劾から最終的な追放に至る、数か月に及んだ演劇であった。しかも彼の失脚には、皇后やその仲間だけではなく、帝国支配層の要人たちも関わっていた。

さまざまな見解の背後に隠されているのは、ヨハネスの追放がどれほど財政政策の変更につながったのかという問題である。この点に関しては、直接の後任であるテオドトゥスが、財政面で目立った変更を加えなかったこと、そのあとを継いだ、テオドラの特別のお気に入りとして有名なペトルス・バルシュメスも同様だったことが大きな意味をもつようである。テオドトゥスもペトルスも、道管区長官職に就いた時点で経験豊富な官僚だったから、ヨハネスが権力を失った理由は次のように考えるべきであろう。ペルシアとの戦争が始まり、壊滅的な損害を受けるという状況下で、官僚機構の有力な人々が、ヨハネスの皇帝に対する影響力が強すぎると思い、彼が打ち出した政策に代わる新政策を提示できないまでも、ともかくヨハネスを退陣させようとした、と。この件にテオドラが深く関わっていたことは、カッパドキアのヨハネスの支持者が言いそうなことを、かなり率直に表明したものと思われるプロコピオスの誹謗だけではなく、それ以上に、ヨハネス・リュドスの称賛から確かめられる(18)。

ヨハネスの流刑地としてアンティノポリスが選ばれたのは、テオドラの関与を指し示すもうひとつの要因、それも決定的な要因である。彼女がヨハネスを政界から葬ろうと焦っていたまさにその時に、ノバダエ族というスーダンの部族の使節が到来し、霊的な指導をしてくれる聖職者を求めた。エフェソスのヨハネスによれば、テオドラがコンスタンティノープルにいたテオドシウスと相談して、ユリアヌスという名の聖職者を選んだという。ユスティニアヌスは別人を派遣しようとしたが、テオドラは現地の司令官に手紙を送り、もし私の派遣する聖職者より先にユスティニアヌスの聖職者を到着させたなら、お前を処分すると言ったというのである。当の司令官は、ユリアヌスがユスティニアヌスの推す候補者よりずっと早く来るよう計らった。皇帝が政策という観点から判断しがちだったのに対して、テオドラは民衆の立場で考えていたことを思うと、司令官の対応は賢明であった。また五四七年にも、アンティノポリスからさほど遠くない町アフロディトの住民、当時テオドラの個人的な庇護下にあった人々が、皇后に使節を送り、町をユリアヌスという名の地方豪族の支配領域に組み入れないでほしいと頼んだ。アフロディトは、ディオスコルスという有名な詩人で反カルケドン派の思想家の故郷でもあった。というわけで、カッパドキアのヨハネスは、テオドラの影響力がことさら強い地域において獄中生活を送ることになったのである(19)。

ちょうどカッパドキアのヨハネスが南へ向かっている最中に、北へ向かって、地中海世界の歴史において未曽有の恐ろしいものが進んでいた。五四二年の夏に地中海世界に入った伝染病は、少なくとも当分のあいだユスティニアヌスの野望を打ち砕き、テオドラをニカの乱より大きな試練に立たせた。
地中海世界を襲った最初の腺ペストは、中央アフリカ起源のようである。ペストはしだいに北へ広がり、この新たな恐るべき病による死者の第一報は、五四一年にエチオピアと南エジプトから届いた。翌年、ペストはコンスタンティノープルに達し、そのあと三年もの長きにわたって東方属州全域を襲った。
同時代の記録は症状について明確に記している。それに基づき現代の研究者は、この病をペスト菌という細菌によるものとしている。通常この細菌は、感染した鼠などに付いた蚤《のみ》に嚙まれることで人間に伝染する。突然の発熱、倦怠感、寒気、一か所ないし数か所のリンパ腺の腫れと痛みといった症状があり、リンパ腺が腫れることから、このタイプのペストは腺ペストと呼ばれている。現代では抗生物質が処方されるが、六世紀の患者に施された処方箋は、入浴、安静、祈りだけであった。奇蹟的な治癒への関心や信仰の広がりは、皇族の治療に当たるような一流の医者にかかることができない一般人にとって、死の病からの回復が一種の奇蹟にみえたことを語っている。確かに、当時のローマ帝国のように、病を罪に対する罰とみなしていた社会では、医者と並んで、禁欲修行を行なう聖人も治癒をもたらす力のある存在と見られたし、両者とも互いを有益な情報源とみなしていたようである。ペストの恐ろしさは、突然襲いかかり、急速に広がる点にあった。テオドラの時代に認められていたペスト医療の眼目は、現代と同様、また他の多くの病の場合のように、隔離が拡大を防ぐ唯一の方法だということであった。五四〇年代に南トルコで隔離施設を設置しようとした人物が知られている。シオンのニコラスという地方の聖人で、今日サンタクロースとして有名な人物である。[20]
五四一年にアレクサンドリアを襲ったペストは壊滅的な被害をもたらし、五四二年の春にこの町を出た船が、感染していた鼠をシリア、小アジア、コンスタンティノープルに運んだ。三月にトリボニアヌスは、「このような悪事が国家に降りかかることがないように願っている」が、神の御心ないし人間界の移ろいやすさが招いた災いは、皇帝の恩恵が示される機会となると書いている。彼は続けて、「道徳的な危機」があらゆる方面に広がっていたと述べる。コンスタンティノープルでは最初の流行が下火になるのに四か月かかった。トリボニアヌス自身、その年のうちに帰らぬ人となり、プロコピオスによれば病死だったという。伝染病が襲ってきたとき都にいたプロコピオスとエフェソスのヨハネスは、この病気は天罰であり、かつ悪魔の戯れであるとみなした。人間の姿をした亡霊が自分たちに襲いかかってくるのを、多くの人々が見たとプロコピオスは書いており、ヨハネスは、何匹かの悪魔が修道士の姿で現われたと述べている。これまで経験したことのない病に対してどうすべきか、医者にもわからなかった。回復した者も、なぜ回復したのか、はっきりした理由はわからなかった。

死者はすさまじい数になった。コンスタンティノープルだけで一日に五千人から一万人が死んだ。首都における死者総数は数十万人、ことによると町の人口の約半数に上った可能性もある。エジプト国境のある町では、八人を除いて住民全員が死んだという。ペストは階級や身分を問わず、一般民衆にも貴族にも同じように襲いかかった。街角でふらつき、倒れる市民の姿がみられたし、商人や顧客には売買のさなかに突然お迎えが来た。コンスタンティノープルでは、二十人の死体が転がるだけの屋敷の話、母が死んで泣き叫ぶ幼児の話が広まった。ユスティニアヌスの個人的な連絡係である伝奏官のテオドロスは、埋葬の任務を果たすため軍団を用いたり、運び出しに民間人を雇った。市周辺の墓地がいっぱいになると、死者を埋葬できる区画を片っ端から掘り、挙句の果てに、シュカエ地区を囲む防壁の塔にまで遺体を詰め込んだのである。あるペスト患者はのちになって、初めてペストが流行した若い日を振り返り、腫れの症状が襲ってきた様子や、そのあとペストによって妻や子供、親類、召使、店子を多数失うに至った経過を語った。彼によれば、まず頭部に兆候が現われ、目が充血して顔が腫れ、それから咽喉へ広がる者もいれば、いきなりひどい腹痛に襲われる者もいた。また、鼠蹊部が腫れた場合は高熱が出て、そうなると三日以内に死がやってきた(21)。

ペストの長期的な影響については、全面的な検討がなお必要である。さしあたり確かなのは、シリアの農村部で生じていた経済拡大が、六世紀半ばに終わりを迎えたことである。主要な財源である、農産物と人間への課税額は突然かつ急速に減少し、その一方で、輸送網は断ち切られ、国家は財源を捻出するために通貨を操作し始めた。もっともこの方策は大した効果がないことが多く、今回五四二～四三年に、ペトルス・バルシュメスが金貨の重量を減らそうとした時も例外ではなかった。軍隊への給与支給が滞り、兵士を充足することもほぼ不可能となって、イタリア遠征は事実上停止に至った(22)。

コンスタンティノープルではさらに差し迫った問題が生じた。ペストが広がってからしばらくして、ユスティニアヌスの鼠蹊部に腫れが現われた。医者の見解では、患者のなかには身体機能が完全には回復しない者もあるとのことであった。もし皇帝が全快しなかったなら、どうなるのだろう？　皇帝の機能障害は広く知れ渡るだろう。しかも宮殿の警備体制はとても鉄壁とは言えなかった。しかしながら、ユスティニアヌスはしばらく執務不可能であったが全快した。

実際、ほぼ二十年後、聖ソフィア教会の再奉献のほんの数か月前に、ユスティニアヌスの命を狙う試みがあった。パウルス・シレンティアリウスがある詩のなかでその事件について仄めかしており、プロコピオスは、陰謀に関与した者に対する尋問から得たと思われる詳細を伝えている。ユスティニアヌスは毎晩遅くまで起きており、会議室で高齢の聖職者たちとキリスト教の教義について議論していたので、彼を殺すのは容易だったはずである。ユスティニアヌスの夜更かしの習慣は、『秘史』においても少し異なるかたちで確認できるし、官職購入を根絶する法のなかで、本人みずから「徹夜」と言っていることからもわかる。

ユスティニアヌスを殺そうと思う者にとって、以上の話の要は、皇帝は護衛兵に囲まれてはいなかったらしいこと、また夜はたいていテオドラとは別に過ごし、一緒にいたのは稀だったことである。これに対してテオドラは、いつ誰と面会するのかを、ユスティニアヌスよりはるかにきちんと決めていた[23]。

ペストが広がっていた時代、メソポタミア国境の将軍たちは、ホスローがペスト――ペルシア帝国にも広がっていた――の噂を聞いて、計画していた侵攻を取りやめたため、ただちに戦闘が始まるおそれがなくなったので、今後の行動を決めるための会談をもった。おもに意見を述べたのは、ブーゼスとベリサリウスで、両者はコンスタンティノープルからの新皇帝を受け入れないことで合意した。この合意には、万一ユスティニアヌスが死んだ場合、ベリサリウスがみずから皇帝を名乗るつもりだという含みがあったようである。もうふたりの将軍、ペトルスと「大食漢」ヨハネスは、会談の内容をテオドラに報告した。その報告は、ベリサリウスが以前にとった不適切な行動を思い出させるものであった。プロコピオスでさえ、やりとりが行なわれたことを否定しようとはしていない。ユスティニアヌスが徐々に回復に向かうと、テオドラはブーゼスとベリサリウスを都へ召喚するよう要求した。ふたりの将軍はともにその地位を剝奪され、ブーゼスはその後数年間公的生活から姿を消した。もっとも、プロコピオスが言うような、宮殿のテオドラ棟の暗い地下牢で二年間過ごしたというわけではなさそうである。ベリサリウスのほうは故郷に戻され、広大な所領は没収された[24]。

プロコピオスはここでもテオドラを、悪意に満ちた、執念深い人物と描いている。しかし、今となっては皇帝が死ぬという事態はありそうもないので、コンスタンティノープルからの新皇帝を受け入れないという提案は自分自身への攻撃だと、テオドラが理解したのは少しも不思議ではない。しかも歴史家プロコピオスに言わせるなら、テオドラがベリサリウスを告発したのは、ただ単にアントニナを喜ばせるためであった。アントニナは、若い男との長きにわたる、公然たる恋愛関係の結果、夫とは疎遠になっていた。アントニナの不倫は今に始まったことではなく、実のところテオドラはそれを応援していた、というのである。しかし、このような説明は事態をあまりにも単純化しすぎている。なによりもまず指摘すべきは、テオドラが会談の報告を受けて、自分への攻撃と考えたのは当然のことであり、かつまた「大食漢」ヨハネスがベリサリウスに仕えて昇進してきたことを考えるなら、テオドラには報告を信じる理由も確かにあったことである。

第二に、そもそもテオドラが報告を受けたという事実自体が、彼女に対する信頼のしるしである。テオドラには統治の能力がないと思っていたなら、誰も報告などしなかったであろう。カッパドキアのヨハネスの件のように、テオドラは単独で動いていたのではなく、帝国政府内部の人々とともに行動していた。すでに見たように、皇后の地位にあった間に、テオドラは各方面の支持者からなる強力なネットワークを作り上げていた。イタリアにおいて彼女の利害を代弁していたパトリキウスのペトルスはそのひとりであり、ペトルス・バルシュメスもそうである。夫ユスティニアヌスが病の時に彼女の決定を伝えていたと思われる伝奏官のテオドロスもメンバーのひとりに違いない。また、ヨハネス追い落としに協力したナルセスやマルケルスも確かにそうである。もちろん東方属州の各地には、テオドラを自分たちの宗教信条の保護者とみなす者が多数いた。テオドラは階級・教育・経験の違いを超えることに成功し、みずからに対する、そしてまた皇帝に対する忠誠に支えられた、求心力のある政権与党を形成したのである。

プロコピオスが何と主張しようと、官僚・兵士・聖職者を含む多彩な集団の中心にいた女性が、恐怖だけでその権力、影響力を保持していたとは思えない。テオドラが常に夫を思い通りにしているわけではないことを人々はよく承知していた。夫婦の不一致は、たとえば五三六年のコンスタンティノープル教会会議の顛末や、カッパドキアのヨハネスの経歴などからも明らかである。絶対的な権力はなかったが、人々を引きつける彼女の個性は、ユスティニアヌスをも魅惑した。彼女は賢明であった。不屈で力強かった。活動的でとても魅力的な人物であったこともほぼ間違いない。友人に対して誠実であり、都に戻って皇后となった。五四二年の危機の際にもう一度、自分が皇后の地位、ユスティニアヌスが皇帝の地位を保ち続けるために必要なことを行なった。皇后として生涯を全うしたのは、ひとえに本人の才能によるものであった。

第11章　晩年

腺ペストの勃発に続く数年は平穏な日々ではなかった。疫病は繰り返し発生して広がった。都への物資供給は難しくなった。体勢を立て直したゴート人に対する作戦も足踏みした。ユスティニアヌスはベリサリウスを許して都へ呼び戻し、その莫大な財産を戻してやったが、ベリサリウス将軍のもと派遣するはずの増援部隊は編成できなかった。同様に、ペルシアに対する作戦も進展がないまま長引いていた。双方とも決定的な行動に踏み切るつもりがなく、戦いの大部分は黒海東岸に集中していた。コンスル職がおかれなくなったことも、この時期の大きな変化を語る現象である。各年度はコンスル就任者の名前で呼ばれていたが、ペストが猛威を振るった年が自分の名前で呼ばれることを望まなくなった結果かもしれない。資産が乏しくなって、コンスル職が簡単には購入できない贅沢品となったためでもあった。しかしながら、時が経つにつれて、コンスルの空位は別の意味をもつようになった。ここに至ってユスティニアヌスは、ローマの伝統に以前ほど注意を払わなくなった。ペストが帝国再建の野望を挫きつつあり、支配体制の弱体化もあって、ライヴァルと覚しき人物を登用しなくなったようである。ローマの伝統、その再建の偉大な担い手であったトリボニアヌスはすでになく、代わってローマという理想を掲げる者はいなかった。ユスティニアヌス自身、これまで以上に宗教に傾斜してゆき、そのため帝国政府は新たな様相、より宗教的な様相を呈し始めた(1)。

テオドラのほうは、家族が増えるにつれ、過去への関心は将来の展望と一体となっていった。最年長の孫は結婚適齢期に近づきつつあり、姉コミトとその夫シッタス——五三七年ないし三八年にアルメニア人の待ち伏せで命を落とした将軍——のあいだの娘ソフィア、つまりテオドラの姪も適齢期を迎えていた。実のところソフィアは、このあと半世紀におけるもっとも有力な女性となる才能と機知の一端を、すでに示し始めていたらしい。テオドラは娘の結婚がうまくいったことも喜んでいたようである。彼女は五四二年に、エフェソスのヨハネスに加えて、少なくとももうひとりの反カルケドン派聖職者を住まわせるのに、娘の義父プロブスの宮殿を用いた。このことも、各々がお互いにうまくやっていたことを示唆している(2)。

テオドラは引き続き、反カルケドン派の動向に強い関心を持ち続けていた。今や反カルケドン派の運動は重要な段階に入りつつあった。五四四年、テオドラの肝いりで、ヨハネスがエフェソスの主教に叙任された。彼はもともとトルコ東部アミダ地方の出身であるが、任地の名にちなんで「エフェソスのヨハネス」と呼ばれている。エフェソスのヨハネスの叙任はふたつのことを示している。ひとつは、カルケドン派と反カルケドン派の中間的な立場を見つけようという努力の継続であり、もうひとつは、反カルケドン派運動が次世代の指導者のもとで展開される時代の到来である。反カルケドン派はすでに五四二年の段階で深刻な聖職者不足に陥っており、新たな聖職者がいなければ、運動が途絶えてしまいかねなかった。反カルケドン派の運動に対するテオドラのもっとも重要な貢献は、次世代の指導者を生み出すことを可能とした点に認められるだろう。

エフェソスのヨハネス叙任の数年前、もうひとりのヨハネス、ヘファイストポリスのヨハネス、エジプト人の主教で、アレクサンドリア総主教テオドシウスの同志が、こっそりコンスタンティノープルを出て各地で聖職叙任を行なった。ホルミスダス宮殿にいた者たちはその行為に賛同しなかったようである。ヨハネスはあらかじめ病気を理由にホルミスダス宮殿を出たいと申し出ており、テオドラは彼を別の場所、アンテミウス宮殿に住まわせて手当も与えていた。新しい住処にヨハネスは各地の人々を迎え入れ、テオドシウスの全面的な承認のもと聖職叙任を行なった。テオドラ自身の承認も得ていたようである。そのあとヨハネスは、都の外で活動を続けたいと願い出て、やはりテオドラの許可を得た。

この時点で、反対派の者たち——名前は伝わっていない——が、皇后がヨハネスの処刑についてユスティニアヌスと合意したと、当のヨハネスに知らせた。おそらくヨハネスが活動の継続を断念し、姿をくらますと期待してのことだったらしい。ところがヨハネスは、反対派の期待に反して、まっすぐテオドラのもとへ行き、説明を求めた。テオドラは仰天し、何があったのかを知って、こんな計略を思いついた者たちは処罰すると脅した。しかしヨハネスは、関係者を殺さないようテオドラを説き伏せた。そのあとテオドラは、都ではこれ以上聖職叙任を行なわないようヨハネスに求め、病を理由に都の外へ旅する許可を与えた。ヨハネスはシリア国境まで行き、それからコンスタンティノープルに戻った。都に戻ったヨハネスに対して、不法な叙任を行なっていたとアンティオキアのエフレムが告発した——ヨハネスは確かに行なっていた——が、テオドラが握り潰した。数年後、ヨハネスは再び同じような旅に出て、その途中で出会ったエフェソスのヨハネスを聖職叙任した。叙任されたエフェソスのヨハネスは、ペストとほぼ同時にコンスタンティノープルへやってきた(3)。

この話に出てくるテオドラは、さきほど第10章で見たテオドラとさほど違わない。カッパドキアのヨハネスやベリサリウスの失脚にみられるように、明らかにテオドラはユスティニアヌスが反対することでもするつもりであった。と同時に、ヘファイストポリスのヨハネスの行為を見て見ぬふりをしているところに、彼女のユーモアのセンスが感じられる。映画『カサブランカ』のクロード・レインズ演じる警察署長、リックの店で賭博を突然「発見する」署長さながらである。このテオドラはプロコピオスの伝える女性ではなく、むしろ広い交友関係のなかから浮かび上がってくる女性である。

エフェソスのヨハネスのコンスタンティノープル到着後まもなく、テオドラはヤフニド族の王の使節を迎えた。対ペルシア戦争の激化とともに、王を満足させておくことが重要となっていた。今回は「正統派の」——ここで言う「正統派」とは反カルケドン派である——主教に代えてカルケドン派をおくようにという圧力は感じられなかった。そこでテオドシウスは速やかに二名を聖別した。ヤコブ・バラダイをエデッサ主教、テオドロスをボストラ主教に叙任したのである。ユスティニアヌスは、自身の宮殿の一角で行なわれていることを知らないわけではなかったが、あからさまに不満を述べることはなかった。ヤコブ主教は大きな影響力をもつことになった。彼の最大の功績は、シリアの全域において、反カルケドン派信者集団のために新たな教会組織を創り出した点にあったが、これはユスティニアヌスが望んでいたことではなかった。ユスティニアヌスはなお教会の統一が可能であると考えており、のちにはヤコブの逮捕も試みている。しかしそれも結果的には、今日のシリア正教会につながる独立の信者組織の創設となった。同様に、アレクサンドリアに単一の教会組織を維持しようという努力も、この町にコプト派正教会を生みだす分裂を招いた(4)。

明らかにユスティニアヌスは、テオドラの最大の政敵であるカッパドキアのヨハネスが追放される以前から、彼女が教会分裂の問題に独自の方法で対処するのを大目に見ていた。このことも、テオドラが長年にわたって築いてきた国制上の権限、政敵ヨハネスを巧みに処理し、五四二年の危機にうまく対処しえた権限のほどを示している。今日知られている限り、ユスティニアヌスはテオドシウスとそこそこうまくやっていたが、それにもまたテオドラの力が与っていたに違いない。しかし、帝国が直面する宗教問題はカルケドン問題だけではなかった。おそらくペストが引き金となって、かつての宗教的不寛容の政策への復帰がみられたのである。神が帝国に強い怒りをもっていることは明白で、事態を正常化するために何らかの措置を講ずる必要があった。

五四四年三月二十二日ユスティニアヌスは、神の罰は終わったと公式に宣言した。ペストがもたらした結果のひとつは、輸送網の切断と生活必需品の価格高騰であった。ペストは収束したと主張することで、ユスティニアヌスは帝国に秩序を回復しようとし、加えて、商品の価格をつり上げないよう命じた。同じ年、ユスティニアヌスは異教徒に対する魔女狩りとも言うべき行動に踏み切った。この件は、彼がヨハネスをエフェソス主教に任命した動機のひとつでもあった。というのも、ヨハネスはのちに、主教として西トルコの農村部の八〇〇〇人——かなり誇張された数であることはほぼ間違いない——を超える異教徒を改宗させたとか、二世紀以降この地域のキリスト教徒に広がっていた「新たな預言」運動を受け継ぐモンタヌス派に厳しく対処した、などと主張しているからである。プロコピオスによれば、モンタヌス派は自分たちの教会で焼身自殺したという。もしヨハネスの宣教活動が本当にこの惨事の原因だったなら、本人も今さら自慢しようとはしなかったであろう。焼身自殺は、宗教的な「純粋さ」を追求する迫害が広まっていた結果であった。コンスタンティノープルでは高級官僚が何人も逮捕され、拷問にかけられたし、ヨハネスの問題でもニカの乱においても、体制のもっとも忠実な支持者として振る舞ってきた高齢のフォーカスは、自殺に追い込まれた(5)。

ペスト後の歳月、テオドラはユスティニアヌスと過ごす時間がどんどん減っていった。プロコピオスによれば、ボスフォラス海峡の対岸にあるヒエリオン宮殿に住むことが多くなったという。ユスティニアヌスによって建てられたこの宮殿がいつ完成したのか、いつからテオドラお気に入りの館となったのか、確かなことはわからない。しかし「全人類を襲った災難のあと」とプロコピオスが述べているところをみると、テオドラがこの宮殿で過ごすようになったのは、五四二年以降のことと思われる。確かに、ペストが最終的に収束したのちも、都は物資の供給が不安定だったので、テオドラが多くの従者を別の場所に移したのは理にかなっている。ところがプロコピオスに言わせれば、この措置は従者たちには辛いことだった。なぜなら冬の嵐と狂暴な鯨ポルフュリウスのために、充分な食糧をこの地に届けるのが困難だったからである。ポルフュリウスは気まぐれなマッコウ鯨で、ここ数十年にわたってしばしばボスフォラス海峡に出没していた。鯨はこの海域の漁船と「たわむれ」、航海の関係者たちを恐怖に陥れていた。ポルフュリウスの活動は五四〇年代に再び活発になり、五五〇年頃にサンガリウス川の河口に乗り上げて、その地の農民に殺されるまで続いた[6]。

テオドラの主たる関心が鯨見物であったはずはない。たいていの者が六十までに死んでいた当時として、八十代前半まで生きたユスティニアヌスは、人口統計学からみて奇蹟的な存在といえよう。テオドラはというと、五四〇年代半ばには、自分に残された時間は多くないとわかっていただろう。彼女は子孫のために最善を尽くそうとしており、婚姻政策もその一環であった。親族に幸をもたらし、敵対する有力な一族を不利にしようという政策である。

ユスティニアヌスの従弟で、有能なゲルマヌスは、確かにテオドラのために悪夢のような人生となった。テオドラにひどく嫌われたのである。彼に対する皇后の反感を知って、高位の人々は明らかにゲルマヌスとの縁組を避けたようである。その結果、ゲルマヌスの娘は十八歳になってもなお独身であった、とプロコピオスは伝えている。彼女のような地位の娘は、十五歳までに結婚するのが普通だった時代のことである。五四五年、ようやくゲルマヌスは、ウィタリアヌスの甥のヨハネスを説得して、その息子との縁談をまとめた。プロコピオスはこの結婚をスキャンダルとみなした。ヨハネスは地位がそれほど高くなく、ゲルマヌスがとにかく娘を結婚させようとしたことは誰の目にも明らかだったからである。実際のところ、両者はともにベリサリウスとの関係がきわめて悪いという点で、この婚姻にはもっと深い意味があった。しかもヨハネスは、おそらく五四二年のことと思われる弟（あるいは従弟）ブーゼスの解任との関連で、テオドラに対する敵意を隠そうとはしなかった。プロコピオスが伏せているのは、この結婚の提案が、テオドラの敵たちによる連合の旗揚げであり、それを彼女が阻止できなかったことである。このこともまた、人々は皇后の不興を買うことをひどく恐れていたという彼の説明が、どこまで本当なのか、疑問を投げかけている。賢明な者なら、できるだけ有力者を怒らせないように振舞うはずである。ゲルマヌスとヨハネスは、テオドラを不倶戴天の敵とみなしており、良かれと思ったことを実行したのであろう(7)。

よりはっきりした事例を挙げると、テオドラの姪ソフィアは、ユスティニアヌスの甥で後継者と目されていたユスティヌスと結婚した。プロコピオスはたまにしか言及しないが、姉のコミト――名前を挙げているのはプロコピオスだけである――は、テオドラにとって一生の友、きわめて大切な存在だったに違いない。テオドラは、アントニナとベリサリウス夫婦の娘ヨアンナと、自分の孫アナスタシウスの結婚も取りまとめた。結婚はテオドラの死の直前に執り行なわれたのであろう。この結婚はのちに破綻し（プロコピオスはアントニナを非難する）、アナスタシウスについて確かなことは、それ以上何も伝えられていない。テオドラのもうふたりの孫は、祖母よりも長生きをし、より幸福な生涯を送った。そのひとりヨハネスは、高位の行政官職に昇り、もうひとりのアタナシウスは主教となる。テオドラは娘を産んだときに、自分の孫たちがこのような地位に就くとは夢にも思わなかったであろう。しかし今や、アナスタシウス皇帝一族の姻戚となったこともあり、テオドラの子孫はコンスタンティノープル社会の最上層を占めるようになっていた。

テオドラは孫たちの成長を見届けることができなかった。五四七年の末ないし五四八年の初めに彼女

終えた。(8)

は病に倒れた。癌だったらしい。その年の六月二十八日に、おそらく五十三歳でテオドラはその生涯を終えた。(8)

テオドラはこの時代のもっとも有力な女性ではなかったかもしれない。「もっとも有力な女性」という肩書は、姪のソフィアか、あるいはゼノ、アナスタシウス両皇帝の妃アリアドネのほうがふさわしいようである。しかしテオドラは別格の存在であった。彼女は若い頃から世の中を自分なりに生きてゆかねばならなかった。彼女は自分自身のために人生の一歩を踏み出した。その一歩が彼女に生涯の友を与えてくれたのであり、宮殿が我が家となってもその友人たちを忘れなかった。テオドラの生涯におけるもっとも重要な縁《えにし》のひとつは、姉コミトとの関係であった。姉は女優、踊り子としての才能という点で、幼い日のテオドラを凌いでいた。コミトは、両親がしてやれなかったような援助を妹に与えたらしい。テオドラはその生涯を通じて、若き日の自分を助けてくれた人々に心からの誠意をもって応えた。ユスティニアヌスと出会ってから、彼女は宮殿の内部から帝国の国境に至る、広汎なネットワークを築いた。わずかしか読み書きのできない聖職者から、兵士・宮廷人・貴族にまで及ぶ、この人脈こそが、彼女にあのような大きな力を与えたのである。わがものとしたその世界では、権力を保証するのは生まれや教育ではなく、官職への就任であることをテオドラは理解していた。官職に就く者にもっとも必要な資質は誠実さであることとも知っていた。

プロコピオスの『秘史』の随所にみられるテオドラと本当のテオドラを区別し、かつプロコピオス以外の人々の目に映ったテオドラを知ると、彼女の素晴らしさがわかる。彼女はまさしく男の世界に出入りしていた。その世界では彼女の生まれ育ちが忘れられることはなかったが、それも弱味ではなく力であった。テオドラは人々にどのように語りかければよいのか知っていた。広い人生経験から、人の話を聞くことが、人に命令するのと同じく重要な能力であることを学んでいた。彼女についてエフェソスのヨハネスが伝える多くの話で目立つのは、まさにこの資質である。彼女の言語能力――少なくとも三つの言語を話したことが知られている――は、持って生まれた共感能力と相まって、ゾーラやマレのような持たざる者、風変わりな者たちの言葉も、トリボニアヌス、プロブス、ナルセスのような大立者の言葉も話せるほどであった。彼女は不屈であった。敵に恐れられたのは当然である。少なくとも一度、つまりニカの乱の際に、そしておそらくもう一度、猛威を振るったペストのあと、皇后というみずからの地位を守り、夫の帝位を守り抜いた。ユスティニアヌスとの関係が、恋愛感情だけではなく、――事実、子供ができないことが五三〇年代初めに明らかになると、その点はほとんど問題とならなかったようである――、はるかにお互いの尊敬に基づいていたことは確かである。特定の問題ではふたりの見解が大きく食い違ったし、ユスティニアヌスには耳を傾けるべき別の声が常に存在した。しかし忠誠を尽くすべき対象は、まずお互い同士であるとふたりは疑わなかった。ふたりとも自分たちがとるべき道はそこにあると了解していた。

五五九年にユスティニアヌスがテオドラの墓で祈ったのは、変わらぬ愛を公に宣言するものであった。テオドラは彼の人生を変え、彼らの帝国を創り上げるのを助けた。テオドラは、自分自身を創り変えたように、自分の世界も変えたのである。

第12章　遺産

テオドラほど人々の想像力を掻き立てた皇后はいなかった。西欧では、なによりもローマ教皇を迫害した悪女として語り継がれてきた。中世に編纂された歴代教皇の伝記集『教皇の書』は、シルウェリウス教皇の罷免に彼女がひと役買ったという噂をもとに、テオドラがベリサリウスに宛てて書いたとする偽手紙を持ち出して、彼女が教皇を追放するよう命じたとしている。

十世紀末から十一世紀初めの人、フルーリー修道院の修道士エモアンは、著作『フランク人の歴史』のなかで、テオドラに関するもうひとつ別の、かなり支離滅裂な話を伝えている。彼の言うところでは、ユスティニアヌスとベリサリウスが町のいかがわしい一角に足を踏み入れ、ふたりの若い姉妹、アントニアとアントニナ、娼婦として店に出ていたアマゾン族の女に会った。ユスティニアヌスはアントニアと懇ろになり、やがて彼女は、一羽の鷲の行動を、ユスティニアヌスが皇帝になることの予兆だと解釈した。そして皇帝となっても自分を捨てないようユスティニアヌスに約束させた。ユスティヌスが死んだ時、軍隊はユスティニアヌスを皇帝と宣言、新皇帝は臣下の者たちの期待に応えてペルシア王を打ち破り、コンスタンティノープルに凱旋した。ユスティニアヌスが戻ってくると、アントニアは、皇帝となった愛人のいる宮殿に賄賂を使って入り、約束を憶えているかと尋ねた。ユスティニアヌスは、かつての愛を忘れてはおらず、元老院議員や一般民衆の怒りをものともせず、彼女を妻とした。結婚に反対する者たちをユスティニアヌスが殺して一件落着した、というところでエモアンの話は終わる。

物語はこのあと、ベリサリウスとアントニナの結婚、アフリカ征服へと移ってゆくが、今紹介した話のもっとも注目すべきは、テオドラの生涯に関する他の記録とは関係がないことであろう。テオドラという名前が忘れられた頃になっても、娼婦から皇后となった女の話は口頭伝承で受け継がれていて、エモアンはそれをもとにしたのに違いない。また、プロコピオスを読んだ者にもそれとわからない書き方だが、彼女の思い出はニカの乱とも結びついていた(1)。

反カルケドン派信仰が盛んであった地域では事情は違っていた。エジプトの人々は独自のテオドラ像を創り上げた。後世の伝説では、テオドラはエジプト人であり、アレクサンドリア総主教のティモテオスが彼女の「霊的父」だったとされたのである。のちになると、コンスタンティノープルを訪れた者は聖パンテレーモン教会に案内され、テオドラが黒海岸のパフラゴニア地方から初めて都に来た時に、織り子として雇われた家があった場所に建てられた教会だと教えられた。コンスタンティノープルの青銅門のテオドラの像を見上げて、昔あばずれだった女が更生した話を思い出した者もいただろう。テオドラの怒りを買ったことを悟って自殺した、バッススという名のパトリキウスの話も知られていた。聖使徒教会を訪れた者は、これはテオドラの教会で、彼女の大変な尽力で建ったと教えられた。テオドラが使徒の幻を見て霊感を受けた様子や、ユスティニアヌスの聖ソフィア教会の完成より先に聖使徒教会を奉献しようとして、ユスティニアヌスを欺いた手口も聞かされたであろう。本当のところ聖使徒教会はテオドラの死の二年後に奉献されたのである(2)。

シリアでは、テオドラはヒエロポリスの聖職者の娘で、ユスティニアヌスはユスティヌスの治世にたまたま彼女と出会った、と信じている者もいた。彼女の美しさに打たれて、ユスティニアヌスは結婚を申し込んだが、テオドラの父は、娘の反カルケドン派信仰を守ると約束しなければ許さないと言った。この話はのちに、カリニクム近郊の町ダマンでのこととされ、カディル修道院への彼女の支援と結びつけられた。テオドラは同修道院に記念碑を奉納したと伝えられている。少し異なる物語がシリアの史料『年代記一二三四』にも記されている。同年代記もまた、テオドラの美貌と、皇后になった時に正統派キリスト教徒にもたらした安らぎを強調している。確かに、シリア人ミカエルが著述をしていた十二世紀には、彼女は正統信仰の聖職者の信心深い娘で、正しい道を踏み誤ることのない者とみられていた。シリア正教会の権化とされていたのである。九世紀のコンスタンティノープル総主教ニケフォロス・カリストスは、ユスティニアヌスがキプロス島を独立の大主教区としたと信じており、テオドラの父はこの島の出身であったと付け加えた。この説明は、テオドラの夫ユスティニアヌスと、六八五年〜六九五年そして七〇五年から七一一年まで統治したユスティニアノス二世を混同しており、間違いである。[3]死後何世紀も経って人々の記憶に残ったテオドラとは、何よりもまず敬虔な女性であった。もちろん、彼女は聖ヴィターレ教会のモザイクで称えられ、人々に強い印象を残した。確かに、その姿には彼女の美貌・才能・権力が感じられる。

これらの伝承が伝えるテオドラの思い出を、二〇〇〇年二月十二日、ダマスクスを総本山とするシリア正教会の総主教ザッカ一世が甦らせた。十二日付の回勅状のなかで総主教は、五四三年から五七八年にエデッサの主教であったヤコブ・バラダイの誕生一五〇〇年を祝うとともに、テオドラの誕生一五〇〇年も祝って彼女を列福した。テオドラはユスティニアヌスと並んで古くから聖人として敬われており、ふたりは東方正教会では十一月十四日に祝われている。東方正教会はカルケドン派信仰を堅く守っていたが、テオドラへの評価は時を経て少しずつ修正され、彼女の反カルケドン派的立場はさほど問題とはならなくなった、と言うべきであろう。しかしその一方で、彼女の本当の宗教的立場は、シリア正教会の伝統に即したものとみなされており、確かにそうなのである。テオドラの列福を告げて、ザッカ総主教は回状に次のように記した。

テオドラの生涯についてよく知っていた、同時代の、信頼すべき、誠実な歴史家たちは、彼女の生まれ、前半生、純粋な行動、さらには穢れなき内面や思想について信頼すべき記述を提供している。それらの歴史家のうち真っ先に挙げるべきは、彼女の一族と深い関係があり、彼女のことをよく知っていたシリアの年代記作者、エフェソスのヨハネスである。ヨハネスはテオドラの少女時代と、カエサルのユスティニアヌスとの結婚について記している。ユスティニアヌスはテオドラの父に対して、カルケドン公会議とその決議を認めないという彼女に、その信仰を捨てるよう強要しないと約束した。確かにユスティニアヌスはその約束を守った。彼女の宿敵で、真理の敵でもあった年代記編者プロコピオスも、テオドラがみずからの英知でもって獲得した栄光、夫であるカエサルのユスティニアヌスを助けた勇気を、否定するわけにはゆかなかった。不誠実なプロコピオスは、彼女の高潔な行為を覆い隠そうとした。しかし、「篩《ふるい》が昼間の太陽光線を遮ることはない」という諺は常に真理である。(4)

東方の伝承が長らく知られていなかった西欧では、『秘史』は、ニコロ・アレマンニがヴァティカン図書館に残されていた写本を発見する一六二三年まで、大部分が文字通り秘密であったにもかかわらず、プロコピオスの見解が広がっていた。『秘史』を刊行するにあたってアレマンニは、テオドラの若い日の性生活について好き勝手に想像をめぐらせた第九章の淫らな部分を削除した。彼は刊行に際して、この著作は、同時代の史料から得られるユスティニアヌス時代の肯定的な評価を覆すものだと指摘し、教皇シルウェリウスに対するユスティニアヌスの酷い対応を語る伝承に注目した。さらに次のように述べている。「テオドラの忌まわしい生い立ち・生活・性癖について本書に記されていること――読者諸賢と同様、訳者の私も当惑、怒りを禁じえない――を疑う者がいたとしても、堕落した女性にも国家を指導する男性との結婚を認めた、ユスティヌス皇帝の勅令は確かに存在する。[5]」

第九章の削除された一節は、ほどなく誰もが読めるようになった。十六世紀フランスの聖職者で知識人のジル・メナージュが、持ち前のユーモア精神を発揮して、『メナギアナ（メナージュ著作集）』という編纂物に収めたのである。ユスティニアヌスひいてはテオドラの評価に対する『秘史』の影響は、アレマンニが示唆していた通り大きかった。のちのちまで大きな影響を与えたのは、一七三四年に刊行された『ローマ人盛衰原因論』においてモンテスキューが、自分はふたつの理由から――実際には三つ挙げている――プロコピオスの『戦史』よりも『秘史』の証言を採用すると述べたことであった。理由のひとつは、ユスティニアヌスの治世以降の帝国の衰退であり、もうひとつは、『ユスティニアヌス法典』には、どちらでもよいような些末な法修正があまりにも多いと感じられ、ユスティニアヌスは政治を玩具にしていると思わざるを得ないことだという。モンテスキューは最後に、「国家にとってもっとも打撃となったのは、宗教問題においてすべての人々に同じ見解をもたせようとして、ユスティニアヌスが思いついた計画であった」と手厳しく述べている。この計画は、最盛期のローマ帝国にみられた宗教的寛容さと矛盾するというのである。さらにまた、ユスティニアヌスの最大の失敗のひとつは、「長らく売春婦であった女を檜舞台に登場させたことであった。その女は先例のない権力を帯びて統治し、公のことがらに女性特有の感情や空想をもちこんで、勝利や成功を台無しにした」とも述べている。[6]

今日でも後期のローマ帝国に関してもっとも広く読まれている『ローマ帝国衰亡史』の著者エドワード・ギボンは、ユスティニアヌスとビザンツ史全般についての考え方を、モンテスキューから受け継いでいる。ユスティニアヌスを非難しつつも、テオドラの冒険物語は面白くかつ重要とみていたようである。『秘史』は悪趣味だと主張して、「このような低俗で矛盾に満ちた話は、プロコピオスの評判に泥を塗り、彼に対する信頼を損なうものに違いない」とする一方で、「彼独特の毒舌を取り除けば、残る逸話は、もっとも不愉快な事実でさえも――そのいくつかは公式の歴史書『戦史』ではそれとなく述べられている――、内的な整合性、あるいは当時の信ずべき記録によって事実と認められる」とも言っており、この文に、先ほど引用したモンテスキューの一節を脚注として付けている。と同時に、ギボンはニケフォロス・カリストスの不正確な記述に惹かれて、「ヴィーナスの不思議な島の生まれにふさわしいキプロスの美女」テオドラの若き日々の冒険を、見るからに楽しみつつ書いている。別の脚注では、自分が知っている「学識のある高位聖職者」は、鵞鳥を使ったテオドラお得意の出し物について述べたプロコピオスの一節を、嬉々として引用していると指摘する。ギボンがテオドラの前半生に割いたページは、ビザンツ帝国全体に対する彼のきわめて否定的な見解、すなわちビザンツ時代を、偉大なローマ帝国の残影に過ぎないとする見解を思わせる口調である。(7)

モンテスキューとギボンのテオドラは、続く十九世紀のテオドラ像となった。こうして『秘史』はこのあと、十九世紀フランスのエルンスト・ルナン――大きな影響力をもつ東洋学者で政治理論家――などによって好んで言及されることになる。ルナンは、イエスの生涯は人間イエスとして書かれるべきであると主張し、イエス伝をその観点から書いた一方で、イエスをアーリア人にするためにユダヤ教の「汚れ」が浄められたとも説いた。国民の本質的な要素は、その構成員が共通の物語をもつことだという理論を提唱しつつ、ユダヤ人は民族的な集団というより宗教集団であると論じたのも、ルナンであった。彼はたまたま『秘史』を手にして、この著作に強い関心を抱いた。ルナンにとってプロコピオスとは、古代末期の偉大な改革者というユスティニアヌス神話を解体した人物であった。プロコピオスは神話を否定し、ユスティニアヌスが災いのもとであり、制度を無視して自分の意思を押しつけた支配者で、あらゆる組織を自分のもとに集中し、自身と臣下とのあいだに介在する者をすべて除いた人物であることを暴露した。ユスティニアヌスは、個人の威信について伝統的な考え方をもっていた人々を従者たちの面前で侮辱し、その自尊心を傷つけた。そういうわけで『秘史』は疑惑や悪意を信じさせた人々に対する罰だというのである。(8) 『秘史』に対するこのような見解をもつルナンが、一八八四年のパリの大きな催し物であるヴィクトリアン・サルドゥの『テオドラ』の初演に招かれたのは当然であった。

サラ・ベルナール主演、音楽ジャン・マスネ、サルドゥ作『テオドラ』は大きな注目を集めた。それをもっとも雄弁に語っているのは、テオドラ役のサラ・ベルナールを描いたバンジャマン・コンスタンの二枚の絵であろう。一八八七年に描かれた『皇后テオドラ』は、細身で宝石を身に付けて、大き過ぎると思える玉座に就いた姿である。もう一枚の『コロッセウムの皇后テオドラ』(一八八九年頃)は、

図 12–1　バンジャマン・コンスタンが描いた玉座のテオドラ。© Alamy/ アフロ

図12–2　バンジャマン・コンスタン『コロッセウムの皇后テオドラ』©Bridgeman Images/ アフロ

なんと赤毛の皇后である。そこに描かれたテオドラは、訪れたこともない町の、入ったこともない建物のなかで長椅子にけだるそうに身を休め、少し開いたカーテン越しに血腥い猛獣狩りを見ている(9)。

脚本の出来栄えはともかく、大掛かりな舞台装置で評判となったサルドゥの演劇は、アンドレアスという名の貴族とテオドラとの運命の恋愛を描いている。アンドレアスは相手が何者かも知らないまま、変装して街をさまよっていたテオドラと恋に落ちた。彼はユスティニアヌスをひどく憎んでおり、まだ直接会ったこともないテオドラもろとも暗殺しようと企んでいたことが明らかにされる。ありえないような冒険の数々があり、競馬場での暴動騒ぎのあと、テオドラは、生涯男たちを思うように操れる恋の妙薬を調合してくれる昔馴染みの女を訪ねる（この時点ではアンドレアスは宮殿の地下牢にいた）。最後の場面でテオドラはアンドレアスの愛を取り戻そうとして、その薬を彼に与えるが、恋の妙薬は実は毒であった。近年の戦いで息子を失った女友達が、テオドラはユスティニアヌスに飲ませるつもりだろうと思って調合した毒薬だったのである。アンドレアスがユスティニアヌスの身代わりに死んだちょうどその時、死刑執行人がテオドラに近づいてきた。この間にユスティニアヌスは、テオドラが自分を裏切ったと結論していたのであった。処刑吏がテオドラを絞め殺す場面で幕が降ろされる。(10)

サルドゥの演劇は画家コンスタンの創作意欲を刺激しただけではなく、皇后テオドラに関する新たな通俗的イメージを創り上げた。ある同時代人によれば「パリでは一週間ずっと、テオドラの貞節がお茶の席のもっとも粋な話題であった」という。(11) 芝居は大成功で、パリで二〇〇回も上演された。もっとも、一八八四年十二月二十七日付の『ニューヨーク・タイムズ』など、不満を漏らす向きもないわけでなかった。

サルドゥの『テオドラ』は、今夜、当地において素晴らしい舞台装置で上演された。さまざまな登場人物の服装は、多くがラヴェンナの聖ヴィターレ教会のモザイクを模したものであった。サラ・ベルナールは、孔雀の模様と高価な宝石で飾られたテオドラの外衣を復元した衣装をまとっていた。音楽はマスネであった。第一幕では静かだった観客から、第二幕以降は大きな歓声が沸き上がった。（エルンスト・）ルナン氏などの著名人が顔を見せていた。劇場は天井席まで満員であった。演出について批評家の意見はまちまちで、なかにはサルドゥは歴史を台無しにしてしまったと

図 12–3　サルドゥの演劇でテオドラ役を務めたサラ・ベルナール。Wikimedia commons

非難する者もいる。しかし大方は、サラ・ベルナールの見事な演技と、非常にドラマティックな場面の数々を絶賛している。(12)

この演劇は英語に翻訳されて、一八八五年ロンドンで公開され、続いて一年後にニューヨークでも上演された。フランス語での上演は、やはりサラ・ベルナールの主演で、一八八七年と一八九一年にニューヨークで行なわれ、そのあと一九〇二年にもう一度上演された。当代のもっとも有名な女優が演じるのを見たなら、テオドラは満更でもなかっただろう。

これ以降のテオドラ劇はそれほど成功しなかった。グザヴィエ・ルルーは、サルドゥの台本で歌劇を制作したが、一九〇七年モンテ・カルロのオペラ劇場での初演では、歓声はほとんど起こらなかった。一九二一年に、サルドゥの劇を部分的に利用した無声映画の大作が上映された。それもまた、テオドラの若き日に関する題材をエモアンから借用している。テオドラ役はリタ・ジョリヴェで、テオドラはいくつになっても若き日のまま、美しく、情熱的であり続け、最後は情欲のために破滅に至るという主題の映画であった。フィルム一〇巻の大作で、三〇〇〇万ドルという莫大な費用がかかったとか、巨大なセットを製作するのに数千人を雇ったと言われている。ある同時代の評論家は、この超大作映画を「凌ぐものはほとんどない」と考えたが、その一方で、物語には味わいや一貫性に欠けるところがあるともみていた。もっと肯定的な評価をする評論家もおり、観客数も多かった[13]。舞台と映画のテオドラは、モンテスキュー以来のテオドラ像、つまり実在のテオドラではなく、プロコピオスの叙述をもとにした人物であった。彼女のイメージは一九五四年上映の『テオドラ、ビザンツ帝国の皇后』（英語版は『テオドラ、奴隷の皇后』）においても改められなかった。そこでは、ベリー・ダンサーのテオドラがユスティニアヌスを虜にし、戦車競走で打ち負かし、そして政治の動乱に巻き込まれてゆく姿が描かれている。プロコピオスのテオドラ像をなぞるのではなく、それに応えてゆく主人公となるのは、もっとのちになってからで、架空の息子ヨハネスの視点から語られる、ジリアン・ブラッドショーの『熊使いの娘』や、ステラ・ダフィの『テオドラ――女優・皇后・娼婦・緋色の経帷子』といった小説を待たねばならない。

サルドゥの劇には思わぬ副作用があった。二十世紀の初めに、フランスのビザンツ史家シャルル・ディールをして、最初の本当に斬新なテオドラ像を描かせたことである。ディールはギリシア・ローマ以外の伝承を巧みに用いて、はるかに陰影に富む皇后テオドラ像を示した最初の学者――ただしその著作に註はない――であるとともに、エフェソスのヨハネスの『東方聖人伝』のような文献がもつ可能性を明らかにした学者でもあった。とはいえ、その著作もある程度までは『秘史』に束縛されていた。確かに、その点ではさほど大きな変化はなかった。もうひとりのビザンツ学者ハンス・ゲオルグ・ベックが一九八六年に巧みに述べたように、テオドラはプロコピオスの犠牲者であり続け、かつある程度までは、プロコピオスもテオドラの犠牲者であった(14)。

ディールの取り組み方は、完全に成功したとは言えずとも、理論的には正しかった。本当のテオドラと出会うために、私たちはプロコピオスによって押し付けられた枠組みを超えて、彼女が生きた時代と、『秘史』以外に残っている豊かな史料に目を向けなければならない。あらゆるテオドラ研究が直面する課題、すなわち因習や通念をものともしない人物をどう論じるのか、という課題は、過去のある時代、ある人物を扱う歴史叙述にとって根本的な問題である。皇后に期待されたのがなによりも敬虔さであった時代において、体制の部外者から支配者となったテオドラが、政治的影響力をもつ、カリスマ的女性であったことは間違いない。テオドラは敬虔であったが、それだけではなかった。聖ヴィターレ教会の素晴らしい壁画から輝き出る、厳かな力と威厳は、テオドラという女性の本質と、彼女が残そうとしたイメージを伝えている。

人物一覧

アガペトゥス　ローマ教皇　（在位五三五年五月十三日〜五三六年四月二十二日）。アンティムスの罷免を進め、コンスタンティノープル教会会議を招集した。

アナスタシウス　東ローマ皇帝（在位四九一〜五一八年）、デュラキウムの生まれ。四九一年以前の経歴については情報が欠落している。四九一年には宮廷式部官であったが、元老院議員ではなかった。アリアドネは彼をゼノの後継者に選んだ。

アニキア・ユリアナ　皇帝オリュブリウスの娘で、四六一年生まれ、五二七／八年没。カルケドン信条に忠実で、彼女の事業としては聖ポリュエウクトス教会の再建と聖エウフェミア教会の改修がある。

アピオン　五〇三〜五〇四年、ペルシアとの戦争のための軍事兵站部を組織するようアナスタシウス帝から任命された。五〇八年から五一〇年の間に、アンティオキアのセウェルス主教と書簡のやりとり。五一〇年に追放。五一八年に呼び戻されて、ユスティヌスによって道管区長官に任命されるに際し、カルケドン神学への忠誠を表明した。

アマラスンタ　イタリアの東ゴート王国の女王。テオドリック大王の娘で、父の死（五二六年）後、息子アタラリックの摂政となった。五三四年にアタラリックが死ぬと、従弟のテオダハッドを共同統治者に任じた。テオダハッドは、おそらく五三五年の四月に彼女を殺した。

アリアドネ、アエリア 皇后（在位四七四〜五一五年）。レオ一世の娘、四五七年にレオが皇帝となる前に生まれた。四六六／四六七年にゼノと結婚した。ふたりのあいだに生まれた息子レオ二世は、四七四年に共同皇帝としてゼノとともに皇帝となった。アリアドネは四七五〜四七六年のバシリスクスの反乱の際にゼノを支援した。四九一年にゼノ帝が死ぬと、彼女はアナスタシウスと結婚し、ゼノの後継者とした。

アンティムス 反カルケドン派コンスタンティノープル総主教（在位五三五〜五三六年）。以前はトレビゾンド主教で、同主教として、教義問題に関する五三二年のコンスタンティノープル会議ではカルケドン派の代表団の一員であった。五三六年の第二回コンスタンティノープル教会会議の前に罷免され、その会議で弾劾された。

アンテミウス、トラレスの 著名な数学者・建築家。五三二年に元の聖ソフィア教会が破壊されたあと、新たな聖ソフィア教会の建造を委ねられた。

アントニナ ベリサリウスの妻でテオドラの友人。元女優。

ウィギリウス ローマ教皇（在位五三七〜五五五年）。テオドリック大王のもとで道管区長官だったヨハネスの息子。五三〇年の教皇選挙に破れたが、そののち、教皇ボニファティウスの跡を継ぐことが合意された。ボニファティウスはのちにこの合意を破棄し、ウィギリウスはコンスタンティノープルの教皇代理人となった。五三六年、ローマに戻って、シルウェリウスの廃位ののち教皇に選ばれた。

ウィタリアヌス、フラウィウス トラキアの司令官。任地でアナスタシウス帝に対する反乱を起こした。反乱は、ウィタリアヌスが短期間コンスタンティノープルを包囲した五一三年に始まる。五一四年にコンスタンティノープルを攻撃し、アナスタシウスからカルケドン派の聖職者への支援の約束を得て撤退した。五一四〜五一五年、トラキア軍団司令長官。コンスタンティノープルでの敗北のあと追放され、その後呼び戻された。五一八〜五二〇年、総督兼中央軍団司令長官。五二〇年、コンスル。同年、ユスティヌスの命令で殺された。

ウェリナ、アエリア　皇后（在位四五七〜四七四年）。四七五〜四七六年の弟バシリスクスの帝位簒奪失敗のあと、逮捕された。レオ一世の妻、アリアドネの母。

クリュソマロ　テオドラの友人。

ゲリメル　ヴァンダル王（在位五三〇〜五三四年）。五三四年三月に降伏した。五三四年の凱旋式でユスティニアヌスに献上された。中部トルコの所領に幽閉されていたが、その地で死んだ。

ゲルマヌス　ユスティヌス一世の甥、ユスティニアヌスの従弟。五一八〜五二七年、トラキア軍団司令長官。五三六年、中央軍団司令長官およびコンスル。五三六〜五三九年（？）、アフリカで司令官。五四〇年、アンティオキアを守るため同市に派遣された。五五〇年没。

ケレル　五〇三〜五一八年、官房長官。イリュリクムの生まれで、五〇三〜五〇六年にはペルシアとの戦争を指揮したふたりの軍司令官のひとりであり、戦争を終結させた交渉において大きな役割を果たした。彼はアンティオキアのセウェルスの友人で、五一一年に、マケドニウスに対する陰謀に参加した。

コミト　テオドラの姉。

シッタス　テオドラの姉コミトの夫。五二八年、アルメニア軍団司令長官。五三〇〜五三八／九年、中央軍団司令長官。

シルウェリウス　ローマ教皇（在位五三六年六月八日〜五三七年三月）。ゴート人のローマ包囲の間に、ウィティギスと町の明け渡しを書簡で交渉したことを裏切りとみなされ廃位された。ローマ教皇ホルミスダスの息子である。

セウェルス、アンティオキアの　主教、神学者。反カルケドン派運動の主要な指導者。ピシディアのソゾポリスに生まれ、アレクサンドリアとベイルートで学んだ。キリスト教に改宗し、禁欲的な信者集団の指導者となる。五〇八年にコンスタンティノープルにやって来て、総主教マケドニウスの罷免にひと役買った。五一二年にアンティオキア主教に任命され、そのあと五一八年に罷免された。五三八年に死ぬまでおもにエジプトで暮らした。

ゼノ、フラウィウス　皇帝（在位四七四〜四九一年）。四六六／七年にアリアドネと結婚し、彼女とのあいだにひとり息子レオ二世をもつ。レオ二世はレオ一世のあとを継いだ。ゼノは四七四年二月九日にレオ二世より皇帝とされ、四七四年十一月にレオ二世が死んだのち、単独皇帝となる。四七六年にオドアケルをイタリア王と認めた。四七四年十一月から四七六年八月、バシリスクスの反乱の間追放されていた。四八八年、テオドリックにイタリア侵入を促した。

ゾーラ　アミダ地方出身の修道士。長く柱の上で過ごしたことで知られている。五三〇年代初めにコンスタンティノープルにやって来た。五三六年のコンスタンティノープル教会会議で頑なな反カルケドン派の見解を弾劾され、数年後死んだ。

テオダハッド　東ゴート王（在位五三四〜五三六年）。ベリサリウスの侵入に対応できなかったので廃位され、五三六年十二月に殺された。

テオドリック、フラウィウス　東ゴート王（在位四七一〜五二六年）、イタリアの支配者（四九三〜五二六年）。四七六／七〜四七八年は中央軍団司令長官であった。四七九年と四八二年にゼノ帝に対して反乱し、四八三〜四八七年に再度、中央軍団司令長官に任命された。四八八年、ゼノの誘いでイタリアに侵入し、四九三年オドアケル王を殺して、みずからイタリア王と称した。

トリボニアヌス　五二九〜五三二、五三五〜五四一年に宮廷法務長官、五四一／二年没。ユスティニアヌスの法改革の中心人物。

ナルセス　宦官、五三〇〜五三一／二年、寝室官。五三二〜五三五／六年、親衛隊長。五三七／八〜五五四年（または五五八／九年）、皇帝寝室長官。五三八／九年、ベリサリウスとともにイタリアで軍を指揮する。五四一年、カッパドキアのヨハネス逮捕に派遣された。五五一〜五六八年、イタリアの司令長官。五五二年にブスタ・ガッロールムでゴート族に決定的な勝利を収め、五五四年にカシリヌムでフランク族に勝利した。五六八年にコンスタンティノープルに召喚された。イタリアに戻り、その地で五七四年、九十五歳で死んだ。テオドラにとって信頼すべき同志であった。

バシリスクス、フラウィウス　簒奪者、ウェリナの兄弟。四六四～四六七／八年、トラキア軍団司令長官。四六五年、コンスル。四六八～四七二（？）年、中央軍団司令長官。四六八年北アフリカ侵攻に失敗した。四七五～四七六年、反ゼノの反乱を率いた。ゼノ帝に降伏して生命を保証されたが、投獄されて厳しい状況のもと、飢え死にしたと言われる。

ヒュパティウス　アナスタシウス帝の甥、五〇〇年、コンスル。五〇三年、中央軍団司令長官。五一三年に、トラキア軍団司令長官として、ウィタリアヌスの最初の反乱を鎮圧するよう任されたが、ウィタリアヌスに捕えられて、牢に閉じ込められた。のちに身請けされた。五一六（？）～五一八年、東方軍団司令長官、五二七～五二九年、再任。ニカの乱の際に帝位簒奪を試みたとして五三二年処刑された。

フレデグンデ　フランク族の王妃、フランク王ヒルペリヒの妻（おそらく五六八年以前に結婚）。非常に卑しい生まれだったと言われている。五九七年に死んだ。

プロコピオス　著作家、現存する作品は、『戦史』（五四三年？から五五二年の間に編纂）、『建築について』（五五三年頃）、『秘史』（五五〇年頃）である。パレスティナのカエサレアで五〇〇年頃生まれた。五二七～五三一年、おそらく秘書官としてベリサリウスに仕えた。そのあとベリサリウスのアフリカ侵攻にも同行。五三四年、コンスタンティノープルに戻る。五三五年にはシチリアでベリサリウスとともに勤務していたらしい。五三六年には短期間のアフリカ勤務。それ以外は五四〇年にベリサリウスが召喚されるまでイタリア遠征に同行。

プロブス、フラウィウス　アナスタシウス帝の甥、五〇二年、コンスル。アンティオキアのセウェルスの文通相手。五三二年のニカの乱の際には、群衆によって皇帝に歓呼されるのを避けた。五三三年、息子がテオドラの娘と結婚した。

ヘケボルス　テオドラの愛人。アナスタシウス帝のもとでキュレナイカの総督。おそらくテオドラの娘の父。

ベリサリウス　ユスティニアヌス帝のもっとも有力な将軍。ゲルマニア、今日ブルガリアのサパレヴァ・バニャの生まれ。ユスティニアヌスの親衛隊員。五二七～五二九年、メソポタミア総督。五二九～五三一年、東方軍団司令長官。五三二～五四二年、再任（?･）。北アフリカを再征服（五三三～五三四年）。五三五年、コンスル。五四〇年、イタリアでゴート人を破った。五四四～五四九年、皇帝厩舎長官、イタリア遠征。五四九～五五一年、東方軍団司令長官兼親衛隊長。五五九年、フン族に対して作戦を指揮した。五六二年、ユスティニアヌスに対する陰謀への加担を告発され、五六三年七月に容疑が晴れた。五六五年三月没。

ホルミスダス　ローマ教皇（在位五一四～五二三年）。コンスタンティノープル宮廷の高級官僚に宛てられた、カルケドン信条を擁護する多くの書簡が残されている。カンパニア地方の豊かな一族の出であった。

マケドニウス　コンスタンティノープル総主教（在位四九五～五一一年）。アナスタシウス帝によって罷免された。五一七年没。

マララス、ヨハネス　重要な年代記の著者。「マララス」はシリア語の単語「マラル＝雄弁家」に由来するので、おそらく弁論家でもあっただろう。五三〇年代にアンティオキアからコンスタンティノープルに移ったらしい。

マリヌス　五〇八（?）～五一二年、道管区長官。五一五年、ウィタリアヌスとの戦いにおけるアナスタシウス帝側の艦隊司令官。アンティオキアのセウェルスの友人で、かつてはユスティヌスの有力な支持者でもあったが、五一八～一九年にユスティヌスによって罷免された。

マルケリヌス　「もっとも高名な廷臣」。ヒエロニムスの年代記のあとを受けて、東皇帝テオドシウス一世の治世から五三四年までを扱う重要なラテン語年代記の著者。ユスティヌスの治世にはユスティニアヌスの秘書官であった。

ユスティヌス一世　皇帝（在位五一八～五二七年）。ユスティニアヌスの伯父で養父、五〇三～五〇四年、軍事長官。五一五～五一八年、エクスクビトル軍団司令長官。

ヨハネス、エフェソスの　著作家、主教、強硬な反カルケドン派。主要な著作として『東方聖人伝』『教会史』がある。五〇七年にアミダの近くで生まれた。五二九年にテッラのヨハネスから叙階された。五四二年、異教徒を改宗させるためアシアの司教に任命された。五五八年、肩書のみのエフェソス主教に叙任された。彼は投獄され、そのあとユスティヌス二世のもとでも五七一～五七四年の間追放となった。『教会史』のなかで日付のある最後の事件は五八八年のものであり、その事件のあとまもなく死んだものと思われる。

ヨハネス、カッパドキアの　五三二～五四一年、道管区長官。大規模な財政改革の主たる責任者。五四一年にテオドラの策略で追放された。五四八年のテオドラの死後、コンスタンティノープルに戻った。

ヨハネス、テッラの　反カルケドン派の神学者、生没年四八三年～五三八年。五三〇年代に反カルケドン派教会組織の創設に大きな役割を果たした。

ヨハネス、リュディア人　三つの現存する作品（いずれも隠遁の時期に書かれた）の著者。三つの作品とは、『月について』『徴に関して』『ローマ国家の官職に関して』である。リュディアの町フィラデルフィアの生まれで、五一一年にコンスタンティノープルに来て、道管区長官の部局に入った。その文学的業績をユスティニアヌスに認められ、五四三年コンスタンティノープルの教授職に任命された。五五一／五五二年に引退した。

年表

四二九年　ヴァンダル族のアフリカ侵入
四三一年　第一回エフェソス公会議
四三九年　ヴァンダル族のカルタゴ占領
四四一年（？）　アッティラがフン族の単独の王となる
四四九年　第二回エフェソス公会議
四五〇年　東ローマ皇帝テオドシウス二世没
　マルキアヌスの即位とテオドシウスの姉プルケリアとの結婚
四五一年　カルケドン公会議
四五三年　アッティラの死
　プルケリア没
四五五年　ヴァンダル族のローマ略奪
四五七年　マルキアヌス帝没、レオ一世の即位
四六八年　バシリスクスのアフリカ侵攻失敗
四七四年　皇帝レオ一世没、ゼノの即位

四七五年　ゼノ帝に対するバシリスクスの反乱
四七六年　イタリアで最後の西ローマ皇帝ロムルスの廃位、オドアケルがイタリア王となる
　　　　　ゼノ帝がバシリスクスを打倒する
四八二年　ユスティニアヌスの誕生（？）
　　　　　ゼノ帝が『ヘノティコン（統一令）』を発布する
四八四年　イルスの反乱が始まる
四八八年　イルスの反乱が終わる
四九一年　ゼノ帝没
　　　　　アナスタシウスの即位、アナスタシウスと皇后ウェリナの娘アリアドネの結婚
四九三年　テオドリックがオドアケルを殺し、イタリアに東ゴート王国を建てる
四九五年（？）　テオドラ誕生
五〇二年　ペルシアとの戦争
五〇三年　ローマとペルシアの和約
五〇八年　セウェルス（のちのアンティオキア主教）がコンスタンティノープルに来る
五一一年　アナスタシウス帝がコンスタンティノープル総主教のマケドニウスを罷免する
五一二年　セウェルスがアンティオキア主教となる
五一三年　ウィタリアヌスの最初の反乱
五一五年　ウィタリアヌスの三度目の反乱とその敗北
　　　　　皇后アリアドネの死
五一七年（？）　テオドラがヘケボルスと関係を持ち始める
五一八年（？）　テオドラに娘が生まれる

五二〇年　アナスタシウス帝没、ユスティニアヌスの養父ユスティヌス一世があとを継ぐ

五二一年　ウィタリアヌス殺害

五二二／二三年　アミダから反カルケドン派集団が追放される

五二四年　ユスティニアヌスとテオドラの結婚

五二五年　ナジュラーン市の虐殺事件

ラムラ会議

五二六年　エチオピア人の南アラビア侵入、ズー・ヌワースの敗北

大地震でアンティオキアが破壊される

五二七年　ユスティニアヌスが皇帝、テオドラが皇后となる。ユスティヌス帝没

五二八年　トリボニアヌスを長とするローマ法再編の委員会設置

地震でアンティオキアが再度破壊される

地震でソロイ・ポンペイオポリスが破壊される

五二九年　『ユスティニアヌス法典』の第一版

サマリア人の反乱

コンスタンティノープルで「異教徒」迫害

アテネの哲学学校閉鎖

少女売春禁止法

五三〇年　ペルシアとの戦争が始まる

ダラの戦い

五三一年　カリニクムの戦い

カッパドキアのヨハネスが道管区長官となる（最初の任命）

五三二年　ニカの乱
ペルシアとの和平
五三三年　「神の受難論」をめぐるコンスタンティノープル教会会議
カッパドキアのヨハネスが道管区長官に再任される
アフリカ侵攻、ヴァンダル族を破る
ユスティニアヌスの『学説彙纂』、『法学提要』（ローマ法の教科書）の完成
五三四年　テオドラの娘の結婚
ベリサリウスの凱旋
『ユスティニアヌス法典』の第二版
五三五年　イタリア侵攻
コンスタンティノープルの反カルケドン派総主教としてアンティムスの任命
アレクサンドリア総主教にテオドシウスを任命
ローマ教皇アガペトゥスのコンスタンティノープル訪問
五三六年　ローマ教皇アガペトゥスの死
コンスタンティノープル教会会議
コンスタンティノープル総主教アンティムス、アレクサンドリア総主教テオドシウスの罷免
ローマ包囲
ローマ教皇シルウェリウスの廃位とウィギリウスの選出
五三七年　聖ソフィア教会の奉献
五四〇年　ベリサリウスがラヴェンナを占領

	ペルシア軍がアンティオキアを占領
	ヤコブ・バラダイがエデッサ主教に任命される
五四一年	アレクサンドリアで腺ペスト
	カッパドキアのヨハネスの解任
五四二年	コンスタンティノープルで腺ペスト
五四二／四三年	テオドラの要請でベリサリウスが解任される
五四五年	ペルシアとの条約
五四八年	テオドラ没
五五七年	コンスタンティノープルの地震
五六二年	ユスティニアヌスに対する陰謀
五六三年	修復された聖ソフィア教会の再奉献
五六五年	ユスティニアヌス帝没

謝辞

本書の執筆にあたっては多くの方にお世話になった。まずは、この企画を提案してくださった叢書編集部の方々とステファン・ヴランカに感謝する。本書の完成も実のところ彼の助力のおかげである。教務部の筆頭副部長レスリー・モンツは、調査に取りかかるにあたって貴重な支援を与えてくださった。未刊行の著作も含めて入手困難な文献に、ミシガン州図書館連合を通じてアクセスする作業にも、多くの研究者から貴重な御支援をいただいた。ここでは、ジェフリー・グレートレックス、ヘニング・ベーム、ジョン・スカボロ、ジョン・マシューズ、マンナ・ヴェストリネンのお名前を挙げておきたい。マンナ・ヴェストリネンは、女優に関する未公刊の博士論文を送ってくださった。素晴らしい業績であり、おかげでテオドラの最初の職業を理解することができた。執筆が最終段階にあった時、マリア・ワイク教授は、カルルッチの映画『テオドラ』の場面をいくつか私に見せるとともに、ジェローム記念講演という権威ある連続講座において、表現媒体としての映画の誕生について話され、私も多くのことを学ばせていただいた。オックスフォード大学出版局の匿名の審査員には特別の謝意を表したい。その暖かい助言のおかげで、多くの間違いを避けることができ、さまざまの問題について再考することができた。ジェイソン・ズロースキがいなければ本書を書くことが出来なかったであろう。彼の忍耐強い協力によって、コークリーの『シリア語文法』の素晴らしさが理解できたのである。マット・ニューマンは最初の段階で原稿を読み、多くの助言をしてくださった。ローラ・マックラーもそうであった。ケヴィン・ルブラノとパリッシュ・ライトは、のちの段階で大きな援助を与えてくださった。ピート・オアスには、ミシガン州アン・アーバーのプリマス街の「エスプレッソ・ロワイヤル」が提供する快適な場所で、コーヒーを前にして本書の物語を聞いていただいた。スー・フィルポットはこのたびも、望みうる最高の校閲者であった。

　クレア、ナタリー、エレンは、もうひとりの「古代人」がひっきりなしに家庭に侵入してくるのを大目に見てくれた。そのことを心にとめて、本書を私の人生の女性たちに捧げる。

訳者あとがき

サーカスの踊り子から皇妃へと華麗な転身を遂げたというテオドラは、ビザンツ帝国の女性のなかでもっともよく知られた人物である。プロコピオス『秘史』では卑猥な踊り子、売春婦と蔑まれ、ラヴェンナの聖ヴィターレ教会のモザイクには気高い皇妃の姿を残しているテオドラ。本当のテオドラはどんな女性だったのだろうか？　歴史研究者だけではなく、劇作家、小説家、画家がさまざまなテオドラ像を描いてきた――私も短い伝記を書いたことがある（『ビザンツ皇妃列伝』白水Uブックス、第2章）。そして、ここにまたひとつ新たなテオドラが生まれた。オックスフォード大学出版局の「古代の女性」シリーズの一冊として刊行された本書において、著者のデイヴィッド・ポッター氏は、魅力的なテオドラを私たちに差し出している。

厳しい境遇をものともせず逞しく生き抜いた女性。周囲の人々への感謝を忘れず、かつての自分を思わせるような女性・子供・弱者に優しい皇妃。夫ユスティニアヌス一世とは宗教問題で意見を異にしたが、お互いを尊敬し、信頼していた夫婦……。ポッター氏は、プロコピオスだけではなく、さまざまな史料・記録にテオドラの実像を求め、彼女の時代・社会にも注目して、新たなテオドラ像、魅力的で説得力のあるテオドラ像を示している。

本書は単なる伝記ではなく、歴史学の専門書でもある。著者の描く新たなテオドラ像を日本の読者にわかりやすく伝えるという難しい仕事を、白水社編集部の糟谷泰子さんのご協力を得て完成することができた。さあ、テオドラの世界へようこそ。

二〇二五年二月

井上浩一

訳者略歴
京都大学文学部卒、同大学大学院文学研究科博士課程単位取得退学、大阪市立大学名誉教授
主要著訳書
『生き残った帝国ビザンティン』（講談社学術文庫）、『ビザンツ皇妃列伝――憧れの都に咲いた花』（白水Uブックス）、『歴史学の慰め――アンナ・コムネナの生涯と作品』（白水社）、『私もできる西洋史研究――仮想（バーチャル）大学に学ぶ』（和泉書院）、『世界の歴史（11） ビザンツとスラヴ』（共著、中公文庫）、ハリス『ビザンツ帝国の最期』、ヘリン『ラヴェンナ――ヨーロッパを生んだ帝都の歴史』（以上、白水社）

テオドラ
女優からビザンツ皇后、聖人へ

二〇二五年 三月一五日 印刷
二〇二五年 四月 五日 発行

著者 デイヴィッド・ポッター
訳者 © 井《いの》上《うえ》浩《こう》一《いち》
装丁者 柳川貴代
発行者 岩堀雅己
印刷所 株式会社理想社
発行所 株式会社白水社

東京都千代田区神田小川町三の二四
電話 営業部〇三（三二九一）七八一一
編集部〇三（三二九一）七八二一
振替 〇〇一九〇-五-三三二二八
郵便番号 一〇一-〇〇五二
www.hakusuisha.co.jp
乱丁・落丁本は、送料小社負担にてお取り替えいたします。

株式会社松岳社

ISBN978-4-560-09159-3

Printed in Japan

索引

あ行

アガペトゥス（教皇、535–536） 225–227, 235
アコイミタイ（カルケドン派の修道士集団） 147
アスパル（将軍） 34, 35
アッティラ（フン族の王） 32, 33, 46, 110, 206
アナスタシア（テオドラの妹） 18, 23
アナスタシウス（テオドラの孫） 74, 75, 258
アナスタシウス（皇帝、491–518） 33, 35, 50, 75, 79, 80, 83, 85, 88–91, 93–96, 100, 101, 103–105, 111, 112, 125, 144, 146, 152, 183, 187, 193, 194, 195, 204, 219, 221, 258 アリアドネ、プロブスも見よ
アニキア・ユリアナ 142–147, 173, 194
アピオン（道管区長官） 111
アマラスンタ（東ゴート女王） 45, 47, 161, 181, 210
アミダ 12, 13, 70, 122–124, 134, 172, 175, 214, 220, 253
アリアドネ、フラウィア（皇后、474–514） 35, 36, 43–45, 57, 68, 90–93, 111, 125, 146, 163, 200, 219, 259
アリウス派 29–31, 34, 170, 211, 212
アル・ムンディル三世（ナスリド族の王） 134–136, 173
アレクサンドリア 25, 83, 86, 132, 246, 255 キュリロス、セウェルス、テオドシウスも見よ
アレマンニ、ニコロ 264, 265
アンティオキア 18, 25, 26, 63, 64, 81–84, 92, 100–103, 106, 107, 114, 160, 174–176, 186, 236 セウェルスも見よ
アンティムス（コンスタンティノープル総主教、535–536） 223–228, 230, 235, 242
アンテミウス、トラレスの（建築家） 13, 146, 147, 205
アントニナ（ベリサリウスの妻） 41, 47, 49, 74, 174, 210, 238–243, 249, 250, 258, 261, 262
イルス（高級官僚、反乱者） 35, 44, 45, 89, 111
ヴァンダル族 30, 38, 46, 78, 98, 144, 202, 203, 206, 207, 209–213, 217
ウィタリアヌス（将軍） 33, 34, 85, 92–95, 98, 102, 104, 109–113, 117, 118, 126, 148, 257
ウェリナ、アエリア（皇后、457–484） 34, 35, 44–46, 125
エウフェミア（カッパドキアのヨハネスの娘） 240
エウフェミア（皇后、519–521?） 95, 110, 112, 119, 124, 126
エウフェミア、聖 143, 144
エウプラクシウス（宦官、セウェルスの文通相手） 88
エフェソス公会議 31, 89, 115, 165, 208, 216

か行

『学説彙纂』 217
「神の受難論」 118
カルケドン公会議（451 年） 12, 31, 32, 43, 49, 80, 89, 115, 116, 147, 165, 171, 213, 224, 264 聖エウフェミアも見よ

カワード（ペルシア王、473–531） 138, 139, 161, 172, 186
ギボン、エドワード 265, 266
キュリロス（アレクサンドリア主教、412–444） 115, 208, 218, 219
キュロス 114, 115
クリュソマロ（テオドラの友人） 41, 64
競馬党派 ポルフィリウスも見よ
儀式での役割 21, 29, 156
宮廷との結びつき 85, 92, 99, 100, 101
教育と雇用 19, 20, 22–24
座席 23, 99, 100, 189
社会的重要性と受け止められ方 34, 94, 97, 99, 147, 148, 169, 189
彫像 21, 86
賃金 20
ニカの乱 185, 190–200
暴動、暴力とその禁止 85, 100, 101, 170, 175, 189, 198
本部・支部とネットワーク 82, 99, 100, 103, 106
ゲリメル（ヴァンダル王） 202, 209, 211
ゲルマヌス（ユスティニアヌスの従兄弟） 50, 159, 257, 258
ケレル（帝国官僚） 93, 94, 104, 111, 112
コミト（テオドラ） 18–20, 22, 23, 38, 39, 41, 58, 124, 253, 258, 259
コンスタンティノープル 聖ソフィア教会、聖ポリュエウクトス教会、聖セルギウス＝バックス教会も見よ
「新しいローマ」 26, 230
記念碑 26–28, 35, 85, 86
競馬場 17, 23, 85, 86, 92, 94, 99–101, 130, 156, 190–204
競馬党派の区域 9
～教会会議、536 年の 214, 222, 225–228, 250, 251
修道院 88, 124, 143, 147, 148, 193, 225
食糧供給 22
人口 23, 247
創建 24–26, 97, 98
大宮殿 23, 129–131
ペスト流行、542 年の 245–249
ホルミスダス宮殿 129–131, 136, 140, 142, 214, 217, 220, 224, 226–228, 230, 234, 254

さ行

サルドゥ、ヴィクトリアン 267–271
地震、アンティオキアの 160, 174, 176, 186
シッタス（テオドラの姉の夫、将軍） 118, 124, 125, 159, 174, 201, 205, 253
使徒教会、聖 9, 16, 26, 27, 128, 143, 196, 199, 262
シメオン「ペルシアの論客」 134–136, 171
修道院 13, 52, 87, 88, 98, 103, 104, 147, 148, 169, 174, 175, 180, 183, 193, 214, 215, 218, 225, 236, 261, 263
娼婦 →売春
食事
魚 22, 149, 150
～と健康 149
肉 17, 21, 149
パン 17, 21, 22
シルウェリウス（教皇、536–537） 242, 243, 261, 265
ズー・ヌワース（ヒムヤル王） 133–136, 138
税 97, 187, 208, 248
セウェルス（アンティオキア主教）
意見、見方、神学 87, 107, 108, 117, 125, 152, 171
影響力と人脈 88, 89, 103, 104–106, 215, 218, 223, 224
教育と経歴 86–88, 97, 152
主教として 83, 84, 91, 95, 104, 105, 106, 112, 141
テオドラとの関係 83, 84, 102, 107, 112, 162, 222, 224, 227, 228, 242

マケドニウスの廃位　90, 91
見世物に対する敵意　62, 63, 84, 102, 106
ユスティニアヌス宛の 532 年の手紙　215
セウェルス、カルスの息子（架空の皇帝）　27
ゼノ、フラウィウス（皇帝、474–491）　33, 35, 36, 44, 45, 88–92, 98, 100, 111, 113, 125, 146, 147, 200, 206, 219, 259　アリアドネも見よ
セルギウス＝バックス教会、聖　14, 105, 136, 140–143, 179, 214
『戦史』　→プロコピオスの下位項目
ゾーラ（修道士）　42, 43, 53, 221, 222, 225, 227, 228
ソフィア（テオドラの姪）　258, 259
ソフィア教会、聖　13, 14, 20, 26, 35, 50, 90, 95, 119, 127–129, 193, 205, 230–233, 248, 262　パウルス・シレンティアリウスも見よ

た行

ダニエル、柱頭行者　88, 89, 147
単性論／合性論（定義）　31, 216　反カルケドン派も見よ
ツァティオス（ラジカの王）　138, 171
ディオニュシウス（西暦の考案者）　208
テオトコス（神の母）　→マリア、聖母
テオドシウス（アレクサンドリア主教）　223, 224, 226–228, 230, 235, 245, 253–255
テオドシウス（帝国官僚）　126
テオドシウス一世（皇帝、379–395）　24, 29, 31, 63, 89, 144, 192, 196
テオドシウス二世（皇帝、408–445）　24, 27, 30–32, 57, 99, 100, 115, 125, 139, 144, 155
テオドラ（皇后、527–548）　アントニナ、コミトも見よ
～とアンティオキア　18, 83, 84, 174, 175
イメージ、評価、称賛と誹謗　10–14, 37–44, 46, 49, 50, 54, 55, 57, 70, 74, 113, 177, 181, 188, 192, 239–245, 249, 250, 261–272
教育、価値観　18, 19, 27, 31, 34–36, 106–108, 151, 159, 178, 180, 185, 186, 228, 239, 259, 260
結婚に関する法律変更　55, 120–122, 232, 234
個人的な習慣、食生活と外見　9, 21, 22, 24, 28, 125, 149, 162, 163, 246, 249, 256, 257
子と孫、姪　75, 76, 124, 182, 183, 204, 232, 253, 258
死　18, 258, 259
娼婦たちへの対応　41, 42, 76, 77, 179, 180, 234, 235
誕生、出身地、家族　16–20, 22–24, 124, 125, 174
内縁の妻として　66, 74, 76–80
ニカの乱　196–198, 200, 201
パトリキア、皇后として　127–129, 131, 140, 146, 148, 149, 151–153, 155–157, 159–163, 165, 166, 174, 178, 179, 181, 182, 184, 185, 201, 202, 210, 237–241, 244, 249, 250, 257
～と反カルケドン派　53, 82, 102, 106, 108, 112, 122–125, 132, 134–136, 141–143, 175, 204, 205, 213–215, 218–224, 226–228, 245, 253–255
舞台とその後のキャリアと人脈　9, 39, 40, 43, 55, 56, 58–62, 64, 65–67, 77, 82–85, 101–103, 108, 112–114, 117, 171, 172, 181, 205, 206, 210, 239
モザイクや彫像　10, 163–165, 167, 168
ユスティニアヌスとの出会いと関係　9, 82, 106, 114, 117–120, 124, 150, 183, 223, 224, 228, 231, 250, 251, 256, 260
列福、聖人　10, 263, 264
テオドリック（イタリア王、493–526）　46, 113, 152, 206, 207, 212

テオドロス（ボストラ主教）　255
テオドロス（伝奏官）　247, 250
デモステネス（道管区長官）　120
同性愛の禁止　177, 178, 180
『東方聖人伝』（エフェソスのヨハネス）　12, 120, 272
トマス（『政治学に関する対話』登場人物）　189
トマス（542年の上院議員）239
トマス（アミダの修道士）　122, 123
トマス（ユスティニアヌスの医師）　199
トマス（特別諜報部員）　114–116
トリボニアヌス（宮廷法務長官）　118, 153, 155, 158, 159, 166, 168–170, 178, 180, 182, 187, 188, 194, 198, 205, 217, 246, 247, 252, 260　『学説彙纂』『法学提要』『ユスティニアヌス法典』も見よ

な行

内縁の妻、妾　66, 74, 76–79, 83, 95, 122, 180, 234
ナジュラーン　133–135
ナルセス（寝室長官）　199, 224, 240, 241, 250, 260
ネストリウス（コンスタンティノープル総主教、428–431）　115, 116, 208, 216, 217
ネストリウス派　116, 134–136

は行

売春、娼婦　37–39, 41, 43, 51, 55, 56, 61, 64, 65, 75–77, 83, 95, 179, 180, 192, 234, 235, 261, 262, 265
パウルス（アレクサンドリア主教）　123
パウルス・シレンティアリウス（帝国官僚、詩人）　66, 68, 230, 239, 248
　聖ソフィア教会再建を称える詩　230, 231, 248
バシリスクス（ウェリナの弟、反乱者）　34, 35, 45, 88, 89, 100, 111, 147, 203
パトリキウス（地位）　127, 128
反カルケドン運動　セウェルスも見よ
　アナスタシウス帝と　84, 85, 204
　教義、信条　43, 90, 101, 102, 118, 224
　指導者、修道士　53, 80, 82, 84, 87, 122, 134, 211, 215, 221, 222, 224, 227, 245, 253
　ゼノ帝と　89, 147
　テオドラと「テオドラ党」　31, 106, 108, 112, 141, 204, 218, 220–222, 253, 262, 263
　ユスティニアヌス帝と　117, 118, 170, 172, 174, 213–215, 223, 224, 228
　ユスティヌス帝治下の　95, 96, 98, 101, 112, 122, 132–134, 136, 255
『秘史』　→プロコピオスの下位項目
避妊　39, 69–72
ヒュパティウス（アナスタシウス帝の甥）　85, 92, 136, 139, 152, 171, 193, 194, 196–201, 207, 219
フォーカス（寝室長官）　88, 103
フォーカス（道管区長官）　198, 239, 256
プリスクス（テオドラを誹謗した高級官僚）　37, 49, 66, 101
プリスクス（帝国官僚、歴史家）　206
プルケリア（テオドシウス二世の姉、マルキアヌス帝の皇后）　32, 36, 57, 125, 165
フレデグンテ（フランク王妃？　568–597）　48
プロコピオス、カエサリアの（帝国官僚、歴史家）　11, 37–47, 49–54, 56–59, 63, 64, 66, 74–76, 82, 106, 109, 111, 113, 114, 117, 119, 124, 126, 127, 151–153, 158, 162, 171, 172, 177, 178, 181–184, 187, 189, 190, 196–198, 201, 204, 206, 207, 209, 219, 228, 229, 230, 232, 234, 235, 237–245, 247–250, 255–259, 262, 264–266, 271, 272
　『戦史』　189, 197, 265, 266
　『秘史』　11, 37, 38, 44, 47, 49, 54, 64, 76, 127, 189, 197, 235, 238, 242, 243, 248, 259, 264–267, 272

プロブス（アナスタシウスの甥） 88, 92, 194, 204, 232, 253, 260
ヘケボルス（帝国官僚） 74, 76–80, 82, 84, 85, 122, 155, 159
ペテロ＝パウロ教会、聖 140, 141, 165, 214
ペトルス（アパメア主教） 225, 227, 242
ペトルス、パトリキウスの（歴史家、外交官） 210, 250
ペトルス・バルシュメス（道管区長官） 244, 248, 250
ベリサリウス（将軍） 11, 38, 41, 47, 125, 159, 174, 175, 186, 195, 197, 199, 202, 203, 205, 206, 209, 210, 214, 216, 236, 237, 239, 240, 242, 243, 249, 250, 252, 254, 258, 261, 262
ペルシア 25, 26, 49, 105, 116, 122, 129, 132–139, 161, 163, 171–174, 178, 200, 215, 217, 255
ペルシア戦争
502–506 年 111, 145
529–532 年 185–187, 203, 204, 205
540–545 年 236, 237, 244, 249, 252
ベルナール、サラ 267, 269, 270
『法学提要』 205, 217
ホスロー（ペルシア王、531–579） 49, 138, 139, 172, 236, 237, 249
ポリュエウクトス教会、聖 142, 143, 145, 173
ポルフュリウス（鯨） 257
ポルフュリウス（御者） 85, 86, 100, 101, 106
ホルミスダス（教皇、514–523） 113, 117, 118, 126, 213, 216
ホルミスダス宮殿 →コンスタンティノープルの下位項目
ポンペイウス（アナスタシウスの甥） 152, 193, 194, 196, 197, 200, 207

ま行

マケドニア（テオドラの友人） 83, 85, 101, 106, 108, 113, 114, 117
マケドニウス（コンスタンティノープル総主教、496–511） 68, 85, 89–93
マララス、ヨハネス →ヨハネス・マララス
マリア、聖母 34, 56, 90, 115, 163, 165, 168, 174, 191, 216, 231
マリヌス（道管区長官） 96, 97, 111, 112
マルキアヌス（皇帝、450–457） 27, 32, 66, 125
マルケリヌス（歴史家） 165, 207
マレ（世捨て人） 123, 220–223, 225, 260
ミサエル（宦官） 103, 162, 222
メナス（コンスタンティノープル総主教、536–552） 227, 228
メナス（道管区長官） 180, 181
モンテスキュー 265, 266, 271

や行

ヤコブ、サルグの 63
ヤコブ・バラダイ（主教） 255
ユスティニアヌス、ペトルス・フラウィウス・サッバティウス（皇帝、527–565）『学説彙纂』、聖ソフィア教会、『法学提要』『ユスティニアヌス法典』も見よ
出身とユスティヌス即位までの経歴 94, 109–111, 113, 126, 127, 129, 131, 132, 135–137, 139, 153, 155, 156
性格、個人的な習慣 117, 118, 129, 219, 228, 229, 241, 248, 249
政治・行政・戦争 42, 55, 158–161, 166–178, 185–188, 202–205, 207–209, 211, 213, 226, 232, 250, 252, 253, 256
即位、帝位継承 139, 140, 146, 156, 157
テオドラとの出会いと関係 9, 65, 77, 82, 83, 106, 113–115, 119, 120, 122–125, 136, 150, 161, 166, 171, 178, 179, 181–

183, 219, 221–224, 228, 232, 234, 236, 239, 243, 245, 248, 249, 251, 256, 257, 260
伝説　42, 261, 262
ニカの乱における　189–200
反カルケドン派との関係　42, 214–217, 221, 223, 226, 227, 254, 255
病気、542 年の　248–250
『ユスティニアヌス法典』 166, 168, 178, 187, 265
ユスティヌス、フラウィウス（皇帝、518–527） 21, 31, 50, 93–96, 98, 101–105, 107, 109–112, 114, 116, 117, 119–122, 124–128, 131, 132, 134, 135, 137–140, 144, 146, 153, 156, 158–160, 162, 169, 175, 187, 195, 214, 265
婚姻に関する法律の変更　75, 119–122, 232, 265
ユスティヌス二世（皇帝、565–578） 50, 258
ユスティヌス（ゲルマヌスの息子、540 年のコンスル）50, 164
ヨハネ一世（教皇、523–526） 214
ヨハネス（ウィタリアヌスの甥） 257, 258
ヨハネス（おそらく実在しないテオドラの息子） 75, 271
ヨハネス（テオドラの孫） 258
ヨハネス（補給将校） 50
ヨハネス、エフェソスの（主教） 12, 37, 42, 43, 53, 55, 106, 120, 122, 123, 186, 188, 214, 217, 220, 225, 227–229, 245, 247, 253, 255, 256, 259, 260, 272 『東方聖人伝』も見よ
ヨハネス、カッパドキアの（道管区長官） 41, 50–53, 118, 153, 159, 181, 182, 187, 188, 194, 196, 198, 205, 209, 224, 235, 237–245, 250, 251, 255, 264
ヨハネス、テッラの（主教） 53, 215
ヨハネス、ヘファイストポリスの　253, 254
ヨハネス「大食漢」（将軍） 249, 250
ヨハネス・マララス（歴史家） 127, 176, 178, 179, 190, 238, 243, 244
ヨハネス・リュドス（リュディア人、帝国官僚、著作家） 50–54, 67, 96, 120, 152–155, 171, 178, 179, 182, 184, 187–189, 237, 238, 242–245

ら行

ラムラ　135, 136, 141, 173
リベラトゥス（歴史家） 223, 225, 226, 242, 243
レオ（教皇、440–461） 213
レオ一世（皇帝、457–474） 27, 34, 35, 36, 45, 46, 125, 144, 146, 154
レオ二世（皇帝、474） 36, 44, 156
ローマ
ヴァンダル人に略奪された宝物　203
起源、伝統としての　13, 17, 20, 59, 77, 203, 208, 252
元老院　97, 98, 113, 181, 206, 207, 212, 225
537 年の包囲　242, 243
コンスタンティノープルとの関係　25, 26, 181, 212–214, 230

略記

ACO	*Acta Conciliarum Oecumenicorum*, ed. E. Schwartz and J. Straub（Berlin, 1914–1983）
AJA	*American Journal of Archaeology*
An. Tard.	*Antiquité Tardive*
AW	*Ancient World*
BASP	*Bulletin of the American Society of Papyrologists*
BÉ	*Bulletin Épigraphique*
BIFAO	*Bulletin de l'Institut Français d'Archéologie Orientale*
BMGS	*Byzantine and Modern Greek Studies*
BZ	*Byzantinische Zeitschrift*
CA	*Classical Antiquity*
CQ	*Classical Quarterly*
DOP	*Dumbarton Oaks Papers*
GRBS	*Greek Roman and Byzantine Studies*
HTR	*Harvard Theological Review*
JHS	*Journal of Hellenic Studies*
JLA	*Journal of Late Antiquity*
JNES	*Journal of Near Eastern Studies*
JÖB	*Jahrbuch der Österreichischen Byzantinistik*
JRA	*Journal of Roman Archaeology*
JRS	*Journal of Roman Studies*
JTS	*Journal of Theological Studies*
PBSR	*Papers of the British School in Rome*
PCBE Asie	S. Destephen, *Prosopographie chrétienne du Bas-Empire 2: Prosopographie du Diocèse d'Asie*（*325–641*）
PCBE Italie	C. Pietri, L. Pietri et al., *Prosopographie chrétienne du Bas-Empire 2: Prosopographie de l'Italie chrétienne*（*313–641*）
PIR²	*Prosopographia Imperii Romani*（*2nd ed.*）
PLRE 2	*Prosopography of the Later Roman Empire* vol. 2, ed. J. R. Martindale
PLRE 3	*Prosopography of the Later Roman Empire*, vol. 3, ed. J. R. Martindale
PO	*Patrologia Orientalis*
RhM	*Rheinische Museum für Philologie*
SEG	*Supplementum Epigraphicum Graecum*
T&MByz	*Travaux et Mémoires*

TAPA	*Transactions of the American Philological Association*
ZAC	*Zeitschrift für Antikes Christentum*
ZPE	*Zeitschrift für Papyrologie und Epigraphik*

原史料

※繰り返し引用した文献のみを挙げた。その他の文献については、Oxford Classical Dictionary または Prosopography of the Later Roman Empire の略記欄を参照してほしい。

Aet. *Tetrab*	Aetius of Amida, *Tetrabiblos*
Agath.	Agathias, *Historiae*
Anon. *Peri pol.*	Anonymous, *Peri Politeias*
Anon. *Sev.*	Anonymous, *Vita Severi*
Anth. Gr.	*Anthologia Graeca;* books 1–15 = *Anthologia Palatina;* Book 16 = *Anthologia Paludea*
AP	*Anthologia Paludea*
Apul. *Met*	Apuleius, *Metamorphoses*
Aug. *de Trin.*	Augustinus, *de Trinitate*〔アウグスティヌス『三位一体論』中澤宣夫訳、東京大学出版会、1975 年〕
Candidus	Candidus（R. C. Blockley, *The Fragmentary Classicizing Historians of Late Antiquity*［Trowbridge, 1983］）
Cass. *Var.*	Cassiodorus, *Variae*（ed. Mommsen）
Cedr.	Georgius Cedrenus, *Compendium Historiarum*
Chron. Pasch	*Chronicon Paschale*
CJ	*Codex Justinianus*
Coripp. *Iust*	Corippus, *In Laudem Iustini Augusti minoris Libri iv*（ed. Averil Cameron）
CTh	*Codex Theodosianus*
Cyr. Scyth. *V. Sabae*	Cyril of Scythopolis, *Vita Sabae*（Life of St. Saba）
De Caer.	*Liber de Caeremoniis*
Evagr. *HE*	Evagrius, *Ecclesiastical History*
Greg. Tur. *HF*	Gregory of Tours, *Historia Francorum*〔トゥールのグレゴリウス『新訂フランク史』杉本正俊訳、新評論、2019 年〕
Joh. Ant, fr,	John of Antioch, Fragments（ed. Mariev）
Joh. Eph. *Chron.*	John of Ephesus, *Chronicle*, ed. W. J. Van Douwen and J. P. N. Land, *Joannis Episcopi Ephesi Syri Monophysitae Commentarii de Beatis Orientalibus et Historiae Ecclesiasticae Fragmenta*（Amsterdam, 1889）
Joh. Eph. *HE*	John of Ephesus, *Ecclesiastical History*

Joh. Eph. *V. SS. Or.*	*Lives of the Eastern Saints*（*Vitae Sanctorum Orientalium*), ed. E. W. Brooks（PO xvii, xviii, xix; 1923, 1924, 1926）: ページ数はブルックス版の通し番号による
Joh. Lyd. *de mag.*	John Lydus, *De Magistratibus Populi Romani*
Joh. Nik.	John of Nikiu, *The Chronicle of John of Nikiu*, tr. R. H. Charles
Just. *Nov.*	Justinian, *Novellae*
Lib. Pont.	*Liber Pontificalis*
Liberat. *Brev.*	Liberatus, *Breviarium causae Nestorianorum et Eutychianorum*
［Luc.］*As.*	［Lucian］Asina
Malal.	John Malalas, Chronographia（J. Thurn, *Joannis Malalae Chronographis*［Berlin, 2000］を見よ）
Malal. Fr.	John Malalas fragments, ed. Thurn, *Joannis Malalae Chronographis*
Malchus	Malchus of Philadelphia（R. C. Blockley, *The Fragmentary Classicizing Historians of Late Antiquity*［Trowbridge, 1983］）
Marcell. com. s.a.	Marcellinus comes, Chronicle（ed. Mommsen, *Chronica Minora* II［Berlin, 1894］）（1 年ごとの年代表示）
Mart. Areth.	The Martyrdom of Arethas（ed. M. Detoraki, *Le martyre de Saint Aréthas et des compagnons*［Parin, 2007］）
P. Perp. & Fel	*Passio Perpetuae et Felicitatis*
Par. Syn.	*Parastaseis Syntomoi Chronikai*（*ed.* Cameron and Herrin, *Constantinople in the Early Eighth Century*: the Parastaseis Syntomoi Chronikai［Leiden, 1984］）
P. Bingen	*Papyri in Honorem Johannis Bingen Octogenarii*（ed. H. Melaerts. Leuven, 2000）
P. Oxy.	*The Oxyrhynchus Papyri*
P. Harrauer.	*Wiener Papyri als Festgabe zum 60. Geburtstag von Hermann Harrauer*（ed. B. Palme. Vienna, 2001）
Procop. *Aed.*	Procopius, *Concerning Buildings*
Procop. *Anecd.*	Procopius, *The Secret History*〔プロコピオス『秘史』和田廣訳，京都大学学術出版会、2015 年〕
Procop. *Bell.*	Procopius, *Wars*
Ps.-Dion. *Chron.*	*Chronicon Pseudo-Dionysium vulgo dictum*（tr. W. Witakowski, Pseudo-Dionysius of Tel-Mahre, Chronicle, Part III）
Ps.-Zach. *Chron.*	*The Syriac Chronicle Known as That of Zachariah of Mitylene*
Sel.Pap.	*Select Papyri*（Loeb Classical Library 3 vols. Ed. A.S. Hunt, C.C. Edgar and D.L. Page, 1932–1941）
Sev. Ant. *Ep.*	Severus of Antioch, *Epistulae*, ed. and tr. E. W. Brooks（PO 12［1915］, 14［1919］）
Sev. Ant. *Ep. Sel.*	*The Sixth Book of the Select Letters of Severus, Patriarch of Antioch*, ed. and tr. E. W. Brooks（London, 1902–1914）

Sor. *Gyn*	Soranus, *Gynecology*
Tac. *Ann.*	Tacitus, *Annales*〔タキトゥス『年代記』国原吉之助訳、岩波文庫、1981 年〕
Victor Tonn.	Victor Tonnensis, *Chronicle*（ed. Mommsen）
Theoph. *A.M.*	Theophanes *Chronographia*（世界年による 1 年ごとの年代表示）
Zach. *V. Sev.*	Zacharias Rhetor, *Vita Severi*
Zon.	Ioannes Zonaras, *Epitome Historiarum*

原註

第1章　コンスタンティノープル

1. 凱旋式の経路とカピトリウムの機能については、C. Mango, "The Triumphal Way of Constantinople and the Golden Gate," *DOP* 54（2000）: 177 を見よ。地区ごとの施設一覧をもとにしたコンスタンティノープルに関する明快な研究としては、J. F. Matthews, "The *Notitia Urbis Constantinopolitanae,*" in L. Grig and G. Kelly, eds., *Two Romes: Rome and Constantinople in Late Antiquity*（Oxford, 2012）: 81–115 を見よ（以下の記述はこの施設一覧に多く負っている）。テオドラの石棺については P. Grierson, C. Mango, and I. Sevcenko, "The Tombs and Obits of the Byzantine Emperors（337–1042）; with an Additional Note," *DOP* 16（1962）: 30–32, 46 を見よ。
2. G. Dagron, *L'hippodrome de Constantinople: jeux, peuple et politique*（Paris, 2011）: 112。
3. テオドラの誕生年については、アナスタシウス帝時代にまだ5歳だったというだけで、確実な記録はない。私は490年ではなく495年と考える。というのは、彼女は530年になお子供を産みたいと言っていたからである。C. Foss, "The Empress Theodora," *Byzantion* 72（2002）: 164–165 は、彼女の誕生を490年頃ないしその少しあととしているが、フォスはテオドラに息子ヨハネスがいたことを認めており、私は認めていない（本書75ページ参照）。アナスタシウス帝時代のテオドラの年齢については、Procop. *Anecd.* 9.3（プロコピオス『秘史』69ページ）及び本書17〜18ページ参照。生誕地についてのさまざまな説については、本書262〜263、第12章註2を見よ。
4. ローマ世界の人口に関する基本的な研究は現在でも、R. Bagnall and B. W. Frier, *The Demography of Roman Egypt*（Cambridge, 1994）である。女性についてはとくに同書84〜90ページ参照のこと。初期ビザンツ時代のデータをみると、平均寿命はもう少し高かったことがわかる。E. Patlagean, *Pauvreté économique et pauvreté sociale à Byzance 4e—7e siècles*（Paris, 1977）: 98–99 を見よ。しかしこれらのデータは、埋葬の碑文によるものであり、実際の平均寿命よりやや高い数値を示す傾向がある。B. W. Frier, "Roman Life Expectancy: The Pannonian Evidence," *Phoenix* 37（1983）: 335–344 を見よ。テオドラの孫については本書74〜75、258ページを見よ。
5. テオドラの黙読については本書162〜163ページ参照。なお、ユスティニアヌスと関係ができる以前に彼女が機密報告書を作成していたことについては本書18、113〜114ページ、女性の筆記全般ついては R. S. Bagnall and R. Cribiore, *Women's Letters from Ancient Egypt 300 BC—AD 800*（Ann Arbor, 2006）: 5–24 を見よ。同書は、これらの書簡に見られる女性が上層中流階級ないし上流階級であることに注目している。テオドラ一家の相対的な社会的地位は、上層中流階級の最下層といったところであろう。父の職業については本書18ページを見よ。M. Vesterinen, "Dancers and Professional Dancers in Roman Egypt"

(Ph.D. thesis, Helsinki, 2007): 102–107によると、平均的な踊り子は1日約12ドラクマほど稼ぎ、普通の労働者は1ドラクマ5オボロスほどの収入で、これが最低生活費であった。博士論文を参照させてもらったヴェスタリネン（現サタマ）博士に深く感謝する。本書20ページで取り上げた給料表では、踊り子は「応援団員」と同じ格付けであった。そのことから、テオドラ一家のような社会的地位の家族なら、娘に教育を受けさせることは可能だったと思われる。ペルペトゥアについては、*P. Perp. & Fel.*の随所をを見よ。ウィンドランダのクラウディア・セウェラの文書については、以下のURL、http://vindolanda.csad.ox.ac.uk/TVII-291にアクセスせよ（Tab. Vindol. II 291）。R. J. Lane Fox, "Literacy and Power in Early Christianity," in A. Bowman and G. Woolf, eds., *Literacy and Power in the Ancient World*（Cambridge, 1994): 142–143も参照のこと。中世後期の女性の識字率のきわめて低い数値からの類推は適切ではない。このような数値についてはA. Laiou, "The Role of Women in Byzantine Society," *XVI. Internationaler Byzantinistenkongress*（Vienna 1981), *Akten* I/1 = *JÖB* 31/1 (1981): 253–257を参照のこと。

6. Dagron, *L'hippodrome*, 108–115、C. Roueché, *Performers and Partisans at Aphrodisias in the Roman and Late Roman Periods. Journal of Roman Studies*, Monograph 6（London, 1993): 44–47。プログラムについては*P. Oxy.* 2707、*P. Harrauer* 56、*P. Bingen* 128; *P. Oxy.* 5215–18などを見よ。特定の家族が代々従事することで見世物の制度が成り立っていたことを考えると、コミトとテオドラが舞台での経歴を積んだという事実は、彼女たちの母親が女優であったことの証拠とみてよい。この点についてはE. Soler, "L'état romain face au baptême et aux pénuries d'acteurs et d'actrices, dans l'antiquité tardive," *An. Tard.* 15 (2007): 51を見よ。
7. Alan Cameron, *Circus Factions*（Oxford, 1976): 61–73。
8. 時代が違うので金額は比較できないが、金額に示される地位は比較できる。また、これらの文書にみえる職業は、言及されている通貨——こちらは西暦8世紀の貨幣制度に基づく記述である——より古いが、各職業の手取り収入を古い職業リストにあてはめて、以前のシステムを表現しようとしていることは、ほぼ間違いない。
9. *De Caer.* 2.55およびDagron, *L'hippodrome*, 111における考察。M. Hendy, *Studies in the Byzantine Monetary Economy c. 300–1450*（Cambridge, 1985): 503–506も参照せよ。
10. 食事全般についてはV. Grimm, "On Food and the Body," in D. S. Potter, ed., *A Companion to the Roman Empire*（Oxford, 2005): 361を見よ。穀物についてはP. Garnsey, *Famine and Food Supply in the Graeco-Roman World*（Cambridge, 1988): 43–53、パンについてはA. Dalby, *Flavours of Byzantium*（Totnes, 2003): 2, 25, 27–28, 163（コンディトンの調理法）を見よ。食事全般についてはPatlagean, *Pauvreté économique*, 36–44を参照のこと。
11. G. Dagron, "Poissons, pêcheurs et poissonniers de Constantinople," in C. Mango and G. Dagron, eds., *Constantinople and Its Hinterland: Papers from the Twenty-seventh Spring Symposium for Byzantine Studies*, Oxford, April 1993（Aldershot, 1995): 57–73、G. C. Maniatis, "The Organizational Setup and Functioning of the Fish Market in Tenth-Century Constantinople," *DOP* 54 (2000): 29–30。
12. 踊り子主任の権限についてはR. Webb, *Demons and Dancers: Performance in Late Antiquity*（Cambridge, MA, 2008): 43、未亡人の再婚については*CJ* 3.8.1; 5.9.1 + 6.56.4、併せ

て A. Arjava, *Women and Law in Late Antiquity*（Oxford, 1996）: 168–172 を見よ。I. Mueller, "Single Women in the Roman Funerary Inscriptions," *ZPE* 175（2010）: 295–303 も参照のこと。

13. Procop. *Anecd.* 9.2–7（プロコピオス『秘史』69～70 ページ）。この時期におけるコンスタンティノープルの人口については、D. Jacoby, "La population de Byzance à l'époque byzantine: un problème de démographie urbaine," *BZ* 41（1961）: 81–109 を見よ。A. E. Müller, "Getreide für Konstantinopel. Überlegungen zu Justinians Edikt XIII als Grundlage für Aussagen zu Einwohnerzahl des Konstantinopels im 6. Jh," *JÖB* 43（1993）: 1–20 は、もっと多いと推定している。
14. D. S. Potter, *Constantine the Emperor*（Oxford, 2013）: 259–268。
15. Grierson, Mango, and Sevcenko, "The Tombs and Obits of the Byzantine Emperors," *DOP* 16（1962）: 21–23。
16. 『歴史要覧（コンスタンティノープル誌）』全般については Averil Cameron and J. Herrin, *Constantinople in the Eighth Century: The* Parastaseis Syntomoi Chronikai（Leiden, 1984）: 99 と pp. 212–213（*Par. Syn.* 37）の註を見よ。ただしレオンについては K. R. Dark and L. R. Harris, "The Last Roman Forum: The Forum of Leo in Fifth-century Constantinople" *GRBS* 48（2008）: 57–69 を参照のこと。おそらく、カルスの息子セウェルスの記事の背後には、都市ビザンティウムの歴史に大きな影響を与えたセプティミウス・セウェルス帝の何らかの思い出があるものと思われる。
17. J. H. G. W. Liebeschuetz, *Barbarians and Bishops: Army, Church and State in the Age of Arcadius and Chrysostom*（Oxford, 1990）: 111–125; 273–278。Alan Cameron and J. Long with a contribution by L. Sherry, *Barbarians and Politics at the Court of Arcadius*（Berkeley, 1993）も参照せよ。テオドラの身長については、Procop. *Anecd.* 10.11（『秘史』83 ページ）を見よ。
18. 「ゴート人の見世物」という儀式については *De Caer*. 1.83。
19. アタナシウスについては D. M. Gwynn, *The Eusebians: The Polemic of Athanasius of Alexandria and the Construction of the "Arian Controversy"*（Oxford, 2007）を見よ。ゴート人の改宗をめぐる問題については P. Heather, "The Crossing of the Danube and the Gothic Conversion," *GRBS* 27（1986）: 289–319 を見よ。ただしウァレンス帝の「アリウス主義」はかなり誇張されており、D. S. Potter, *The Roman Empire at Bay AD 180—395*, 2nd ed.（London, 2014）: 539–540 も参照のこと。
20. エフェソス公会議については、とくに F. Millar, *A Greek Roman Empire: Power and Belief under Theodosius II 408—450*（Berkeley, 2006）: 159–161, 189–190 と、M. Gaddis, *There Is No Crime for Those Who Have Christ: Religious Violence in the Christian Roman Empire*（Berkeley, 2005）: 303–322 を見よ。カルケドン公会議については R. Price and M. Gaddis, *The Acts of the Council of Chalcedon*, 3 vols.（Liverpool, 2005）、カルケドン公会議をめぐる諸事件については R. Price, "The Council of Chalcedon（451）: A Narrative," in R. Price and Mary Whitby, *Chalcedon in Context: Church Councils 400—700*（Liverpool, 2009）: 70–91 を見よ。
21. カルケドン公会議に対する神学上の反対派を表現する適切な用語は確定しがたいが、

この段階において「単性論」という言葉を用いるのは、まだ首尾一貫した明快な神学理論がなかったので問題が多い。そこで私は「反カルケドン派」という用語を選んだ。この用語は最善ではないが、実態にもっとも近い表現である。この点についてはN. Andrade, “The Syriac Life of John of Tella and the Frontier Politeia,” *Hugoye: Journal of Syriac Studies* 12（2009）: 200 n. 3を見よ。「反カルケドン派」という用語に対する異論としては、V. L. Menze, *Justinian and the Making of the Syrian Orthodox Church*（Oxford, 2008）: 2–3を見よ。カルケドン公会議以降の単性論派の漸次的な展開については、Gaddis, *There Is No Crime*, 322–329を見よ。反カルケドン派の理論についてはA. Louth, “Why Did the Syrians Reject the Council of Chalcedon?” in Price and Whitby, *Chalcedon in Context*, 107–116を見よ。

22. K. G. Holum, *Theodosian Empresses: Women and Imperial Dominion in Late Antiquity*（Berkeley, 1989）: 195–228。
23. 引用文はゼノ帝の『ヘノティコン（統一令）』の序文である。同序文についてはEvagr. *HE* 3.14, trans. Michael Whitbyを見よ。『ヘノティコン』全般については同書p. 6–67を見よ。
24. F. K. Haarer, *Anastasius I: Politics and Empire in the Late Roman World*（Cambridge, 2006）: 164–179、M. Meier, *Anastasios I. Die Entstehung des Byzantinischen Reiches*（Stuttgart, 2009）: 295–311（同書296ページに反乱の勃発の年代は514年とすべきであろうとの注記あり）。
25. バシリスクスの屋敷については*Patr*. 3.124を見よ。史料についてはC. D. Gordon, *The Age of Attila*（with a new introduction and notes by D. S. Potter）（Ann Arbor, 2013）: 120–121や、Procop. *Bell*. 2.6。さらには本書203ページもみよ。
26. 肖像については*Par. Syn*. 29; 89（ウエリナ像）、14（アスパル像）、67（レオ像）を見よ。文献資料についてはGordon, *Age of Attila*, 131–146を見よ。A. D. Lee, *From Rome to Byzantium ad 363–565: The Transformation of Ancient Rome*（Edinburgh, 2013）: 98–101に明快な叙述がある。
27. *Par. Syn*. 89（魔女ウェリナ）。イルスの乱の経過についてはH. Elton, “Illus and the Imperial Aristocracy under Zeno,” *Byzantion* 70（2000）: 393–407を見よ。
28. アナスタシウスの即位については、Haarer, *Anastasius* 1–5とMeier, *Anastasios I*, 63–75を見よ。

第２章　下世話な物語

1. Malal. 18.43、Malal. Fr. 45、Theoph. A. M. 6026、Procop. *Anecd*. 16.7（『秘史』122〜124ページ）。併せて*PLRE* 3: 1051（Priscus 1）も参照のこと。Joh. Eph. *V. SS. Or*., 189、および*Parastaseis* 80とその箇所への註を見よ。これらに記事にはアリアドネの名が挙がっているが、テオドラは著作の次の章で言及されており、著者はこの二人の女性を混同したに過ぎないと思われる。いずれの記述も証拠としては決定的なものではないことを認めなければならない。つまりエフェソスのヨハネスの文章は、広く用いられているブルックスの翻訳、すなわちポルネイオンを古典ギリシアの意味である「売春宿」の意味

とみる翻訳にもかかわらず、テオドラは女優であったと言っているだけではないかと私には思える。ポルネーを女優とすることについては、本書 55 ページを見よ。エフェソスのヨハネスの名前については、*PCBE Asie*: 495 を見よ。この時代の研究の中心的な問題のひとつが、『秘史』をどう扱うかである。本書が採った『秘史』についての見解は、H. Börm, "Procopius, His Predecessors, and the Genesis of the *Anecdota:* Antimonarchic Discourse in Late Antique Historiography," in H. Börm（ed.）, *Antimonarchic Discourse in Antiquity*（Stüttgart, 2015）: 14–15, 22–25（ご自身の見解を公刊に先立って私に示してくださったベルム教授に深く感謝する）と、G. Greatrex, "Perceptions of Procopius in Recent Scholarship," *Histos* 8（2014）: 100–101 に基づいている。これらとは異なる見解としては、とくに A. Kaldellis, *Procopius of Caesarea: Tyranny, History, and Philosophy at the End of Antiquity*（Philadelphia, 2004）: 45–51、B. Rubin, *Die Zeitalter Justinians*（Berlin, 1960）: 197–244、F. H. Tinnefeld, *Kategorien der Kaiserkritik in der byzantinischen Historiographie von Prokop bis Niketas Choniates*（Munich, 1971）などを見よ。他にも Averil Cameron, "Early Byzantine *Kaiserkritik:* Two Case Histories," *BMGS* 3（1977）: 1–17 も参照のこと。『秘史』の基本的なテーマについては Averil Cameron, *Procopius and the Sixth Century*（London, 1985）: 67–83、『秘史』の史料としての利用については S. A. Harvey, "Theodora the 'Believing' Queen: A Study in Syriac Historiographical Tradition," *Hugoye: Journal of Syriac Studies* 4（2001）［2010］: 209–234 や、C. Foss, "The Empress Theodora," *Byzantion* 72（2002）: 141–176、E. A. Fisher, "Theodora and Antonina in the *Historia Arcana*: History and/or Fiction," *Arethusa* 11（1978）: 253–279、L. James, *Empresses and Power in Early Byzantium*（Leicester, 2001）などを見よ。L. Brubacker, "Sex, Lies and Intertextuality: The Secret History of Prokopios and the Rhetoric of Gender in Sixth Century Byzantium," in L. Brubacker and J. M. H. Smith, *Gender in the Early Medieval World: East and West 300–900*（Cambridge, 2004）: 83–101 は、テオドラの前半生に関する細かい情報はすべて捏造であると論じている。

2. Procop. *Anecd.* 12.14–24（『秘史』98～101 ページ、ユスティニアヌス、テオドラ夫婦の悪魔的性格）、Procop. *Bell.* 6.14.27（ヴァンダル人女性に対する集団暴行）、*Bell.* 7.1.12（ヴァンダル女性の美しさとベリサリウスが彼女たちを凌辱しなかったこと）、*Bell.* 7.8.12（強姦が神によって罰せられる）、*Bell.* 8.10.5–6（ラジカの女性を強姦しようとしたペルシア人に降りかかった災い）。Fisher, "Theodora and Antonina," 261–262 も見よ。魔術については Procop. *Anecd.* 22, 27–28.（『秘史』166～167 ページ）を見よ。テオドラとアントニアの関係については Cameron, *Procopius*, 72–74 を見よ。なおプロコピオスの宗教観については Procop. *Bell.* 2.12.22–23、*Bell.* 5.3.5–9、*Anecd.* 13.4（『秘史』104 ページ）。併せて J. A. S. Evans, "Christianity and Paganism in Procopius of Caesarea," *GRBS* 12（1971）: 91–100 や、G. Greatrex, "Recent Work on Procopius and the Composition of Wars VIII," *BMGS* 27（2003）: 62–67、G. Greatrex, "Perceptions of Procopius in Recent Scholarship," *Histos* 8（2014）: 76–121 も参照せよ。他にも A. Kaldellis, "The Date and Structure of Procopius' *Secret History* and His Projected Work on Church History," *GRBS* 49（2009）: 607、Kaldellis, *Procopius of Caesarea*, 216–221 も参照のこと。『秘史』の執筆年代については Börm, "Procopius," 17、Kaldellis, "The Date and Structure," 585–606、Greatrex, "Recent Work," 60–61 などを見よ。これらとは異なり執筆年代を 558～559 年とする見解につい

ては、J. A. S. Evans, "The Dates of Procopius' Works: A Recapitulation of the Evidence," *GRBS* 37（1996）: 309–313 と、B. Croke, "Procopius' *Secret History*: Rethinking the Date," *GRBS* 45（2005）: 405–431 を見よ。

3. テオドラとコミトについては Procop. *Anecd.* 9.9–10（『秘史』70 ページ）を見よ。テオドラの女優としての経歴については *Anecd.* 9.11–13（『秘史』71 ページ）を見よ。身体にある穴については *Anecd.* 9.18（『秘史』72 ページ）。併せて A. Kaldellis, *Procopios: The Secret History with Related Texts*（Indianapolis, 2010）: liv も参照のこと。テオドラの息子については *Anecd.* 17. 16–23（『秘史』130〜132 ページ）参照。
4. Procop. *Anecd.* 9.20–22（『秘史』73 ページ）。
5. 友人たちについて、アントニナは Procop. *Anecd.* 4.18–19（『秘史』30〜31 ページ）、コミトについては Malal. 429.16–430.11（「528 年」の条）と Theoph. A. M. 6020 を見よ。クリュソマロについては *Anecd.* 17.33–34（『秘史』133 ページ）を見よ。地下牢は Procop. *Anecd.* 4.4–11（『秘史』28〜29 ページ）。
6. Procop. *Anecd.* 17.5–6（『秘史』128〜129 ページ）と Procop. *Aed.* 1.9.7–10 の対照的な記事を見よ。および Malal. 18.24（テオドラと売春婦たち）、Procop. *Anecd.* 21.9–25（『秘史』157〜160 ページ、総督たちの腐敗）、Malal. 18.20（収賄に対する法）、Malal. 18.19; 28; 40; 112（地震後の諸都市への救援）、Procop. *Anecd.* 18.36–45（『秘史』142〜144 ページ、自然災害）、Procop. *Anecd.* 22.38, 25.11–12（『秘史』168、186〜187 ページ、通貨）、Malal. 18.117（通貨）。併せて R. Scott, "Malalas, the *Secret History*, and Justinian's Propaganda," *DOP* 39（1985）: 101–102 も参照せよ。悪魔の親玉としてのユスティニアヌスについては、Procop. *Anecd.* 12.18–27（『秘史』99〜101 ページ）を見よ。
7. Joh. Eph. *V. SS. Or.*, 24–25. この事件は 536 年 2 月のアガペトゥスの到来より少し前のこととされている。本書 225〜226 ページも見よ。
8. ゼノの死とアリアドネについては Evagr. *HE* 3.29、Theoph. A. M. 5983（癲癇についてのみ触れる）を見よ。Malal. 15.16（赤痢による死とする）や Zon. 14.2.31–35、Cedr. I. 622, 7–23（埋葬）などと比較せよ。伝説の発展については L. I. Conrad, "Zeno the Epileptic Emperor: Historiography and Polemics as Sources of Realia," *BMGS* 24（2000）: 61–81 を見よ。イルスの乱については Marcell. Com. s.a. 484、Malal. 15.13、Theoph. A. M. 5972 などを見よ。アリアドネと偽レオについては Victor Tonn. s.a. 475 の他、B. Croke, "Basiliscus the Boy-Emperor," *GRBS* 24（1983）: 81–91 も参照せよ。アマラスンタの殺害については本書 181 ページを見よ。
9. 魔女としてのウェリナについては *Parastaseis Syntomoi Chronikai* 89 を見よ。彼女の影響力が続いたことについては Malchus Fr. 20（Blockley）、バシリスクスの乱におけるウェリナの役割については Candidus Fr. 1, 52–59（Blockley）を見よ。
10. ガイセリックとエウドクシアについては Joh. Ant. Fr. 224（Mariev）を見よ。エウドクシアの義姉ホノリアとアッティラの関係については Joh. Ant. Fr. 223（Mariev）。
11. 皇后に対する期待全般については James, *Empresses and Power*, 10–20 を見よ。ローマ教皇シルウェリウスの死については本書 242 ページを見よ。
12. Cass. *Var.* 10.32, 33（婚姻に関するウィティギスの書簡）。L. Traube, *Cassiodori Orationum Reliquiae* in T. Mommsen *Cassiodori Senatoris Variae MGH* Auctorum Antiquissimorum

12（Berlin, 1894）: 465–482（結婚への祝辞、簒奪をめぐる問題についてとくに興味深い記事である）。Procop. *Bell*. 3.11.27, 6.10.11–12（ウィティギスによるアマラスンタ虐待の結果生じたラヴェンナ開城に注目する）。6.28.25–26（町の穀物貯蔵を焼却する）。*PLRE* 3: 851–852（Matasuentha）も見よ。

13. Greg. Tur. *HF* 4.28（トゥールのグレゴリウス『フランク史』169～170ページ、ガルスウィンタ）、4.51（同195～196ページ、シギベルトの殺害）、6.46（同332～334ページ、グレゴリウスによって現代のヘロデ、ネロと呼ばれているキルペリクの殺害）、*Liber Historiae Francorum* 35（ランデリクの物語）。

14. Greg. Tur. *HF* 5.39（トゥールのグレゴリウス『フランク史』250～252ページ、クローヴィスの女友達への拷問とクローヴィスの殺害）、5.49, 6.32（同264～270、313～315、レウダスト）、6.35（同316～318ページ、彼女は女性たちに加えて総督ムンモルスも拷問する）、8.31（同420～424ページ、司教プラエテクスタトゥスの殺害）、8.39（同428～429ページ、バデギシルの未亡人）、4.25（同166ページ、グントラム王の息子の殺害）、4.26（同166～169ページ、カリベルトの結婚歴）。Brubacker, "Sex, Lies and Intertextuality," 92–94や、D. R. French, "Maintaining Boundaries: The Status of Actresses in Early Christian Society," *Vigiliae Christianae* 52（1998）: 316–317 and p. 39なども見よ。

15. アントニナの不倫についてはProcop. *Anecd*. 1.13, 16–17, 36（『秘史』6、8、12ページ）を見よ。魔術については*Anecd*. 1.26, 2.2, 3.2（『秘史』10、13～14、21ページ）を見よ。「忘却の塔」についてはProcop. *Bell*. 1.5.7の他、H. Börm, *Prokop und die Perser: Untersuchungen zu den römisch-sasanidischen Kontakten in der ausgehenden Spätantike*（Stuttgart, 2007）: 216–217も見よ。憎まれたプリスクスについては*Anecd*. 16.7（『秘史』122～123ページ）やAgath. 2.29.1–30.3を見よ。併せてA. Cameron, *Agathias*（Oxford, 1970）: 103–104、R. J. Lane Fox, "The Life of Daniel," in M. J. Edwards and S. Swain, eds., *Portraits: Biographical Representation in the Greek and Latin Literature of the Roman Empire*（Oxford, 1997）: 206、J. T. Walker, "The Limits of Late Antiquity," *AW* 33（2002）: 65–67なども参照せよ。

16. Agath. 2.29.1–30.3。併せてAveril Cameron, *Agathias*（Oxford, 1970）: 103–104も参照せよ。Agath. 4. 21.5–227（ヨハネスの経歴）、*PLRE* 3: 668（Joannes 68）、Evagr. *HE* 5.2（ユスティヌスの頭）も。

17. Joh. Lyd. *de mag*. 3.57–61。併せてMaas, *John Lydus and the Roman Past: Antiquarianism and Politics in the Age of Justinian*（London, 1992）: 27, 81–82も参照せよ。

18. Joh. Lyd. *de mag*. 3.62。プロコピオスによる描写については本書239ページ参照。

19. Just. *Nov*. 8 praef. 本書237～238ページも参照せよ。当時の状況についてはE. Stein, *Histoire du bas-empire* 2（Brussels, 1949）: 464を見よ。

20. 法律の言語についてはJoh. Lyd. *de mag*. 3.42.1–3や*De mens frag. Incertae sedis 7*を見よ。併せてラテン語についてはMaas, *John Lydus and the Roman Past*, 32、結果としてのヨハネスの危うい立場については同書13ページ。テッラのヨハネスによる読み書き能力の要求についてはJoh. Eph. *V. SS. Or*., 316、エフェソスのヨハネスの文体についてはS. A. Harvey, *Asceticism and Society in Crisis*（Berkeley, 1990）: 40を見よ。さまざまな昇進経路の重要性についてはH. Börm, "Herrscher und Eliten in der Spätantike," in H. Börm and

J. Wiesehöfer eds. *Commutatio und Contentio: Studies in the Late Roman, Sasanian and Early Islamic Near East in Memory of Zeev Rubin*（Düsseldorf, 2010）: 179 を見よ。

21. Procop. *Anecd.* 4.2–12（『秘史』28～29 ページ）。本書 248～251 ページも参照のこと。

第 3 章　セックスと舞台

1. 舞台への復帰を「不貞」とみなすことについては Just. *Nov.* 105.1（537 年 12 月 28 日）。併せて R. Webb, *Demons and Dancers: Performance in Late Antiquity*（Cambridge, MA, 2008）: 8 や、*CJ* 5.4.33（534）を参照せよ。なお年代と歴史的背景については、T. A. J. McGinn, "The Legal Definition of Prostitute in Late Antiquity," *Memoirs of the American Academy in Rome* 42［1997］: 103 n. 173 を見よ。M. Vesterinen, *Dancing and Professional Dancers in Roman Egypt*（Ph.D. thesis, Helsinki 2007）: 124–127 も参照のこと。婚姻法である *CJ* 5.4.23 については本書 119～124 ページを見よ。
2. ヘレナについては L. Brubaker, "Memories of Helena: Patterns in Imperial Female Matronage in the Fourth and Fifth Centuries," in L. James, ed., *Women, Men and Eunuchs: Gender in Byzantium*（London, 1997）: 52–75 を見よ。テクラについては G. Dagron and M. D. La Tour, *Vie et miracles de sainte Thècle: texte grec, traduction et commentaire* Subsidia Hagiographica 62（Brussels, 1978）を見よ。公的生活における女性については A. Laiou, "The Role of Women in Byzantine Society," *JÖB* 31（1981）: 233–260 を見よ。
3. Vesterinen, *Dancing and Professional Dancers*, 107–110。
4. Choricius Gaz. *On Mimes* 19。Procop. *Anecd.* 9.14（『秘史』71～72 ページ）も見よ。
5. *P. Oxy*. 413、*Sel. Pap*. vol. 3 n. 76、H. Wiemken, *Der griechischer Mimus: Dokumente zur Geschichte des antiken Volkstheaters*（Bremen, 1972）: 48–80、S. Tsitsiridis, "Greek Mime in the Roman Empire（*P. Oxy*. 413）: *Charition* and *Moicheutria*," *Logeion* 1（2011）: 184–232。
6. Choricius Gaz. *On Mimes* 6。身持ちの悪い妻とアイソポスについては、*P. Oxy*. 413、*Sel. Pap*. vol. 3 n. 77、Wiemken, *Der griechischer Mimus*, 82–104 を見よ。このテーマ全般については R. W. Reynolds, "The Adultery Mime," *CQ* 40（1946）: 77–84 の他に、とくに P. H. Kehoe, "The Adultery Mime Reconsidered," in D. F. Bright and E. S. Ramage, eds., *Classical Texts and Their Traditions: Studies in Honor of C. R. Trahman*（Chico, 1984）: 89–106 を参照せよ。
7. *CTh* 15.7.12.1（AD 394）、物真似劇の新たな台本については *P. Oxy*. 5189 を見よ。
8. とくに *CTh* 15.7.13 を見よ。Choricius Gaz. *On Mimes* 17 も参照のこと。
9. ここに引用したのは Severus of Antioch, *Hymn* 269（tr. Brooks）in E. W. Brooks, *James of Edessa: Hymns of Severus of Antioch and Others*; vol. 2, *Patrologia Orientalis* 7.5: 716–717 を修正したものである。アンティオキアのオリンピア競技については、Cathedral Homily 91 in M. Brière, *Les Homélies Cathédrales de Sévère d'Antioche: Patrologia Orientalis* 25.1: 25–26（通しページ pp. 469–470）と、Cathedral Homily 107 in M. Brière, *Les Homélies Cathédrales de Sévère d'Antioche: Patrologia Orientalis* 25.4: 191–192（通しページ pp. 697–698）を見よ。
10. 引用符で囲った無言劇擁護者の発言は、Jacob's Homily 5 を私がわかりやすく言い換

えたものである。C. Moss, "Jacob of Serugh's Homilies on the Spectacles of the Theater," *Le Muséon* 48（1935）: 108–109 を見よ。ヤコブからの引用については Moss, "Jacob of Serugh's Homilies," 109; 105（本書での引用はこの順である）を見よ。コリキウスについては、まず上記註 6 を参照せよ。

11. *CTh*. 15.7.11、Jacob the Deacon, *Life of St. Pelagia the Whore* 2; 7。
12. Procop. *Anecd*. 9.26（『秘史』73〜74 ページ）。劇団員の組織については Wiemken, *Der griechischer Mimus*, 173–183 を見よ。P. Cesaretti, *Theodora: Empress of Byzantium*, tr. R. M. Giammanco Frongia（New York, 2004）: 76 も参照のこと。
13. Procop. *Anecd*. 9.15–16（『秘史』72 ページ）。この一節に絞った文献学的背景の考察として、B. Baldwin, "Sexual Rhetoric in Procopius," *Mnemosyne* 40（1987）: 150–152 がある。
14. ネロとアクテについては Tac. *Ann*. 13.12, 46; 14.2（タキトゥス『年代記』（下）122〜123、159〜160、172〜173 ページ）、Suet. *Nero* 50（スエトニウス『ローマ皇帝伝』（下）194 ページ）、PIR^2 C 1068. を参照せよ。近現代世界における売春に関する見解を広くまとめたものとして、C. A. McKinnon, "Trafficking, Prostitution and Inequality," *Harvard Civil-Rights Civil-Liberties Law Review* 46（2011）: 271–309（スーリン・スカーネッチャが私の関心をこの問題に向けてくれた）。異なる取り組みとしては R. Weitzer, *Legalizing Prostitution: From Illicit Vice to Lawful Business*（New York, 2011）: 17–21 を見よ。ローマ時代の売春に関する重要な比較研究として、T. A. J. McGinn, *The Economy of Prostitution in the Roman World: A Study of Social History and the Brothel*（Ann Arbor, 2004）: 14–77 がある。
15. 女優の法的地位については McGinn, "The Legal Definition of Prostitute in Late Antiquity," 73–116 を見よ。
16. カエニスについては PIR^2 A 888、マルキアについては PIR^2 M 261. を見よ。ローマ時代の高級娼婦に関する生き生きとした叙述としては、J. Griffin, "Augustan Poetry and the Life of Luxury," *JRS* 66（1976）: 87–105 を見よ。以下本書における 6 世紀の詩の利用は同論文に拠っている。
17. *Anth. Gr*. 5. 302、Joh. Lyd. *de mag*. 3.28。M. Maas, *John Lydus and the Roman Past*（London, 1992）: 31 も参照せよ。
18. *Anth. Gr*. 5. 299（アガティアス）、300（パウルス）、272。
19. *Anth. Gr*. 5. 272（パウルス）、222（アガティアス）、217（パウルス）、240（マケドニウス）、255（パウルスは自分のものにしたかった女性が人前で別の男といっしょにいるのを目にする）、256（パウルスとガラティア）、250（ライス）。
20. *Anth. Gr*. 5. 247（マケドニウス）、218（アガティアス）、248（パウルス）。
21. Sor. *Gyn*. 60–63. ソラヌスの著作の特徴については A. Roussel, *Porneia: On Desire and the Body in Antiquity*, tr. F. Pheasant（Oxford, 1988）: 40–45 も見よ。
22. アエティウスについては J. Scarborough, "Theodora, Aëtius of Amida and Procopius: Some Possible Connections," *GRBS* 53（2013）: 742–762 を見よ（この優れた論文を公刊前に私に提供してくださったスカボロ教授に深く感謝する）。子宮繊維症に対する処置については Aet. *Tetrab*. 16.97、子宮の炎症については Aet. *Tetrab*. 16.92、生理痛については Aet. *Tetrab*. 16.77、中絶については Aet. *Tetrab*. 16.18 を見よ。ここに挙げた薬草の効用につ

いては以下の各ホームページを参照した。（1）botanica.com のページ、URL は http://botanical.com/botanical/mgmh/r/rue---20.html（ヘンルーダについて）、（2）WebMD のページ、URL は http://www.webmd.com/vitamins-supplements/ingredientmono-729-WORMWOOD.aspx?activeIngredientId=729&activeIngredientName=WORMWOOD（ヨモギについて）、（3）WebMD のページ、URL は http://www.webmd.com/vitamins-supplements/ingredientmono-774-MARSHMALLOW.aspx?activeIngredientId=774&activeIngredientName=MARSHMALLOW（薄紅立葵について）。膣の座薬と避妊薬については Aet. *Tetrab.* 16.17（最初に引用した処方箋はこの箇所の冒頭部分である）、松樹皮のエキスの医薬としての利用については Memorial Sloan Kettering Cancer Center のホームページ（URL は http://www.mskcc.org/cancer-care/herb/pine-bark-extract）を見よ。薬草の避妊効果に関する知識については、次の註 23 に挙げた *Midrash Genesis Rabbah* 23.2 も見よ。

23. 陰核切除については Aet. *Tetrab.* 16.103 を見よ。併せて Scarborough, "Theodora," 755–756 も参照のこと。自慰行為については Aet. *Tetrab.* 16.82 を見よ。律法学者の見解については *Midrash Genesis Rabbah* 23.2 を見よ。彼らの見解はあまり肯定的ではない。以下のような文言である。「『ノアの洪水』時代の人々は次のように振る舞うのが常であった。男はそれぞれふたりの妻を娶った。ひとりは子孫を残すため、もうひとりは性的な喜びのためである。前者は生涯を未亡人として暮らすことになり、後者は子供を生まないように一服の薬が与えられ、それから娼婦のように彼の前に座った」（H. Freedman and B. Simon, eds., *Midrash Rabbah*（London, 1939）1: 194 の訳による）.。
24. ［Luc.］*As.* 8–9。この箇所の用語については *P. Oxy.* 5204 も見よ。Apul. *Met.* 3.20、Procop. *Anecd.* 9.14–15（『秘史』71～72 ページ）も参照せよ。
25. 女優が引退する年齢については Vesterinen, *Dancers and Professional Dancing*, 112–113 を見よ。ヘケボルスについては Procop. *Anecd.* 9.27, 12.30（『秘史』74、102 ページ）を見よ。テオドラの娘の子供たちの経歴は、彼女の前半生の年代を決定するのに決定的に重要である。テオドラの一番年上の孫は、548 年に結婚した時 15 歳くらいだったようである（さらに C. Foss, "The Empress Theodora," *Byzantion* 72［2002］: 164 も見よ）。テオドラのあとふたりの孫、アタナシウスとヨハネスは、彼女が死ぬ時にはまだ結婚可能年齢に達していなかったと思われる。アナスタシウスについては *PLRE* 3: 63（p. 63）を見よ。アタナシウスについては *PLRE* 3: 147（Athanasius 5）、ヨハネスについては *PLRE* 3.676–677（Joannes 90）を見よ。他にも T. Pratsch, *Theodora von Byzanz: Kurtisane und Kaiserin*（Stuttgart, 2011）: 44 を参照のこと。平均的な結婚年齢については S. Treggiari, *Roman Marriage*: Iusti Coniuges *from the Time of Cicero to the Time of Ulpian*（Oxford, 1991）: 39–43; 399–400 を見よ。テオドラ晩年の出来事の年代については Foss, "The Empress Theodora," 167 を見よ。
26. ヨハネスについては Procop. *Anecd.* 17.16–23（『秘史』130～132 ページ）を見よ。
27. 本書 179～180、234～235 ページ参照。
28. この問題全般については A. Arjava, *Women and Law in Late Antiquity*（Oxford, 1996）: 205–210、S. Treggiari, *"Concubinae," PBSR* 49（1981）: 59–81、T. A. J. McGinn, "Concubinage and the Lex Julia," *TAPA* 121（1991）: 335–375 などを見よ。子供に関してはとくに Arjava, *Woman and Law*, 208–210 をみよ。

29. アポロニア＝ソズーサの遺跡については J. G. Pedley, "The History of the City," in R. G. Goodchild, J. G. Pedley, and D. White, *Apollonia: The Port of Cyrene. Excavations by the University of Michigan 1965—1968, Supplements to Libya Antiqua* IV（1976）: 11–15、シルピオンの問題（西暦 1 世紀のうちに消滅したというプリニウスの主張にもかかわらず、5 世紀においてもいくらか栽培されていたとシュネシウスは主張している）については、K. Parejko, "Pliny the Elder's Silphium: First Recorded Species Extinction," *Conservation Biology* 17（2003）: 925–927 を見よ。

30. *SEG* 9.356。この問題をさらに論じた J. Reynolds, "The Inscriptions of Apollonia," in Goodchild et al., *Apollonia*: n. 37（p. 309）や、F. K. Haarer, *Anastasius I: Politics and Empire in the Late Roman World*（Cambridge, 2006）: 215（全体像は 213–216）も参照せよ。

31. R. G. Goodchild, "The 'Palace of the Dux'," in Goodchild et al., *Apollonia*: 245–265。

32. Pedley, "The History of the City," 21 は、この町が 431 年と 449 年のエフェソス公会議に代表を派遣しことを指摘している。カルケドン公会議にはこの属州からの参加はなかった。

第４章　党派と人脈《ネットワーク》

1. Procop. *Anecd*. 12.28–30（『秘史』101～102 ページ）、J. A. S. Evans, *The Empress Theodora: Partner of Justinian*（Austin, 2002）: 17–18。A. Kaldellis, *Prokopios: The Secret History with Related Texts*（Indianapolis, 2010）: 60 n. 108 は、物語にマケドニアを無理に組み入れたぎこちなさを指摘する。確かに、テオドラは無一文だったと述べている *Anecd*. 9.27（『秘史』74 ページ）は、ペンタポリスから戻る旅で金を失ったという記述と矛盾している。P. Cesaretti, *Theodora: Empress of Byzantium*, tr. R. M. Giammanco Frongia（New York, 2004）: 133 は、この話の文学的側面に注目している。

2. このネットワークにおけるテオドラの地位・立場については、とくに S. A. Harvey, "Theodora the 'Believing' Queen: A Study in Syriac Historiographic Tradition," *Hyoge* 4.2（2001）［2010］: 224–225、および idem, *Asceticism and Society in Crisis: John of Ephesus and the Lives of the Eastern Saints*（Berkeley, 1990）: 78–81 を見よ。他にも V. L. Menze, *Justinian and the Making of the Syrian Orthodox Church*（Oxford, 2008）: 211–216 も参照のこと。

3. 異教徒の知的集団については、まず E. J. Watts, *City and School in Late Antique Athens and Alexandria*（Berkeley, 2006）を見よ。

4. Severus, *Homily* 26（M. Brière and F. Graffin, *Les Homélies Cathédrales de Sévère d' Antioche. Homilies XXVI-XXXI. PO* 36.4［Turnhout, 1974］: 544–557）。アンティオキア全般については、今日でも G. Downey, *A History of Antioch in Syria from Seleucus to the Arab Conquest*（Princeton, 1961）: 496–526 が貴重な入門書であるが、より最近のものとして C. Kondoleon, *Antioch: The Lost City*（Princeton, 2001）も見よ。また文化に関しては G. W. Bowersock, *Mosaics as History: The Near East from Late Antiquity to Islam*（Cambridge, MA, 2006）がとくに重要である。

5. マケドニウスの罷免については F. K. Haarer, *Anastasius I: Politics and Empire in the Late*

Roman World (Cambridge, 2006): 145–156 を見よ。512 年の暴動については M. Meier, "Σταυρωθεὶς δι' ἡμᾶς: Der Aufstand gegen Anastasios im Jahr 512," *Millennium* 4 (2008): 157–238 を見よ。この論文は史料分析の点で基本文献である。他にも Haarer, *Anastasius*, 156–157 がある。

6. *Anth. Gr*. 15.50, 16.350。併せて Alan Cameron, *Porphyrius the Charioteer* (Oxford, 1973): 126–130 や、Haarer, *Anastasius*, 164–175 も参照せよ。反乱の宗教的・経済的側面については D. Ruscu, "The Revolt of Vitalianus and the 'Scythian Controversy'," *BZ* 101 (2008): 773–779 も見よ。
7. セウェルスの少年時代については Zach. *V. Sev*. 11 を見よ。若い頃セウェルスは異教徒だったという告発については Zach. *V. Sev*. 8–10 を見よ。セウェルス自身も改宗の時点まで異教徒であったと告白しているのも同然で、改宗させたのはレオンティウスであったとする。その点については F. Alpi, *La route royale: Sévère d'Antioche et les églises d'orient (512–518)* (Beirut, 2009): 40–45 や、P. Allen and C. T. R. Hayward, *Severus of Antioch* (London, 2004): 5–11 などを見よ。アレクサンドリアの異教徒については Zach. *V. Sev*. 1.7–47 を見よ。併せて E. J. Watts, *Riot in Alexandria: Tradition and Group Dynamics in Late Antique Pagan and Christian Communities* (Berkeley, 2010): 2–22 も参照のこと。ベイルートについては Zach. *V. Sev*. 58–63 を見よ。この時期における異教については C. P. Jones, *Between Pagan and Christian* (Cambridge, 2014): 126–143 を見よ。
8. Zach. *V. Sev*. 145–146、Haarer, *Anastasius 1*, 144–145、Allen and Hayward, *Severus of Antioch*, 5–8。
9. この時点におけるコンスタンティノープルの修道院の世界については、P. Hatlie, *The Monks and Monasteries of Constantinople ca. 350–850* (Cambridge, 2007): 90–132 を見よ。柱頭行者ダニエルについては、まず R. J. Lane Fox, "The Life of Daniel," in M. J. Edwards and S. Swain, eds., *Portraits: Biographical Representation in the Greek and Latin Literature of the Roman Empire* (Oxford, 1997): 201–206 を参照せよ。クレメンティウスとエウプラクシウスについては Zach. *V. Sev*. 146 に加えて、*PLRE* 2: 303 (Clementinus) と *PLRE* 2: 426 (Eupraxius) も見よ。併せて E. W. Brooks, *A Collection of Letters of Severus of Antioch from Numerous Syriac Manuscripts Patrologia Orientalis* 14.1 (Paris, 1920) nn. 65 (非常に長い), 67, 68 (ともにエウプラクシウスとフォーカスに宛てられている) も参照のこと。なおフォーカスについては *PLRE* 2: 881 [Phocas 4]、テオドルスについては *PLRE* 2: 1095 (Theodorus n. 54)、篝火の逸話については Sev. Ant. *Ep. Sel*. 10.3 を見よ。もし彼がセウェルス書簡 10.5 の宛先人だとすれば、近親関係にあったことになる。というのも、総督の義兄弟と記されているからである。式部官 (シレンティアリウス) のコノンの書簡については、Sev. Ant. *Ep. Sel*. 10.4 および *PLRE* 2: 307 (Conon 5) を見よ。
10. ここで引用した『統一令 (ヘノティコン)』のテキストについては Evagr. *HE* 3.14; tr. M. Whitby, *The Ecclesiastical History of Evagrius Scholasticus* (Liverpool, 2000): 147–149 を見よ。
11. *V. Dan*. 73–83、Joh. Ant. Fr. 234, 3 (Mariev)、Evagr. *HE* 3.26、Theoph. A. M. 5971–5972、Candidus Fr. 1, 89–103 (Blockley)、*PLRE* 2: 717–718 (Fl. Marcianus 17)。
12. 「聖三祝文」の歴史については、S. Brock, "The Thrice Holy Hymn in the Liturgy," *Sobor-*

nost 7.2（1985）: 24–34、とくに p. 29 を見よ。反カルケドン派による文言挿入の理論的根拠については、Ps.-Zach. *Chron*. 9.49（G. Greatrex, ed., *The Chronicle of Pseudo-Zachariah Rhetor: Church and War in Late Antiquity*, tr. R. R. Phenix and C. B. Horn, with contributions by S. P. Brock and W. Witakowski［Liverpool, 2011］）: 265–267 や、Ps.-Dion *Chron*. s.a. 506–7 9（W. Witakowski, *Pseudo-Dionysius of Tel-Mahre, Chronicle Part III*［Liverpool, 1996］: 13–15）などを見よ。『統一令』の政策については M. Meier, "Σταυρωθεὶς δι' ἡμας," 211–226。引用はカルケドン公会議（第 2 部会 22 分科会）で読み上げられた「レオの書」からのもので、訳文は R. Price and M. Gaddis, *The Acts of the Council of Chalcedon: Volume 2*（Liverpool, 2005）: 20–21 による。P. Brown, *Poverty and Leadership in the Later Roman Empire*（Hanover, 2002）: 109 で展開されている重要な議論にも注目せよ。

13. 511 年の事件に関するセウェルスの記述として引用した一節は、"Coptic First Letter of Severus to Soterichus," translated in J. Dijkstra and G. Greatrex, "Patriarchs and Politics in Constantinople in the Reign of Anastasius（with a Re-edition of *O. Mon. Epiph. 59*," *Millennium* 6（2009）: 241）からのものである。セウェルスの選出と選出へ向けての本人の活動については、Ps.-Dion. *Chron*. s.a. 511–512 を見よ。Zach. *V. Sev*. 153–154 や Anon. *Sev*. 56 も選出について述べている。
14. それぞれの即位の見込みについては Greatrex, "Hypatius," 126–135. の貴重な議論を見よ。
15. *De Caer*. 1.92. 式部官の役割については A. H. M. Jones, *The Later Roman Empire 284–602: A Social, Economic and Administrative Survey*（Oxford, 1964）: 571–572 を見よ。アリアドネのカルケドン派支持については、Cyr. Scyth. *V. Sabae* 145; tr. R. M. Price, *Lives of the Monks of Palestine by Cyril of Scythopolis*（Kalamazoo, 1991）: 154 を見よ。Harrar, *Anastasius I*, 1–6（帝位継承）, 152（アリアドネ）も参照のこと。
16. 事態の全容については A. A. Vasiliev, *Justin the First: An Introduction to the Epoch of Justinian the Great*（Cambridge, MA, 1950）: 68–82 を見よ。まず元老院と官僚が皇帝候補を指名したという肝心な点については、とくに p. 75。パトリキウスが各方面で不人気であったことについては、Greatrex, "Hypatius," 126–127 を見よ。
17. *De Caer*. 1.93。
18. ユスティヌス即位当日のアマンティウスとユスティヌスの行動については、Ps.-Zach. *Chron*. 8.1;（G. Greatrex, ed., *The Chronicle of Pseudo-Zachariah Rhetor*: 281）、Malal. 17.2、Theoph. A.M. 6011、Marcell. Com. s.a. 518–519、Evagr. *HE* 4.2 などを見よ。「アマンティウスの陰謀」については、上記の文献に加えて、Procop. *Anecd*. 6.26（『秘史』54 ページ）を見よ。ユスティヌスとアマンティウスについては、G. Greatrex, "The Early Years of Justin I's Reign in the Sources," *Electrum* 12（2007）: 99–105 も参照のこと。ユスティヌスがアナスタシウスの親族を「排除した」という見解（Procop. *Bell*. 1.11.1）については本書 195 ページも見よ。
19. Joh. Lyd. *de mag*. 3.49。
20. 聖なる男女が果たした機能については、P. Brown, "The Rise and Function of the Holy Man in Late Antiquity," *JRS* 61（1971）: 80–101 が今日でも基本文献である。
21. 6 世紀の経済構造については活発な議論がある。本書が採った見解は、J. G. Keenan,

"Notes on Absentee Landlordism at Aphrodito," *BASP* 22（1985）: 137–169（とくに p. 169 の結論部分）に見える見解にきわめて近い。併せて R. Bagnall, *Egypt in Late Antiquity*（Princeton, 1993）: 148–153 も見よ。バグナルは J. Gascou, "Les grands domaines, la cité et l'état en Égypte byzantine: recherches d'histoire agraire, fiscale et administrative," *T&MByz* 9（1985）: 1–90 で略述されている見解を支持している。これらとは異なる見解としては、J. Banaji, *Agrarian Change in Late Antiquity: Gold, Labour and Aristocratic Dominance*（Oxford, 2001）や、P. Sarris, *Economy and Society in the Age of Justinian*（Cambridge, 2006）を参照せよ。有力者が帝国官職に引き寄せられたために伝統的な都市行政が損なわれたとする見解は、J. H. G. W. Liebeschuetz, *The Decline and Fall of the Roman City*（Oxford, 2001）の中心的な議論である（その説に私も基本的に賛成する）。サリスやバナジーが提起する見解の問題点は、彼らが論じている所領が、考えられるほど大きくも、収益が多くもないということに尽きる。T. Hickey, *Wine, Wealth and the State in Late Antique Egypt*（Ann Arbor, 2012）を見よ。本書で採用した関係モデルについては、P. N. Bell, *Social Conflict in the Age of Justinian: Its Nature, Management and Mediation*（Oxford, 2013）、とくに pp. 341–345、および E. Patlagean, *Pauvreté économique et pauvreté sociale à Byzance 4e—7e siècles*（Paris, 1977）: 203–231 を見よ。

22. 帝国行政官の地域との結び付きについては、古い資料に拠っているものの、まずは P. Brown, *Power and Persuasion in Late Antiquity: Towards a Christian Empire*（Madison, 1992）: 30–34 を参照せよ。ヴァンダル族による征服後のローマ貴族の経済的な立場の変化については、本書 211～212 ページを見よ。
23. 物資の供給に関するテオドシウス 2 世の法については *CTh* 15.10.1–2 を見よ。勝者に与えられる棕櫚 Palmati については Cameron, *Circus Factions*, 8 を見よ。戦車競走の馬については *CTh* 15.7.5–6、劇場と戦車競走の会計官については *CTh* 8.7.21–2 を見よ。
24. 都市の各地区における競馬党派の広がりに関するもっとも重要な研究は、J. Gascou, "Les institutions de l'hippodrome en Égypte byzantine," *BIFAO* 76（1976）: 185–212 である。C. Roueché, *Performers and Partisans at Aphrodisias in the Roman and Later Roman Periods, JRS* Monograph 6（London, 1993）: 147–151 で展開されている重要な議論も参照せよ。属州都市における党派の本部については、*SEG* 1987 n. 1548;、*BE* 1989 n. 993（ジェラシュの町）、J. P. Rey-Coquais, *Inscriptions grecques et latines de Tyre*（Beirut, 2006）nn. 127–146 などを見よ。併せて C. Roueché, "Spectacles in Late Antiquity: Some Observations," *An. Tard.* 15（2007）: 62 も参照のこと。
25. G. Greatrex, "The Nika Revolt–A Reappraisal," *JHS* 117（1997）: 64–65、Bell, *Social Conflicts*, 150–160。
26. Malal. 14.2。併せて Michael Whitby, "The Violence of the Circus Factions," in K. Hopwood, ed., *Organized Crime in Antiquity*（Swansea, 1998）: 237 も参照のこと。
27. Procop. *Anecd*. 9,（『秘史』69～80 ページ）と *AP* 16.355.3–6、さらに Alan Cameron, *Porphyrius the Charioteer*（Oxford, 1973）: 163。ポルフュリウスについては *AP* 16.338. 5–6 を見よ。アンティオキアの情勢については Malal. 16.6 を見よ。アンティオキアの騒乱については、なによりも Cameron, *Circus Factions*, 151 を見よ。併せて *PLRE* 2: 215（Basilus 8）（p. 215）も参照のこと。踊り子については Malal. 15.12 を見よ。

28. ゼノ帝と緑党については Malal. 15.15 を見よ。さらなる言及が *PLRE* 2: 1092（Theodorus 33）にある。
29. Malal. n 16.4、Mal., Fr. 37、*Chron. Pasch.* p. 608。年代の問題については Mary Whitby and Michael Whitby, *The Chronicon Paschale AD 284–628*（Liverpool, 1989）: 100 n. 316 も参照せよ。私は Marcell. Com. s.a. 507: *seditio popularis in circo facta miles ei armatus obstitit* を根拠に 507 年説をとる。
30. Malal. 16.2。併せて *PLRE* 2: 251（Calliopius 3）;（p. 251）、313（Constantius 13）、558（Hierius 6）も参照せよ。
31. Malal. Fr. 39、Joh. Ant. Fr. 214c、Marcell. Com. s.a. 501、および *PLRE* 2: 313（Constantinus 13）。
32. Bell, *Social Conflict*, 343–344。
33. *PLRE* 2: 248（Caesaria 2）。併せて Joh. Ant. Fr. 214b、さらに *PLRE* 2: 2478（Caesaria 1）、*PLRE* 2: 248–249（Caesaria 3）、*PLRE* 2: 763–764（Misael）も参照せよ。エウプラクシウス、フォーカス、コノンについては本書 88 ページと第 4 章註 9 を見よ。
34. *PLRE* 2: 794（Oecumenius）。とくに Brooks, *Letters* 1, 2 を見よ。聖職者の扱いは Sev. Ant. *Ep.* 23 を見よ。Sev. Ant. *Ep. Sel.* 1.45 に見えるコノンについては *PLRE* 2: 307–308（Conon 6）、*Sel. Ep.* 6.1, 10.4 や Sev. Ant. *Ep.* n. 78 のコノンについては、*PLRE* 2, 307（Conon 5）と上記註 9 を見よ。ケレル宛書簡については Sev. Ant. *Ep.* n. 21 を見よ。併せて *PLRE* 2: 277（この書簡の受取人は Celer 2）、954（Rufinus 12）も参照せよ。ルフィヌスの兄弟ティモストラトゥス（515 年のトラキア軍団司令長官）宛書簡については、*PLRE* 2: 1119–1120（Timostratus）、*PLRE* 2: 954–957（Rufinus 13）を見よ。彼らの父については *PLRE* 2: 1011（Silvanus 7）を見よ。Brooks, *Letters*, nn. 19–21; 62; 95（総督のイシドルス宛書簡、やはり神学的内容）と *PLRE* 2: 631（Isidorus 7）も参照のこと。
35. Sev. Ant. *Ep.* n. 29（イサウリアの修道士たち）、Sev. Ant. *Ep. Sel.* 1.14（ベロイアのアントニヌス宛）、Sev. Ant. *Ep. Sel.* 1.26（不愉快な聖職者に関してソロンに宛てた書簡）、Sev. Ant. *Ep. Sel.* 1.33（ポンペイオポリスの状況）、Sev. Ant. *Ep. Sel.* 1.35（奴隷の叙階に関するエウスタキウス宛書簡）、Sev. Ant. *Ep. Sel.* 1.18; 1.30; 1.32; 1.46（司教の選出）、Sev. Ant. *Ep. Sel.* 1.27（アナザルブスの行政官たちに司教叙任をしないよう命じる書簡）、Sev. Ant. *Ep. Sel.* 1.30（異教の著作家を引用するアパメアの聖職者たち）。
36. 殉教者の聖地と旅に関するセウェルスの活動については、P. Allen and C. T. R. Hayward, *Severus of Antioch*（London, 2004）: 22–23 を見よ。セルギウスとバックスについては E. K. Fowden, *The Barbarian Plain: Saint Sergius between Rome and Iran*（Berkeley, 1999）: 1–26; 106–112; 117–120 と、Haarer, *Anastasius*, 37–39、および本書 141 ページを見よ。
37. Procop. *Anecd.* 12.28–30（『秘史』101～102 ページ）。テオドラとユスティニアヌスの出会いについては本書 113～114 ページ。それとは異なるシリアにおける伝承については本書 262～263 ページを見よ。セウェルスに対するテオドラの崇敬については、Cyril Scyth. *V. Sab.* pp. 172–174 や Ps.-Zach. *Chron.* 9.19 を見よ。反カルケドン派集団に対するテオドラの関心について大きく異なる見解として、本書第 5 章註 15 を見よ。見世物競技に関するセウェルスの見解については、本書 62～63 ページを見よ。

38. 金持ちの女性プロクラ宛のセウェルス書簡にみえるイヴに関する話については、Brooks, *Letters*, n. 92 を見よ。一般に認められているテオドラとセウェルスの関係については前掲註 37 を見よ。
39. 社会的不平等に関するセウェルスの見解については、Alpi, *La route royale*: 172–178 と Brown, *Poverty and Leadership*, 109–110 を見よ。
40. 詩人と聖職者については Sev. Ant. *Ep. Sel.* 1.27 を見よ。

第５章　パトリキウス叙任

1. ウィタリアヌスの殺害はユスティニアヌスの責任であるとする見解については、Victor Tonn. s.a. 523 や、Procop. *Anecd.* 6.27–28.（『秘史』54 ページ）を見よ。一連の暗殺に関する政府の公式見解は、Theoph. A.M. 519/20、Malal. 17.8、Malal. Fr. 43、Joh. Nik. 90.11–2 などに見える。宮殿のこの地区に関する建物配置については、R. Guilland, "Les quartiers militaires," *Byzantinoslavica* 17（1956）: 71–85 と、idem, *Études de topographie de Constantinople byzantine*（Amsterdam, 1969）: 14–24、J. Kostenec, *Walking through Byzantium: Great Palace Region*, 2nd ed.（Istanbul, 2008）: 136 などを見よ。以下本書において展開したユスティヌスの治世に関する見解は、B. Croke, "Justinian under Justin: Reconfiguring a Reign," *Byzantinische Zeitschrift*, 100（2007）: 13–55 から大きな影響を受けている。宮殿の構造については本書 129～131 ページも参照せよ。
2. Stein, *Histoire du Bas-Empire* 2, 275–276 を見よ。
3. 即位前のユスティヌスの経歴については A. A. Vasiliev, *Justin the First*, 42–85 を見よ。イサウリア遠征については Haarer, *Anastasius I*, 22–28、対ペルシア戦争の開始については G. Greatrex, *Rome and Persia at War*（rev. ed.）, 502–532（Cambridge, 2006）: 79–115 を見よ。ディオゲニアヌスについては Malal. 16.2 を見よ（アリアドネの親族とされている）。彼の召還については Malal. 17.3 や Theoph. A.M. 6011、ディオゲニアヌス全般については *PLRE* 2: 362（Diogenianus 4）を見よ。
4. 港での戦いについては Malal. 16.16 を見よ。プロクルスについては *PLRE* 2: 919（Proclus 8）を見よ。Whitby and Whitby, *Chronicon Paschale*, 103 n. 324 が指摘するように、おそらく *PLRE* 2: 919（Proclus 9）のプロクルスと同一人物であろう。アピオンについては次の註を見よ。
5. アピオンについては *PLRE* 2: 111–112 と本書第 4 章註 21 に引用した研究を見よ（彼がオクシュリンコスに有した所領は、この時代の経済研究の中心テーマである）。道管区長官への任命については Malal. 17.3、*Chron. Pasch.* s.a. 519、Theoph. A.M. 6011 などを見よ。任命の年代については *CJ* 7.63.3a を参照せよ（アピオンは 12 月 1 日に在職していた）。フィロクセヌスについては Malal. 17.3、*Chron. Pasch.* s.a. 519、併せて *PLRE* 2: 879–880（Philoxenus 8）も参照せよ。
6. 西欧の視点から見た当時の状況については、J. Moorhead, *Theodoric in Italy*（Oxford, 1992）: 194–120 を見よ。
7. Procop. *Anecd.* 12.28–32（『秘史』101～102 ページ）。このような経緯でテオドラはユスティニアヌスと出会ったとする見解については、J. A. S. Evans, *The Empress Theodora:*

Partner of Justinian（Austin, 2002）: 17–18 や、idem, *The Power Game in Byzantium: Antonina and the Empress Theodora*（London, 2011）: 45–47、M. Angold, “Procopius' Portrait of Justinian,” in *ΦΙΛΕΛΛΗΝ, Studies in Honor of Robert Browning*（Venice, 1996）: 31–32 などを見よ。

8. トマスの報告文書については *ACO* 4.1: 199–200 を見よ（文書は 553 年 5 月 26 日、コンスタンティノープル公会議第 7 部会の記録に含まれている）。テオドレトゥスとネストリウスについては Millar, *A Greek Roman Empire*, 24–25, 183, 200, 222、T. Urbainczyk, *Theodoret of Cyrrhus: The Bishop and Holy Man*（Ann Arbor, 2002）: 23–29、Gaddis, *There Is No Crime*, 289, 301–303 などを見よ。キュリロスが法廷に持ち出した収賄行為のリストについては Cyril, *Ep*. 96 を見よ。
9. 財務長官の職務については Haarer, *Anastasius I*: 209–211 を見よ。
10. 妊娠については *V. Theod. Syk*. 3.10、併せて S. Mitchell, *Anatolia: Lands, Men, And Gods in Asia Minor*（Oxford, 1993）: 122 を見よ。
11. ユスティニアヌスの睡眠と食事の習慣については、Procop. *Anecd*. 13.28–29, 15.11（『秘史』108、116 ページ）。ユスティニアヌスと「神の受難論」については *CA* n. 187（敵対的立場）、188 and 191（受容する立場）、196.6（Aug. *de Trin*. 2.16 の引用）を見よ。519～20 年にこの教義を展開したスキタイ人の修道士たちは、ウィタリアヌスと関係があった。その点については *CA* 216.5、J. Moorhead, *Theodoric in Italy*（Oxford, 1992）: 204–211、Ruscu, “The Revolt of Vitalianus,” 779–783 などを見よ。
12. ユスティニアヌスにごく近い人々の特徴については、T. Honoré, *Tribonian*（London, 1978）: 13–14、トリボニアヌスが異教徒かもしれないという問題については ibid., 64–66（本書 118 ページも参照せよ）。
13. *CJ* 5.4.23。デモステネスについては *PLRE* 2: 533–534（Demosthenes 4）や、Joh. Lyd. *de mag*. 3.42、C. Foss, “The Empress Theodora,” *Byzantion* 72（2002）: 169 などを参照せよ。この法律に関する基本的な分析は、現在でも D. Daube, “The Marriage of Justinian and Theodora: Legal and Theological Reflections,” *Catholic University Law Review* 360（1966–1967）: 380–399 である。プロコピオス（*Anecd*. 9.51、『秘史』79～80 ページ）は、この法の発布年代をエウフェミアの死後としているが、そう断定する根拠はない。ただし G. Tate, *Justinien: l'épopée de l'Empire d'Orient*（Paris, 2004）: 92–98 も参照せよ。タートはふたりが会ったのは 522 年以降としている。
14. 第 3 条が特定の個人を念頭においていることについては、Daube, “The Marriage,” 393 および Alan Cameron, “The House of Anastasius,” *GRBS* 19（1978）: 271 を見よ。
15. Joh. Eph. *V. SS. Or*., 192–195（with p. 26, n. 1）。S. A. Harvey, *Asceticism and Crisis in Society: John of Ephesus and the* Lives of the Eastern Saints（Berkeley, 1990）: 78–79 も見よ。アミダからの追放の年代については Greatrex, *Rome and Persia at War*, 131 を見よ。「宮廷の状況観察」については Millar, *A Greek Roman Empire*, 192–196 を見よ。追放に関する異なる解釈については V. L. Menze, *Justinian and the Making of the Syrian Orthodox Church*（Oxford, 2008）: 213–214 を見よ。彼の見解は Pseudo-Dionysius of Tel-Mahre, *Chronicle* pp. 29, 32 や、B. Croke, “Justinian, Theodora and the Church of Saints Sergius and Bacchus,” *DOP* 60（2006）: 32–36 とは両立しがたいようである。彼らを復帰させた背景については、本書

175、214 ページと第 9 章註 17 を見よ。

16. Michael the Syrian, *Chron*. 9.24（V. Chabot, *Chronique de Michel le Syrien 2*（Paris, 1901）: 206–207）。この一節の重要性は Evans, *Empress Theodora*, 70 が指摘している。

17. エウフェミアの死亡年代については記録がない。彼女の死に関する通説については *PLRE*、および Croke, "Justinian under Justin," 41–42。エウフェミアの埋葬については P. Grierson, C. Mango, and I. Sevcenko, "The Tombs and Obits of the Byzantine Emperors（337–1042）; with an Additional Note," *DOP* 16（1962）: 27, 45–46 を見よ。彼女が早くも 521〜522 年に死んだとする根拠は、婚姻法の制定年代のみである。

18. テオドラの髪の色については *Anth. Gr*. 16.78（Paul Silentiarius）。併せて P. Cesaretti, *Theodora: Empress of Byzantium*, tr. R. M. Giammanco Frongia（New York, 2004）: 296 も参照せよ。

19. 第 1 の説明については Malal. 17.12（Theoph. A.M. 6012 も見よ）。Joh. Nik. 90.16–19（第 2 の説明）。さらに Procop. *Anecd*. 9.33–43（『秘史』75〜78 ページ）も見よ。古代においてプロコピオスが読まれなかったことに関しては、Averil Cameron, *Procopius and the Sixth Century*（Berkeley, 1985）: 4 を見よ。宮殿内部のある人物による第 4 の説明については、Marcell.Com. s.a. 523 を見よ。この問題に関するやや異なった解釈として、Croke, "Justinian under Justin," 39–40 も見よ。テオドトゥスについては *PLRE* 2: 1104–1105（Theodotus 11）を見よ。

20. 「パトリキウス」という称号については Jones, *Later Roman Empire*, 106 を見よ。パトリキウス就任の儀式に関する私の記述は、のちの時代のものである *De Caer*. 1.47–48 を要約したものである。

21. J. Bardill, "The Great Palace of the Byzantine Emperors and the Walker Trust Excavations," *JRA* 12（1999）: 216–230 を見よ。

22. 大宮殿については J. Bardill, "Visualizing the Great Palace of the Byzantine Emperors at Constantinople: Archaeology, Text and Topography," in F. Bauer, ed., *Visualisierungen von Herrschaft—frühmittelalterliche Residenzen Gestalt und Zeremoniell* Byzas 5（Istanbul, 2006）: 5–23。バーディルは上記の配置図にいくつかの重要な修正を加えているが、R. Guilland, *Études de topographie de Constantinople Byzantine 1 Berliner byzantinische Arbeiten* 37（Amsterdam, 1969）: 3–93 に挙げられている文献資料をめぐる議論においてなお貴重な業績である。

23. 宮殿はオリュンポスのようだという見解については Coripp. *Iust* 3.178–190、コンシストリウム（帝室顧問会議議事堂）の詳細については Coripp. *Iust* 3.191–209、黄金の寝椅子については Coripp. *Iust* 3.216 を見よ。

24. インドとの交易に関しては G. K. Young, *Rome's Eastern Trade: International Commerce and Imperial Policy 31 bc—ad 305*（London, 2001）: 27–89（エジプト経由のインド、アフリカ交易）や、H. Sidebotham, *Berenike and the Ancient Maritime Spice Route*（Berkeley, 2011）を見よ。ファラサン島については *AE* 2004 n. 1643 を見よ。

25. ティベリアス地域との接触については、A. Moberg, *The Book of the Himyarites*（Lund, 1924）: 7、Malal. 18.15 を見よ。攻撃のタイミングと事件の年代については *Mart. Areth*. 3 を見よ。クルアーン（コーラン）の記事と関係があるかもしれない可能性については、

Moberg, *The Book of the Himyarites*: xlvi を見よ。虐殺に関する史料の概観については M. Detoraki, *Le martyre de saint Aréthas et de ses compagnons*（*BHG 166*）（Paris, 2007）: 13–56 を見よ。また一連の事態については G. W. Bowersock, *The Throne of Adulis*（Oxford, 2013）: 84–91 を見よ。シメオンの役割については I. Shahîd, *The Martyrs of Najrân. Subsidia Hagiographica 49*（Brussels, 1971）: 113–178、とくに 159–167。Procop. *Bell*. 1.20 も見よ。

26. アブラハムについては *PLRE* 2: 3（Abramius）、中央アラビアのキンダへの使節であった父については *PLRE* 2: 425（Euphrasius）を見よ。アブラハムの息子ノンノススの経歴については、Bowersock, *The Throne of Adulis*, 135–14 を見よ。Croke, "Justinian under Justin," 38–39 は、ユスティヌスの意向で行なわれたと示唆している。
27. 会議の全般については I. Shahîd, "Byzantino-Arabica: The Conference of Ramla ad 524," *JNES* 23（1964）: 115–131 を見よ。
28. ヒュパティウスが指揮権を保持した理由の説得的な説明（およびユスティヌスが大きな変革を行なわなかったらしいこと）としては Greatrex, "Hypatius," 139–140 を見よ。

第6章　帝位継承

1. Malal. 17.9、*Chron. Pasch*. 613.3–615.4。Procop. *Bell*. 1.11.28–30 は事件の経過が不正確である。加えて、Vasiliev, *Justin the First*, 264–265、Greatrex, *Rome and Persia at War*, 133–134 なども見よ。
2. Procop. *Bell*. 1.11.23–30、Theoph. A.M. 6013（事件を誤って 520／21 年においている）、Greatrex, *Rome and Persia at War*, 135–136、Vasiliev, *Justin the First*, 266–268、Croke, "Justinian under Justin," 43–44（525 年とする）、H. Börm, *Prokop und die Perser*, 312–313。テオドシウス 2 世に関するそれ以前の交渉については Agath. 4.26.6–7、Procop. *Bell*. 1.2.1–10 を見よ。併せて A. Cameron, "Agathias on the Sassanians," *DOP* 23/24（1969/1970）: 149 や、Börm, *Prokop und die Perser*, 309–310 も参照せよ。私はベルムの見解に同意する。他にも G. Greatrex and J. Bardill, "Antiochus the 'Praepositus.' A Persian Eunuch at the Court of Theodosius II," *DOP* 50（1996）: 171–180 を見よ。カワードとマズダグ派異端については、P. Pourshariati, *Decline and Fall of the Sasanian Empire: The Sasanian—Parthian Confederacy and the Arab Conquest of Iran*（London, 2008）: 82–83 を見よ。
3. 以上の詳細は *De Caer*. 1.43 に基づいている。ユスティニアヌスとの関連については Croke, "Justinian under Justin," 46–47 を見よ。
4. セルギウスとバックスの伝承については Fowden, *The Barbarian Plain*, 7–26、城壁については Procop. *Aed*. 2.9.3–9 を見よ。年代に関しては Fowden, *The Barbarian Plain*, 93–94 も併せて参照せよ。
5. B. Croke, "Justinian, Theodora, and the Church of Sergius and Bacchus," *DOP* 60（2006）: 49–51 は、J. Bardill, "The Church of Sts. Sergius and Bacchus in Constantinople and the Monophysite Refugees," *DOP* 54（2000）: 1–11 に反論している。
6. M. Harrison, *A Temple for Byzantium: The Discovery and Excavation of Anicia Juliana's Palace Church in Istanbul*（Austin, 1989）: 33–35, 137–142、A. M. Yasin, *Saints and Church*

Spaces in the late antique Mediterranean: Architecture, Cult and Community（Cambridge, 2009）: 112–115; 138–140。

7. L. Brubaker, "The Age of Justinian: Gender and Society," in M. Maas, *The Cambridge Companion to the Age of Justinian*（Cambridge, 2005）: 438–441。
8. L. James, *Empresses and Power in Early Byzantium*（Leicester, 2001）: 149。
9. *Anth. Gr*. 1.10.1–13。併せて Mary Whitby, "The St. Polyeuktos Epigram（AP 10）: A Literary Perspective," in S. F. Fitzgerald, ed., *Greek Literature in Late Antiquity: Dynamism, Didacticism, Classicism*（Aldershot, 2006）: 159–188 も見よ。
10. L. Brubaker, "Memories of Helena," in L. James, ed., *Women, Men and Eunuchs: Gender in Byzantium*（London, 1997）: 56。
11. アンテミウスについては *PLRE* Procopius, Anthemius 9（p. 99）を見よ。アニキウス・オリュブリウスについては *PLRE* Olybius 3（p. 795）、アレオビンドゥスについては *PLRE* Fl. Areobindus Dagalaiphus Areobindus 1（p. 143–144）。
12. ダニエルについては本書 88 ページを見よ。この時代の修道院については P. Hatlie, *The Monks and Monasteries of Constantinople ca. 350—850*（Cambridge, 2007）: 133–171 を見よ。
13. Anon. *Peri pol*. 5.68–76。対話篇の全体については P. N. Bell, *Three Political Voices from the Age of Justinian*（Liverpool, 2009）: 49–79 を見よ。集団のアイデンティティの「活性化」については、P. N. Bell, *Social Conflict in the Age of Justinian: Its Nature, Management and Mediation*（Oxford, 2013）: 150–160 と、P. Hatlie, "Monks and Circus Factions in Early Byzantine Political Life," in M. Kaplan, ed., *Monastères, images, pouvoirs et société à Byzance*（Paris, 2006）: 21–23 の重要な議論を見よ。儀式の役割については Averil Cameron, "The Construction of Court Ritual: The Byzantine *Book of Ceremonies*," in D. Cannadine and S. Price, eds., *Rituals and Royalty: Power and Ceremonial in Traditional Societies*（Cambridge, 1987）: 106–136 を見よ。
14. Procop. *Anecd*. 9.31–32（『秘史』74～75 ページ）、*CJ* 7.37.3（テオドラの財産権に関する 531 年の法。彼女が皇后として完全な権限をもったことが示されている）。Evans, *Theodora*, 29、Diehl, *Theodora*, 57 も見よ。
15. 本書が採用したテキストは、哲学者ヘロフィルスの写本『人は毎月どのように生活を定めるべきか』であり、A. Delatte, *Anecdota Atheniensa et alia II Textes grecs relatifs à l'histoire des sciences*, Bibliothèque de la Faculté de Philosophie et Lettres de l'Université de Liège 88（Liège, 1939）: 456–466 にテキストが収められている。翻訳は Dalby, *Flavours*, 161–169 を見よ。
16. 用語集については *P. Oxy*. 5162（分野別）、5161（動詞）を見よ。
17. Maas, *John Lydus*, 67–82 にみえる優れた考察を見よ。とくにトリボニアヌスを論じた p. 73。また異教徒とキリスト教徒のさまざまな出会いについて述べる C. P. Jones, *Between Pagan and Christian*（Cambridge, MA, 2014）: 126–144 も見よ。同書は随所で、伝統的な信仰とキリスト教との境界がしばしば曖昧であったことについての細かい議論をしている。カッパドキアのヨハネスについては Procop. *Bell*. 1.24.11、エクスクビトル軍団については Joh. Lyd. *de mag*. 3.12 を見よ。

18. Joh. Lyd. *de mag*. 3.30。「提案」については Millar, *A Greek Roman Empire*, 207–214 を見よ。
19. Joh. Lyd. *de mag*. 3.30。賄賂による官職取得については Kelly, *Ruling the Later Roman Empire*, 60–113、とくに 64–68、および 79–81, 100–101（ヨハネスについて論じている）を見よ。ティムガッドの町における手数料のリストについては、A. Chastagnol, *L'Album municipal de Timgad*（Bonn, 1978）: 75–88 や、Kelly, *Ruling the Later Roman Empire*, 138–142 を見よ。
20. アウグストゥス就任の儀式とその年代については *De Caer*. 1.94–95。
21. *De Caer*. 1.43。私はこの後世の儀式記録からもっとも伝統的な要素を選んでまとめた。「真の十字架」を含めたのは間違いかもしれない。宮殿の大広間での儀式には「真の十字架」が不可欠の要素だったことが含めた理由である。しかしこの時代では「真の十字架」はまだそれほど重要ではなかったようである。4 月という日付については、次の註を見よ。
22. マララス系統の伝承では、テオドラは 4 月 4 日にユスティニアヌスとともに戴冠されたとされる。Malal. 17.18 や *Chron. Pasch*. p. 616 を見よ。しかしこの日付はおそらく誤りであろう。他方、テオドラの戴冠が 4 月 4 日に行なわれた可能性はある。548 年 6 月 28 日に彼女が死んだ時、28 年と 3 か月統治したと言われているからである。他の史料は 4 月 1 日のこととして、ユスティニアヌスのみの歓呼に言及している（Marcell.Com. s.a. 527、Cyril Scyth. *V. Sabae* 68 などを見よ）。私見によれば、もっとも重要な史料は『儀式の書』の戴冠記事である。

第７章　アウグスタ——最初の五年

1. Procop. *Aed*. 1.1.6–11。
2. 新たな指導部の重要性については G. Tate, *Justinien: l'épopée de l'Empire d'Orient*（Paris, 2004）: 351–364 を見よ。ただし、力点の置き方は本書の議論とは異なっている。トリボニアヌスについては T. Honoré, *Tribonian*（Ithaca, 1978）, 12–13 を見よ。ユスティニアヌス法典の第 1 版初版の制定については、S. Corcoran, "Anastasius, Justinian, and the Pagans: A Tale of Two Law Codes and a Papyrus," *JLA* 2（2009）: 184–185 を見よ。コンスタンティヌスについては *PLRE* 3, 340（Constantinus 1）、ゲルマヌスについては *PLRE* 2, 505–507 を見よ。ゲルマヌスは 519 年～527 年にトラキア軍団司令長官の任にあり、将軍としての評判を高めたが、527 年から 536 年の間は職を離れていた。シッタスについては *PLRE* 3, 1160–3 を見よ。528 年以降の道管区長官は、アタルビウス（528 年 3 月～6 月）、メナス（528 年 6 月～529 年 4 月）、デモステネス（529 年 9 月～530 年 3 月？）ユリアヌス（530 年 3 月～531 年 2 月）である。メナスとテオドラの関係については、本書 180～181 ページの他、*PLRE* 2, 755（Menas 5）も見よ。テオドラの結婚を認めた法を受け取った当の人物であるデモステネスについては、*PLRE* 2, 353–355（Fl. Theodorus Petrus Demosthenes）を見よ。アタルビウスについては *PLRE* 3, 140（Atarbius）、ユリアヌスについては *PLRE* 3, 729–730（Julianus 4）を見よ。528 年以前にバシリデスが就いていた道管区長官職は名目的なものかもしれない。彼はトリボニアヌスの友人であり、

法典作成委員会のメンバーであった。*PLRE* 3, 172–173（Basilides）を見よ。伝統的な官僚制への非難については M. S. Bjornlie, *Politics and Tradition between Rome, Ravenna and Constantinople: A Study of Cassiodorus and the Variae, 527–554*（Cambridge, 2013）: 75–77を見よ。

3. M. Meier, *Das andere Zeitalter Justinians: Kontingenzefahrung und Kontingenzbewältung im 6. Jahrhundert n. Chr.*（Göttingen, 2004）: 118–136。
4. 取り巻きの人数については J. Herrin, *Unrivaled Influence: Women and Empire in Byzantium*（Princeton, 2013）: 221–222 を見よ。アマラスンタの殺害については、本書 44、210 ページを見よ。
5. Procop. *Anecd.* 15.6–9（『秘史』115～116 ページ）、Brooks, *Letters* n. 63。本書 272 ページも見よ。
6. サン・ヴィターレ教会については D. Deliyannis, *Ravenna in Late Antiquity*（Cambridge, 2010）: 240–242 を見よ。M. P. Canepa, *The Two Eyes of the World: Art and Ritual Kingship between Rome and Sassanian Iran*（Berkeley, 2009）: 118 は、テオドラの衣に描かれた 3 人の賢者（マギ）は、ローマにやってきたサササン朝に服属する王たちを表わしていると指摘している。ユスティヌスの二つ折り銘板については、K. Weitzmann, ed., *Age of Spirituality: Late Antique and Early Christian Art, Third to Seventh Century*. Catalogue of exhibition at the Metropolitan Museum of Art November 11, 1977, through February 12, 1978（New York, 1979）, n. 51 を見よ。聖クレメンテ・テオトコス教会については J. L. Osborne, "Early Medieval Painting in San Clemente, Rome: The Madonna and Child in the Niche," *Gesta* 20（1981）: 299–310（とくに pp. 300–304）をみよ。皇后について広まっていたイメージについては、L. James, *Empresses and Power in Early Byzantium*（Leicester, 2001）: 26–45 を見よ。テオドラの髪については *Anth. Gr.* 16.77（Paul Silentiarius）を見よ。
7. 4 世紀における皇后称賛文については H. Leppin, "Kaiserliche Kohabitation: Von der Normalität Theodoras," in C. Kunst and U. Riemer, eds., *Grenzen der Macht: zur Rolle des römischen Kaiserfrauen*（Stuttgart, 2000）: 81–82、皇后の地位の向上については H. Leppin, "Theodora und Iustinian," in H. Temporini and G. Vitzthum, *Die Kaiserinnen Roms von Livia bis Theodora*（Munich, 2002）: 439–441 をみよ。皇后と聖母マリアの結びつきについては、Averil Cameron, "The Theotokos in Sixth-Century Constantinople: A City Finds Its Symbol," *JTS* 29（1978）: 87–88, 97–98, 104 や、J. Herrin, *Women in Purple: Rulers of Medieval Byzantium*（Princeton, 2001）: 21–22、Herrin, *Unrivaled Influence* 165, 170–173（とくにマリアとの結びつき、および権威ある女性の表象の双方について）、C. Pazdernik, "'Our Most Pious Consort Given Us by God': Dissident Reactions to the Partnership of Justinian and Theodora, 525–548," *CA* 13（1994）: 267–268 などを見よ。概説としては James, *Empresses and Power*, 90–95。
8. Procop. *Anecd.* 30.23 tr. Kaldellis（『秘史』222 ページ）。より肯定的なイメージについては Corippus, *In Justinum* 3.155–169 や Tate, *Justinien*, 340–343 を見よ。Canepa, *Two Eyes of the World*, 150–153 は、ユスティニアヌスがサササン朝の宮廷儀礼を取り入れたこと、その結果、サササン朝の使節に平伏儀礼を要求するのが容易となったことを指摘している。
9. Evans, *Theodora*,22 を見よ。

10. M. Maas, "History and Ideology in Justinianic Reform Legislation" *DOP* 40（1986）: 25、T. Honoré, *Tribonian*（Ithaca, 1978）: 125–126。ここに引用したのは序文の要約である。法典の確認は P. Krueger, *Codex Iustinianus*, 14th ed.（Zurich, 1967）: 2–3 に活字化されたものに拠っている。

11. *CJ* 1.5.12; Malal. 18.30, 42。日付・年代については Stein, *Histoire du Bas-Empire* 2, 369 も見よ。サマリア人の反乱については Malal. 18.35, 54、Theoph. A.M. 6021、Cyril. Scyth. *V. Sab*. pp. 163, 172–173、Procop. *Anecd*. 11.24–30, 27.8–9（『秘史』91～92、204 ページ）などをみよ。併せて Stein, *Histoire du Bas-Empire 2*, 287–288 も参照のこと。マニ教徒の状況については *CJ* 1.5.15 も見よ。Malal. 18.30 は、マニ教徒に対するペルシア人の大虐殺の結果、この法令が制定されたと見ているようである。ただし、反マニ教徒立法の決まり文句が、このような不必要な推定をさせるのであろう。ローマ帝国におけるマニ教に関する文献については、Gardner and S. N. C. Lieu, *Manichaean Texts from the Roman Empire*（Cambridge, 2004）: 35–45 を見よ。

12. K. L. Noethlichs, "*Quid possit antiquitatis nostris legibus abrogare*: Politische Propaganda und praktische Politik bei Justinian I im Lichte der kaiserlichen Gesetzgebung und der antiken Historiographie," *ZAC* 4（2000）: 116–132 = M. Meier, ed., *Justinian: neue Wege der Forschung*（Darmstadt, 2011）: 39–57。

13. シメオンの要望については Joh. Eph. *V. SS. Or*., 157 を見よ。ホスローについては *Anecd*. 2.32–36（『秘史』20 ページ）を見よ。東ゴートの宮廷への対応については本書181、206～207 ページを見よ。スーダンのノバダエ族については Joh. Eph., *HE* 4.6 および本書 245 ページを見よ。

14. フン族との交渉については Ps.-Zach. *Chron*. 9.2.5、Procop. *Bell*. 1.13.2–8、Malal. 18.14、*Chron. Pasch*. 618、Stein, *Histoire du Bas-Empire* 2, 283 などを見よ。パルミュラについては Malal. 18.2、アル・ムンディルについては Stein, *Histoire du Bas-Empire* 2, 284、パルミュラ再建の目的については Greatrex, *Rome and Persia at War*, 151 n. 6 を見よ。

15. マルテュロポリスについては Procop. *Aed*. 3.2.10–13; Malal. 18.5。東方国境の再編については *CJ* 1.29.5 を見よ。526 年にコミトが結婚したことについては Theoph. A.M. 6020 を見よ。

16. 聖ミカエル教会については Malal. 17.19 を見よ。曖昧な表現ではあるが、同教会をユスティニアヌスによるものとする Procop. *Aed*. 2.10.25 も。併せて、W. Mayer and P. Allen, *The Churches of Syrian Antioch*（*AD 300—638*）（Leuven, 2012）: 99, 109, 160 や、G. Downey, *A History of Antioch in Syria from Seleucus to the Arab Conquest*（Princeton, 1974）: 545 n. 21 も参照せよ。聖母教会については Malal. 17.19 や Procop. *Aed*. 2.10.24 を見よ。Mayer and Allen, *The Churches*, 107–109 も併せて参照のこと。L. James, *Empresses and Power*, 148–159（とくに「君主権の公的文化」について論じている p. 157）を見よ。

17. Malal. 17.19。

18. Ps.-Dion. *Chron*. 29–32。

19. Malal. 18.19（ソロイ・ポンペイオポリス）、Malal. 18.27 および Theoph. A.M. 6021（アンティオキア）。自然災害のイデオロギー的重要性については、Meier, *Das andere Zeitalter Justinians*, 345–356 でなされている重要な議論を見よ。

20. Malal. 18.18、*CTh* 9.7.6、Zon. 14.7、Procop. *Anecd.* 16.18–22（『秘史』125〜126 ページ）、Theoph. A.M. 6021、Cedr., 645, 17–21、M. Meier *Das andere Zeitalter Justinians*, 201–202, 595、J. J. O'Donnell, *The Ruin of the Roman Empire*（New York, 2008）: 211–212 なども見よ。この問題をめぐる異教信仰については、H. Leppin, *Justinian: das christliche Experiment*（Stuttgart, 2011）: 105 を見よ。処罰の性格については E. Watts, "Justinian, Malalas, and the End of Athenian Philosophical Teaching in ad 529," *JRS* 94（2004）: 174 n. 6. を見よ。559 年の法は Just. *Nov.* 141 に収められている。少し異なる見解として Honoré, *Tribonian*, 14–15 も見よ。

21. *CJ* 1.11.10、併せて Corcoran, "Anastasius, Justinian and the Pagans," 198–203。Malal. 18.47、さらに Watts, "Justinian," 168–182。ペルシア移住と帰国については、Agath. 2.30.3–4 に加えて Watts, "Justinian," 180 や、Jones, *Between Pagan and Christian*, 28–29; 30–31; 128–129 も参照せよ。賽子占いについては D. S. Potter, "Lot Oracles from Asia Minor," *JRA* 24（2011）: 764–772 を見よ。

22. Malal. 18.23。テオドラの気紛れな行動については Procop. *Anecd.* 17.7–14（『秘史』122〜125 ページ）、ヨハネス・リュドスについては Joh. Lyd. *de mag.* 3.68 を見よ。

23. Malal. 18.24、*CJ* 7.15.3（531 年 11 月 1 日発布）。

24. Malal. 18.25、Theoph. A.M. 6025。両者の年代の相違については Mango and Scott, *Theophanes*, 286 nn. 2 and 3 を見よ。ピュティア地方の春の健康によい気候については Diehl, *Theodora*, 57 を見よ。メナスについては *PLRE* 2, 755（Menas 2）、官僚機構の腐敗については、とくに *CJ* 1.53.1（官僚が任地において不動産を購入したり、贈与を受けとったりするのを制限する法令）、*CJ* 7.54.2, 10.8.3（支払い命令が出されたのち借主が支払うべき利息を月 1 パーセントに引き下げる法令、ただし国庫は 6 パーセントまで利息を課してもよいとする）を見よ。*CJ* 9.4.6（帝国の役人のみが投獄を命じることができると述べる、*CJ* 1.3.43, 1.4.22–23, 9.5.2, 9.47.26 も）、*CJ* 12.33.6（奴隷は主人の了解なしに帝国の任務についてはならない）、*CJ* 12.34.1（帝国に奉仕するという立場の者が国家とビジネスをすることを禁じる）などを見よ。

25. Procop. *Anecd.* 16.1（『秘史』120〜122 ページ、競争相手のアマラスンタに対するテオドラの不安）; *Anecd.* 16.3–5（『秘史』122 ページ、殺害）。*Bell.* 5.4.25 は、アマラスンタはテオドラの手下が到着する前に死んでいたと述べている。Cassiodorus *Var.*, 10.20, 21 も見よ。なおカッシオドルスからの引用は 10.20.4, tr. Barnish である。本書 210 ページも見よ。

26. カッパドキアのヨハネスの経歴については、*PLRE* 3 Joannes 11（pp. 627–635）を見よ。ヨハネス・リュドスについては Joh. Lyd. *de mag.* 3.69 を見よ。併せて Maas, *John Lydus*, 95 も参照のこと。

27. *CJ* 6.40.2（女性の目標について）、5.27.11（結婚前に生まれた子供も嫡子であるとする法令、531 年 3 月 18 日制定）。

28. Cyril Scyth. *V. Sab.* pp. 172–174。サマリア人の乱については上記註 11 を見よ。

第8章　革命

1. M. Meier, "Zur Funktion der Theodora-Rede im Geschichtswerk Prokops（BP 1, 24, 33–37)," *RhM* 147（2004）: 91 や、A. Cameron, *Procopius and the History of the Sixth Century*（London, 1985）: 69、J. A. Evans, *The Empress Theodora: Partner of Justinian*（Austin, 2002）: 45 などを見よ。
2. Malal. 18.52（Theoph. A.M. 6023 に基づき、テキストの読みとして kometes 彗星を採ることについては、J. Thurn, *Joannis Malalae Chronographis*［Berlin, 2000］の当該箇所を見よ）。John of Ephesus, *Chron.* s.a. 541。
3. カワードの要求はペルシア王の現金不足の文脈で理解する必要があることについては、とくに P. Pourshariati, *Decline and Fall of the Sasanian Empire: The Sasanian—Parthian Confederacy and the Arab Conquest of Iran*（London, 2008）: 78–81、および Z. Rubin, "The Reforms of Khusro Anushirwan," in A. Cameron, ed., *The Byzantine and Early Islamic Near East 3: States, Resources and Armies*（Princeton, 1995）: 227–297 を見よ。
4. カッパドキアのヨハネスについて、まずは Joh. Lyd. *de mag.* 3.50（ヨハネスが招いた「悪魔に唆された」混乱を 540 年代のこととする）、3.62（テオドラが 541 年にでっち上げた告発を反映している）、3.64（二期目の貪欲な行為について）。3.65 は、539 年 8 月 8 日のユスティニアヌス新法 82 に言及している。3.69 では、テオドラがユスティニアヌスにヨハネスを抑えなければならないと警告している。そうしなかったことがニカの乱（3.70）を引き起こしたというのである。加えて Maas, *John Lydus*, 79–81, 87–88, 93–96 や、G. Greatrex, "The Nika Revolt: A Reappraisal," *JHS* 117（1997）: 60 n. 5 も見よ。
5. 偽ザカリアスについては G. Greatrex, ed., with R. R. Phenix and C. B. Horn（tr.）, *The Chronicles of Pseudo-Zachariah Rhetor: Church and War in Late Antiquity*（Liverpool, 2011）: 343–344（Ps.-Zach. *Chron.* 9.14）を見よ。
6. 本書で言及した法文のうち、相続に関しては *CJ* 2.3.30、2.40.5、6.37.25、5.27.12、6.58.13、7.15.3（ただし最後のものは、奴隷の妾の権利に関連する法なので、単独の規定ではなく、別の法令の一部だったのかもしれない）。仲裁については *CJ* 3.1.17、3.1.18。財政上の手続きについては *CJ* 4.18.3、4.27.3、4.31.14、4.39.9、3.37.27、8.37.14。結婚に際しての女性の権利については *CJ* 6.40.3、5.11.7、5.14.11。養子については 8.37.14、8.48。ラテン市民権の廃止については *CJ* 7.6.1 をそれぞれ見よ。
7. Procop. *Bell.* 1.24.1–6、*Dial.* 5.103–107、Procop. *Aed.* 1.1.20、*Anecd.* 12.12.18.32; 19.12（『秘史』98、142、147 ページ）。ユスティニアヌスに重大な責任があるという見解は、Greatrex, "The Nika Revolt," 80 と一致する。P. N. Bell, *Social Conflict in the Age of Justinian: Its Nature, Management and Mediation*（Oxford, 2013）: 158 も参照せよ。大きく異なる見解として M. Meier, "Die Inszenierung einer Katastrophe: Justinian und der Nika-Aufstand," *ZPE* 142（2003）: 273–300 は、ユスティニアヌスが自分の政策に対する抵抗・反対を白日の下にさらすために、反乱の展開を許したと主張している。
8. コンスタンティノープル市内への民衆の移動については、Greatrex, "The Nika Revolt," 61 を見よ。ただし、ヨハネス・リュドスの他の記述に見られるように、530 年代後半の出来事を、日付を早くして記載している可能性もある。財務長官の任命は 539 年である

(*N. 80* を見よ)。人々を統合する競馬党派の機能については、Bell, *Social Conflict*156 を見よ。カロポディオス問答文の日付については Meier, “Inszenierung,” 286 を見よ。

9. 年代・日付については上記註 8 の Meier 論文を見よ。事件は 10 日に生じたとする説の例として、E. Stein, *Histoire du Bas-Empire 2*, 450 n. 1 を見よ。シュタインは J. B. Bury, “The Nika Revolt,” *JHS* 17（1897）: 106 を修正している。G. Greatrex, “The Nika Revolt: A Reappraisal,” *JHS* 117（1997）: 68 n. 41 は、カロポディオス問答がニカの乱の引き金となったとするビュアリ説など、カロポディオス問答に関する諸学説の優れた概観である。カロポディオス問答をめぐるテキストの伝来と問題点については、Mango and Scott, *The Chronicle of Theophanes Confessor*（Oxford, 1997）: 281–282 n. 8 を見よ。私は Mary Whitby and Michael Whitby, *Chronicon Paschale ad 284—628*（Liverpool, 1989）: 113–114 の推定に同意したいと思う。今日では Meier, “Inszenierung,” 278–286 において徹底的な分析がなされている。異なる見解としては Alan Cameron, *Circus Factions*（Oxford, 1976）: 322–329 を見よ。ユスティニアヌスの対応の拙さについては Cameron, *Circus Factions*, 169 を見よ。

10. 引用文は 1〜5、23〜24、51〜52 行目である。正統信仰の代表という党派の自負については、D. S. Potter, “Anatomies of Violence: Entertainment and Violence in the Eastern Roman Empire from Theodosius I to Heraclius,” *Studia Patristica* 60（2011）: 61–72 を見よ。

11. Malal. 18.71、Theoph. A.M. 6024。

12. Malal. 18.71、Procop. *Bell*. 1.24.8–9。Bury, “The Nika Revolt,” 106, 116 も併せて参照せよ。

13. Malal. 18.71、Procop. *Bell*. 1.24.11–18。

14. Procop. *Bell*. 1. 24.19–20 を見よ。ただし守備隊をめぐる事態については Meier, “Inszenierung,” 295 や *Bell*. 1.24.39–40 を参照のこと。カンディタトゥスのエフラエムの役割については、*Chron. Pasch*. pp. 624–625（なおカンディダトゥスの動静については、A. H. M. Jones, *The Later Roman Empire* を見よ)。スコラレスとエクスクビトルについては *Chron. Pasch*. p. 626.12–14 および Whitby and Whitby, *Chronicon Paschale*, 125 n. 363 を参照せよ。かかる事態のもとでのユスティヌスの即位については Procop. *Bell*. 1.11.1 を見よ。併せて H. Börm, “Procopius, His Predecessors and the Genesis of the *Anecdota*,” 6–7 も参照のこと。

15. *Chron. Pasch*. p. 623, tr. Whitby and Whitby。

16. 群衆の発言については Malal. 18.71、Theoph. A.M. 6024。帝標の伝達については Procop. *Bell*. 1.24.22–31 を見よ。異なる見解としては Greatrex, “The Nika Revolt,” 76 と Meier, “Inszenierung,” 295–296 がある。史料が伝えるように、ヒュパティウスは帝位に就こうとしていたと私は考える。

17. Procop. *Bell*. 1.24.33–37。

18. ベリサリウスがプロコピオスの情報源であったことについては、Meier, “Zur Funktion der Theodora-Rede,” 89, 97 を見よ。Isocrates 6.44 に見える僭主ディオニュシオス 1 世の言葉が、演説に反映されている可能性については、pp. 99–101 のマイヤーの註釈を見よ。テオドラの演説がオリゲネス（他では知られていない人物、*PLRE* 3, 957［Origenes］を見よ）の演説を取り入れたという見解については、*PLRE* 3, 957［Origenes］

や、pp. 103–104 のマイヤーの註釈を見よ。私見では、これらの優れた考察も、テオドラの役割に関する描写が、彼女の人となりについての同時代人の理解の表れとみる基本的な視点を否定するものではない。C. D. Pazdernik, "'Our Most Pious Consort Given Us by God': Dissident Reactions to the Partnership of Justinian and Theodora ad 525–548," *CA* 134 (1994): 271–272 も参照せよ。テオドラの介入をこの局面でのこととしている叙述が基本的に正しいことについては Greatrex, "The Nika Revolt," 78 を見よ。

19. *Chron. Pasch.* pp. 624.19–625.8。ヒュパティウスはユスティニアヌスの代理人として行動していた、ユスティニアヌスが逃亡したという報せを聞いて初めて、彼の敵たちが正体を現したとするマイヤーの見解の要となっているのがこの事件である。Meier, "Inszenierung," 296 を見よ。

20. 死者数について Marcell.Com. s.a. 532 は「競馬場の至る所に無数の市民の死骸」と述べ、Malal. Fr. 46 は 3 万人、Procop. *Bell.* 1.24.54 は 3 万人以上、Malal. 18.71 や *Chron. Pasch.* p. 627、Theoph. A.M. 6024 は 3 万 5 千人、Joh. Lyd. *de mag.* 3.70 は 5 万人、Ps.-Zach. *Chron.* 9.14.b は 8 万人とする。Malal. Fr. 46 とその抜粋記録との食い違いは、転写の際のミスの結果と思われる。そのミスが『復活祭年代記』や『テオファネス年代記』の著者に及んだのであろう。ヒュパティウスとポンペイウスの処刑にテオドラが果たしたとされる役割については、Ps.-Zach. *Chron.* 9.14.b を見よ。その他の者に対する処罰については、Theoph. A.M. 6024 と Procop. *Bell.* 1.24.57–58 を見よ。

第 9 章　戦争と宗教

1. Procop. *Bell.* 4.9.1–14、Malal. 8.81、Ps.-Zach. *Chron.* 9.17 に加えて、M. McCormick, *Eternal Victory: Triumphal Rulership in Late Antiquity, Byzantium and the Early Medieval West* (Cambridge, 1986): 124–129 も併せて参照せよ。神の働きについては *CJ* 1.17.2 も見よ。ユスティニアヌスの帝標については Joh. Lyd. *de mag.* 2.2、凱旋行列の政治的意味については H. Börm, "Justinians Triumph und Belisars Erniedrigung. Überlegungen zum Verhältnis zwischen Kaiser und Militär im späten Römischen Reich," *Chiron* 43 (2013): 66–75、イデオロギー的側面については M. Meier, "Das Ende des Konsulats im Jahr 541/42 und seine Gründe: kritische Anmerkungen zur Vorstellung eines 'Zeitalters Justinians'," *ZPE* 138 (2002): 287–288。

2. *CJ* 1.27.1（ユスティニアヌスの謝辞）。皇帝の装飾、装身具については *CJ* 1.27. 6–7、エルサレムからもたらされた宝物については Procop. *Bell.* 4.9.5–7、アラリックによる略奪の結果西ゴート族のものとなったと言われる、その他のソロモンの宝物については Procop. *Bell.* 5.12.41–42 を見よ。

3. バシリスクスについては A. Merrills and R. Miles, *The Vandals* (Oxford, 2010): 468–469、および本書 34〜35 ページを見よ。ベリサリウスの遠征については Merrills and Miles, *The Vandals*, 228–233 を見よ。

4. 元老院議員の復権については Alan Cameron, "The House of Anastasius," *GRBS* 19 (1978): 264、プロブスの結婚については同論文 p. 272。ペルシアとの和平については Procop. *Bell.* 1.22.19、Malal. 459 を見よ。110 ケンテナリアすなわち 80 万ソリドゥスは年間予算

のほぼ25パーセントである。M. Hendy, *Studies in the Byzantine Monetary Economy c. 300–1450*（Cambridge, 1985）: 170を見よ。戦略上の問題についてはE. Luttwak, *The Grand Strategy of the Byzantine Empire*（Cambridge, 2009）: 53–55, 81を見よ。

5. Procop. *Bell*. 3.9. 25–26は、ベリサリウスはアフリカの指揮権を与えると告げられることなく、東方での司令官職を剝奪されたとする。しかしPs.-Zach. *Chron*. 9.17を見よ。併せてG. Greatrex, *Rome and Persia at War*（1998）: 194–195も参照のこと。Procop. *Bell*. 3.10.21によると、ベリサリウスは遠征軍が出陣する直前に指揮権を与えられたという。ニカの乱（および財政問題）がアフリカ攻撃を促したという考えについては、B. Rubin, *Das Zeitalter Iustinians 1*（Berlin, 1960）: 320や、idem *Das Zeitalter Iustinians 2*, ed. C. Capizzi（Berlin, 1995）: 16、H. Leppin, *Justinian: das christliche Experiment*（Stuttgart, 2011）: 152、P. N. Bell, *Social Conflict in the Age of Justinian: Its Nature, Management, and Mediation*（Oxford, 2013）: 308などを参照せよ。
6. アフリカの解放については*CJ* 1.27.6–7を見よ。マルケリヌスについてはMarcell.Com. s.a. 476や、idem, s.a. 454（アエティウスの死の記事）を見よ。476年という年を世界史の画期とする歴史観の誕生については、B. Croke, “A.D. 476: The Manufacture of a Turning Point,” *Chiron* 13（1983）: 81–119 = B. Croke, *Christian Chronicles and Byzantine History, 5th–6th Centuries*（Aldershot, 1992）no. Vを見よ。プリスクスについてはEvagr. *EH* 2.16も見よ。マルケリヌスとユスティニアヌスについてはJ. J. O'Donnell, *The Ruin of Rome*（New York, 2008）: 212–216を見よ。Cassiodorus, *Institutiones* 1.17の意味するところについては、B. Croke, *Count Marcellinus and His Chronicle*（Oxford, 2001）: 28–31、M. S. Bjornlie, *Politics and Tradition between Rome, Ravenna and Constantinople: A Study of Cassiodorus and the Variae, 527–554*（Cambridge, 2013）: 90–94。ヨルダネスについては*Get*. 292, 295、およびK. L. Noethlichs, “*Quid possit antiquitatis nostris legibus abrogare*: politische Propaganda und praktische Politik bei Justinian I im Lichte der kaiserlichen Gesetzgebung und der antiken Historiographie,” *ZAC* 4（2000）: 117–120 = M. Meier ed. *Justinian: neue Wege der Forschung*（Darmstadt, 2011）: 40–43を見よ。併せてA. Glotz, “Die ‘Ende’ des Weströmischen Reiches in der frühbyzantinischen syrischen Historiographie,” in A. Glotz, H. Leppin, and H. Schlange-Schoningen, eds., *Jensits der Grenzen: Beiträge zur spätantiken und frühmittelalterlichen Geschichtsschreibung*（Berlin, 2009）: 169–198も参照せよ。
7. R. Syme, “The *Titulus Tibertinus*,” *Akten des VI Internationalen Kongress für Griechische und Lateinische Epigraphik*（Munich, 1972）: 585–601（reprinted in R. Syme, *Roman Papers*, ed. A. Birley［Oxford, 1984］: 869–884）は、関連する諸問題をみごとに論じている。ディオニュシウスについてはM. Meier, *Das andere Zeitalter Justinians: Kontingenzefahrung und Kontingenzbewältung im 6. Jahrhundert n. Chr*.（Göttingen, 2004）: 463–466も併せて参照せよ。年代計算の問題についてはG. Declercq, “Dionysius Exiguus and the Introduction of the Christian Era,” *Sacris Erudiri* 41（2002）: 165–246を見よ。ディオニュシウスはキリストの誕生を12月25日ではなく3月25日としている。
8. Procop. *Bell*. 3.10.1–22。
9. ヴァンダル王国の状況についてはProcop. *Bell*. 3.10.22–24を見よ。11.22（トリポリタニアにおける反ゲリメル暴動）、3.10.25–11.1と22–24、Ps.-Zach. *Chron*. 9.17（サルディ

ニアの反乱)、Procop. *Bell.* 3.14.5, 5.3.22–24(ゴート族との関係)を見よ。E. Stein, *Histoire du Bas-Empire 2*(Brussels, 1949): 313–314 や、H. Leppin, *Justinian: das Christliche Experiment*(Stuttgart, 2011): 152 も参照せよ。遠征軍の規模については M. Whitby, "Recruitment in Roman Armies from Justinian to Heraclius(ca. 565–615)" in Averil Cameron, ed., *The Byzantine and Early Islamic Near East 3: States, Resources, Armies*(Princeton, 1995): 101 を見よ。

10. Procop. *Bell.* 4.8.1–8。
11. ペトルスの派遣については Procop. *Bell.* 3.3.30, 4.17–22、Cass. *Var.* 10.19–20, 22–24、Procop. *Anecd.* 16.2–4(『秘史』122 ページ)を見よ。併せて *PLRE* 3: 994–998(Petrus 6)、および本書 181 ページと次の註 12 も参照せよ。
12. 反ヴァンダル派については Procop. *Bell.* 4.5.8、Ps.-Zach. *Chron.* 9 を見よ。併せて Stein, *Histoire du Bas-Empire*, 312 や、B. Croke, "Justinian's Constantinople," in M. Maas, *The Cambridge Companion to the Age of Justinian*(Cambridge, 2005): 75、Merrills and Miles, *The Vandals*, 230 なども参照のこと。ヴァンダル族が統一的な支配者集団を形成する方法としてアリウス派を用いたことについては、Y. Modéran, "Une guerre de religion: les deux églises d'Afrique à l'époque vandale," *An. Tard.* 11: 27、Y. Modéran, "L'établissement territorial des Vandales en Afrique," *An. Tard.* 10(2002): 87–122 などを見よ。ゴート族の状況については、まず P. Brown, *Through the Eye of a Needle: Wealth, the Fall of Rome, and the Making of Christianity in the West, AD 350—550*(Princeton, 2012): 454–477 を参照せよ。ドミニクスについては Ps.-Zach. *Chron.* 9.18a を見よ。ドミニクスが何者かについては G. Greatrex et al., *The Chronicle of Pseudo-Zachariah Rhetor: Church and War in Late Antiquity*(Liverpool, 2011): 365 n. 278、また当時の状況については Moorhead, *Theoderic in Italy*(Oxford, 1992): 171–172 も併せて参照せよ。イタリアの政治情勢については Cass. *Var.* 10.20–21(アマラスンタ抹殺を求めるテオドラの意向に言及したものとされるテオダハッドとグデリヴァのテオドラ宛書簡)。ただし、ゴートの王家が公式の会戦理由であるアマラスンタ殺害を、この時点でそのように論じていたとはきわめて考えにくい。Procop. *Bell.* 5.4.30 と、Wolfram, *History of the Goths*, 339 にみえる状況の考察を見よ。Cass. *Var.* 10.22 のテオダハッドの言葉は、近く予定されている教皇アガペトゥスのユスティニアヌスのもとへの旅について言及したものであろう。ペトルスの旅の年代については、Stein, *Histoire du Bas-Empire 2*, 339 n. 1 を見よ。ペトルスは 534 年 12 月にコンスタンティノープルを発ち、535 年 3 月にイタリアに着いた。この件全般については Stein, *Histoire du Bas-Empire 2*: 338–339 を見よ。アマラスンタは 535 年 4 月 30 日に殺害されたと思われ、ゴート戦争は 6 月に始まった。J. A. S. Evans, *The Empress Theodora: Partner of Justinian*(Austin, 2002): 63–66 も見よ。
13. 段落の最後のまとめは Stein, *Histoire du Bas-Empire 2*: 336 から借用した。ヴァンダル王国と東ゴート王国の違いを手短にまとめたものとして、J. Moorhead, *Justinian*(New York, 1994): 72–74 も見よ。併せて J. J. O'Donnell, *Cassiodorus*(Berkeley, 1979): 33–102 や、idem, *The Ruin of the Roman Empire*(New York, 2008): 107–147、Bjornlie, *Politics and Tradition*, 7–33、さらには S. D. W. Lafferty, *Law and Society in the Age of Theoderic: A Study of the Edictum Theoderici*(Cambridge, 2013): 22–100 の、テオドリック大王の勅令に関す

る重要な議論も見よ。ヴァンダル族による迫害については *CJ* 1.27.2–5 や、それに基づいて記されたらしい Procop. *Bell*. 3.8.3–4、Victor Vitensis, *Historia Persecutionis*（こちらはそれ以前の記録と思われる）を見よ。Merrills and Miles, *The Vandals*, 141–176, 204–227 は、全体像をある程度修正している。しかし Modéran, "Une guerre de religion," 37–42 は、ヴァンダル族が主要な宗教的中心地を支配下においたことを明らかにしている。ラヴェンナにある教会については D. Deliyannis, *Ravenna in Late Antiquity*（Cambridge, 2010）: 139–144 を見よ。競馬党派については J. H. Humphrey, *Roman Circuses: Arenas for Chariot Racing*（Berkeley, 1986）: 632–633 を見よ。

14. Brown, *Through the Eye of A Needle*, 476。
15. ゴート戦争については H. Wolfram, *History of the Goths*, tr. T. J. Dunlap（Berkeley, 1988）: 339–362。同戦争が与えた影響については、まず C. Wickham, *Framing the Early Middle Ages: Europe and the Mediterranean 400—800*（Oxford, 2005）: 644–656 を見よ。
16. ホルミスダス宮殿の増築については Procop. *Aed*. 1.10.4 を見よ。プロコピオスの記述は、Harvard syr. 22.3 や B. Croke, "Justinian, Theodora and the Church of Saints Sergius and Bacchus," *DOP* 60（2006）: 40–44 にみえる議論に照らして修正が必要である。これに対して J. Bardill, "The Church of Saints Sergius and Bacchus in Constantinople and the Monophysite Refugees," *DOP* 54（2000）: 9–10 は、プロコピオスの記述を採用している。なお私は、本文でも示唆したように、ホルミスダス宮殿の集団は 536 年以前に形成されたというバーディル説が正しいのではないかと思う、というのは、この 536 年にアンティムスが同宮殿を隠れ家として使っているからである。本書 226〜227 ページと第 9 章註 33 を見よ。併せて S. Brock, "The Conversations with the Syrian Orthodox under Justinian（532）," *Orientalia Christiana Periodica* 47（1981）: 92 n. 17（reprinted in S. Brock, *Studies in Syriac Christianity: History, Literature and Theology*［Brookfield, VT, 1992］）も見よ。ホルミスダス宮殿の住人については Joh. Eph. *V. SS. Or*., 475（住人の数）、476（部屋の配置）、479–480（テオドラとユスティニアヌスの訪問）を見よ。
17. 修道士たちの復権に対ペルシア戦争が関係していた可能性については、W. H. C. Frend, *The Rise of the Monophysite Movement*（Cambridge, 1972）: 261–262, 264 や、Croke, "Justinian, Theodora and the Church of Saints Sergius and Bacchus," 34–35 を見よ。テオドラとカリニクム近郊のカディル修道院については、Michael Syrus, *Chron*. 18.5 を見よ。引用文は Ps.-Zach. *Chron*. 9.15b で、Greatrex et al., *The Chronicle of Pseudo-Zachariah Rhetor*, 347 の訳を少し修正している。
18. 引用文は Harvard syr. 12.36, tr. Brock, "The Conversations," 108 である。テッラのヨハネスと国境をまたぐ地域社会については、N. J. Andrade, "The Syriac Life of John of Tella and the Frontier Politeia," *Hugoye: Journal of Syriac Studies* 12（2009）: 199–234 を見よ。Ps.-Zach. *Chron*. 9.16 はセウェルスの書簡を伝えている。
19. *CJ* 1.1.6, tr. Coleman-Norton, *Roman State and Christian Church*, n. 636。
20. *D. Tanta*, tr. Coleman-Norton。併せて F. Millar, "Rome, Constantinople and the Near Eastern Church under Justinian: Two Synods of C.E. 536," *JRS* 98（2008）: 66–67 も参照せよ。
21. 親しみやすいユスティニアヌスについては Joh. Eph. *V. SS. Or*., 478 を見よ。聖職者の振る舞いに関する法規については、*CJ* 1.3.46（530 年、後任院長の選出）、1.3.44（530

年、聖職者の独身制)、1.3.41（528年、主教の独身制）と1.3.47（530年、同)、1.4.34（534年、賭博について）を見よ。迫害する皇帝と対話する皇帝という、エフェソスのヨハネスのユスティニアヌス像の矛盾については、C. Pazdernik, "'Our Most Pious Consort Given Us by God': Dissident Reactions to the Partnership of Justinian and Theodora," *CA* 13（1994): 260–261およびHarvey, *Asceticism and Society in Crisis*, 90を見よ。

22. 神学理論についてはA. van Roey and P. Allen, *Monophysite Texts of the Sixth Century: Orientalia Lovaniensia Analecta* 56（Leuven, 1994): 16–20。本書で引用したのは、96〜97、111〜113、211〜215行目である。ラオディケアのコンスタンティヌスについてはvan Roey and Allen, *Monophysite Texts*, 66–71も見よ。

23. Procop. *Anecd.* 10.15（『秘史』84ページ)。Evagr. *HE* 4.10も見よ。Pazdernik, "'Our Most Pious Consort,' " 264–266は、エヴァグリウスのコメントが、プロコピオスとは異なり、教会問題に限られていることを指摘している。併せてP. Allen, *Evagrius Scholasticus the Church Historian*（Louvain, 1981): 182–183や、H. Leppin, "Kaiserliche Kohabitation: Von der Normalität Theodoras," in C. Kunst and U. Riemer, eds., *Grenzen der Macht: zur Rolle des römischen Kaiserfrauen*（Stuttgart, 2000): 75–85、および本書254〜255ページも参照せよ。

24. Joh. Eph. *V. SS. Or.*, 428–439。併せてPazdernik, "'Our Most Pious Consort Given Us by God": 277–278、およびS. A. Harvey, *Asceticism and Crisis in Society: John of Ephesus and the* Lives of the Eastern Saints（Berkeley, 1990): 84–88も参照のこと。とくにマレの無礼な振る舞いをテオドラが受け入れた点については、idem, "Theodora the 'Believing' Queen: A Study in Syriac Historiographical Tradition," *Hugoye: Journal of Syriac Studies* 4（2001）［2010］: 228–229を参照せよ。皇后を制度としてよりも個人として扱う傾向については、L. James, *Empresses and Power in Early Byzantium*（Leicester, 2001): 86–87の概論を見よ。

25. Joh. Eph. *V. SS. Or.*, 19（ゾーラの経歴は515年のフン族の侵入以前に始まる)。彼は聖人ハビブの弟子であった（pp. 17–18を見よ)。ユスティニアヌスとの会見についてはpp. 21–24、テオドラの介入についてはpp. 24–25を見よ。併せてHarvey, *Asceticism and Crisis*, 84–85, 88–89も参照のこと。この話とプロコピオスに見える話との関係については本書42〜43ページを見よ。ゾーラのコンスタンティノープル到着の日付は正確にはわからない。しかしエフェソスのヨハネス（p. 26）は、ゾーラはローマ教皇アガペトゥスの到着の少し前に都に来ていたと述べている。彼が聖書に無知だったことについては、*ACO* 3, 148 *Collectio Sabbaitica* 5 n. 69（*epistula episcoporum Orientalium et Palestinorum ad Agapetum*）を見よ。ゾーラがコンスタンティノープルに到来すれば生じるだろうと想定された場面については、F. Nau, "Textes Monophysites 6: Le Colloque Monophysite de 531," *Patrologia Orientalis* 13（1919): 193と比較せよ。Harvey, "Theodora the 'Believing' Queen: A Study in Syriac Historiographical Tradition," 227–228も見よ。

26. ゾーラの洗礼については*ACO* 3, 131 *Collectio Sabbaitica* 5 n. 59（*libellus monachorum ad Iustinianum*)、および*ACO* 3, 138 *Collectio Sabbaitica* 5 n. 68（*libellus monachorum ad Agapetum*）を見よ。併せてMenze, *Justinian and the Making of the Syrian Orthodox Church*, 189も参照せよ。ゾーラの洗礼が問題となった理由については、Nau, "Textes Mono-

physites," 193–194 や、Elias, *Life of John of Tella*, 59、139 *Collectio Sabbaitica* 5, n. 68 などを見よ。ゾーラとセウェルスを同一視することについては *ACO* 3, 138 を見よ。

27. この書簡は Brooks, *Letters* n. 63（本書 162 ページを見よ）に収められている。この手紙が書かれた状況については、本書 227 ページを見よ。党派の定義については、たとえば *ACO* 4: 169 を見よ。そこには「セウェルスとともに教会を去った連中」とある。「テオドラ党」については Victor Tonn. s.a. 529, 537, 543 などを見よ。
28. Harvard syr. 12.40。
29. アンティムスは、総主教に選出される以前ホルミスダス宮殿に住んでおり、それ以前からテオドラと関係があったことを窺わせる。*ACO* 3, 175 *Collectio Sabbaitica* 5, n. 113（*Gesta Synodi de Anthimo*）を見よ。本書では Frend, *Rise*, 268–271 の見解を踏襲している。T. Pratsch, *Theodora von Byzanz: Kurtisane und Kaiserin*（Stuttgart, 2011）: 68–69 や、Cameron, "The House of Anastasius," 272 も見よ。他にも Menze, *Justinian and the Making of the Syrian Orthodox Church*, 199–201 を参照せよ。5 人の総主教に関するエフェソスのヨハネスの簡潔な叙述は、アンティムスの選出にテオドラがひと役買ったとは示唆していない。しかしながらテオドラによってユスティニアヌスの怒りから救われたとしている（Joh. Eph. *V. SS. Or.*, 385–386）。
30. アレクサンドリアの状況については B. Evetts, *History of the Coptic Patriarchs of Alexandria: Patrologia Orientalis* 1（1907）: 195–196、Victor Tonn. s.a. 538, 539、Liberat. *Brev*. 20 などを見よ。ただし、セウェルスは総主教に選出されたアンティムスを改宗させたとする Anon. *Sev*. 75 も見よ。
31. *ACO* 3, 138 *Collectio Sabbaitica* 5 n. 68（*libellus monachorum ad Agapetum*）、Joh. Eph. *V. SS. Or.*, 26。*ACO* 3, 32–33 *Collectio Sabbaitica* 53 n. 12（*libellus monachorum ad imperatorem*）や、*ACO* 3, 43 *Collectio Sabbaitica* 5 n. 14（*libellus monachorum ad Menam*）、*ACO* 3, 181（*Gesta Synodi de Anthimo* 128）なども見よ。ダルマティオス修道院の重要性については Hatlie, *Monks and Monasteries*, 93 を見よ。
32. Liberat, *Brev*. 21（脅迫）。このことは Cass. *Var*. 11.13 によっても確認できる。Procop. *Bell*. 5.6 も見よ。和平提案については Stein, *Histoire du Bas-Empire 2*: 343。なおこの件の全般にわたっては、Leppin, *Justinian: das Christliche Experiment*, 163。
33. Joh. Eph. *V. SS. Or.*, 30–31。年代・日付については *Lib. Pont*. 59 を見よ。
34. アンティムスの居場所が知られていたことについては、*ACO* 3, 159–160, 175 や、*Collectio Sabbaitica* 5 n. 80, 82, 113（*Gesta Synodi de Anthimo*）などを見よ。セウェルスの著作の禁書処分については Just. *Nov*. 42。Joh. Eph. *V. SS. Or.*, 35 は、デルクスでゾーラとテオドシウスが合流したとする。エフェソスのヨハネスは移住先としてホルミスダス宮殿の名を挙げることはしないが、このふたりは一緒に移動したと述べている。テオドシウスについては Joh. Eph. *V. SS. Or.*, 326–327（ヘファイストポリスのヨハネス伝）を見よ。

第 10 章　陰謀と疫病

1. 奉献の日付については Theoph. A.M. 6030、神の導きについては Procop. *Aed*. 1.1.71 を見よ。パウルス・シレンティアリウス『聖ソフィア教会素描』については、Mary Whitby,

"The Occasion of Paul the Silentiary's Ekphrasis of S. Sophia," *CQ* 35（1985）: 218–219 や、R. Macrides and P. Magdalino, "The Architecture of Ekphrasis: Construction and Context of Paul the Silentiary's Poem on Hagia Sophia," *BMGS* 12（1988）: 54–60, 68–69 などを見よ。

2.『聖ソフィア教会素描』の 58～65 行目。本書に挙げた訳文は P. N. Bell, *Three Political Voices from the Age of Justinian*（Liverpool, 2009）: 192 による。テオドラを偲ばせる教会内のその他の遺構については Macrides and Magdalino, "The Architecture," 71 も見よ。

3. *CJ* 1.4.33、5.4.29（女優の結婚）、Just. *Nov*. 51（保証人となることの禁止、537 年 9 月 1 日）、テオドラとの相談については Just. *Nov*. 8.1 を見よ。Procop. *Anecd*. 17.24–26（『秘史』132 ページ）も参照のこと。J. A. S. Evans, *The Empress Theodora: Partner of Justinian*（Austin, 2002）: 37–38 や、C. Diehl, *Theodora: Empress of Byzantium*, tr. S. R. Rosenbaum（New York, 1972）: 139–142 なども併せて参照せよ。

4. Just. *Nov*. 117.8（明確な理由のない離婚の禁止）、Just. *Nov*. 117.9（公然と他の女性と同居する男）。低い身分の女と高い身分の男の結婚を認めている Just. *Nov*. 117.6 にも注意せよ。この新法の宛先はテオドトゥス（本章註 18 を見よ）である。彼はユスティニアヌスの新法 115 の受取人でもあった。新法 115 は、非カルケドン派であることが判明した子供を相続から排除することを両親に認める条項を含んでいる。

5. Procop. *Aed*. 1.9.1–10、*Anecd*. 17.5–6（『秘史』128～129）、B. Baldwin, "Three-Obol Girls in Procopius," *Hermes* 120（1992）: 255–257。

6. Procop. *Aed*. 1.10.5（ユスティニアヌスの肖像）、16–19（青銅門の壁画）。ゴート族との交渉については Procop. *Bell*. 6.29.19–20 を見よ。併せて E. Stein, *Histoire du Bas-Empire*（Paris, 1949）2: 367 や、J. Moorhead *Justinian*（New York, 1994）: 85 n. 20 も参照のこと。ベリサリウスの召喚については Procop. *Bell*. 2.19.49 と *Anecd*. 3.4（『秘史』22 ページ）の矛盾する記事を見よ。ヨハネスの「空中税」によって生じた 30 ケンテナリアつまり 21 万 6 千ソリドゥスにも上る追加税収については、M. Hendy, *Studies in the Byzantine Monetary Economy c. 300–1450*（Cambridge, 1985）: 237–238 を見よ。追加税収は、概算 550 ケンテナリアつまり 400 万ソリドゥスという財政総額とは別枠である。その点について Hendy, *Studies*, 170–171 を見よ。それまでの 440 ケンテナリア＝320 万ソリドゥスからの増額分はアフリカ獲得の結果であった。より詳しくは E. Stein, *Histoire du Bas-Empire 2*（Brussels, 1949）: 463–480 も見よ。Michael Whitby, "Recruitment in Roman Armies from Justinian to Heraclius（ca. 565–615）," in Averil Cameron, ed., *The Byzantine and Early Islamic Near East 3: States, Resources, Armies*（Princeton, 1995）: 103 も参照のこと。

7. 建前上、東方の軍は 10 万 5 千の兵力を擁していることになっていた（Agath. 5.13 を見よ）。他にも Whitby, "Recruitment in Roman Armies," 73–74, 101–103 を見よ。アンティオキアの防衛と略奪については G. Downey, *A History of Antioch in Syria from Seleucus to the Arab Conquest*（Princeton, 1961）: 533–546 を見よ。翌年における兵力については Procop. *Bell*. 2.16 を見よ（はっきりしないが、Procop. *Bell*. 2.24.16 や Whitby, "Recruitment in Roman Armies," 74 の言うような 3 万人をかなり下回っていたらしい）。アンティオキアの略奪については Procop. *Bell*. 2.8.1–13、Joh. Lyd. *de mag*. 3.54、*V. Sym. Styl. Iun*. 57（G. Greatrex and S. N. C. Lieu, *The Roman Eastern Frontiers and the Persian Wars* Part II: 365–630［London, 2002］: 104–105 に引用されている）などを見よ。ブーゼスの行動については

Procop. *Bell*. 2.6.1–8、とくに3–4を見よ。予備兵は全員でたった300名だったようである（Procop. *Bell*. 2.6.9を見よ）。戦車競走については Procop. *Bell*. 2.11.31–35、セレウキアについては Procop. *Bell*. 2.11.1、エデッサについては Procop. *Bell*. 2.12.31–34をそれぞれ見よ。「新アンティオキア」については Procop. *Bell*. 2.14.1–4を見よ。

8. Procop. *Bell*. 2.16.1–19.49、Evag *HE* 4.25–26。

9. Just. *Nov*. 8.1。

10. Joh. Lyd. *de mag*. 3.76（見出しのみ）、Malal. Fr. 47（*Excerpta de insidiis*, 172–173として伝わる増補版）、Procop. *Bell*. 1.25、*Anecd*. 1.14, 2.15–16, 17.38–45（『秘史』6、16、134～135ページ）。年代については Just. *Nov*. 109（542年5月7日）および Just. *Nov*. 111（道管区長官テオドトゥス宛、542年6月1日）を見よ。Honoré, *Tribonian*（Ithaca, 1978), 61も参照。

11. *PLRE* 3: 490（Florus）、*PLRE* 2: 881–882（Phocas 5）、*PLRE* 3: 977（Paulus 11）、*PLRE* 3: 1316（Thomas 9）。

12. Procop. *Bell*. 1.25. 4–10。

13. Procop. *Bell*. 1.25. 11–18。アントニナの誓いについては *Anecd*. 2.15–16（『秘史』16ページ）も参照のこと。J. A. S. Evans, *The Power Game in Byzantium: Antonina and the Empress Theodora*（London, 2011): 148や、Stein, *Histoire du Bas-Empire 2*: 481なども参照せよ。

14. Procop. *Bell*. 1.25.23–30。

15. Procop. *Bell*. 1.25.31–44。

16. このテオドラ像に関する見解としては Averil Cameron, *Procopius and the Sixth Century*（London, 1985): 70を見よ。シルウェリウスについては Procop. *Anecd*. 1.14（『秘史』6ページ）、Liberatus, *Brev*. 21などを見よ。ラヴェンナに関する詳細を省いている *Lib. Pont*. 60は、直接リベラトゥスを引用しているので、独立の証言とはみなし得えない。537年のシルウェリウス廃位については、Procop. *Bell*. 5.25.13と Prokop. *Anekdota: Geheimgeschichte des Kaiserhofs von Byzanz*, tr. O. Veh with introduction and notes by M. Meier and H. Leppin（Düsseldorf/Zurich, 2005): 284を見よ。リベラトゥスの記述に対する異なる見方としては、B. Rubin, *Das Zeitalter Iustinians 2*, ed. C. Capizzi（Berlin, 1995): 109–110、J. Moorhead, *Justinian*（New York, 1994）81–82などを見よ。

17. Procop. *Anecd*. 17.38–45（『秘史』134～135ページ）や、Malal. Fr. 47（*Excerpta de Insidiis*): 172–173に加えて、A. Kaldellis, *Prokopios: The Secret History with Related Texts*（Indianapolis, 2010): 80 n. 169も参照せよ。

18. テオドトゥスについては Procop. *Anecd*. 22.1–2, 6（『秘史』161、162ページ）を見よ。併せて *PLRE* 3: 1301（Theodotus 3）も参照せよ。ユスティニアヌスの新法112は、新法96（カッパドキアのヨハネスに宛てて発布）が定めた手続きの修正のみで、差し替えではないことにも注意せよ。ペトルス・バルシュメスについては *Anecd*. 22.3–38（『秘史』161～168ページ）、*PLRE* 3: 999–1002（Petrus 9）を見よ。

19. ノヴァダエ族への使節派遣については Joh. Eph. *HE* 4.6を見よ。併せて E. Stein, *Histoire du Bas-Empire*（Paris, 1949): 2や、W. H. C. Frend, *The Rise of the Monophysite Movement*（Cambridge, 1972): 298–299なども参照せよ。アフロディトについては *P. Cairo*

Maspero I 67024 を見よ。併せて *PLRE* 3: 734–735（Julianus 13）や、P. Sarris, *Economy and Society in the Age of Justinian*（Cambridge, 2006）: 108 も参照せよ。

20. ペストについては "Centers for Disease Control and Prevention: Plague" のホームページを見よ、URL は http://www.cdc.gov/plague/symptoms/index.html である。同時代の重要な記録については、まず Procop. *Bell*. 2.22、Ps.-Dion. *Chron*. s.a. 543/4、とくに p. 95 を見よ。併せて P. Horden, "Mediterranean Plague in the Age of Justinian," in M. Maas, ed., *The Cambridge Companion to the Age of Justinian*（Cambridge, 2005）: 139–146 や、R. Sallares, "Ecology, Evolution, and the Epidemiology of Plague," in L. K. Little, ed., *Plague and the End of Antiquity: The Pandemic of 541–750*（Cambridge, 2007）: 231–289 なども参照せよ。ペストの年代については M. G. Morony, "'For Whom Does the Writer Write?': The First Bubonic Plague Pandemic According to Syriac Sources," in Little, ed., *The Plague and the End of Antiquity*, 59–86 に加えて、Whitby, "Recruitment in Roman Armies," 92–99 の重要な議論も参照せよ。魔術と薬については G. Vikan, "Art, Medicine and Magic in Early Byzantium," *DOP* 38（1984）: 65–86、罪と薬については V. Nutton, "From Galen to Alexander: Aspects of Medicine and Medical Practise in Late Antiquity," *DOP* 38（1984）: 7–9 を見よ。禁欲行者と医者については、まず J. Duffy, "Byzantine Medicine in the Sixth and Seventh Centuries: Aspects of Teaching and Practice," *DOP* 38（1984）: 21–27 や、S. A. Harvey, "Physicians and Ascetics in John of Ephesus: An Expedient Alliance," *DOP* 38（1984）: 87–93 などを見よ。

21. Edict 7 praef.。併せて Honoré, *Tribonian*: 63（事態の全容）、62–64（トリボニアヌスの死）も参照せよ。Procop. *Bell*. 2.22.10–11（亡霊）、2.22.34（明らかな理由のない回復）、2.23.5–10（テオドロス）、Ps.-Dion. *Chron*. s.a. 543/4 p. 83（エジプト国境の町）、p. 95（コンスタンティノープルの死亡者数）、p. 97（取引中の死）、pp. 100–101（テオドロス）、p. 102（死体が転がっているだけの家）、pp. 108–109（修道士の姿をした悪魔）。病状の記述は Evagr. *HE* 4.29 による。ペストに関するさまざまな記述の文学的側面に関しては、P. Allen, *Evagrius Scholasticus the Church Historian*（Louvain, 1981）: 190–194 も参照せよ。テオドロスについては *PLRE* 3: 1248（Theodorus 10）。

22. H. Kennedy, "The Justinianic Plague in Syria and the Archaeological Evidence," in Little, ed., *Plague and the End of Antiquity*, 87–95、P. Sarris, "Bubonic Plague in Byzantium," in Little, ed., *Plague and the End of Antiquity*, 119–132。逆の場合については J. Durliat, "La peste du Ve siècle: Pour un nouvel examen des sources byzantines," in V. Kravari, C. Morrison, and J. Lefort, eds., *Hommes et richesses dans l'empire byzantin*（Paris, 1989–91）: 107–119 を見よ。

23. Procop. *Bell*. 2.23.20、*Anecd*. 4.1（『秘史』28 ページ、ユスティニアヌスの罹患）、Procop. *Bell*. 7.32.9、*Anecd*. 12.20; 13.28–30; 15.11–12（『秘史』100、108、116 ページ、ユスティニアヌスが近づきやすい存在であったことを強調している）。*Anecd*. 13.1（『秘史』103 ページ）、Just. *Nov*. 8 *praef*.、*Anecd*. 15.13–15（『秘史』116 ページ、近寄りがたいテオドラ）。

24. Procop. *Anecd*. 4.2–12（『秘史』28～29 ページ）。ペトルスについては *PLRE* 2: 870–871（Petrus 27）、ヨハネスについては *PLRE* 3: 665–667（Joannes 64）を見よ。

第11章　晩年

1. コンスル制度の終焉については M. Meier, "Das Ende des Konsulats im Jahr 541/42 und seine Gründe: kritische Anmerkungen zur Vorstellung eines 'Zeitalters Justinians'," *ZPE* 138 (2002): 277–299 を見よ。本書は大枠彼の見解に従っている。ただし Alan Cameron and D. Schauer, "The Last Consul: Basilus and his Diptych," *JRS* 72 (1982): 126–145 も参照せよ。こちらは費用と称号をめぐる争いを強調している。ペストがイタリア戦争に与えた大きな影響については、E. Luttwak, *The Grand Strategy of the Byzantine Empire* (Cambridge, 2009): 85–92 を見よ。
2. ヨハネスを受け入れたことについては Joh. Eph. *V. SS. Or.*, 155, 157–158 を見よ。併せて Alan Cameron, "The House of Anastasius," *GRBS* 19 (1978): 272–273 も参照のこと。
3. Joh. Eph. *V. SS. Or.*, 530–539。併せて W. H. C. Frend, *The Rise of the Monophysite Movement* (Cambridge, 1972): 287–288 も参照せよ。他にも V. L. Menze, *Justinian and the Making of the Syrian Orthodox Church* (Oxford, 2008): 224–226 を見よ。
4. G. Fisher, *Between Empires: Arabs, Romans and Sasanians in Late Antiquity* (Oxford, 2011): 56–58、Frend, *The Rise of the Monophysite Movement*, 285–286。ヤコブ逮捕の試みについては Joh. Eph. *V. SS. Or.*, 493 を見よ。
5. エフェソスのヨハネスの聖職叙任については Joh. Eph. *V. SS. Or.*, 503 を見よ。彼の功績については Joh. Eph. *V. SS. Or.*, 479、*HE* 3.36–37 (対異教徒)、Ps.-Dion. *Chron*. s.a. 861 p. 125 (対モンタヌス派) を見よ。Procop. *Anecd*. 11.23 (『秘史』90ページ) のモンタヌス派の記述は、この記事に基づいているのかもしれない。F. R. Trombley, "Paganism in the Greek World at the End of Antiquity: The Case of Rural Anatolia and Greece," *HTR* 78 (1985): 330–336 も参照せよ。併せて S. Mitchell, *Anatolia: Land, Men and Gods in Anatolia 2* (Oxford, 1993): 117–119 にみえる留保や、さらには S. A. Harvey, *Asceticism and Society in Crisis: John of Ephesus and the Lives of the Eastern Saints* (Berkeley, 1990): 82, 99, 105–107 も参照せよ。残虐行為があった可能性については、集団自決に触れている Procop. *Anecd*. 11.23 (『秘史』90ページ) を見よ。ペストの終結については Just. *Nov*. 122 も見よ。
6. Procop. *Anecd*. 15.36 (『秘史』120ページ)。ヒエリオンでの宮殿建設については、Procop. *Aed*. 1.11.16–17 を見よ。鯨については Procop. *Bell*. 7.29.9–16 を見よ。併せて J. R. Papadopoulos and D. Ruscillo, "A Ketos in early Athens: An Archaeology of Whales and Sea Monsters on the Greek World," *AJA* 106 (2003): 206 も参照のこと。
7. Procop. *Anecd*. 5.8–10 (『秘史』40ページ)。
8. テオドラの孫アナスタシウスについては、Procop. *Anecd*. 4.37; 5. 20–22 (『秘史』34, 42〜43ページ)。その他の孫については本書 74〜54ページと第3章註25を見よ。テオドラの死因については Malal. 18.104、Theoph. A.M. 6040、Procop. *Bell*. 7.30.4、Victor Tonn. s.a. 549 (*Theodora Augusta Chalcedonensis synodi inimica canceris plaga corpore toto perfusa, vitam prodigiose finivit.*) などを見よ。

第12章　遺産

1. *Lib. Pont*. 60（シルウェリウス）、Aimoin, *Libri V de gestis Francorum 2.5*。プロコピオスとエモアンの記述の関係については N. Alemanni, *Procopii Caesarensis VI ANEKΔOTA Aracana Historia, Qui est Liber Nonus Historicorum ex Bibliotheca Vaticana*（Lyons, 1623）: 32 を見よ。
2. Joh. Nik., 87（ティモテオスとの関係）、*History of the Patriarchs of the Coptic Church of Alexandria*, ed. Evetts, 195（アレクサンドリア生まれ）、Nicephorus Callistus, *HE* 17.28（キプロス島）。併せて J. A. Evans, *The Empress Theodora: Partner of Justinian*（Austin, 2002）: 13 も参照せよ。青銅門の肖像については *Par. Syn*. 80 を見よ。この像はアリアドネに比定されているが、A. Cameron and J. Herrin, *Constantinople in the Early Eighth Century*: the Parastaseis Syntomoi Chronikai［Leiden, 1984］: 271–2 の註を見よ。*Patria* 3.93（パフラゴニアの生まれ）、*Patria* 4.31（聖使徒教会）、*Patria* 3.50（バッスス）。
3. Michael Syrus, *Chron*. 9.20（マンビイ＝ヒエロポリス）。ダマン出身という言い伝えについては Michael Syrus *Chron*. 11.5、*Chron. 1234* LV、および S. A. Harvey, "Theodora the 'Believing' Queen: A Study in Syriac Historiographical Tradition," *Hugoye: Journal of Syriac Studies* 4（2001）［2010］: 214–217, 231–232 を見よ。
4. 2000 年 2 月 12 日の四旬節の回状については、シリア正教会のホームページ参照。URL は、http://sor.cua.edu/Personage/PZakka1/20000212MYBurdconoTheodora.html. である。東方正教会における聖テオドラ皇后（祝日 11 月 14 日）については、アメリカ正教会のホームページ。URL は http://oca.org/saints/lives/2014/11/14/103302-st-theodora-the-empress である。同ホームページでは、テオドラは皇后となった時に単性論派の道を捨てたとされている。G. B. Behnam, *Theodora*, tr. M. Moosa（Piscataway, 2007）も見よ。ムーサは、イラクのシリア正教会の主教ビーナムがシリアの史料に基づいて、テオドラの敬虔さを描き出した演劇を翻訳している。
5. Alemanni, *Procopii Caesarensis VI ANEKΔOTA*, 41 は、*Anecd*. 9.10（『秘史』70 ページ）を省いている、42 は、『秘史』9.14 の ἀνακαγχάζειν から 9.25 の ὅσοι δὲ まで（『秘史』71 〜73 ページ）を省いている。テオドラに関する記述は Alemanni, p. vi に拠っている。
6. Montesquieu, *Considérations sur les causes de la grandeur des Romains et leur décadence*（Paris, 1900）: 197; 194〔『ローマ人盛衰原因論』田中治男、栗田伸子訳、岩波文庫、228 〜29 ページ、231 ページ〕が、本書で引用したテオドラに関する記述である。
7. E. Gibbon, *The History of the Decline and Fall of the Roman Empire*, ed. D. Womersley（London, 1994）2: 563〔『ローマ帝国衰亡史』中野好之訳、第 7 巻 8 ページ、『秘史』の価値について〕。本書で引用したテオドラに関する記述は 565〔『ローマ帝国衰亡史』7 巻 11 ページ〕、高位聖職者の逸話については p. 565 n. 24〔『ローマ帝国衰亡史』7 巻 10 ページ、註は省略〕。Averil Cameron, "Gibbon and Justinian," in R. McKitterick and R. Quinault, eds., *Edward Gibbon and Empire*（Cambridge, 1997）: 38–45 も見よ。テキストについては G. Ménage, *Menagiana; ou, Les bons mots et remarques critiques, historiques, morales & d'érudition*, 3rd ed.（Paris, 1715）1: 347–352 を見よ。
8. E. Renan, "L'histoire secrète de Procope," in E. Renan, *Essais de morale et de critique*, 4th

ed.（Paris, 1889）: 281–286。

9. コンスタンの『皇后テオドラ』は、現在ブエノスアイレスの国立美術館にある。『コロッセウムの皇后テオドラ』は、ごく最近ニューヨークのシラー・アンド・ボド社によって競売にかけられた。かつて2007年11月8日にはクリスティーで4万2500ドルで売られたこともある。

10. この演劇の英訳はV. Sardou, *Theodora: A Drama in Five Acts and Eight Tableaux*（London, 1885）を見よ。P. Cesaretti, *Theodora: Empress of Byzantium*, tr. R. M. Giammanco Frongia（New York, 2004）: 20; 77–79も参照せよ。

11. C. Diehl, *Theodora*, tr. S. R. Rosenbaum（New York, 1972）: 2。

12. 1884年12月27日付『ニューヨーク・タイムズ』。ホームページ“Sardou's Theodora”のURLは、http://query.nytimes.com/mem/archive-free/pdf?res=9901E2DE1F3BE033A25754C2A9649D94659FD7CF.である。注目すべき評論としてはホームページ“Revue dramatique—Porte-Saint-Martin, Théodora de Victorien Sardou”を見よ。URLはhttp://fr.wikisource.org/wiki/Revue_dramatique_-_Porte-Saint-Martin,_Th%C3%A9odora_de_Victorien_Sardouであり、「M・サルドゥはビザンツ帝国を復活させた者に違いないが、ビザンツの魂を甦らせはしなかった。彼はドラマの作者としてではなく、無言劇の詩人、バレエの脚本家、あるいは霊感を与える者であった」と結んでいる。

13. ルルーのオペラについては*Musical Courier* 54（1907）の批評を見よ。URLは、https://books.google.com/books?id=W5xCAQAAMAAJ&pg=RA12-PA49&dq=Xavier+leroux+theodora&hl=en&sa=X&ei=TaylVKyKBI2GyATgmoGgAw&ved=0CCgQ6AEwAA#v=onepage&q=Xavier%20leroux%20theodora&f=trueである。映画についてはF. Carlà, “Prostitute, Saint, Pin-Up, Revolutionary: The Reception of Theodora in Twentieth-Century Italy,” in S. Knippschild and M. Garcia Morcillo, eds., *Seduction and Power: Antiquity in the Visual and Performing Arts*（London, 2013）: 244–245を見よ。ニューヨーク・タイムズ1921年10月15日に載った批評はホームページに掲載されている。URLは、http://timesmachine.nytimes.com/timesmachine/1921/10/15/98753827.html.

14. Diehl, *Theodora*, 3–6、H.-G. Beck, *Kaiserin Theodora und Prokop: Der Historiker und sein Opfer*（Munich, 1986）: 158。

参考文献

Alemanni, N. 1623. *Procopii Caesarensis VI ANEKΔOTA Aracana Historia, Qui est Liber Nonus Historicorum ex Bibliotheca Vaticana*. Lyons.

Allen, P. 1981. *Evagrius Scholasticus the Church Historia*. Louvain.

Allen, P., and Hayward, C. T. R. 2004. *Severus of Antioch*. London.

Alpi, F. 2009. *La route royale: Sévère d'Antioche et les églises d'orient* (*512–518*). Beirut.

Andrade, N. 2009. "The Syriac Life of John of Tella and the Frontier Politeia." *Hugoye: Journal of Syriac Studies* 12: 199–234.

Angold, M. 1996. "Procopius' Portrait of Justinian." Pp. 21–54 in *ΦΙΛΕΛΛΗΝ, Studies in Honor of Robert Browning*. Venice.

Arjava, A. 1996. *Women and Law in Late Antiquity*. Oxford.

Bagnall, R. S. 1993. *Egypt in Late Antiquity*. Princeton.

Bagnall, R. S., and Cribiore, R. 2006. *Women's Letters from Ancient Egypt 300 BC–AD 800*. Ann Arbor.

Bagnall, R. S., and Frier, B. W. 1994. *The Demography of Roman Egypt*. Cambridge.

Baldwin, B. 1987. "Sexual Rhetoric in Procopius." *Mnemosyne* 40: 150–152.

Baldwin, B. 1992. "Three-Obol Girls in Procopius." *Hermes* 120: 255–257.

Banaji, J. 2001. *Agrarian Change in Late Antiquity: Gold, Labour, and Aristocratic Dominance*. Oxford.

Bardill, J. 1999. "The Great Palace of the Byzantine Emperors and the Walker Trust Excavations." *JRA* 12 (1999): 216–230.

Bardill, J. 2000. "The Church of Sts. Sergius and Bacchus in Constantinople and the Monophysite Refugees." *DOP* 54: 1–11.

Bardill, J. 2006. "Visualizing the Great Palace of the Byzantine Emperors at Constantinople: Archaeology, Text and Topography." Pp. 5–45 in F. A. Bauer, ed., *Visualisierung von Herrschaft frühmittelalterlicher Residenzen–Gestalt und Zeremoniell*. Istanbul.

Beck, H.-G. 1986. *Kaiserin Theodora und Prokop: Der Historiker und sein Opfer*. Munich.

Behnam, G. B. 2007. *Theodora*, tr. M. Moosa. Piscataway.

Bell, P. N. 2009. *Three Political Voices from the Age of Justinian*. Liverpool.

Bell, P. N. 2013. *Social Conflict in the Age of Justinian: Its Nature, Management, and Mediation*. Oxford.

Bjornlie, M. S. 2013. *Politics and Tradition between Rome, Ravenna and Constantinople: A Study of Cassiodorus and the* Variae. Cambridge.

Börm, H. 2007. *Prokop und die Perser: Untersuchungen zu den römisch-sasanidischen Kontakten in der ausgehenden Spätantike*. Stuttgart.

Börm, H. 2010. "Herrscher und Eliten in der Spätantike." Pp. 159–198 in H. Börm and J. Wiesehöfer, eds., *Commutatio und Contentio: Studies in the Late Roman, Sasanian and Early Islamic Near East in Memory of Zeev Rubin*. Düsseldorf.

Börm, H. 2013. "Justinians Triumph und Belisars Erniedrigung. Überlegungen zum Verhältnis zwischen Kaiser und Militär im späten Römischen Reich." *Chiron* 43: 66–75.

Börm, H. 2015. "Procopius, His Predecessors, and the Genesis of the Anecdota: Anti-monarchic Discourse in Late Antique Historiography." Pp. 1–32 in H. Börm, ed., *Antimonarchic Discourse in Antiquity*. Stüttgart.

Bowersock, G. W. 2006. *Mosaics as History: The Near East from Late Antiquity to Islam*. Cambridge, MA.

Bowersock, G. W. 2013. *The Throne of Adulis*. Oxford.

Brock, S. 1981. "The Conversations with the Syrian Orthodox under Justinian（532)." *Orientalia Christiana Periodica* 47: 87–121（reprinted in S. Brock, *Studies in Syriac Christianity: History, Literature and Theology*［Brookfield, VT, 1992］).

Brock, S. 1985. "The Thrice Holy Hymn in the Liturgy." *Sobornost* 7.2: 24–34.

Brown, P. 1971. "The Rise and Function of the Holy Man in Late Antiquity." *JRS* 61: 80–100.

Brown, P. 1992. *Power and Persuasion in Late Antiquity: Towards a Christian Empire*. Madison.

Brown, P. 2002. *Poverty and Leadership in the Later Roman Empire*. Hanover.〔戸田聡『貧者を愛する者——古代末期におけるキリスト教的慈善の誕生』慶應義塾大学出版会、2012年〕

Brown, P. 2012. *Through the Eye of a Needle: Wealth, the Fall of Rome, and the Making of Christianity in the West, 350–550 AD*. Princeton.

Brubacker, L. 2004. "Sex, Lies, and Intertextuality: The Secret History of Prokopios and the Rhetoric of Gender in Sixth Century Byzantium." Pp. 83–101 in L. Brubacker and J. M. H. Smith, *Gender in the Early Medieval World: East and West 300–900*. Cambridge.

Brubaker, L. 1997. "Memories of Helena: Patterns in Imperial Female Matronage in the Fourth and Fifth Centuries." Pp. 52–75 in L. James, ed., *Women, Men and Eunuchs: Gender in Byzantium*. London.

Brubaker, L. 2005. "The Age of Justinian: Gender and Society." Pp. 427–447 in M. Maas, *The Cambridge Companion to the Age of Justinian*. Cambridge.

Bury, J. B. 1897. "The Nika Revolt." *JHS* 17: 92–119.

Cameron, Alan. 1973. *Porphyrius the Charioteer*. Oxford.

Cameron, Alan. 1974. *Circus Factions*. Oxford.

Cameron, Alan. 1978. "The House of Anastasius." *GRBS* 19（1978): 259–276.

Cameron, Alan, and Long, J., with a contribution by Sherry, L. 1993. *Barbarians and Politics at the Court of Arcadius*. Berkeley.

Cameron, Alan, and Schauer, D. 1982. "The Last Consul: Basilus and His Diptych." *JRS* 72: 126–145.

Cameron, Averil. 1969/1970. "Agathias on the Sassanians." *DOP* 23/24: 67–183.

Cameron, Averil. 1970. *Agathias*. Oxford.

Cameron, Averil. 1977. "Early Byzantine Kaiserkritik: Two Case Histories." *BMGS* 3: 1–17.

Cameron, Averil. 1978. "The Theotokos in Sixth-century Constantinople: A City Finds Its Symbol." *JTS* 29 (1978): 79–108.

Cameron, Averil. 1985. *Procopius and the Sixth Century*. London.

Cameron, Averil. 1987. "The Construction of Court Ritual: The Byzantine *Book of Ceremonies*." Pp. 106–136 in D. Cannadine and S. Price, eds., *Rituals and Royalty: Power and Ceremonial in Traditional Societies*. Cambridge.

Cameron, Averil. 1997. "Gibbon and Justinian." Pp. 34–52 in R. McKitterick and R. Quinault, eds., *Edward Gibbon and Empire*. Cambridge.

Cameron, Averil, and Herrin, J. 1984. *Constantinople in the Eighth Century: The* Parastaseis Syntomoi Chronikai. Leiden.

Canepa, M. P. 2009. *The Two Eyes of the World: Art and Ritual Kingship between Rome and Sassanian Iran*. Berkeley.

Carlà, F. 2013. "Prostitute, Saint, Pin-Up, Revolutionary: The Reception of Theodora in Twentieth-Century Italy." Pp. 243–262 in S. Knippschild and M. Garcia Morcillo, eds., *Seduction and Power: Antiquity in the Visual and Performing Arts*. London.

Cesaretti, P. 2004. *Theodora: Empress of Byzantium*. Tr. R. M. Giammanco Frongia. New York.

Chastagnol, A. 1978. *L'Album municipal de Timgad*. Bonn.

Conrad, L. I. 2000. "Zeno the Epileptic Emperor: Historiography and Polemics as Sources of Realia." *BMGS* 24: 61–81.

Corcoran, S. 2009. "Anastasius, Justinian, and the Pagans: A Tale of Two Law Codes and a Papyrus." *JLA* 2: 183–208.

Croke, B. 1983. "Basiliscus the Boy-Emperor," *GRBS* 24: 81–91.

Croke, B. 1983. AD 476: The Manufacture of a Turning Point. Chiron 13: 81–119 (reprinted in B. Croke, *Christian Chronicles and Byzantine History, 5th–6th Centuries* [Aldershot, 1992] no. V).

Croke, B. 2001. *Count Marcellinus and His Chronicle*. Oxford.

Croke, B. 2005. "Justinian's Constantinople." Pp. 60–86 in M. Maas, *The Cambridge Companion to the Age of Justinian*. Cambridge.

Croke, B. 2005. "Procopius' Secret History: Rethinking the Date." *GRBS* 45: 405–431.

Croke, B. 2006. "Justinian, Theodora, and the Church of Sergius and Bacchus." *DOP* 60: 25–63.

Croke, B. 2007. "Justinian under Justin: Reconfiguring a Reign." *Byzantinische Zeitschrift* 100: 13–55.

Dagron, G. 1995. "Poissons, pêcheurs et poissonniers de Constantinople." Pp. 57–73 in C. Mango and G. Dagron, eds., *Constantinople and its Hinterland: Papers from the Twenty-seventh Spring Symposium for Byzantine Studies*. Oxford. April 1993. Aldershot.

Dagron, G. 2011. *L'hippodrome de Constantinople: jeux, peuple et politique*. Paris.

Dalby, A. 2003. *Flavours of Byzantium*. Totnes.

Dark, K. R., and Harris, L. R. 2008. "The Last Roman Forum: The Forum of Leo in Fifth-century Constantinople." *GRBS* 48: 57–69.

Daube, D. 1966–1967. “The Marriage of Justinian and Theodora. Legal and Theological Reflections.” *Catholic University Law Review* 360: 380–399.

Declercq, G. 2002. “Dionysius Exiguus and the Introduction of the Christian Era.” *Sacris Erudiri* 41: 165–246.

Deliyannis, D. 2010. *Ravenna in Late Antiquity*. Cambridge.

Detoraki, M., and Beaucamp, J. 2007. *Le martyre de saint Aréthas et de ses compagnons. BHG 166*. Centre National de la Recherche Scientifique. Centre de recherche d’histoire et civilisation de Byzance. Monographies no. 27. Paris.

Diehl, C. 1972. *Theodora: Empress of Byzantium*, tr. S. R. Rosenbaum. New York.

Dijkstra, J., and Greatrex, G. 2009. “Patriarchs and Politics in Constantinople in the Reign of Anastasius”（with a re-edition of “*O. Mon. Epiph*. 59.” *Millennium* 6）: 223–264.

Downey, G. 1961. *A History of Antioch in Syria from Seleucus to the Arab Conquest*. Princeton.〔縮刷版の邦訳として、G・ダウニー『地中海都市の興亡――アンティオキア千年の歴史』小川英雄訳、新潮選書、1986 年がある〕

Duffy, J. 1984. “Byzantine Medicine in the Sixth and Seventh Centuries: Aspects of Teaching and Practice.” *DOP* 38: 21–27.

Durliat, J. 1989–1991. “La peste du Ve siècle: Pour un nouvel examen des sources byzantines.” Pp. 107–119 in V. Kravari, C. Morrison, and J. Lefort, eds., *Hommes et richesses dans l’empire byzantine*. Paris.

Elton, H. 2000. “Illus and the Imperial Aristocracy under Zeno.” *Byzantion* 70: 393–407.

Evans, J. A. S. 1971. “Christianity and Paganism in Procopius of Caesarea.” *GRBS* 12（1971）: 81–100.

Evans, J. A. S. 1996. “The Dates of Procopius’ Works: A Recapitulation of the Evidence.” *GRBS* 37: 301–313.

Evans, J. A. S. 2002. *The Empress Theodora: Partner of Justinian*. Austin.

Evans, J. A. S. 2011. *The Power Game in Byzantium: Antonina and the Empress Theodora*. London.

Featherstone, J. M. 2006. “The Great Palace as Reflected in the De Ceremoniis.” Pp. 47–61 in F. A. Bauer, ed., *Visualisierung von Herrschaft frühmittelalterlicher Residenzen–Gestalt und Zeremoniell*. Istanbul.

Fisher, E. A. 1978. “Theodora and Antonina in the Historia Arcana: History and/or Fiction.” *Arethusa* 11: 253–257.

Fisher, G. 2011. *Between Empires: Arabs, Romans, and Sasanians in Late Antiquity*. Oxford.

Foss, C. 2002. “The Empress Theodora.” *Byzantion* 72: 141–176.

Fowden, E. K. 1999. *The Barbarian Plain: Saint Sergius between Rome and Iran*. Berkeley.

French, D. R. 1998. “Maintaining Boundaries: The Status of Actresses in Early Christian Society.” *Vigiliae Christianae* 52: 293–318.

Frend, W. H. C. 1972. *The Rise of the Monophysite Movement*. Cambridge.

Frier, B. W. 1983. “Roman Life Expectancy: The Pannonian Evidence.” *Phoenix* 37: 328–344.

Gaddis, M. 2005. *There Is No Crime for Those Who Have Christ: Religious Violence in the Chris-*

tian Roman Empire. Berkeley.

Gardner, I., and Lieu, S. N. C. 2004. *Manichaean Texts from the Roman Empire*. Cambridge.

Garnsey, P. 1988. *Famine and Food Supply in the Graeco-Roman World*. Cambridge.〔ピーター・ガーンジィ『古代ギリシア・ローマの飢饉と食糧供給』松本宣邦・阪本浩訳、白水社、1998 年〕

Gascou, J. 1976. "Les institutions de l'hippodrome en Égypte byzantine." *BIFAO* 76: 185–212.

Gascou, J. 1985. "Les grands domaines, la cité et l'état en Égypte byzantine: recherches d'histoire agraire, fiscale et administrative." *T&MByz* 9: 1–90.

Gibbon, E. 1994. *The History of the Decline and Fall of the Roman Empire, ed. D. Womersley*. London.〔エドワード・ギボン『ローマ帝国衰亡史』全 11 巻、中野好夫・朱牟田夏雄・中野好之訳、筑摩書房、1976～1993 年〕

Glotz, A. 2009. "Die "Ende" des Weströmischen Reiches in der frühbyzantinischen syrischen Historiographie." Pp. 169–198 in A. Glotz, H. Leppin, and H. Schlange-Schoningen, eds., *Jensits der Grenzen: Beiträge zur spätantiken und frühmittelalterlichen Geschichtsschreibung*. Berlin.

Goodchild, R. G. 1976. "The 'Palace of the Dux'." Pp. 245–265 in R. G. Goodchild, J. G. Pedley, and D. White, *Apollonia: The Port of Cyrene: Excavations by the University of Michigan 1965—1968*. Supplements to *Libya Antiqua* IV. Spoleto.

Greatrex, G. 1996. "Flavius Hypatius: *Quem vidit validum Parthus sensitque timendum*. An Investigation into His Career." *Byzantion* 66: 120–142.

Greatrex, G. 1997. "The Nika Revolt–A Reappraisal." *JHS* 117: 60–86（reprinted in Greatrex, G. 2003, "Recent Work on Procopius and the Composition of Wars VIII." *BMGS* 27: 45–67）.

Greatrex, G. 2006. *Rome and Persia at War 502—532*, rev. ed. Cambridge.

Greatrex, G. 2007. "The Early Years of Justin I's Reign in the Sources." *Electrum* 12: 99–113.

Greatrex, G. 2014. "Perceptions of Procopius in Recent Scholarship." *Histos* 8: 76–121.

Greatrex, G., and Bardill, J. 1996. "Antiochus the 'Praepositus.' A Persian Eunuch at the Court of Theodosius II." *DOP* 50: 171–180.

Greatrex, G., and Lieu, S. N. C. 2002. *The Roman Eastern Frontiers and the Persian Wars, Part II: 365–630*. London.

Greatrex, G., ed., with Phenix, R. R., and Horn, C. B.（tr.）. 2011. *The Chronicles of Pseudo-Zachariah Rhetor: Church and War in Late Antiquity*. Liverpool.

Grierson, P., Mango, C., and Sevcenko, I. 1962. "The Tombs and Obits of the Byzantine Emperors（337–1042）; with an Additional Note." *DOP* 16: 1, 3–63.

Griffin, J. 1976. "Augustan Poetry and the Life of Luxury." *JRS* 66: 87–105.

Grimm, V. 2005. "On Food and the Body." Pp. 354–368 in D. S. Potter, ed., *A Companion to the Roman Empire*. Oxford.

Guilland, R. 1969. *Études de topographie de Constantinople byzantine. Berliner byzantinische Arbeiten*. Amsterdam.

Gwynn, D. M. 2007. *The Eusebians: The Polemic of Athanasius of Alexandria and the Construction of the "Arian Controversy."* Oxford.

Haarer, F. K. 2006. *Anastasius I: Politics and Empire in the Late Roman World*. Cambridge.

Harrison, M. 1989. *A Temple for Byzantium: The Discovery and Excavation of Anicia Juliana's Palace Church in Istanbul*. Austin.

Harvey, S. A. 1987. "Physicians and Ascetics in John of Ephesus: An Expedient Alliance." *DOP* 38: 87–93.

Harvey, S. A. 1990. *Asceticism and Crisis in Society: John of Ephesus and the* Lives of the Eastern Saints. Berkeley.

Harvey, S. A. 2001 (2010). "Theodora the 'Believing' Queen: A Study in Syriac Historiographical Tradition." *Hugoye: Journal of Syriac Studies* 4: 209–234.

Hatlie, P. 2006. "Monks and Circus Factions in Early Byzantine Political Life." Pp. 13–25 in M. Kaplan, ed., *Monastères, images, pouvoirs et société à Byzance*. Paris.

Hatlie, P. 2007. *The Monks and Monasteries of Constantinople ca. 350–850*. Cambridge.

Heather, P. 1986. "The Crossing of the Danube and the Gothic Conversion." *GRBS* 27: 289–319.

Hendy, M. 1985. *Studies in the Byzantine Monetary Economy c. 300–1450*. Cambridge.

Herrin, J. 2001. *Women in Purple: Rulers of Medieval Byzantium*. Princeton.

Herrin, J. 2013. *Unrivalled Influence: Women and Empire in Byzantium*. Princeton.

Hickey, T. 2012. *Wine, Wealth and the State in Late Antique Egypt*. Ann Arbor.

Holum, K. G. 1989. *Theodosian Empresses: Women and Imperial Dominion in Late Antiquity*. Berkeley.

Honoré, T. 1978. *Tribonian*. Ithaca.

Horden, P. 2005. "Mediterranean Plague in the Age of Justinian." Pp. 134–160 in M. Maas, ed., *The Cambridge Companion to the Age of Justinian*. Cambridge.

Humphrey, J. H. 1986. *Roman Circuses: Arenas for Chariot Racing*. Berkeley.

Jacoby, D. 1961. "La population de Byzance à l'époque byzantine: un problème de démographie urbaine." *BZ* 4: 81–109.

James, L. 2001. *Empresses and Power in Early Byzantium*. Leicester.

Jones, A. H. M. 1964. *The Later Roman Empire 284–602: A Social, Economic, and Administrative Survey*. Oxford.

Jones, C. P. 2014. *Between Pagan and Christian*. Cambridge, MA.

Kaldellis, A. 2004. *Procopius of Caesarea: Tyranny, History, and Philosophy at the End of Antiquity*. Philadelphia.

Kaldellis, A. 2009. "The Date and Structure of Procopius' Secret History and his Projected Work on Church History." *GRBS* 49: 585–616.

Kaldellis, A. 2010. *Procopios: The Secret History, with Related Texts*. Indianapolis.

Keenan, J. G. 1985. "Notes on Absentee Landlordism at Aphrodito." *BASP* 22: 137–169.

Kehoe, P. H. 1984. "The Adultery Mime Reconsidered." Pp. 89–106 in D. F. Bright and E. S. Ramage, eds., *Classical Texts and Their Traditions: Studies in Honor of C. R. Trahman*. Chico.

Kelly, C. 2004. *Ruling the Later Roman Empire*. Cambridge, MA.

Kennedy, H. 2007. "The Justinianic Plague in Syria and the Archaeological Evidence." Pp. 87–95 in Little, ed., *The Plague and the End of Antiquity*.

Kondoleon, C. 2001. *Antioch: The Lost City*. Princeton.

Kostenec, J. 2008. *Walking through Byzantium: Great Palace Region*, 2nd ed. Istanbul.
Lafferty, S. D. W. 2013. *Law and Society in the Age of Theoderic: A Study of the* Edictum Theoderici. Cambridge.
Laiou, A. 1981. "The Role of Women in Byzantine Society." *XVI. Internationaler Byzantinistenkongress*. Vienna. Akten I/1 = JÖB 31: 233–260.
Lane Fox, R. J. 1994. "Literacy and Power in Early Christianity." Pp. 126–148 in A. Bowman and G. Woolf, eds., *Literacy and Power in the Ancient World.* Cambridge.
Lane Fox, R. J. 1997. "The Life of Daniel." Pp. 175–225 in M. J. Edwards and S. Swain, eds., *Portraits: Biographical Representation in the Greek and Latin Literature of the Roman Empire*. Oxford.
Lee, A. D. 2013. *From Rome to Byzantium ad 363–565: The Transformation of Ancient Rome*. Edinburgh.
Leppin, H. 2000. "Kaiserliche Kohabitation: Von der Normalität Theodoras." Pp. 75–85 in C. Kunst and U. Riemer, eds., *Grenzen der Macht: zur Rolle des römischen Kaiserfrauen*. Stuttgart.
Leppin, H. 2002. "Theodora und Iustinian." Pp. 437–481 in H. Temporini and G. Vitzthum, *Die Kaiserinnen Roms von Livia bis Theodora*. Munich.
Leppin, H. 2011 *Justinian: das christliche Experiment*. Stuttgart.
Liebeschuetz, J. H. G. W. 1990. *Barbarians and Bishops: Army, Church, and State in the Age of Arcadius and Chrysostom*. Oxford.
Liebeschuetz, J. H. G. W. 2001. *The Decline and Fall of the Roman City*. Oxford.
Little, L. K., ed., 2007. *The Plague and the End of Antiquity: The Pandemic of 541–750*. Cambridge.
Louth, A. 2009. "Why Did the Syrians Reject the Council of Chalcedon?" Pp. 107–116 in R. Price and M. Whitby, eds., *Chalcedon in Context: Church Councils 400–700*. Liverpool.
Luttwak, E. 2009. *The Grand Strategy of the Byzantine Empire*. Cambridge, MA.
Maas, M. 1986. "History and Ideology in Justinianic Reform Legislation." *DOP* 40: 17–32.
Maas, M. 1992. *John Lydus and the Roman Past: Antiquarianism and Politics in the Age of Justinian*. London.
Maas, M., ed., 2005. *The Cambridge Companion to the Age of Justinian*. Cambridge.
Macrides, R., and Magdalino, P. 1988. "The Architecture of Ekphrasis: Construction and Context of Paul the Silentiary's Poem on Hagia Sophia." *BMGS* 12: 47–82.
Mango, C. 2000. "The Triumphal Way of Constantinople and the Golden Gate." *DOP* 54: 173–188.
Maniatis, G. C., 2000. "The Organizational Setup and Functioning of the Fish Market in Tenth-Century Constantinople." *DOP* 54: 13–42.
Matthews, J. F. 2012. "The Notitia Urbis Constantinopolitanae." Pp. 81–115 in L. Grig and G. Kelly, eds., *Two Romes: Rome and Constantinople in Late Antiquity*. Oxford.
Mayer, W., and Allen, P. 2012. *The Churches of Syrian Antioch* (*300–638 AD*). Leuven.
McCormick, M. 1986. *Eternal Victory: Triumphal Rulership in Late Antiquity, Byzantium and the Early Medieval West*. Cambridge.
McGinn, T. A. J. 1991. "Concubinage and the Lex Julia." *TAPA* 121: 335–375.

McGinn, T. A. J. 1997. "The Legal Definition of Prostitute in Late Antiquity." *Memoirs of the American Academy in Rome* 42: 73–116.

McGinn, T. A. J. 2004. *The Economy of Prostitution on the Roman World: A Study of Social History and the Brothel*. Ann Arbor.

McKinnon, C. A. 2011. "Trafficking, Prostitution and Inequality." *Harvard Civil-Rights Civil-Liberties Law Review* 46: 271–309.

Meier, M. 2002. "Das Ende des Konsulats im Jahr 541/42 und seine Gründe: kritische Anmerkungen zur Vorstellung eines 'Zeitalters Justinians.' " *ZPE* 138: 277–299.

Meier, M. 2003. *Das andere Zeitalter Justinians: Kontingenzerfahrung und kontingenzbewältung im 6. Jahrhundert n. Chr. Hypomnemata 147*. Göttingen.

Meier, M. 2003. "Die Inszenierung einer Katastrophe: Justinian und der Nika-Aufstand." *ZPE* 142: 273–300.

Meier, M. 2004. "Zur Funktion der Theodora-Rede im Geschichtswerk Prokops（BP 1,24,33–37）." *RhM* 147: 88–104.

Meier, M. 2008. "Σταυρωθεὶς δι' ἡμᾶς: Der Aufstand gegen Anastasios im Jahr 512." *Millennium* 4: 157–238.

Meier, M. 2009. *Anastasios I. Die Entstehung des Byzantinischen Reiches*. Stuttgart.

Menze, V. L. 2008. *Justinian and the Making of the Syrian Orthodox Church*. Oxford.

Merrills, A., and Miles, R. 2010. *The Vandals*. Oxford.

Millar, F. 2006. *A Greek Roman Empire: Power and Belief under Theodosius II 408–450*. Berkeley.

Millar, F. 2008. "Rome, Constantinople and the Near Eastern Church under Justinian: Two Synods of CE 536." *JRS* 98: 62–82.

Mitchell, S. 1993. *Anatolia: Land, Men, and Gods in Anatolia*, 2 vols. Oxford.

Moberg, A. 1924. *The Book of the Himyarites*. Lund.

Modéran, Y. 2002. "L'établissement territorial des Vandales en Afrique." *An. Tard.* 10: 87–122.

Modéran, Y. 2003. "Une guerre de religion: les deux églises d'Afrique à l'époque vandale." *An. Tard.* 11: 21–44.

Montesquieu. 1900. *Considérations sur les causes de la grandeur des Romains et leur décadence*. Paris.〔モンテスキュー『ローマ人盛衰原因論』田中治男・栗田伸子訳、岩波文庫、1989年〕

Moorhead, J. 1992. *Theodoric in Italy*. Oxford.

Moorhead, J. 1994. *Justinian*. New York.

Morony, M. G. 2007. "'For Whom Does the Writer Write?': The First Bubonic Plague Pandemic According to Syriac Sources." Pp. 59–86 in Little, ed., *The Plague and the End of Antiquity*.

Mueller, I. 2010. "Single Women in the Roman Funerary Inscriptions." *ZPE* 175: 295–303.

Müller, A. E. 1993. "Getreide für Konstantinopel. Überlegungen zu Justinians Edikt XIII als Grundlage für Aussagen zu Einwohnerzahl des Konstantinopels im 6. Jh." *JÖB* 43: 1–20.

Noethlichs, K. L. 2000. "'*Quid possit antiquitatis nostris legibus abrogare?*': Politische Propaganda und praktische Politik bei Justinian I im Lichte der kaiserlichen Gesetzgebung und der antiken Historiographie." *ZAC* 4（2000）: 116–132（reprinted in M. Meier, ed., *Justinian: neue Wege der Forschung*

[Darmstadt, 2011]).
Nutton, V. 1984. "From Galen to Alexander: Aspects of Medicine and Medical Practise in Late Antiquity." *DOP* 38: 1–14.
O' Donnell, J. J. 1979. *Cassiodorus*. Berkeley.
O' Donnell, J. J. 2008. *The Ruin of the Roman Empire*. New York.
Osborne, J. L. 1981. "Early Medieval Painting in San Clemente, Rome: The Madonna and Child in the Niche." *Gesta* 20: 299–310.
Papadopoulos, J. R., and Ruscillo, D. 2003. "A Ketos in Early Athens: An Archaeology of Whales and Sea Monsters on the Greek World." *AJA* 106 (2003): 187–227.
Parejko, K. 2003. "Pliny the Elder's Silphium: First Recorded Species Extinction." *Conservation Biology* 17: 925–927.
Patlagean, E. 1977. *Pauvreté économique et pauvreté sociale à Byzance 4e–7e siècles*. Paris.
Pazdernik, C. 1994. "'Our Most Pious Consort Given Us by God': Dissident Reactions to the Partnership of Justinian and Theodora, 525–548." *CA* 13: 256–281.
Pedley, J. G. 1976. "The History of the City." Pp. 11–28 in R. G. Goodchild, J. G. Pedley, and D. White, *Apollonia: The Port of Cyrene. Excavations by the University of Michigan 1965–1968*. Supplements to *Libya Antiqua* IV. Spoleto.
Potter, D. S. 2011. "Anatomies of Violence: Entertainment and Violence in the Eastern Roman Empire from Theodosius I to Heraclius." *Studia Patristica* 60: 61–72.
Potter, D. S. 2011. "Lot Oracles from Asia Minor." *JRA* 24: 764–772.
Potter, D. S. 2013. *Constantine the Emperor*. Oxford.
Potter, D. S. 2014. *The Roman Empire at Bay ad 180–395*, 2nd ed. London.
Pourshariati, P. 2008. *Decline and Fall of the Sasanian Empire: The Sasanian–Parthian Confederacy and the Arab Conquest of Iran*. London.
Pratsch, T. 2011. *Theodora von Byzanz: Kurtisane und Kaiserin*. Stuttgart.
Price, R. 2009. "The Council of Chalcedon (451): A Narrative." Pp. 70–91 in R. Price and Mary Whitby, eds., *Chalcedon in Context: Church Councils 400–700*. Liverpool.
Rey-Coquais, J. P. 2006. *Inscriptions grecques et latines de Tyre*. Beirut.
Reynolds, J. 1976. "The Inscriptions of Apollonia." Pp. 293–233 in R. G. Goodchild, J. G. Pedley, and D. White, *Apollonia: The Port of Cyrene. Excavations by the University of Michigan 1965–1968*. Supplements to *Libya Antiqua IV*. Spoleto.
Reynolds, R. W. 1946. "The Adultery Mime." *CQ* 40: 77–84.
Roueché, C. 1993. *Performers and Partisans at Aphrodisias in the Roman and Late Roman Periods*. *JRS* Monograph 6. London.
Roueché, C. 2007. "Spectacles in Late Antiquity: Some Observations." *An. Tard.* 15: 59–64.
Roussel, A. 1998. *Porneia: On Desire and the Body in Antiquity*, tr. F. Pheasant. Oxford.
Rubin, B. 1960. *Die Zeitalter Iustinians*, vol. 1. Berlin.
Rubin, B. 1995. *Das Zeitalter Iustinians*, vol. 2, ed. C. Capizzi. Berlin.
Rubin, Z. 1995. "The Reforms of Khusro Anushirwan." Pp. 227–297 in A. Cameron, ed., *The Byzantine and Early Islamic Near East*, vol. 3: *States, Resources and Armies*. Princeton.

Ruscu, D. 2008. "The Revolt of Vitalianus and the 'Scythian Controversy'." *BZ* 101: 773–785.
Sallares, R. 2007. "Ecology, Evolution, and the Epidemiology of Plague." Pp. 231–289 in Little, ed., *The Plague and the End of Antiquity*.
Sardou, V. 1885. *Theodora: A Drama in Five Acts and Eight Tableaux*. London.
Sarris, P. 2006. *Economy and Society in the Age of Justinian*. Cambridge.
Sarris, P. 2007. "Bubonic Plague in Byzantium." Pp. 119–132 in Little, ed., *The Plague and the End of Antiquity*.
Scarborough, J. 2013. "Theodora, Aëtius of Amida and Procopius: Some Possible Connections." *GRBS* 53: 742–762.
Scott, R. 1985. "Malalas, the Secret History, and Justinian's Propaganda." *DOP* 39: 99–109.
Shahîd, I. 1964. "Byzantino-Arabica: The Conference of Ramla ad 524." *JNES* 23: 115–131.
Shahîd, I. 1971. *The Martyrs of Najrân*. Subsidia Hagiographica 49. Brussels.
Sidebotham, H. 2011. *Berenike and the Ancient Maritime Spice Route*. Berkeley.
Soler, E. 2007. "L'état romain face au baptême et aux pénuries d'acteurs et d'actrices, dans l'antiquité tardive." *An. Tard.* 15: 47–58.
Stein, E. 1949. *Histoire du bas-empire*, vol. 2. Brussels.
Syme, R. 1972. *The Titulus Tibertinus*. Pp. 585–601 in *Akten des VI Internationalen Kongress für Griechische und Lateinische Epigraphik*. Munich（reprinted in R. Syme, *Roman Papers*, ed. A. Birley［Oxford, 1984］: 869–884）.
Tate, G. 2004. *Justinien: l'épopée de l'Empire d'Orient*. Paris.
Tinnefeld, F. H. 1971. *Kategorien der Kaiserkritik in der byzantinischen Historiographie von Prokop bis Niketas Choniates*. Munich.
Treggiari, S. 1981. "*Concubinae*." *PBSR* 49: 59–81.
Treggiari, S. 1991. *Roman Marriage:* Iusti Coniuges *from the Time of Cicero to the Time of Ulpian*. Oxford.
Trombley, F. R. 1985. "Paganism in the Greek World at the End of Antiquity: The Case of Rural Anatolia and Greece." *HTR* 78: 327–352.
Tsitsiridis, S. 2011. "Greek Mime in the Roman Empire（*P.Oxy. 413*: *Charition* and *Moicheutria*）." *Logeion* 1: 184–232.
Urbainczyk, T. 2002. *Theodoret of Cyrrhus: The Bishop and Holy Man*. Ann Arbor.
van Roey, A., and Allen, P. 1994. *Monophysite Texts of the Sixth Century. Orientalia Lovaniensia Analecta* 56. Leuven.
Vasiliev, A. A. 1950. *Justin the First*. Cambridge, MA.
Vesterinen, M. 2007. *Dancers and Professional Dancers in Roman Egypt*. Ph.D. thesis, University of Helsinki.
Vikan, G. 1984. "Art, Medicine and Magic in Early Byzantium." *DOP* 38: 65–86.
Walker, J. T. 2002. "The Limits of Late Antiquity." *AW* 33: 45–69.
Watts, E. J. 2004. "Justinian, Malalas, and the End of Athenian Philosophical Teaching in ad 529." *JRS* 94: 168–183.
Watts, E. J. 2006. *City and School in Late Antique Athens and Alexandria*. Berkeley.

Watts, E. J. 2010. *Riot in Alexandria: Tradition and Group Dynamics in Latin Antique Pagan and Christian Communities*. Berkeley.

Webb, R. 2008. *Demons and Dancers: Performance in Late Antiquity*. Cambridge, MA.

Weitzer, R. 2011. *Legalizing Prostitution: From Illicit Vice to Lawful Business*. New York.

Weitzmann, K., ed., 1979. *Age of Spirituality: Late Antique and Early Christian Art, Third to Seventh Century*. Catalogue of exhibition at the Metropolitan Museum of Art, November 11, 1977, through February 12, 1978. New York.

Whitby, Mary. 1985. "The Occasion of Paul the Silentiary's Ekphrasis of S. Sophia." *CQ* 35: 215–228.

Whitby, Mary. 2006. "The St. Polyeuktos Epigram (*AP 10*): A Literary Perspective." Pp. 159–188 in S. F. Fitzgerald, ed., *Greek Literature in Late Antiquity: Dynamism, Didacticism, Classicism*. Aldershot.

Whitby, Michael. 1995. "Recruitment in Roman Armies from Justinian to Heraclius (ca. 565–615)." Pp. 61–124 in A. Cameron, ed., *The Byzantine and Early Islamic Near East*, vol. 3: *States, Resources, Armies*. Princeton.

Whitby, Michael. 1998. "The Violence of the Circus Factions." Pp. 229–253 in K. Hopwood, ed., *Organized Crime in Antiquity*. Swansea.

Wickham, C. 2005. *Framing the Early Middle Ages: Europe and the Mediterranean 400–800*. Oxford.

Wiemken, H. 1972. *Der griechischer Mimus: Dokumente zur Geschichte des antiken Volkstheaters*. Bremen.

Wolfram, H. 1988. *History of the Goths*, tr. T. J. Dunlap. Berkeley.

Yasin, A. M. 2009. *Saints and Church Spaces in the Late Antique Mediterranean: Architecture, Cult and Community*. Cambridge.

Young, G. K. 2001. *Rome's Eastern Trade: International Commerce and Imperial Policy 31 BC–AD 305*. London.